U0554605

PHILOSOPHY

哲学课
ZHEXUEKE

儒学导论

【英】姚新中 著
刘 健 译

An Introduction to Confucianism

中国人民大学出版社
·北京·

孔子像

中文版序

1991 年 9 月受时任威尔士大学卡迪夫学院宗教研究系系主任的汉弗莱·帕尔默（Humphry Palmer）教授和时任威尔士大学兰彼得分校圣大卫学院宗教与神学研究系系主任的保罗·巴德姆（Paul Badham）教授之邀，我从英格兰的肯特大学来到威尔士大学，承担两所大学为本科生和研究生开设的一些全新课程，包括"中国宗教学""儒家哲学"，以及后来的"比较伦理学"等，从此开始了我在威尔士大学长达 15 年的教学科研学术之路。帕尔默教授和巴德姆教授对于非西方文化、思想、哲学、宗教的开放与赞赏，使得有着近 200 年历史的威尔士大学兰彼得分校成为伦敦亚非学院之外英国的又一不仅讲授传统的一神宗教（基督教神学、伊斯兰教、犹太教），而且研究印度宗教、东亚宗教（包括日本宗教、中国宗教、儒家哲学）和非洲宗教的学术中心，同时也深刻地改变了我自己的学术方向和生命轨迹。

在众多儒学前辈的不懈努力下，特别是经过当代新儒学代表人物如哈佛大学的杜维明（Wei-ming Tu）、夏威夷大学的成中英（Chung-ying Cheng）、多伦多大学的秦家懿（Julia Ching）、香港中文大学的刘述先等先生的创造性发展与开拓，儒学或儒家哲学在 20 世纪 90 年代初的西方大学已经为人瞩目，引起了哲学、历史、宗教学、教育学、东亚研究等诸多领域学生和学者的浓厚兴趣。但整体而言，除了少数几所美国大学（如哈佛大学、哥伦比亚大学、夏威夷大学）外，欧洲很少有大学开设这样的专门课程，而自成体系的英文儒家哲学教材更是鲜有所见。因此，在头几年的教学过程中，我更多是指导学生阅读英文翻译的儒家经典和中国哲学史、思想史方面的英文文献，主要参考书为冯友兰的《中国哲学史》(1953)、陈荣捷（Wing-tist Chan）编纂的《中国哲学文献选编》(1963)、本杰明·史华兹（Benjamin Schwarts）的《古代中国的思想世界》(1985)，以及后来陆续出版的一些学术专著如罗伯特·伊若泊（Robert Eno）的《儒家天的创造：哲学与隆礼》(1990)、罗哲海（Heiner Roetz）的《轴心时代的儒家伦理——迈向后传统思维的突破性重构》(1993)、倪德卫（David S. Nivison）的《儒家之道——中国哲学之探讨》(1996）等。这些书籍为课程提供了思想史的框架和结构，而狄百瑞（Wm. T. de Bary)、杜维明、成中英、白诗朗（John Berthrong)、安乐哲（Roger Ames）等中西方儒学大家的学术著作及论文则被引为讲解传统儒学在当代阐释、转化与应用的依据和佐证。

在西方大学讲授儒家哲学，对象当然是在西方文化背景中成长起来的本科生和研究生，他们的思维习惯、知识积累与方法论训练常常使其对来自其他文化传统的思想形成自己的切入点和问题域。因此，如何使西方学生更好地理解、分析和把握儒学思想就成为当时备课时必须解决的核心问题。我的讲课思路是沿着两条主线展开的：一是要让学生理解，古老的儒学传统如何奠定了东亚2000年历史的基本格调、生活方式和思维方式，并在近现代思想的变迁中重新焕发了活力；二是要使学生思考，作为中国传统文化核心价值的儒学思想如何可以通过与世界其他文明尤其是西方哲学和宗教的比较、交融、互鉴，既创造性地转化自身，又彰显对于人类文明与世界和平所能贡献的独特价值。这两条主线一直主导着我对儒学思想的反思，后来也就自然成了支撑本书结构、展开其内涵、分析其价值的主要理念。

从多年的教学讲义发展为一部学术书稿，需要更为潜心的查阅资料和研读思考。1998年，我利用威尔士大学的学术休假，申请并非常荣幸地获得了剑桥大学克莱尔堂（Clare Hall）学院的客座研究员（visiting fellow）职位。任职期间，我在学校图书馆和学院阅览室中全身心地投入对书稿的增删修订之中，历时一年有半，终有所成，于1999年把初稿提交给剑桥大学出版社。通过出版社的专家评审并做出相关修订后，《儒学导论》一书于2000年初得以正式出版。一经出版，即被一些大学的哲学系、宗教研究系、历史学系、东亚研究系等列为参考书目，为广大读者提供了一幅较为全面的儒学图景，对儒学思想在英文世界的传播和研习起到积极的推动作用。之后，《儒学导论》被陆续翻译为西班牙文和波兰文出版，成为世界上儒学研究广为使用的标准教材。

二十年过去了，虽然欧美已经涌现出不少儒学导论性质的著作，但本书作为比较早的儒学教科书，其连接中西方儒学研究的桥梁性质与功能并没有丧失，当初对西方学生提出的诸多问题在今天对于东方学生与学者依然有效。四十多年的改革开放使得中国深深地融入了世界经济、科技、文化之中，全球化不仅为人民生活带来了实在的物质利益，而且在思想层面改变了我们对于身、家、国、天下问题的思考方式与处理方式。在改革开放过程中，我们可以看到传统儒学的魅力和当代儒学的积极作用，因为儒学虽然历经数千年而传承，但其内在精神从来不是抱守残缺、故步自封、画地为牢，在关键阶段总是积极参与、主动变革、能动适应。当今世界面临前所未有的大变局，中华文明复兴也对批判性反思传统提出了更高要求，负笈而行、任重道远，作为传统文化的儒学不仅需要创新性发展，而且需要在与世界文明的交融中得到进一步的洗礼，因为只有通过与世界其他思想体系的比较、互鉴，才能在人类命运共同体建设中发挥更大的作用。在这个意义上，儒学研究不仅需要中国的视角，而且需要世界的视角，我们传承优秀传统文化既要明了其历史的要素，也要在历史的延续中创造性地改造其内涵与外延，从而彰显其当代价值。这些既是我撰写本书时的初衷，也是本书对今天中文读者的可能意义之所在。

承蒙中国人民大学出版社的支持，本书中文版得以问世，我深为欣慰和感激。我首先要感谢本书的译者刘健先生。他前后花费数年时间认真阅读、消化和理解，并最终形成译稿，其中的辛苦自是不为他人所知。我还要感谢中国人民大学出版社学术出版中心主任杨宗元女士，没有她的支持和帮助，本书中文版不会有缘与读者见面。

姚新中

2020 年 5 月于中国人民大学静园

目　录

插图列表

卷首的插画是一幅孔子游历讲学图，据传为唐代著名画家吴道子所画。

图 1　孔子像，位于孔子故乡曲阜孔庙
图 2　杏坛，据传孔子曾在此讲学，位于孔子故乡曲阜孔庙
图 3　通往孔子墓的神道，道路一旁栽树 72 棵，喻指孔门七十二贤，另一旁栽树 73 棵，喻指孔子 73 岁寿终
图 4　孔子墓前的碑
图 5　孔子嫡孙子思（前 483—前 402）墓和碑
图 6　孔子墓旁的小屋，据传孔子的弟子子贡（前 520—前 456）曾在此为孔子守丧六年
图 7　乐正子（？—？）的墓碑和雕像，位于曲阜孔庙。乐正子是战国时期人，被尊为孔子孝道传播者
图 8　亚圣（孟子，约前 372—前 289）庙，位于孟子故乡邹县
图 9　韩国成均馆祭孔典礼，韩国学者在向孔子致敬
图 10　嵩阳书院，位于河南嵩山少林寺
图 11　北京白云观里的朱熹雕像和碑。朱熹雕像似有佛教中的手势
图 12　1998 年 10 月 17 日孔子诞辰 2 549 年全球庆典，香港孔教学院承办

英文版序

读小学的时候，笔者对盲人摸象的故事有过怀疑，笔者当时单纯地以 xi
为，盲人只要将大象全身摸遍，则必然可以描绘出大象真实的样子。随着年龄增长，笔者读了很多哲学和宗教书籍之后，才意识到事情远比当时想象的复杂。一个盲人如果从未见过或听说过大象，那么就算摸遍大象全身，也未必能够准确地描绘大象。除了感觉经验和智力因素之外，还有很多因素会影响我们对一件事物的认识。

庄子认为，在认识事物时我们的观念会干扰我们的认识能力，所以，只有当我们与万物融为一体，不分“此”与“彼”、“我”与“非我”时，
才可能获得真正的知识。与此类似，邵雍也提出，正是因为我们从自己的 xii
经验出发来认识事物，我们的知识才出现了谬误。他由此提出，我们一定要用心灵而不是眼睛，甚至不是用心灵而是用事物固有的原则去认识事物。在主体与客体之间的界限消失时，我们才能看到事物本来的面貌。

然而，即便训练有素的西方学者也觉得，上述隐晦的中国哲学方法理解起来并不太容易。以英美学者为代表的西方学术界有一个重要的知识传统，即学术研究首先要立足于主客二分，其次为保证学术研究的“客观性”，必须基于经验以及对经验的批判性检验。根据这种观点，在讨论一些宗教或哲学知识体系时，价值判断与事实判断的区分就显得十分重要。

中西哲学研究方法有诸多不同，在一些方面甚至存在矛盾，但是各有所长。越来越多的学者开始意识到，将中西方哲学研究方法结合起来对学

术研究可能会有所裨益。虽然对这一问题的讨论只言片语难以说清，但我们必须意识到，对儒学研究应怀抱一定的同情心，既能入乎其内，以“局内人”身份把握儒家思想的内在精神理路，又能出乎其外，以“他者”身份对儒家思想进行批判性反思。事实上，笔者这部《儒学导论》无论是结构还是内容都遵循了这一原则。读者或可清楚地发现，本书所呈现的是中西“双重视域”下的儒学传统，笔者既试图做儒家思想的“传承者”，又试图做其“批判者”。

xiii 本书初稿源于笔者在威尔士大学讲授儒学课程时的讲义。笔者讲授这门课程多年，每次讲授都会根据研究心得对讲义做出必要的增删，所提出的问题在同事和学生中也获得积极反响。参与课程的历届学生所提许多尖锐问题和良好建议，让笔者获益良多，特此感谢。非常感谢剑桥大学克莱尔堂学院 1998 年给笔者提供客座研究员的职位，其间还得到了庞蒂斐德文基金（Pantyfedwen Fund）和斯伯丁基金（the Spalding Trust）的资助，给本书最终完稿提供了巨大帮助。还要感谢与笔者经常深入交流的威尔士大学和剑桥大学的同事，他们渊博的学识和敏锐的学术洞察力，让笔者在本书初稿的反复修改过程中受益匪浅。此外，还有其他很多学校的老师、朋友和学生阅读了本书的部分章节并提出了宝贵的建议。笔者要特别感谢奥利弗·戴维斯（Oliver Davies）、加文·弗勒德（Gavin Flood）和托德·塔克（Todd Tucker），他们帮助笔者纠正了本书在英语学术语言方面的一些疏漏。

本书部分章节的内容曾在学术期刊上或一些研究项目成果中发表过。其中，第三章第三节的主要内容源自《儒学传统中的和》（*Peace and Reconciliation in the Confucian Tradition*）（The Reconciliation Project, Gresham College, 1999），第五章第三节的主要内容源自《儒学及其现代价值》（*Confucianism and its Modern Values*）（*Journal of Beliefs and Values*，1998 年第 1 期）。真诚感谢相关期刊编辑和项目负责人允许笔者在本书中再次使用笔者已经发表的一些成果。此外，还要感谢剑桥大学出版社的编辑们，特别是凯文·泰勒（Kevin Taylor）先生，尽心尽力促成本书的出版。

姚新中

1999 年 12 月于剑桥大学克莱尔堂学院

儒学历史年表

世界儒学传播及代表人物	中国历史	儒学	
	传说时代	圣王：尧、舜、大禹	xiv
	夏(约前 2070—前 1600)	桀：末代帝王，一位受谴责的暴君	
	商或殷（前 1600—前 1046）	汤：开国帝王 纣：末代帝王，一位受谴责的暴君	
	周（前 1046—前 256） 西周（前 1046—前 771） 东周（前 770—前 256） 春秋（前 770—前 476） 战国（前 475—前 221）	周的三位圣人：文王、武王、周公 孔子（前 551—前 479） 儒家经典 子思（前 483—前 402）学派 《大学》《中庸》 孟子（约前 372—前 289） 荀子（约前 313—前 238）	
	秦（前 221—前 206） 秦始皇（前 247—前 210 年在位）	焚书坑儒	xv

续表

世界儒学传播及代表人物	中国历史	儒学
儒学传至越南等区域 印度佛教传到中国，并与儒学互动	汉（前206—220） 西汉（前206—25） 刘邦（前202—前195年在位） 武帝（前141—前87年在位） 新（9—23） 东汉（25—220）	“罢黜百家，独尊儒术” 太学建立 古文经学学派 董仲舒（前179—前104） 今文经学学派 扬雄（前53—18） 刘歆（？—23） 桓谭（约前20—56） 王充（27—约97） 马融（79—166） 郑玄（127—200） 谶纬之学
高句丽太学建立（372年） 《论语》由百济王国学者王仁于405年（？）带到日本	魏晋（220—420） 魏（220—265） 西晋（265—317） 东晋（317—420）	玄学 王弼（226—249） 何晏（约190—249） 向秀（约227—272） 清谈 阮籍（210—263） 嵇康（223—262，或224—263） 道学与儒家伦理结合
	南北朝（420—589）	佛教兴起，同时儒佛之争加剧
景教传至中国（635年） 朝鲜新罗王国（365—935）开始儒学研究 日本第一部宪法（604年）吸收了儒家观点	隋唐（581—907） 隋（581—618） 唐（618—907）	儒学渐渐重获威望，科举考试制度建立 韩愈（768—824） 李翱（772—836） 柳宗元（773—819）
朝鲜高丽朝（918—1392）：科举考试制度；国子监	宋（960—1279） 北宋（960—1127） 南宋（1127—1279）	儒学复兴 周敦颐（1017—1073） 张载（1020—1077） 理学学派 朱熹（1130—1200） 心学学派 陆九渊（1139—1193） 功利学派 陈亮（1143—1194）

续表

世界儒学传播及代表人物	中国历史	儒学	
	元（1206—1368）	调和理学与心学 吴澄（1249—1333） 朱熹所注四书成为科举考试的官定必读典籍（1313 年）	
朝鲜李朝（1392—1910）：新儒学 李滉（Yi Hwang，1501—1570） 李珥（Yi I，1536—1584） 日本幕府体系（bakufu system） 藤原惺窝（Fujiwara Seika，1561—1619） 林罗山（Hayashi Razan，1583—1657） 日本朱子学（Shushigaku） 山崎闇斋（Yamazaki Ansai，1618—1682） 贝原益轩（Kaibara Ekken，1630—1714） 日本阳明学（Yômeigaku） 中江藤树（Nakae Tôju，1608—1648）	明（1368—1644）	陈献章（1428—1500） 王阳明（1472—1529） 阳明学派 李贽（1527—1602） 东林学派 高攀龙（1562—1626） 刘宗周（1578—1645）	xvii
朝鲜实学 朝鲜东学 日本古学派（Kogaku） 伊藤仁斋（Itô Jinsai，1627—1705） 荻生徂徕（Ogyû Sorai，1666—1728） 理雅各（James Legge，1815—1897）把儒家经典译成英文	清（1616—1911）	汉学考据研究 顾炎武（1613—1682） 王夫之（1619—1692） 黄宗羲（1610—1695） 戴震（1724—1777） 新学 康有为（1858—1927）	
陈荣捷（Wing-tsit Chan，1901—1994） 狄百瑞（W. T. deBary，1919—2017） 冈田武彦（Okada Takehiko） 成中英（Chung-ying Cheng） 杜维明（Wei-ming Tu）	中华民国（1912—1949） 中华人民共和国（1949— ）	现代新儒学 熊十力（1884—1968） 冯友兰（1895—1990） 唐君毅（1909—1978） 牟宗三（1909—1995）	xviii

导言　东西方儒学研究

> 如果要用一个词来概括中国人过去两千年来的生活方式，那 1
> 么这个词就是“孔子模式”。正是孔子传播了古代文化与文献，讲授了古代文化与文献，并创造性地阐释了古代文化与文献，最终塑造了中国人的思维与性格。孔子对整个民族生活方式与观念的影响之深，在中国历史上无出其右者。(de Bary *et al*.，1960，vol. 1：15)

16 世纪末，意大利传教士利玛窦（Matteo Ricci，1552—1610）来到中国，他很快意识到，自己的首要任务不能只是说服大批下层民众改信基督教，而更应该努力为自己在中国社会赢得一个稳固的、受尊敬的地位。为此，他和传教士同道们不懈努力，力图融入中国社会。在开始的一段时间内，这些传教士发现基督教和佛教具有多重相似之处，因为它们都来自西方。为了获得中国人的支持，他们把自己打扮成“来自西方的和尚”（“西僧”），如剃成光头、换上僧袍，就像一千年前的佛教徒那样，力图以多种方式融入中国社会生活之中。然而，没多久他们就发现僧人并不像他们起初想象的那样拥有很高的地位，后来他们意识到儒家学者才是当时社会真正的精英。于是，这些传教士再一次改变形象，改换儒服、蓄发，俨然一副“西方儒者”的形象①。

利玛窦通过坚持不懈地学习汉语，并且花大量精力来研习儒家典籍，最终成为一位颇受人尊敬的西方儒士（“西儒”或“西士”）。鲁利（Rule）记载：

> 1595 年 5 月，利玛窦离开潮州前往南京，他做了一个酝酿
> 很久的决定，即放弃穿僧衣、当和尚，而选择着儒服、做儒
> 士……利玛窦在中国前后生活了三十多年，从最初接触儒学开
> 2 始，他一生都在研习儒学。（Rule，1986：15，26）

利玛窦结交了很多中国学者和官员，并通过他们的引荐获得到朝廷觐见的机遇。利玛窦及其传教士同道向欧洲寄回了数以百计的信件、旅行记录和翻译作品，极大地促进了儒学在西方的传播。在此之前，尽管欧洲人对中国有一些了解，但几乎没有什么人系统地研究儒学。利玛窦等传教士如此重视儒家学说，表明在他们心中，儒学之于中国人就如同基督教之于欧洲人，具有非常重要的地位。

利玛窦及其传教士同道明确地把对儒家经典的研究作为传教策略的一部分，但是他们对儒学传统的描述和展示确实算得上一个“耶稣会的创造”（Rule，1986）。正是因为利玛窦把儒学介绍到了欧洲，他才成为西方研习儒学的先驱之一。在汉学热逐渐出现在欧洲学界的过程中，耶稣会儒学发挥了至关重要的作用。一些启蒙思想家如法国的伏尔泰（Voltaire）、弗兰西斯·魁奈（François Quesnay），德国的莱布尼茨（Leibniz）、克里斯蒂安·沃尔夫（Christian Wolff），以及英国的马修·廷得尔（Matthew Tindal）等，都对儒家的伦理和社会学说产生了浓厚兴趣。对他们而言，儒家的政治蓝图——国家奉儒家经典中的政治伦理原则为圭臬并以此治理民众，似乎可以提供一个现代国家的理想范型（Dawson，1964：9）。此后，基督教传教士们和受这些传教士影响的学者，对儒学在西方的传播和研究发挥了重要作用。雅斯贝斯（Karl Jaspers）认为，“19 世纪和 20 世

① 这种做法是一种灵活的本土化传教策略，后来 20 世纪的耶稣会士将之概括为“调适主义”。（詹启华. 制造儒家：中国传统与全球文明. 徐思源，译. 北京：北京大学出版社，2019）——译者注（本书所有脚注均为译者注，以下不再一一注明。）

纪，在中国的一些新教传教士完全为中国深刻的思想所折服，这使得自己的角色发生反转，向西方传播中国思想，俨然成了‘中国传教士’，这种现象并非罕见”（Jaspers，1962：143－144）。20 世纪，越来越多的汉学家、哲学家、人类学家和历史学家加入了儒学研究队伍，儒学研究正在成为一门相对独立的学科。现在在西方的亚洲研究、哲学、宗教等学科领域，儒学研究也常常是其中的一门重要课程。

现代很多东西方学者在研究儒学传统时兼顾了“局内人”的立场和“旁观者”的视角。当代英语世界的一些著名儒学研究者大致都是采取这样的思路，一方面从儒学自身展开研究，另一方面对儒学传统进行批判性审视，这些研究者包括陈荣捷、狄百瑞、杜维明、成中英、安乐哲、郝大维（David L. Hall）、南乐山（Robert C. Neville）和罗德尼·泰勒（Rodney L. Taylor）等。这些不同的学者和学派不仅积极向西方读者介绍儒学思想，而且在一定程度上创造性地发展和丰富了儒学传统[1]。在他们看来，儒学不仅仅是一种古老的政治意识形态或者社会-经济体系，更是一种宗教、哲学的传统，既可以以此来研究当代世界，也可以借以思考人类的未来。这些学者力求在过去与现在之间建立起高度的关联，同时在中国传统与世界上其他几大传统之间形成良性互动。他们对西方想要了解中国和儒学的学生有着巨大的影响力，并且使得一些学生已经对儒学大师们有了全新的印象。比如说，儒学研究领域的著名翻译家、学者陈荣捷就有这种影响力。他的学生之一司马黛兰（Sommer）曾经对此证实说：“对于我们这些学生来说，很多人都私下里觉得——好像有点神秘的意味——陈教授就是朱熹在当代的化身”（Sommer，1995：ix）。

在以英美学者为代表的西方学界，儒学研究存在两大问题：第一个问题是经过了大约 400 年的探索和研究之后，儒学在西方仍然属于边缘学科，是一种少数人的学问，部分是因为儒学著作过于学术化，导致一般哲学、宗教专业的学生不太容易理解，这也是造成西方儒学研究发展缓慢、难以普及的主要原因之一。第二个问题源于儒学研究的方法论，不同学者所展现的儒学各不相同，使得读者在理解什么是儒学方面更为困惑。这两

---

① 这样的创造性发展和阐释还在加速进行。例如在美国，代表性的儒学研究学派有波士顿儒学和夏威夷儒学；近年美国儒学相关研究著述颇丰，如安乐哲的《儒家角色伦理学：一套特色伦理学词汇》（山东人民出版社 2017 年版）、安靖如的《当代儒家政治哲学——进步儒学发凡》（江西人民出版社 2015 年版）等。

个问题都是由于东西方对儒学的理解不同；反过来，它们又加大了这些理解的差异。越来越多的学者意识到了这些问题的严重性，并且已经寻求通过各种方式来化解这些问题。例如，郝大维和安乐哲在《孔子哲学思微》
4 （*Thinking Through Confucius*）一书中，试图通过对孔子的重新解读，找到支撑整个儒学传统的前提。他们评论道：

> 无论基于盎格鲁-欧洲传统立论，还是从中国传统出发且借鉴西方哲学范畴，大多数孔子的诠释者都存在一个主要的缺陷，就是没有找到并清楚地表达那些主导着中国传统的特定前提。(Hall & Ames，1987：1)

儒学曾经影响着东亚的大部分地区，但近代以降其影响力日渐式微，并且已经明显丧失了主导地位。然而，即便昔日地位不再，并遭到诸多批评，儒学在东亚的哲学、宗教、政治、伦理和文化方面依然发挥着重要作用。因此，摆在所有儒学研究者面前的主要任务之一就是如何促进传统价值观的现代应用，如何加强东西方儒学研究的学术交流。

第一节　儒学发展的分期

儒学主要是一个中国的传统，或者更准确地说是东亚传统的重要组成部分。儒学既是一种生活方式，也是一种传统价值体系。要想充分理解儒学，就必须回到其发源地，探明儒学是如何产生的，厘清儒学是如何转化发展的。以往讲述儒学传统时经常会用儒学史的方法，就像把中国分为各个朝代那样，把儒学的发展分成多个时期，这样，儒学便成为复杂历史的一部分，其发展也与政治、社会、经济、宗教、文化等生活领域的诸多变化交融在一起。很多时候，儒学可以从这些变化中汲取力量和一些积极因素；但另一些时候，儒学则会因社会结构的崩溃而遭受冲击，其应对策略要么是更加灵活变通，要么是越发固守教条。纵观中国历朝历代，儒学一直在通过改变自身以适应新的政治、社会需求①，这些改变和适应同早期

① 儒学的这种适应性演变可以用朱维铮先生所强调的“学随术变”加以概括，颇为精当。可以参看他的著作《中国经学史十讲》（复旦大学出版社 2002 年版）。

儒学大师们的学说一样重要。

总体来看，儒学的发展与中国朝代更替息息相关。西汉（前 206—25）时期，儒学被尊为官方正统学说，这标志着儒学与朝廷之间的紧密联 5
系正式建立。自此之后，一直到 20 世纪初期，朝廷官员基本上都是儒士，形成了儒士官僚体系，他们作为政府的中流砥柱，影响力很大。儒士之所以有这样的影响力，或多或少仰赖当权者对儒家学说的认可，但尽管如此，儒学并没有沦为政治的附属品。儒学自身的很多发展很少依靠朝廷的支持，许多儒家学派都远离政治，甚至直接挑战当权者。儒学并不仅仅是被动的统治工具，很多儒家学者积极进取且敢于担当，成为统治活动的监督者，并努力践行儒家政治伦理原则以改良政治架构。这些儒家学者不一定拥有政治权力，但却拥有解释政权“合法性”或“正统性”的话语权。儒家各个学派的发展都基于一些儒家核心原则，同时一些儒学大师因为其精神性追求使其学说能够超脱当时的政治生活。正如狄百瑞所言：

> 中国朝廷的稳定和官僚机构的延续很大程度上依赖儒家思想和学说……但是，事实上儒学并没有很大程度地依赖朝廷。儒学尽管受到朝代更替的影响，但总能找到自己的生存之路。（de Bary，1988：110）

如果不能简单地视儒学为朝代更替的附属品，那么究竟应该如何从历史的视角来呈现儒学的发展呢？冯友兰（1895—1990）将中国哲学思想分为两个阶段：创立时期和诠释时期。他把创立时期的中国哲学称作子学，即从孔子到《淮南子》；把诠释时期的中国哲学称作经学，即从董仲舒（前 179—前 104）到康有为（1858—1927）（Fung①，1953）。这种二分法揭示了中国哲学思想的一些本质特征。创立时期代表着早期学说形成时的内聚性传统，“以儒家的穷理尽性文化为主脉”，而子学时代的哲学家则充满了慎思明辨的逻辑精神，他们的“思想是刚动的、创造的、健康的、理想的、积极的、政治的、道德的、入世的”，表现为对传统的扩展。经学时代的思想家无论有无新见，都须“依傍古代即子学时代哲学家之名”，

---

① Fung Yu-lan 即是“冯友兰”在英文中的威氏拼写法，在西方学界普遍使用。现在中国学者的英文名一般都采用拼音拼写法。

较少具有子学时代儒家的创造精神。如果简单地把冯友兰的二分法应用于
6 儒学史的考察，那么我们的视角就可能受限，可能不够重视子学时代除儒家以外的中国思想家的贡献，以及经学时代思想家的创见①。

牟宗三（1909—1995）作为港台新儒家中最具影响力和理论原创性的学者之一，提出了儒学三期说（方克立，李锦全，1995，下卷：486-495）。牟宗三认为儒学第一期是由先秦到东汉末年，“孔子以人格之实践与天合一而为大圣，其功效则为汉帝国之建构。此则为积极的、丰富的、建设的、综合的”。第二期是宋明理学的形成和发展时期，“此则较为消极的、分解的、空灵的，其功效显于移风易俗”。牟宗三认为清朝之后儒学精神衰退，需要儒学的第三期发展，这一期的主要任务是通过“儒家道德理想主义与民主科学”相融合，实现“政治现代化”，即“内圣开出新外王”②。杜维明又进一步发展了牟宗三的“三期说”③。第一个时期，从孔子（前 551—前 479）、孟子（约前 372—前 289）、荀子（约前 313—前 238）到董仲舒，代表着儒学的创立并最终被尊为正统思想。这一时期从春秋（前 770—前 476）时代延续到东汉（25—220）末年。第二个时期，从新儒学兴起、向东亚其他地区传播开始，到其在中国和东亚失去主导地位为止。这一时期从宋代（960—1279）初年一直延续到 20 世纪初。第三个时期发生在 20 世纪，始于五四运动（1919 年）发起的对传统文化的批判和反思，至今这一过程仍在持续。第三个时期有一个重要特征，即现代儒学学者常常从西方学术视角来理解、传播和重新诠释儒学学说。由此，儒学走向了世界，而世界也进入了儒学（Tu，1993：141-150；1996a：418）。儒学发展三期理论背后蕴含着一个基本问题，即儒学能否加以改进，而成为全球精神和全球文化的重要组成部分。为了探求这个问题的答案，我们必须重点关注儒学在地域范围上的拓展，这关联着它在应对外部挑战时进行的自我变革。三期理论意味着，儒学能否进一步发展取决于它能否恰当而成功地应对工业化、现代化、民主制度和“地球村”。三期理
7 论固然有值得称道之处，但还不足以全面展现儒学传统的历史视角。该理论只是高度概括的公式而已，不可避免地对儒学发展过程中很多重要部分

① 参见：沈有鼎．中国哲学今后的开展//郭齐勇．中国哲学史经典精读．北京：高等教育出版社，2014。

② 参见：牟宗三．道德的理想主义．沈阳：吉林出版集团有限责任公司，2010：12-13。

③ 参见：杜维明．现代精神与儒家传统．北京：三联书店，2013：473。

或重要时期有所忽略，而这些重要部分或重要时期可能恰恰是儒学研究持续发展的基础和创新的源泉。儒学传统一直处于发展变化之中，如果把这个理论作为儒学史研究的范式，那么显然就太过宽泛，很难揭示儒学传统的特征。儒学一方面在自身内部激发出生命力；另一方面从外部汲取能量，沟通过去与现在，并形成自身与其他诸多传统的互动互鉴。若简单地应用三期理论来概括，就可能忽视这一点。

儒学分期是儒学研究中的一个关键问题，它关涉到对儒学发展脉络的梳理和儒家思想内在理路的确认。大凡研究儒学的学者，只要深入进去，就不可避免地要对这一关键问题予以观照和考察。整个儒学史包罗广泛。诸位学者关于儒学发展阶段的划分不尽相同，但大体的演进线索还是清晰可辨的①。本书无意描绘出一幅儒学发展的历史全景。简单勾勒其发展的不同阶段，目的在于说明儒学在历史上是如何创新、演变与转型的。本书的历史视角是儒学起源及发生发展经历了五个阶段，或者说儒学在其发展过程中呈现出五个维度。在每一个阶段或维度，儒学学说都获得了新的特征，从而使得儒学实践的内容越来越丰富，儒学传播的范围越来越广阔。

一、儒学的创立

在第一阶段，儒学获得了其“经典”形式。儒学（或儒家）的经典样貌形成于春秋时期（前770—前476）。孔子及其信徒筚路蓝缕，在古老传统的基础上创立了新哲学，并将之作为实现社会安宁与政治和谐的途径进行广泛探讨和实践。到了战国时期（前475—前221），经典儒学发生了很

① 除了冯友兰、牟宗三、杜维明关于儒学分期的论述之外，还有一些学者的划分或可引为参考。成中英认为儒学发展可以分为五个阶段，一是儒学发展的原始阶段，二是从古典儒学到汉代儒学阶段，三是宋明新儒家阶段，四是清代儒学阶段，五是当代新儒家阶段，参见：成中英.第五阶段儒学的发展与新新儒学的定位.文史哲，2002（5）：5-11。钱穆将儒学划分为六期，包括先秦创始期、两汉奠定期（经学）、魏晋南北朝扩大期（义疏之学、史学、经学）、隋唐转进期（经、史、诗文）、宋元明总汇期（经、史、诗文）与别出期（理学）、清代进一步发展期（考据学、公羊学等），参见：钱穆.中国学术通义.台北：联经出版事业股份有限公司，1998：70-95。也可参考李泽厚提出的“儒学四期”说，即孔孟荀儒学、汉代儒学、宋明理学、现在或未来所要发展的儒学，参见：李泽厚.说儒学四期.上海：上海译文出版社，2012：17。另外，干春松则简明地把儒学分为古代儒学和现代儒学，而且肯认康有为是现代儒学的起点，参见：干春松.康有为与儒学的“新世”：从儒学分期看儒学的未来发展路径.上海：华东师范大学出版社，2015：113-176。

大改变，得到更详尽的阐明和进一步的发挥。这些都归功于一批著名学者，其中最重要的当数孟子和荀子，他们后来都成为儒学史上的大师。正是因为他们的贡献，儒学才能在学派林立、思想纷繁的百家争鸣中逐渐成为主流思想之一。

二、儒学的调适

在第二阶段，儒家与法家、阴阳五行家、墨家及道家进行了波澜壮阔的互动互鉴，儒学对自身进行了深度变革与更新。在汉朝取代秦朝（前221—前206）之后，儒学逐渐从秦王朝迫害、法家排挤所导致的困局中
8 恢复过来。汉代的儒家学者已经清楚地意识到他们处于兼容并蓄的文化之中，于是开始了对儒学学说的长期适应性调整，以符合国家的需要。古典儒学学说在这一调整过程中得到了进一步的变革、更为详尽的阐明和更进一步的丰富。一种神学的、形上学的天人感应学说得以建立，并理所当然地成为新兴儒学的基石。这一时期有两个重要学派，即古文经学学派和今文经学学派，二者之间的论争引发了对孔子和儒家经典的重新诠释。这直接促成了著名的经典研究之学，或者更准确地说，应该是经典考证注疏之学——“经学”的诞生。经学学者把注意力集中在了对儒家经典字斟句酌的细密解释上。到东汉快结束时，这种大规模的注经活动差不多消耗殆尽了儒家学者的生命活力。为了扭转这种死气沉沉的局面，魏晋（220—420）学者采取互鉴糅合的策略，或者把道家哲学融入儒学，或者把儒家世界观纳入道家原则。总之，道家与儒学结合在一起了，形成了一种把《老子》《庄子》《易经》思想熔铸一炉的幽深玄远之学，即玄学。这给此后中国人思想观念的发展带来了深远影响。

三、儒学的转型

在第三阶段，儒学在应对来自佛教和道教两种思想传统的挑战的过程中，创造了一种新的思想形式。宋（960—1279）明（1368—1644）儒学重获主导社会生活等方方面面的权威地位。儒家学者受到佛教哲学和道家精神的启发，一方面重塑了儒学的宇宙观、社会观以及关于自我的观点，另一方面又竭力把他们所认为的佛教、道教中的迷信从儒学中清除出去。儒家学者的努力最终构筑了一个宏大的、系统化的儒学体系，即道学（研究道的学问），或称理学（研究原则或理性的学问），在西方则被正式翻译

为新儒学（Neo-Confucianism）。

四、儒学的多样化

在第四阶段，儒学逐渐传播到东亚各国，与当地文化、传统相融合，形成了各种新形态。儒学诞生于中国，但不局限于中国。儒学的历史可谓是一个辐射式的发展过程，从北方起源，传播到整个中国乃至东亚其他各 9
个国家。至于更晚近的时期，儒学已经扩展到北美、欧洲及世界其他地区。根据历史记载，早在西汉时期儒家学说和儒学机构就已被引入越南、韩国和日本。起初，这些国家的学者只是简单地照搬中国的体系，但随后慢慢地涌现出一些杰出学者，他们以中国儒学大师为思想指引，结合自己的理解、经验和洞见，重新诠释和注疏了儒家经典。这样，他们便把新的形式和内容注入了儒学学说，以满足自己国家的社会、政治、文化等各个方面的需求，成功再建了一种富有本国特色的新的儒学形态。由此，中国儒学拥有了更多的表现形式，它们以共同的儒学学说和实践为源头，变形分化出各不相同但彼此相关的流派，一起步入 20 世纪。

五、儒学的创新

在第五阶段，儒学发生了进一步的转变，即在现代世界其他哲学特别是欧洲哲学传统和基督教思想的影响下继续向前发展。20 世纪的著名学者有熊十力（1884—1968）、梁漱溟（1893—1988）、冯友兰（1895—1990）、钱穆（1895—1990）、唐君毅（1909—1978）和牟宗三（1909—1995），他们都把毕生的精力奉献给了儒学价值体系的复兴和儒家思想的创新。他们的贡献和成就让儒学重新焕发生机，同时构成“现代新儒学”的主要内容。

本书试图简单而明了地勾勒出儒学的历史，所以对于儒学诸多主要学派及附属学派，不大可能一一加以介绍。我们只能挑选那些最有影响力的儒学大师，考察他们对儒学传统发展的贡献。而在此过程中，我们又将着重介绍那些开启新纪元的理论创新和划时代的思想变革，同时指出这些创新和变革的各个关键发展阶段；至于其他很多大儒及其学说，或许很有价值，但只能忍痛割爱，暂付阙如，或者挂一漏万，简略表述。

第二节　方法论要旨

10 东西方儒学研究历史悠久、范围广阔，并且最近几十年现代儒学研究者取得了巨大成就。在相当程度上，中国现当代儒学研究进展的重要肇端可溯源至胡适、冯友兰、唐君毅、牟宗三等 20 世纪早期那批兼具中西双重学术素养的学者，他们是利用西方哲学范畴和方法论建构中国哲学的重要典范。之后，关于中国有无哲学、中西哲学能否互诠互释的追问[①]，始终伴随着中国哲学研究、儒学研究的发展过程。但是，在中西哲学比较视域下，把儒家传统和西方思想传统、中国思想家和西方思想家、中国思想流派和西方思想流派进行比照、互诠、对释、融通，一直是诸多学者无法忽视的研究进路。

因此，笔者承继中西哲学比较的进路和语境，在世界儒学的大视角之下，主要把儒学作为一个哲学、宗教传统来介绍，重点关注其学术创新和现代意义。笔者将对东西方已经取得的成果进行概括性的介绍和批判性的审视。另外，关于人们对“儒学”一词的理解，笔者将从历史上的学说、学派、仪式、圣地和术语出发进行必要的阐述，同时强调现代儒学所呈现的适应、转型和创新的重要性。

要写一部关于儒学的导论类著作，一种思路是沿着历史发展的脉络，从上古时代、孔子时代一直介绍到现代。这是此类著作采取的基本结构，像理雅各（James Legge）、顾立雅（Herrlee Creel）和当代的白诗朗皆是如此。虽然给读者展现了一种儒学研究活动的线性描述，但儒学作为一种渗透到社会各个层面的哲学、宗教或伦理的精神，这些学者没有很好地予以阐明。笔者则采取不同的思路，将描绘儒学传统的许多层面，同时勾勒这一悠久传统的现代图景。笔者希望通过研究儒学过去如何产生和发展，以及现在如何创造性地转化和应用，给读者展现一幅儒学传统的多维图景。

要考察儒学传统，必先探索其源头，而且不能仅仅依赖二手资料，回到原典至关重要。本书主要涉及两类文献：第一，包括古代的经典、注释、评注，现代的阐释、介绍类的中文文献；第二，其他语种诠释类的书籍和文章，其中有翻译、注解类的非常专业的学术文献，也有主题研究、

① 涉及“格义”和“反向格义”的争议，参见刘笑敢的相关文章或著作。

原典研究类的文献。这两类资料同等重要，且全书各章都会进行相互对照引用。书后还附有这两类参考文献，以供读者进一步查阅。

儒学传统是否属于宗教是一个有争议的问题，第一章将对此进行详细论述。但有一点可以肯定，儒学传统对宗教价值观从来都是开放包容的。 11
通常，那些知名汉学家在研究中国的宗教传统时采用的方法有两种，一是从宗教经典文献的文本出发，二是从宗教在人们生活方式中的应用和体现出发。早期阶段，这两种方法论的代表分别是理雅各和高延（J. J. M. de Groot）。苏慧廉（W. E. Soothill）指出了这两种方法论各自的缺陷，并认为对于任何宗教传统都必须同时采用这两种方法进行研究。这一观点颇有洞见，对于我们现在研究儒学有一定的借鉴意义。

> 研究一个宗教，如果只局限于早期创立者确立的教义，而忽略其实际的发展状况，那么将无法充分展现它的全貌。当然，如果只局限于宗教在生活实践中的表现，而没有充分重视创立者的思想或学说，同样不能描画出它的整体图景。一个民族的宗教观念，或许可以铭记于人们的内心，镌刻在人们的良知当中，但它在人们的日常生活中究竟是如何表现的，常常很难完全搞清楚。（Soothill，1973：21）

儒学传统不仅记录在文献典籍里，也鲜活地反映在人们的生活方式之中。这两个维度彼此关联并相互补充。儒学是一个充满生命力的、历史悠久的传统。要想完整清晰地描绘儒学传统，必须深入探究经典中的儒学传统与生活中的儒学传统是如何交融在一起发展的，即儒学传统是如何主导人们的生活实践的，而政治、宗教实践又是如何反映、重塑儒学传统的。要全面了解儒学传统，可选择的有关儒学传统的通论或通史类著作宏富繁多[①]，但能够立足国际视野，兼顾历史维度、专题特色、中西比较视角的论著尚不多见，本书则希望努力做到这一点。本书只是一部导论性的著作，限于篇幅，不大可能细致地全面考察儒学学说与中国人生活实践之间的复杂关系。像儒学学说如何被应用于东亚的政治、宗教、文学、艺术及日常生活这类问题，主要是各种各样主题研究的任务。当然，我们的研究

① 比较翔实的有汤一介、李中华主编的多卷本《中国儒学史》（北京大学出版社 2011 年版）。

不仅关注儒学中关于天、仁爱、和谐的学说，也关注这些学说是如何被应用于实践的；不仅涉及儒学中关于人性的哲学探讨，也涉及人的精神文化使命的践履自新。

任何针对哲学、宗教传统的研究领域都存在大量各不相同的解释，这一方面提升了研究的深度，另一方面也带来了更多的困惑。儒学研究亦然，当中充满了各种不同甚至相反、对立的观点。本书力求兼顾学术著作的严谨确当和导论著作的扼要简明，故采用儒学研究领域中那些取得广泛共识的观点或内容。虽然关注了一些最新发现的证据，但并不是要论证某一特定的观点和理论；虽然探讨了儒学研究领域那些最重要的问题，但并未囊括全部现有的争议或论辩。贯穿全书的一个宗旨就是，努力发现和梳理历史上儒学传统的真实演变过程，从而更准确地表达、厘清、诠释儒学的宗教、伦理及哲学思想。此外，书中每一章都会提出一些问题以供进一步讨论，这些问题都没有简单直接的答案，希望能够激发相关专业的学生和广大读者更深入的思考。

第三节　结构与内容

不算导言的话，本书共包括五章内容。

第一章属于主题阐述，主要讲什么是儒学，它有哪些特点。本章的焦点是孔子及其对儒学传统的贡献，同时也会关注西方所谓“儒学”的起源和性质问题。

第二章从历史的视角展现儒学的发展历程，重点关注主要的儒学学派及其创始人和思想领袖，从早期的记载讲起，一直讲到儒学迈入现代时期。不仅讨论各个学派的共同传统，而且强调每个学派的独特性，它们都是整个儒学发展、转变过程中不可或缺的环节。从地理范围上看，主要介绍了中国、韩国、日本三国的儒学大师及部分其他儒学学者的贡献，其他地区如越南等东南亚国家的儒学，或有所涉及，但限于篇幅而不予详述。

第三章讨论了儒家学说的关键要素和核心范畴，并把它们概括为“三种道”：天之道（天道）、人之道（人道）、和之道（和道）。天之道是儒学先验观、形而上学观、自然观、伦理观、政治观及宗教观的核心。人之道分析的是人对天之道的遵守、践履，具体反映在人性、道德、社会融合、政治秩序及个人命运等方面。只有理解天之道，并在生活中自觉加以执行，天之道才能实现，这是儒学信仰的核心。和之道关注的是如何实现人
与天之间、意识活动与环境之间、人与人之间、家庭成员之间的和谐，以 13
及如何实现社会和谐、世界和谐。和之道主张，和既是儒学的一个核心概念，也是彰显儒学生机和力量的精神；既是儒学的实质所在，也是儒学信奉者努力要实现的理想。儒学传统中“和”的核心内涵和终极旨归是“天人合一”。根据儒学的理解，这种合一表现为世界的和谐状态，人们在这种状态中生活、行动，可以获得幸福、安宁和秩序。它也显示神灵与人、思维与身体、形式与质料以及传统与当下之间持续不断的联系，这种联系带给人一种连贯、永恒、安全的感觉。另外，它还指示永恒与暂时、无限与有限、神圣与世俗之间的相互转化，这体现在对礼的恰当遵循中，所以要求人们在生活实践中务必保持真诚和勤勉。

第四章主要介绍宗教性的仪式和实践，正是它们滋养、支撑了儒家传统发生发展的演变过程。本章将论述儒家价值观是如何渗透到中国人、韩国人及日本人的生活实践中的。这些国家的人们都自然而然地受到了儒家学说的影响。不管他们有没有深入学习过儒家经典，他们的思想在相当程度上都是由儒家价值观决定并塑造的。首先探讨儒家学说是如何被用来改革宗教仪式和实践的，而这些仪式和实践又是如何反映大儒们所倡导的理性的人本主义理想的①。儒教实践不仅存在于宗教的虔敬和崇拜中，也存在于一种独特的方式中，即儒教把学习经典和自我改善作为一条精神修养路径。儒教与道教、佛教、基督教之间的互动影响了儒家传统的精神性。正是在这种互动中，儒教改变了自身，同时也导致了其他传统的改变。

第五章讲述儒学在现代的调适和创新性发展，涉及现代儒学学者关注的主要研究主题及面临的诸多挑战。其中，考察了所谓“三代现代新儒家学者”，并探讨了儒学理论与实践面临的新挑战及儒学学者对这些挑战的
回应。儒学在西方文化和共产主义革命的双重冲击下坚持了下来，并在某 14
种程度上作为现代化的一种积极的、有价值的推动力量重新焕发出生机。我们有理由认为，东亚经济、政治、社会生活背后的价值观离不开儒学传

① Humanism 对应着中文语境中的“人道主义”“人本主义”“人文主义”，下文根据具体语境灵活使用，尤其在涉及儒家的“人本主义”和“人文主义”时，不做严格区分。

统和儒家文化的滋养。有些学者甚至强调，“这些快速现代化的国家的新行为模式正在发生改变，且这种改变只有结合古老的儒学传统才能被理解”（Küng & Ching，1989：95）。一些学者回顾了过去几十年儒学的影响和复兴图景，认为儒学正在迈向“新时代”。有人指出，儒学的创新力并不简单局限于东亚，对于更广范围内普遍、持久困扰人类的问题，它都能给予积极回应。通过对这些观点的批判性考察，以及对现代东西方学者努力彰显儒学地位的审视，本书得出结论：儒学绝不仅仅是一个过去的传统，它的复兴或许能够给我们提供积极的价值观，促成有益的观念转变和更新，帮助和引导我们在现代社会过上美好生活。

第四节　儒学的译介

儒学在西方世界的传播在相当程度上有赖于传教士的中介作用，这导致西方语境中的儒学在某种意义上可以算是耶稣会在华传教时与儒学传统互动互鉴的思想产物。后来经过汉学家、中外翻译家等的努力，承载儒家传统和儒学思想的很多儒家经典被翻译成了英文或其他语言，其中有的经典已有多个译本，比如《论语》《孟子》等。像理雅各、亚瑟·威利（Arthur Waley）、辜鸿铭、刘殿爵（D. C. Lau）、陈荣捷等，已经是广为人知的著名儒家经典及中国哲学经典文献的译介者。

事实上，很少有来自非西方传统的书籍像儒家经典那样被多次翻译为西方语言。这导致了大多数学习儒学的英语世界的学生都会遇到的一个问题，即同一部儒家经典的各种翻译之间存在差异。与对其他宗教或哲学传统经典的翻译类似，儒家经典的翻译也反映了译者个人对文本背后的哲学的重新理解。不同的译者有不同的理解，所以他们翻译的作品存在差异就在所难免了。为了全面准确地了解儒学的传统，英语世界的学生不妨参照不同译本，同时阅读相关的导读或阐释类的文献以及背景材料。这时候英语世界的学生可以选取介绍儒学的指南、导读、概要类的简明读本①。以儒家最重要的经典之一《论语》为例，除了理雅各、辜鸿铭、刘殿爵等的

① 此类英语著作不少，例如：Berthrong，John H.，Evelyn Nagai Berthrong. Confucianism：A Short Introduction. Oxford：Oneworld，2000；Rainey，Lee Dian. Confucius and Confucianism：The Essentials. Malden，MA：Wiley-Blackwell，2010；Gardner，Daniel K. Confucianism：A Very Short Introduction. New York：Oxford University Press，2014。

著名英译本，还有一些新译本可供参考①，再加上相关的编译、解读、选编、论文集，这些都为英语世界的读者提供了丰富的选择。

除了不同译本之间的差异带来的困扰之外，英语世界的学生遇到的第 15
二个问题是，如何借助译文理解中文术语和汉字。有些儒学术语在意义、使用上非常复杂，英语中根本找不到对应的字词、概念或对等的术语。其他一些儒学术语可能有很多英语说法或词组可供参考，但它们各自单独都不能充分表达这些术语的内涵和意义。

英语世界的学生面临的第三个问题是，汉字或者说中文词语的罗马化，大多数学生觉得理解起来有一定的困难。目前，中国汉字在音译为英语时主要采用两种方法。第一种是“威妥玛式拼写法”（简称“威氏拼写法”），也称“威氏罗马字母拼写法”，过去这是西方汉学家和中国港台学者对汉字进行罗马化时普遍采用的方法。第二种是汉语拼音字母拼写法，主要流行于大陆（内地），以及新加坡和马来西亚等地区。该方法虽然使用的历史较短，但近来已被很多西方汉学家和中国学者所采用，部分原因在于越来越多的资料正在中国大陆（内地）出版。两种拼写方法各有优势。对于一些著名学者的名字，如冯友兰（Yu-lan Fung）和杜维明（Wei-ming Tu），学界一般沿用威氏拼写法，因为他们在西方已经广为人知，如果再改用拼音拼写，反而会带来误解或者不必要的理解障碍。

① 例如森舸澜（Edward Slingerland）的译本（*Confucius Analects*：*With Selections from Traditional Commentaries*. Indianapolis：Hackett，2003）和华兹生（Burton Watson）的译本（*The Analects of Confucius*. New York：Columbia University Press，2007）。

第一章　儒学、孔子和儒家经典

16 一般认为研究孔子及其弟子的基本参考文献是《论语》，《史记》中的《孔子世家》《仲尼弟子列传》等，以及《礼记》《孟子》《荀子》《韩非子》《庄子》等经典文献中的相关表述也可资借鉴。至于《孔子家语》《孔丛子》等文献，则至少聊备一说，虽尚待释疑、考证，但未必全然不足观，或有值得参考之处。然而无论如何，历史弥远，吉光片羽，完整“六经”的先秦出土文献仍付阙如，这便影响了对孔子、孔子门人及早期儒家思想的清晰梳理和整体呈现。学界只能借助传世文献和有限的出土文献推进孔子相关研究。尽管文献不详备，但是基于《论语》等文献，我们依然有足够的信心来勾勒孔子、孔门弟子、儒、儒者的形象和情状，同时追溯与描绘儒学传统的发展脉络和历史演变图景。

孔子出生于大约 2 500 年前，一生都致力于“知其不可而为之”（《论语》，14：38）的事业，直到他去世。虽然周王室衰微，礼崩乐坏之势难以逆转，但是孔子矢志不渝地投身于古代文献与文化的编纂、阐扬和讲授活动之中。他“祖述尧舜，宪章文武”，以周公为典范，以恢复周代礼乐社会为职志乃至天命；他不辞劳苦，周游列国；他心心念念于“如有用我者，吾其为东周乎”（《论语》，17：5）。孔子的学说在当时已广为流传，子贡称赞自己的老师说，“仲尼，日月也，无得而逾焉”（《论语》，

19：24），当然也有人贬其为“四体不勤，五谷不分”[①] 的人（《论语》，18：7）。然而，他们都不曾料想到的是：中国文化，或者某种程度上的东亚文化，将会永远与孔子的名字联系在一起，并且孔子所热爱、传播的传统与世界上最伟大的传统傲然并立。这个传统就是西方所称的“儒教”或“孔教”。

第一节　儒学和儒

英语 Confucianism（孔教）一词的源头可以追溯到 16 世纪的耶稣会士：

> 在金尼阁（Nicholas Trigault）于 1615 年出版他的《利玛窦中国札记》之前，西方人对孔教几乎一无所知，更谈不上什么争论了……事实上，耶稣会士是第一批了解孔子和孔教的欧洲人，他们不太准确地把孔教称为“文化人教派”……耶稣会士，作为欧洲价值观和思维方法的代表……试图从制度方面来理解中国的学术生活，并把“科举”或者中国“学者”的传统加以变形，称为“教”，即孔教。（Rule，1986：2，195）

从那时起，英语 Confucianism 或者它在其他欧洲语言中的同义词就被西方人作为一个恰当的术语，来表达以孔子为思想源头的东亚传统。实际上，孔教更是一个广泛植根于中国文化中的传统，是由孔子和儒家学者培育、发展起来的，并不是孔子自己独立建立的一个新宗教传统，也不是他个人首创的一个新价值观体系。儒学作为一个独特的学派始于孔子，这一点大致可以确信。的确，正是由于孔子孜孜不倦地钻研古代思想、编纂和传播古代文献，才奠定了后来儒学之成其为儒学的基本原则和核心思想。但如果说儒学完全是由孔子一人创立的，完全是因对孔子的信仰而得以持续发展的，那就可能有悖于历史的真实了。在这个意义上而言，英语世界用 Confucianism（孔教）这个词来表达这个文化传统就有点不太恰当

① 此句是荷蓧丈人与子路之间的对话，至于“四体不勤，五谷不分”是责备谁，仍有争议。按杨伯峻先生《论语译注》采纳的说法，认为责备的对象是子路而非孔子。当然，也有观点认为丈人在说自己。

了，因为在中国和其他东亚国家，通常称这个传统为儒家、儒教、儒学，或者简单称作儒。这个文化传统在孔子时代的很久之前就产生了，而孔子的关键作用是对它进行了发展、完善。大众通常奉孔子为“至圣先师”，而儒家学者则尊他为圣人，从来没有人把他当作救世主，也没有人说他是上帝。显然，孔子在儒家传统中所扮演的“创立者”角色，迥异于其他宗教传统中的教主或先知。

一、儒和儒的传统

儒家、儒教或儒学可以被大致地理解为“学者的学说或传统”。若要深入理解这一学说或传统，首先必须探究儒的根源。汉代（前 206—220）著名学者刘歆（？—23）认为儒作为一个职业在周朝（前 1046—前 256）早期就形成了。他认为，儒作为一个社会组织和特定学派，“游文于六经之中，留意于仁义之际，祖述尧舜，宪章文武，宗师仲尼，以重其言，于道最为高”（《汉书》，1997：1728）。不过，儒和儒学学者被等同起来是很久之后的事，此时儒学已经成为一个著名的学派，他们从事古代圣贤之道的阐发和传播，同时对古代经典进行研究。那么，儒的最初含义是什么？

在古代文献中，汉字“儒”第一次出现在《论语》中，孔子教导他的弟子子夏，“女为君子儒！无为小人儒！”（《论语》，6：13）。东西方都有部分学者认为，虽然在孔子时代之前已经有大批专门从事礼仪实践的人，但“儒”字是在孔子之后才出现的，并被用来称呼孔子的追随者（Eno，1993：192）。虽然这种争论尚未达成共识，但至少目前可以肯定的是，我们有必要重视《论语》中儒的两种表述所指示的含义，同时有理由相信，儒作为一种社会职业或特定的社会组织，一定在孔子时代之前就已经存在了。

如上所述，刘歆对儒的起源给出了一个清晰的解释。他认为儒起源于一个政府机构（司徒之官，相当于教育部），它的功能是“助人君，顺阴阳，明教化”（《汉书》，1997：1728）。20 世纪之前，关于儒的含义似乎很少有争议，人们普遍接受了刘歆的解释。不过，到了 20 世纪初，随着西方科学方法论的引入，中国学者开始重新思考“儒”字，重新评判其意义与内涵。一部分学者继承了刘歆的观点，肯定儒确实是从政府机构发展、演变而来。例如，章炳麟（1869—1936）认为，所有的学派都诞生于春秋时期（前 770—前 476）和战国时期（前 475—前 221），都起源于周朝的政府机构（王官）。他在《原儒》一文中指出，古代儒是一个使用广泛的名称，有着各种含义，周朝有三种儒：其一，作为对知识分子或有身份的人的尊称，这些人在社会生活的一个或多个领域拥有专门的技能和知识（术士）；其二，作为一种职业类别，指那些从事六艺（礼、乐、射、御、书、数）的人；其三，作为一种官名，指那些帮助统治者遵循阴阳之道、通过教育教化民众的人。章炳麟确信这三种儒的含义后来为人们所忽略了，使得儒从一个宽泛的名称变成一个特定的名称，专指那些讲授、传播儒家经典的人（章炳麟，1909：56）。 19

其他近现代学者，如康有为（1858—1927）和胡適（1891—1962），他们不同意刘歆和章炳麟关于儒的起源的观点。他们认为，儒并非起源于周朝的政府机构。根据记载，孔子通常戴着一种特殊的帽子（章甫之冠①），由此胡適认为儒是商朝（前 1600—前 1046）的遗民，他们掌握着宗教仪式方面的知识和技能，所以被周朝任命为祭司。在孔子时代之前不久，西周（前 1046—前 771）逐渐走向衰落，这些祭司失去了权威和社会地位，变成一群以仪式、典礼方面的知识技能为生的人（胡適，1953：第 4 集）。针对这一观点，冯友兰在其《原儒墨》一文中称，戴着商朝帽并不意味着这些人就是商朝的遗民。他进一步区分了儒和儒家：前者是一个职业群体，靠从事教育和执掌仪式谋生；后者指春秋时期建立的一个特定学派（陈来，1996：334）。陈来认为章炳麟的《原儒》和胡適的《说儒》对儒之起源的考察都不够全面，主张回到思想史本身，从伦理和宗教两个进路综合加以考察与梳理。他在《古代宗教与伦理——儒家思想的根源》一书中采用人类学和考古学的方法，详细论述了儒和儒家思想文化的起源与早期演进。

在后来的传统中，为人所知的儒就是儒家学者，那么它的前身究竟是什么？这正是大多数争论的焦点。不管儒有没有和政府机构联系在一起，其成员都肯定与学习和教育有关。但他们原初的职业是什么？近来，许多中国学者又参与到这个问题的讨论之中。有些人断定，儒原初就是指商朝宗教仪式中的舞师和乐师，那时候敬拜神灵在人们生活中占主导地位。儒会跳各种舞蹈，会演奏音乐，以此为咒语，祈求好收成，或者作为献给神灵和祖先的祭品；在干旱时节，他们带领人们举行仪式，以祈求降雨。儒为了完成自己的职责，不仅要掌握正确的仪式规范，而且要学习其他各种

① 《论语·先进》："宗庙之事，如会同，端章甫，愿为小相焉。"

相关门类的知识，如天文学或占星术，以便更准确地预测雨水或干旱。汉字“儒”据说来自汉字“需”。“需”由两个部分构成：“云”（雨）在“天”（而）上（阎步克，1995：50），这显示出儒与祈雨仪式中舞蹈的关
20 系。在甲骨文中，“需”被解释为一个处在大雨中的人（[illegible]），表明儒在行使职责之前要进行净身礼仪式。在《礼记·儒行》中，我们能够看到沐浴对于儒家学者的重要性：“儒有澡身而浴德”（Legge，1968，vol. 27：407）。

其他一些词源上的联系也表明儒与仪式中的舞蹈、音乐以及宗教典礼相关。汉字“儒”与“懦”有着相同的词根，似乎暗示儒的成员具有软弱、顺从、灵活的特征。很可能基于这个理由，中国第一位语言学家许慎（约 58—约 147）做出了这样的定义：“儒，柔也”，儒就是“有六艺以教民者”（《说文解字注》，1981：366）。因此，儒是温和、顺从的，既不争强好胜，也不颐指气使；相比之下，武士则争战勇猛，奋力求胜。儒作为乐师、舞师，明显会注意保持自己的高雅、礼貌，他们相信自己的价值就在于他们养成的高贵礼仪；正是这一点把儒和农夫、工匠、商人这些普通人区分开来。

为了概括和评价前文所述，我们不妨推定：关于儒的起源的不同解释，实际上正对应着被称作儒的这一群体的各个不同发展时期。儒在孔子时代之前经历了多个发展阶段。第一，儒是指宗教仪式中的舞师和乐师，他们具有柔软、灵活的特征。在这一阶段，儒是一个特殊的社会群体，其成员大致相当于我们所说的僧人、术士和巫师。第二，儒是执掌仪式和典礼的人，他们执行或者协助执行各种仪式。此阶段的儒是指宗教的仪式、礼仪、典礼方面的专家。第三，儒从司礼者（仪式专家、礼仪专家）变成了官方教育机构的教师。为了执掌好仪式，儒必须掌握历史、诗歌、音乐、占星术、数学和射艺，在古代这些知识与仪式紧密联系在一起。儒作为这些领域的专家，有责任培养年青一代的舞师、乐师，并且承担着仪式及其相关学科知识的讲授任务。这让他们赢得了“师”的称号，尽管他们仍然受聘为官方或非官方典礼的职业祭司或协助者。

21 随着春秋时期膜拜活动的式微和理性主义的上升，大量的儒脱离官方指定的职业，进入社会生活的各个领域。儒凭借自身的技能，在国家仪式、官方教育、私人教育等领域为自己赢得了特殊的地位。“儒”于是慢慢变成一个特定的名称，专指那些掌握了仪式、历史、诗歌、音乐、数学和射艺方面技能的人，他们靠拥有各种典礼方面的知识及很多其他门类的

知识为生（陈来，1996：350）。在这些科目的教师中，孔子为他那个时代树立了一位杰出的儒的形象，并且通过发展、革新儒的传统开辟了一门新课程。在进入战国时代之前，孔子已经被认为是儒的传统中最崇高的人物，正如法家代表、著名儒学批判者韩非（约前280—前233）所指出的那样，“世之显学，儒、墨也。儒之所至，孔丘也。墨之所至，墨翟也”（Liao，1960，vol. 2：298）。此后不久，儒的传统便完全与孔子阐明、完善、传播的学说联系在一起了，并且“儒的仪式”和“孔子的道”在西汉时期彼此交融于一体（《淮南子译注》，1990：501）。总之，孔子对古代文化的解释、传播及自己的教育实践，在塑造和革新儒的传统方面发挥了主要作用。我们在讨论孔子和儒的关系时，必须对这一转变的过程予以重视。所以，不管采用哪种方法追溯儒学的源头，都必须既要考虑孔子对文化遗产的继承，又要关注他对儒的传统的变革。如此看来，“从他们作为舞师的身份来概括孔子和他的追随者”（Eno，1990：2-3），这种简单化的做法容易造成误解。正如前文已指出的那样，儒的社会、文化等方面的功能在孔子时代之前就已发生了根本性的改变，所以不能把他们与早先的舞师、乐师等而视之。

二、孔子

孔子不单是中国的孔子，也是世界的孔子。孔子思想在中国、东亚乃至全世界都有着广泛的影响。英语世界把孔子称为Confucius，也就是中文称呼“孔夫子”（Kong Fuzi或Master Kong）的拉丁语形式。孔子或孔夫子是对孔丘或孔仲尼（前551—前479）的一种敬称。孔子出生、生活 22
在周朝的春秋时期。周朝是建立在封建制度基础之上的，即在中央政府之下把国家划分为许多诸侯国，这些诸侯国要么交由皇室成员统治，要么封赏给对国家有大功之人。在孔子出生前不久大约有124个诸侯国，而在他在世期间大概只有70个。起初，这一体制尚能运作良好。诸侯国的王公们都尊奉周王（周天子）为“天之子”和最高权威。然而，当周王对诸侯国的掌控力逐渐下降之时，这种管理体制便开始走向失灵乃至崩溃。各诸侯国的统治者无视中央政府的权威，不听号令，相互竞争而尔虞我诈，皆以扩充土地和增加财富为首要目标。这就导致诸侯国之间的军事冲突和诸侯国内部的权力斗争愈演愈烈。旧的社会生活秩序遭到破坏，而新的秩序尚未建立，此时人们处于无穷无尽的痛苦和悲惨之中，丈夫被迫离开妻子，妻子无奈告别丈夫，富人尽享奢华，穷人一无所依（Legge，1992，vol. 4：117，320，423，424）。

许多思想家都在探究这种混乱无序产生的原因，并不断提出解决这一问题的方法。一些人变成不同学派的开创者，孔子便是其中之一，可以说是他那个时代最著名的一位。他认为这种混乱无序的根源就是对礼乐的误用和破坏。他将这种情形描述为“礼坏乐崩”。孔子不能容忍这种情形，于是开启了他一生的事业，即致力于恢复礼的价值体系，倡导礼的规则和观念。他认为，一个坏政府，国君和大臣的行事都不符合其角色所包含的真正价值标准，在此条件下混乱无序是不可能真正得到纠正的。要建立一个正当合理的政府，国君和大臣都必须按照古礼的要求行事，因为一个好政府靠的是道德的力量，而不是依赖律法的残酷和惩罚。道德可以催生民众的信任和忠诚，而惩罚措施只能暂时阻止不端行为。一个统治者应该努力做到“为政以德，譬如北辰，居其所而众星共之”（《论语》，2：1）。确
23 保“为政以德”的一个有效途径就是正确地执行礼仪和演奏音乐，这样能够让表演者保持一种真挚而忠诚的状态，以便为普通人树立良好的榜样，使人们明白什么是对的、什么是错的。照此看来，儒家的学习、执行礼仪和演奏音乐，都不仅仅在典礼上才涉及和实践。实际上，不管在个人层面还是在社会层面，都应“兴于《诗》，立于礼，成于乐”（《论语》，8：8）。孔子为了建立一套家庭生活和社会生活的良好准则，对儒的传统中学习与教育的意义和方法进行了重新诠释。他认为，发扬传统能够极大地提升社会生活品质，是克服当时问题的关键，同时将会引领人们完善并重新确立对善良、和谐的认知。孔子的目标是重塑社会的美好，恢复道德的崇高，培养个人心灵的纯真，最终从整体上实现社会的和谐与人的和谐。所以，他提出要对国家进行改革，手段就是复兴古代的礼乐制度——据说在周朝初期就已经建立起来了，它在周朝的前半期得到了很好的贯彻，取得了良好的效果，“周监于二代，郁郁乎文哉！吾从周”（《论语》，3：14）。

孔子胸怀政治雄心，充满道德力量，努力要实现自己的理想，他这种抱负部分源自其祖辈遗风和贵族血统。据说孔子是商朝皇室的后裔，在他的祖父被迫迁到鲁国之前，他们家一直生活在宋国。孔子 3 岁时父亲就去世了，是母亲一手把他抚养长大，而且让他受到了良好的教育。父亲的去世导致了他们家族的进一步衰落，孔子曾这样描述自己，“吾少也贱，故多能鄙事”（《论语》，9：6）。贫困的生活、贵族的血统，或许是激励他学

习的两个主要因素。通往成功的道路是漫长的，但会一点一点地接近，正如我们在孔子的自我描述中看到的那样，“吾十有五而志于学，三十而立，
四十而不惑，五十而知天命，六十而耳顺，七十而从心所欲，不逾矩” 24
（《论语》，2：4）。

不过，孔子在从政生涯中没有取得太大的进展和政绩。他一生的大部分时光都是一个民间教育家、一位卓越的教师。虽然孔子渴望对政府进行改革，但他更感兴趣的似乎是在个人生活中进行道德实践，而不是当官从政。有人问孔子为什么不从政，他回答说：“《书》云：‘孝乎惟孝、友于兄弟，施于有政。’是亦为政，奚其为为政？”（《论语》，2：21）。孔子掌管一个政府部门的时间不长，只有短短几年。那是在他快52岁时，他获得了第一个重要职位，被派到中都地区做中都宰（地方行政官）。由于对这个地区的治理成绩斐然，他被提升为司空（大概相当于建设部部长），后来又升任大司寇（最高司法官），甚至短期代行过宰相之权。孔子发现无法将自己的学说付诸实践，于是在公元前497年离开了自己的母邦鲁国，希望在其他国家他的建议能够被采纳，他的政策可以得到贯彻，他的理想能够化为现实。十三年间（前497—前484），他和他的弟子们从一个国家到另一个国家，奔波不止，一次又一次遭受挫败，有时甚至几乎陷入绝境。即便如此，他一直坚守自己对天道的信念，从未忘记自己此生的使命。孔子相信天是至高存在，代表着最高理想，指示着终极目标，这是他保持乐观精神的信念之源，也是他处理世间事务的智慧之根。

发现自己的处境看不到希望，鲁国的政治气候也已经发生改变，孔子便回到了家乡，把自己的余生都用来教导弟子和整理古代经典，希望弟子们将来继承自己的事业，将自己的学说传于后世。孔子于公元前479年去世。据说，鲁哀公（前494—前468年在位）专程前来吊唁：“旻天不吊，不慭遗一老，俾屏余一人以在位，茕茕余在疚。呜呼哀哉！尼父，毋自律！”（Lin，1994：153；Legge，1992，vol. 5：846）。几百年之后，中国历史上最伟大的史学家司马迁（约前145或前135—?　）撰写了孔子的传记，他这样总结道：

> 高山仰止，景行行止。虽不能至，然心乡往之。余读孔氏 25
> 书，想见其为人，适鲁，观仲尼庙堂车服礼器，诸生以时习礼其

> 家，余祇回留之不能去云。天下君王至于贤人众矣，当时则荣，没则已焉。孔子布衣，传十余世，学者宗之。自天子王侯，中国言六艺者折中于夫子，可谓至圣矣！(《史记》，1997：1947；Yang & Yang，1974：27)①

人们普遍认同儒学作为一个特定学派形成于孔子之手，是他奠定了儒学的基础。他气质威严、知识高深，像地心引力一样吸引了众多追随者，已然变成儒家道德的化身。他对世界及宗教问题的理解把儒学传统引向了理性主义和人本主义，这是儒学实践的特征。在儒家传统中，不管是世俗活动还是宗教活动，都表现出理性主义和人本主义的特征。孔子详尽阐明了很多重要概念，由此奠定了儒学学说的坚实基础。事实上，他建立了一种超越阶级区隔的教学传统。同时，他描绘和确立了一种君子形象，一个可以实现的君子理想。这一切构成了儒学之道的基石，表明了一位儒学修习者应该如何行事，应该如何安排自己的生活，以及为了理想社会的实现自己必须做到什么。儒家相信，只要遵循儒学之道，一位儒者不仅能够彰显天地的原则，同时也可以持续不断地从自身的实践中产生这种原则。

以上把孔子的全部贡献扼要地做了介绍，然而学者们对于孔子及其所做的工作并没有达成共识或统一的评价。西方学者关于他的观点各不相同，差别非常大。例如，黑格尔在其历史哲学中对孔子的评价不高，认为他不过是一位道德教育家，他的学说仅仅是一套格言集合而已，属于绝对精神发展过程中的原始阶段。但在雅斯贝斯看来，孔子完全是另一个形象。他认为，孔子是“四大伟人之一，很难找到第五位同等重要的历史名人可以与这四人比肩”，他们“通过自己的才能做出了比其他人更大的贡献，决定了人类历史的发展。他们的影响历经两千年，一直持续到今天”
26 (Jaspers，1962：6)。关于孔子对宗教的贡献，赫伯特·芬格莱特（Herbert Fingarette）强调他的世俗教育思想所蕴含的神圣性，而秦家懿（Julia Ching）则认为他是一位“开创性的思想家”(Ching，1993：52)。

孔子的主要关切是人，尤为重视人所应遵循的基本原则。他认为这些原则是社会关系的根基，是国家稳定、安宁、繁荣的保障，也是家庭和个

① 二十四史全译·史记：第1册. 许嘉璐，主编. 上海：汉语大词典出版社，2004：766-767.

人平安、和谐、幸福的前提。他构建了一套伦理规范，它包含两个核心理论：其一，善的美德是可以教、可以学的；其二，社会只有在智慧的指导下才能保持和谐、安宁。他进一步发展出一套概念体系，以详细阐释这两个核心理论。其中的四个概念构成了儒学传统的基本理念，分别是道、礼、仁、德，也是后来儒家理想国家架构的意识形态基础。为了解决人的问题，孔子全身心投入，积极宣扬教育、德行、修身的重要性。一方面，孔子远离事奉“鬼神”这样的宗教事务（敬鬼神而远之，“未能事人，焉能事鬼”），更关心此生而不是来世（“未知生，焉知死”）（《论语》，11：12）；另一方面，他对天和命深信不疑，非常严格地执行宗教仪式。尽管他相信自己的使命是天赋予的，但他从来没有把自己看作一个宗教传统的领袖或创立者；他所做的仅仅是传播古代文化，在他眼中古代文化既是当前社会的样板，也是未来社会的保障。不过，史华兹（Schwarts）断言，孔子在传播古老传统中进行了革新，从他的核心概念“仁”来看，与其说他是传播者，不如称他为变革者（Schwarts，1985：76）。按照冯友兰的观点，“他在‘述’里‘作’出了一些新的东西”（Fung，1961：41）①，而在雅斯贝斯看来，“在孔子的哲学中，新思想是以旧形式来表达的”（Jaspers，1962：54）。

三、儒学作为一个学派（“家”）

据说，孔子有3 000名弟子，其中他最喜爱的有72个——具体数字各类书中的说法不一，如《孟子》（3：3）中说70，《史记》中说77，《孔子家语》中说76，《后汉书》中说72。按照五行家数字占卜术的算法，把完美的数字360除以5得72，很可能是受此影响，72成了大家广泛接受的
数字。在为老师服丧3年（唯有子贡守丧6年）后，这些信徒和弟子去了 27
不同的地方，有的投身政府管理工作，有的建立学派来讲授儒的传统的原则。孔子被视为儒的象征，而且儒渐渐变成了一个特定名称，专指那些承袭孔子来诠释、讲授经典的人和那些致力于管理、教育以及保护古代礼仪与音乐的人。孔子谈话中提及了多方面的主题，他的教学带来了丰富的资源，这为儒者们形成对孔子及其哲学的不同理解和诠释提供了可能条件。不同的研习方法和实践方法使得儒的大类下面形成了各种各样的派别。按

---

① 参见：冯友兰．三松堂全集：第6卷．郑州：河南人民出版社，2001：39。

照韩非的观点，这一时期“儒分为八”（Watson，1970：119）。这些派别尽管沿着明显不同的方向发展了儒学学说，但全都自称孔子的忠实继承者，投身于经典的研习、整理和诠释，同时为儒的传统创造了数量可观的新的重要文献，也因此成为古代经典方面的著名学者。所有这些派别加在一起就构成了人们所说的儒家，属于百家之一。

“家”就是指家庭组织，对之加以引申，用来称呼一群拥有共同志向和理想的人，他们之间形成的关系就像一个大家庭中的关系一样。儒家指称的是那些致力于儒的传统的存续、发扬和发展的文化人或学者形成的学派。儒家作为一个学派，努力追求古代圣王之道在现实社会中的复兴。古代的道在内容上可以从多个方面来理解，包括和谐观念、礼仪规则、仪式和典礼的价值，以及秉持仁爱原则的政府所应采取的德治模式或仁政模式。儒家学者相信，这些内容在孔子编辑和诠释的经典中已经得到很好的说明。儒家倡导学习、研究这些经典，以消除混乱、变革社会，努力使国家恢复秩序，给世界带来安宁。儒家像许多其他学派一样，通过建立牢不可破的师徒纽带来传播这些学说和原则。儒家学者的实践特征包括：对古代典籍孜孜不倦地钻研，不厌其烦地讲授；在老师的指导下，恰当地履行仪式和遵循礼的规范，正确地演奏音乐。

四、儒学作为一种信仰（“教”）

28 在孔子去世后的很长一段时间内，儒家一直只是众多学派中的一个。儒家虽然在办学授徒方面工作卓著，追随者众多，但整个战国时期儒学并未享有什么特权或特殊地位。相反，倒像孔子在世时遭遇的那样，儒学经常遭受其他学派追随者的贬低和攻击。在论敌们看来，儒家既不能给人生问题提供令人满意的答案，也没有展现出胜过其他学派的优势。如道家著作《庄子》中的一篇文章所述，儒家和其他学派没什么两样，都既有优点也有缺点：“犹百家众技也，皆有所长，时有所用。虽然，不该不遍，一曲之士也”（Watson，1964：364）。

秦始皇（前 259—前 210）依靠法家思想统一和管理整个国家。由于法家是儒家的主要论敌之一，所以儒家蒙受羞辱，并遭到了压制和迫害。经过西汉（前 206—25）最初几十年的慢慢恢复，儒家在汉武帝（前 141—前 87 年在位）时期成为占主导地位的学派，而儒学也升格为官方正统学说。由于和国家的宗教祭祀紧密联系在一起，儒家获得了另一个名称——“教”，后来成为三教之一，三教分别是儒教、道教和佛教。儒和教在《史记》中被第一次联系在了一起。不过，此时它的内涵或许只是儒家教化（《史记》，1997：3184；Watson，1961，vol. 2：455）。把儒学作为一种宗教教义的最早记载之一出自《晋书》（《晋书》，1997：1）。晚清的康有为发动了一场改革运动，试图把儒家传统转变为国家宗教。他炮制了一个故事，说孔子创立了儒教，即文化人的宗教或宗教教义。

“教”字的最初形式是一个象形字（[illegible]），意思是是“一只手拿着一根棍（[illegible]）”来“打（[illegible]）孩子（[illegible]）”。后来，“教”字的形式变了，由“文”和“孝”组成，意思是对孩子进行严格的教育，使其学会孝顺。这一含义后来逐渐得以拓展和引申，也可指一群人努力传播和推广的教义或信条。教表示一个体系，包括仪式的遵守、行为的原则以及对创教者思想的忠诚，这三点被认为是维护教的统一、促进教的传播的最重要的因素。因 29
此，儒教的含义就是有学问的人或文化人的崇拜，即持续不断的儒生传统，这些儒生追随孔子，致力于对经典中阐发的学说进行诠释和应用，而且在实现理想的过程中强调仪式和典礼的重要性与意义。随着儒教升格为国家意识形态，对孔子的尊敬和崇拜变成了国家宗教活动的重要组成部分。孔子被尊奉为至圣先师，在他的诞辰和其他节日要举行宗教典礼，要向他在孔庙中的灵位献上祭品。伴随孔子地位的上升和对其学说教条式的应用，儒教又被贴上了另外两个标签：一是孔教，即强调孔子的教诲和形象在（儒教）传统中的核心地位，并确认儒教作为显赫的学派、光荣的传统、正统的学说，归功于孔子做出的改进、钻研、传播和诠释；二是礼教，即显示孔子对礼的高度重视，包括行为规范、礼节、仪式和典礼。

五、儒学作为一门学问（“学”）

儒家之所以不同于其他很多学派，原因之一在于它有个特点，即致力于研习和传播古代经典。据说孔子就是古代经典的伟大整理者和注释者，他成了古代文化的象征，其圣人之名即源于此。在他之后，每一代大儒和学者都做出了自己的贡献，通过大量的著作、文章和讨论，使儒家学说日益丰富、逐渐拓展。儒家传统中积累了宏富的关于经典的注释和评论。儒家思想是文化人的传统，因而很多儒者沉浸于学术精神之中。这样，儒者便与“儒学”这一术语联系在一起了，儒学就是儒者之学。“儒学”一词大概最早出现在《史记》中，相关的表述有“河间献王德……好儒学，被服造次必于儒者”，“世之学老子者则绌儒学，儒学亦绌老子”，“赵绾、王臧之属明儒学”（《史记》，1997：2093，2143，3118）。儒学曾享有国家宗教的地位，之后虽遭到迫害、压制，但不仅没有衰亡，反而成功地从迫害、压制当中得以存续和不断发展，还经受住了革命的冲击。儒学的这种持久生命力靠的不是社会或宗教上的特权，而是一代代儒者始终不懈的努力、孜孜不倦的深入研究，以及传承和阐扬儒学的坚定信念。另外，人们
30 相信，孔庙可以被摧毁，对儒家圣贤的崇拜可以被禁止，儒学继承者的社会特权可以被剥夺，但只要还允许研习儒学，只要经典文本还在，儒学就始终能生生不息。因此，现代东亚学者更倾向于把孔子创立的这一传统称为“儒学”，而不是“儒家”或“儒教”，强调它的生命力和精神就在于“学”。

不管作为一个思想学派，还是作为国家正统学说，儒学都可以通过研习和教育迸发出生命的活力，同时将所学应用于实践以求创新。儒学传统中的“学习”与我们今天所说的“学习”是大不相同的。对于一个儒者，学习首先是一个阅读、理解、探究的过程，但它不仅仅是一个纯粹的理论科目。儒学的学习是对天道的研究，不仅向自身内部求索，也在外部实践中探寻。这种学习的唯一目的是品行的提升和德性的养成，正如孔子清楚表达的那样，“君子学道则爱人”（《论语》，17：4）。儒学强调的学习也与人的本性和命运紧密联系在一起。学习是革新自我，同时保留善的成分。正是在这个意义上，儒学传统中的亚圣孟子对学习的方式做出了这样的理解：“学问之道无他，求其放心而已矣”（《孟子》，11：11）。

儒学传统主张的学习是一种特殊类型的学习，它具有三个特征：（1）儒者大多是广义上的有学问的人或有教养的知识分子，这显示出儒学所倡导的学习侧重点始终是对有德生活方式的追求。（2）儒者致力于对经典的进一步阐述和诠释，这表明儒学的价值就在于对古代传统持续不断的传播和进一步的发展。（3）或者在政治上或者在伦理上，或者以集体的方式或者以个体的方式，儒者努力践行儒家经典中包含的原则，这体现了儒学的目标和宗旨就是在世俗社会中改造世界（积极用世）。

第二节　儒学传统中的伦理、政治和宗教

尼尼安·斯马特（Ninian Smart）提出关于宗教七个维度的理论

（“七维度宗教理论”），这七个维度的划分已经成为宗教研究领域的学者可以采用的有效研究工具，它能够挖掘出某一特定传统的丰富内涵，同时可以提高研究的深度。斯马特认为，尽管给宗教下定义是一件非常困难的事
情，但我们可以从不同方面或不同维度对其进行有价值的考察，这些维度 31
包括实践或仪式的维度、经验或情感的维度、故事或神秘的维度、学说或政治的维度，伦理或法律的维度、社会或组织的维度，以及物质的维度（Smart，1989：12-21）。

“儒学”就字面意思来讲，表示文化人或学者的传统和学说。实际上，除了指一批人的价值观之外，它还有更丰富的内涵，具体包括伦理体系、社会政治规划和宗教传统。它作为根本的思想形态和指导原则，渗透在中国人的生活方式之中，并且促进了许多东亚国家文化的形成。

儒家学说主要是通过儒家经典加以阐发和说明的，经过历代儒学大师及其弟子的努力，得到了进一步的丰富、更新和拓展。诚然，对儒学基本思想的诠释是随着时代的变化而变化的，所以我们可以发现在儒学发展过程中存在很多明显不同的阶段或时期。两千年来，儒学在历史长河的大部分时间里都居于正统地位或主导地位，在发挥作用的过程中，既有谨遵常道、固守教条的一面，也有突破常经、灵活权变的一面。在维护和强化自身主导地位方面，它固守教条，而在适应不同环境和形势方面，它又足够灵活多变，持续不断地自我塑造、自我革新，融合了许多其他学派的新观点。质言之，它是中国的传统，主要反映的是中国人对生命和世界的看法。当然，它也扩展到了其他东亚国家，演变出新的形式，如韩国和日本的儒学形态就颇为引人瞩目。

不管是过去还是现在，只有对儒学各个方面、各个时期、各种形式以及它与社会环境的相互作用进行全面的考察，才有可能充分地理解它。这些不同方面、不同时期、不同形式中的每一个本身就是整个儒学传统的缩影，体现了儒学的根本原则，同时也以独特的方式反映着其他维度。我们能否从这些维度中挑选出最重要的一个来给儒学下定义呢？儒学研究领域的很多现代学者都已经尝试过回答这一问题。不过按照西方传统的学科定义，儒学显然跨越了学科的界限。这样一来，就产生了各种各样的表述，
莫衷一是，要清晰地定义儒学便越发困难了。即便如此，有些学者仍然坚 32
持认为，儒学一定具有某些本质特征，使其不同于其他传统而彰显出自己的独特性，所以可以从它与伦理、政治、宗教的关联中对之进行定义。

一、一套伦理体系?

道德性或德性取向是儒学理论和实践的标志。各种道德生活准则、礼仪规范、行为模式、社会生活原则、日常生活指导,正是在儒学或儒家思想传统的基础上得以确立和逐渐强化的。在东亚的大部分地区,儒学在构建社会和社区基本结构、引导人们的生活、定义人们的道德标准和伦理规范等方面,都曾起着决定性的作用,或许这种决定性的作用仍在持续,只是程度不如以前而已。

鉴于道德在儒学中的核心地位和儒家伦理对于社会稳定和谐的重要性,一些西方学者总结说,既然道德维度在儒学中处于如此根本的地位,那么儒学本身就可以被定义为一种伦理学。很多著名学者也都持这一观点。例如,“儒学……从根本上说就是一种伦理学体系”(Needham,1970:24-25),“西方所谓的‘儒学’就是……中国传统的绅士阶层的人生观和礼仪规范”(Zaehner,1988:370),“我们应该仅仅将儒学看作‘一套行为模式’”(Tu *et al*.,1992:40)。

儒学作为一种道德传统,与世界上其他道德体系有着许多共同特征。例如,儒家伦理强调,我们在评价一个人或其行为时,一定要同时考虑内在动机和外在后果两个方面。在此意义上,儒家伦理既是义务论的又是后果论的。孔子反复地教诲说,严格遵守古代礼仪固然重要,但更重要的是拥有诚挚的心灵和虔敬的精神:“人而不仁,如礼何?人而不仁,如乐何?”(《论语》,3:3)。关于如何认识和评价一个人,孔子采取的是一种整体论观点,认为“视其所以,观其所由,察其所安。人焉廋哉?人焉廋哉?”(《论语》,2:10)。

儒家道德是围绕最基本的家庭人伦关系展开的,尤其是亲子之间、兄
33 弟之间、夫妻之间的关系。对这些关系的处理,强调的基本点是带着诚心和良知,履行对彼此的义务和责任。当然,儒家道德并不局限于家庭内部。它将家庭美德作为社会秩序与世界和平的基石。它的逻辑是这样的,家庭是人类社会的基本单位,家庭关系的和谐将会自然而然地促成社会的和谐与国家的安宁,正所谓“人人亲其亲、长其长,而天下平”(《孟子》,7:11)。至于统治阶级成员,他们在处理家庭事务中的美德,对整个国家来讲更为重要:“君子笃于亲,则民兴于仁;故旧不遗,则民不偷”(《论语》,8:2)。

根据这些观点,一些现代哲学家认为儒家道德体系的建立方式类似于

美德伦理学。有人把孔子、孟子所采取的道德教育和伦理劝说与西方美德伦理学进行比附，将之说成西方“常论及的亚里士多德哲学范式和托马斯主义范式的一种激进的替代形式”（Nivison，1996：2)。这样，儒学作为一个美德伦理学体系，可以说它给出了一种方法，用以解决因缺乏美德或缺乏实践美德的意志而造成的社会问题。针对美德的缺乏，儒学的解决方法是一种通过礼的规则而强制推行的劝说。当然，考虑到人的意志薄弱性，这种方法采取的具体路径是自我修养加上外在教育，内在与外在一起努力以促进德性的完善。

即便我们同意这些论据，问题依然存在：若要把儒学定义为一个伦理学体系，那么这些论据有足够的说服力吗？毫无疑问，儒学是以道德为导向的，伦理在其理论和实践中皆处于核心地位。但事实上，儒学中所说的“道德”与西方伦理学中所定义的道德非常不同。在这一方面，马伯乐（Henri Maspero）的评论切中要害：

> 各个时代知识分子之学说的核心议题都是一种伦理学问题；正是这一点经常导致这样的判断，说儒学从根本上而言是一种道德，但这是非常不准确的……的确，它是一种非常特殊的伦理学，与我们通常理解的这个词的含义相差悬殊，这也正是西方对儒学的表述经常忽略这一点的原因。实际上，这个（儒学的核心）议题是：人好的行为和坏的行为（尤其是君王的统治行为，代表着人性）对自然现象的运行秩序（如星体的运行，日食或月食的产生，地震、洪水的发生，等等）和世间事务（如君王的死、起义、朝代更迭等）所造成的影响。（Maspero，1981：71）

显然，儒家伦理学不仅关注我们所说的“道德问题”，也涉及政治、宗教、教育、哲学、形而上学等诸多内容。所有这些方面都是完整的儒家伦理学的必要组成部分。由于被与宗教、政治整合在一起，伦理美德就构成治理行为和宗教活动的基础与根本。因为宗教和形而上学都是道德的一部分，所以宗教仪式和宗教实践是道德提升的一种方式。综合考虑这些，我们便可以做出这样的判断：既然儒学包含了一种特殊的道德，同时儒家伦理学包括的范围比西方的伦理学更广阔，那么简单地把儒学定义为一种道德体系就不符合历史的真实，而且容易引起误解。

二、一种官方正统学说？

儒学作为士人传统、学者传统、文化人传统、知识分子传统或文人士大夫传统，始终浸润和传承着积极的淑世精神。儒者常常秉持着理想主义色彩的士大夫精神，一面希贤希圣，一面深度参与政治，他们襟抱博大，希望能给世界带来永恒的秩序和安宁。在儒学超越其他学派而获得主导地位之后，儒家伦理逐渐成为衡量人们行为、想法的普遍标准，作为正统观念指引着人们的行动、思维及人际关系。儒学在道德、政治上的基本要求正是所谓的“三纲”和“五常”，儒学构想的合理而美好的国家形式正是建立在此基础之上的。在儒学维护和倡导的“三纲”中，第一条也是最重要的一条是“君为臣纲”，即臣子或大臣对君王的顺服，其次是“父为子纲”，即儿子对父亲的顺服，再次是“夫为妻纲”，妻子对丈夫的顺服。“五常”实际上就是指儒学的五种美德，即仁、义、礼、智、信，被认为是恒久不变的，就像自然规律一样，亘古如一地支配、安排着所有其他美德。这些原则和规范被看作人生的本质、社会的纽带，也是实现人际和睦、家庭和谐、国家和平的根本保证。如此看来，儒学突破了道德规则的范围，从个人层面拓展到社会、政治领域，不仅为国家提供了一种意识形态框架，也为权力机构确立了裁决行为、评判观念的统一标准。

35 有些学者强调儒学在形塑与革新社会、政治方面的功能和价值，他们心悦诚服地认为，儒学是名副其实的官方正统学说。例如，刘广京（Kwang-Ching Liu）和他的同事在提出“中华帝制时代末期整体上影响着社会的儒学是什么？”这个问题时，显然他们心里已经有了答案——“国家的官方意识形态”（Liu，1990：1，53-100）。

孔子对政治无序充满着深深的忧虑和关切。在他的时代，为了给国家带来安宁，为了恢复辉煌卓越的古代圣王之道，他把极大的注意力和精力都放在了礼乐文化的钻研与相关文献的整理编纂上。他的一个重要关切点是名与实、言与行、权利与义务的不一致：

> 名不正，则言不顺；言不顺，则事不成；事不成，则礼乐不兴；礼乐不兴，则刑罚不中；刑罚不中，则民无所措手足。（《论语》，13：3）

孔子在这里试图强调，如果君王、大臣、父亲及儿子只享受职位或名分赋予他们的权利或好处，而没有恰当地履行自己的义务，那么他们就违背了名分对他们的要求。在孔子看来，这是礼坏乐崩的肇始，是导致社会失序和政治混乱的重要原因之一。

孔子尤为重视君王在恢复古代的道的过程中发挥的作用，不过他从来没有强调臣民或大臣对君王的单方面的忠诚。相反，他强调这种关系是相互的、双向的："君使臣以礼，臣事君以忠"（《论语》，3：19）。然而，为了国家统治的需要，尤其是在王朝历史的后期，"正名"理论不断僵化、教条化甚至极端化，经过重新阐释，成了维护君王独裁政权的守旧堡垒，在此情形下臣民对君王必须保持绝对的顺服，以保证有效的管理。这样，儒学就不再仅仅是一个道德体系或思想学派，它成为国家意识形态的核心，成为整个社会、文化、教育、学术等各个领域最根本的思想原则和价值体系。

在过去很长一段时间内，政府的官僚体制与儒学学术研究差不多是交 *36*
融在一起的：国家官员的选拔，或者通过考核候选人对儒家经典的掌握，或者通过评判候选人在践行儒家美德方面取得的成就。这种按照儒家学说选拔官员的体系早在汉朝就已经被采用了，后来发展为包括县、省、国家三个层次的科举考试制度。一方面，学者们把儒家之道当作真理，把儒家学说当作一种变革社会、实现天下安宁的有效率且有效果的工具，这也推动了儒学的发展。在理想的儒家思想背景下，一个学者，不管在不在办公机构，都是儒士；不管是不是官员，都能做儒士应该做的。另一方面，儒家的学问就是科举考试要考的内容，学者们把学习儒学作为自己最大的使命，以获得科举考试的成功，进而踏上仕途。在一定程度上，儒学上所取得的成就能否得到认可，就取决于考试的成功与否，正如常言所说，"万般皆下品，唯有读书高"。历史长期以来，儒学的研习对很多人来说，也许真的只是取得个人事业成功的跳板。最终，儒学发生了扭曲和僵化，从深刻博大的学说变成了维护权威正统的纲常，不仅束缚着社会精英的行为和思想，也广泛规定了每一个普通人的日常生活。

毫无疑问，儒学在东亚后来的历史中扮演着国家正统学说的角色。不过，我们在对作为正统学说的儒学的性质进行探究的时候，引出了一系列其他问题。首先，国家正统学说在人们的生活中发挥的是一种什么样的作用？狄百瑞认为，作为官方的传统，儒学是"一种难以准确定义的生活风格、思想倾向、性格模式和精神理想”（de Bary，1975：24）。为了阐明儒学的社会功能，狄百瑞分析了中华帝制时代晚期新儒学呈现的四大正统性，即教育正统性、官僚体制正统性、哲学正统性和“自由开明”正统性（de Bary，1981：50-57，188-194）。这“正统四重奏”清晰地描绘了一
37 幅儒学在历史上如何发挥作用的图景。但这四种正统性在性质和功能上是非常不同的，就算我们同意将它们合称为社会政治正统，给儒学下定义依然困难重重。

如果我们把儒学定义为国家正统学说，那么将带来一个更棘手的问题：儒学在未成为国家正统学说之前、在失去正统学说地位之后，分别是什么？儒学并非一直都是占统治地位的思想，从 20 世纪初开始，它就已经不再是国家正统学说。从孔子时期一直到西汉中期，儒学根本就不是什么正统。它遭到攻击、批判甚至摧毁。从东汉（25—220）灭亡到宋代（960—1279），儒学一直顶着官方正统思想的名号，但由于道教和佛教的广泛流行，实际上它对国家和社会生活的影响力与控制力仅限于部分领域，远没有人们想象的那么大。从 20 世纪初到 80 年代，儒学失去了对国家、人们的生活及人们的思想观念的支配力。儒学遭到了部分自由主义者和共产主义知识分子的批判与攻击，被认为是反动的、保守的力量。即便如此，儒学依然闯过了一个又一个难关，始终在发展。儒学在失去作为国家正统学说的地位之后，依然赓续如常、生生不息，这表明“正统性”并不是儒学的根本特质。

若把儒学定义为国家正统学说，还会带来一个问题：儒学是一小群社会精英操纵的正统学说，还是为大多数民众所共享的文化？从历史的视角看，儒学既是官方正统学说，又是大众文化，既是一种为精英阶层所认同的士大夫传统，又是一种可以为农民、工匠、商人等更广群体所共享的普遍价值体系。一方面，儒学源自儒的传统，孔子教育他的学生要做真正的君子（“君子儒”），要致力于学习和实践古代经典的原则。孔子之后许多儒学大师都是杰出的哲学家，赢得了“子”的尊称，如孟子、荀子等。他们热爱智慧，努力探索人与自然万物的奥秘，不过传统时代“汉语语境里所谓的哲学家更多地表示的是对传统的忠诚，而不是个人对智慧的爱”（Dawson，1963：10）。基于这些理由，可以说儒学是“一个学术圈”和一小群社会精英的生活方式。另一方面，儒学又确实有着渗透日用伦常的
38 富有亲和性的特质，吸引着各个阶层的人们。儒学的理论和实践最初都是

自由思考与私下教育的产物。孔子的弟子中除了两位之外，其他所有人都来自社会下层的家庭，并且孔子自己就是一个出身非常“普通”的人。孔子早年生活贫困，他的知识都是通过刻苦学习获得的。他的大多数谈话都饱含真切的情感和生命体验，有时甚至透着风趣和幽默，他对生活的很多态度影响并形塑了后来中国人的典型的精神特质和处世原则。以后一代代的很多学者可谓半儒半道：在办公场所，他们忙于政务或管理工作；在办公场所外，他们或专注于修身，包括读书学习、陶冶情操、启迪智慧，或沉浸于自然的乐趣，享受社交的欢愉。

非常明了，儒学不仅仅是一种官方正统学说。儒学可以说既有保守的个性，也有激进的特征，既有某种倒退或保守的表现，也有积极可贵的进步精神。如果它只是一种官方正统学说，那么将无法对它的这种双重性做出恰当的解释。按照现代价值的标准衡量，它确实既有“好”的一面，也有“坏”的一面。一些现代学者只看到或只强调其中的一面，就据此给儒学贴上标签。例如，施赖奥克（Shryock）在对儒学的悠久历史进行考察之后，评论道：“儒学是人类思想的伟大成就之一，它高尚的伦理准则值得我们对其致以最崇高的敬意”（Shryock，1966：226）。然而，其他人并不认可这一观点。他们认为，儒学正统是历史的产物，已经过时并成为社会进步的障碍。这种观点的早期代表是理雅各，他是一位杰出的儒家经典翻译者和诠释者。他把孔子的学说看成中国落后的原因。他认为，“前进的趋势已然显现，而孔子自始至终都在把这个民族往回拉”，正因为孔子和他的追随者不支持进步，所以儒学的影响力“将从此走向衰落”（Legge，1991，vol. 1：108，113）。这些观点的分歧本身就表明，把儒学定义为官方正统学说只会导致对这一传统的片面评价。

三、一个宗教传统？

“对于宗教历史学家或宗教现象学家，儒家传统呈现出一种极端的或限制性的情形，使得其宗教性或神圣性因素变得难以捉摸，同时它对很多广为人们接受的结论构成了挑战”（Rule，1986：xiii）。关于对儒学的总
体看法，涉及一个问题：我们是否应该把儒学视为一个宗教传统；如果将 *39*
之视为一个宗教传统，我们能说出它有什么显著特征吗？西方的儒学诠释者在这一问题上分歧相当大，部分原因在于，把西方的宗教、哲学、伦理学专有名词应用于一个东方传统，不可避免地导致了术语上的模棱两可甚

至误解；还有一部分原因在于，学者们是根据自己宗教的或非宗教的信仰来重构儒学的，这造成了现象学上的混淆——无法抵达和揭橥儒学的真实原貌。

儒学是不是宗教性质的，直接关系着如何对儒学传统或儒家传统进行定义。受基督教关于宗教定义的影响，早先几代的西方学者都是基于基督教学说做出评判的，以至于对儒学的看法摇摆不定，一会儿说是宗教，一会儿又陷入不可知论，一会儿称它为美善，一会儿又指它为邪恶。例如，“在耶稣会传教士的眼中，儒学就像是对《圣经》福音书的完美预习，而对著名儒学诠释者理雅各而言，儒学是必须予以荡除的邪恶”（Dawson，1964：25）。总体而言，当代西方学者已经拓展了他们的宗教概念，但是对于儒学传统中的宗教因素依然没有达成共识。许多当代西方学者对任何关于儒学的宗教性质的问题都予以回避，而其他人则试图按照自己的观点进行表述。显然，他们的观点不可能完全达成一致。为方便起见，我们把他们的观点分成两类。第一类观点迥异于第二类，第一类观点试图证明儒学过去和现在都是宗教。例如，罗德尼·泰勒认为：

> 有些诠释寻求把儒学定义为一种不带宗教性质的人本主义形式，它们都没有认识到贯穿儒学传统的核心特征。我相信有一条线索贯穿了这一传统，这条线索正是宗教性……毫无疑问，儒学是一种伦理体系和人本主义学说，但是，它同时也是一种包含着强烈的、深刻的宗教意识的传统，任何忽视这种特质的诠释都无法把握儒学的精髓。（Taylor，1986b：1-2）

学者们站在不同的维度来考察作为宗教的儒学传统的特征。从传统功能和文化遗产来看，儒学传统之所以被视为宗教，原因在于它“在中国、
40 韩国和日本的文化中发挥着核心的作用，构成了这些文化中最主要的道德学说和宗教思想”（Taylor，1986a：1）。从传统的内容来看，儒学被看作宗教，是因为它有着强烈的仪式取向，如供奉和祭祀祖先一直是儒家信仰的核心要素（Smart，1989：110）。从形而上的最高理想来看，儒学被当作宗教的原因在于它对天的理解，“天人关系”扮演着宗教内核，从这个内核中流溢出的所有东西都“带着宗教的意味”（Taylor，1986b：2）。

第二类观点同样是充满差异的，就算分歧不比第一类观点大，也与之

相当。对于一些学者而言，儒学不是宗教，是因为它的关注点在于人与人之间的关系，而不在于人与神或超自然存在之间的关系。对于另一些学者而言，儒学不是宗教的原因在于孔子基本上是一个道德导师，“因此，把他的学说归类为宗教是错误的”（Giles，1915：67）。还有一些学者给出的理由也是儒学缺乏超自然因素，且“不依赖超自然的约束力”（Needham，1970：24-25）。马克斯·韦伯断定“儒学对宗教是漠不关心的”，而且“儒家伦理中完全缺乏任何自然与神之间的、伦理要求与人类缺点之间的、原罪意识与拯救需求之间的张力”（Weber，1968：146，235）。在韦伯的评价里，儒学完全是一种理性主义，以至于它根除了“所有宗教寄托的成分”。顾立雅对此非常不赞同，不无尖刻地评论，“要是能够说韦伯对孔子和儒学的评价都同样的深刻，那是我们所乐见的，然而很不幸，情况并非如此”（Creel，1960：310）。

东方儒学研究领域的学者与西方的同行相比，并没有做得更出色，不过他们之间存在分歧的原因与西方学者大不相同。把儒学定义为宗教面临重重困难，其中之一是“宗教”这个术语在汉语中的含义与在西方语言中的含义相比差异很大。在英语中，“religion”（宗教）这个词通常含有（一系列描述性的含义）一种赞赏的意思，如“奉献、忠实、诚信、凭良心、虔诚、喜欢或爱慕”（《牛津英语词典》，第二版，vol. 13：569）。在汉语中，“宗教”一词基本上带有一种迷信的暗示或联想。宗教通常被当
作一种由迷信、教义、仪式和机构组成的上层建筑（Fung，1961：3）。 41
所以，就像利玛窦很久以前观察到的那样，在中国“宗教的东西是不大受欢迎的”（Gernet，1985：16）。

从历史上看，西方人认为，把世俗的东西和宗教的东西分开（柏拉图首倡），把人类科学分门别类为哲学、伦理学、政治学、经济学、教育学和宗教（大概始于亚里士多德），将能更好地促进人类认识世界和了解自身。然而，对于古代的中国人，这些划分是不恰当的。他们没有有意识地把关于世界的宗教观与哲学观或政治观区分开来。过去常常用来表达他们世界观的专门名词有“道”、“教”和“理”，这些术语毫无例外地都可以用来表达哲学思想、政治理念、伦理规范及宗教实践。他们从未分门别类地突出各个不同传统之间的区别，一个人可以同时信奉多种学说，这很正常。正是因为明白了这一事实，埃里克·夏普（Eric Sharpe）认为，“说到各种宗教思想或理路的融会或调和，特别是在讨论‘中国三大宗教’的

时候，任何一个学者都必须承认：一个中国人可能同时信奉这三种宗教”(Sharpe，1994：82)。

现代中国人把“宗”和“教”两个汉字组合在一起，创造了一个术语“宗教”，“宗”和“教”的原初含义分别指“祖先”和“学说/教义”。在古代儒士的观念里，学说分两种。那些古代由圣王开始传播的学说被视为高贵的、正统的，它们鼓励人们向善、真诚，孝顺父母、敬奉祖先。这些学说在遭到歪曲和误用的时候，便开始与迷信联系在一起，比如相信奇迹，相信奇异力量，相信轮回转世，等等。儒士们相信，孔子、老子和释迦牟尼这些伟大圣贤倡导的学说是高贵的学说，而流行的道教、流行的佛教及各种民间宗教显然都是堕落的学说。“宗教”在被与这些堕落学说的理论和实践等同起来时，受到的只能是多数学者的鄙视。这或许可以解释为什么近代只有一小批学者，如康有为，热情洋溢地提出要把儒学塑造为国家宗教，而这一努力遭到了其他儒学学者强烈的反对和严厉的指责。例如，梁启超（1873—1929）反对任何把儒学贴上宗教标签的企图，因为他
42 认为“宗教”与孔子本人的观点是难以相容的，与理性主义是背道而驰的（引自 Yang，1961：5）。不过，虽然康有为及其弟子陈焕章当年儒学国教化的诉求没有成功，但是康有为的这种儒学国教化理念似乎并不像五四新文化运动的反传统语境所指责的那样不可理喻、绝对荒谬。20 世纪 70 年代末，任继愈提出“儒教是教说”，然而曲高和寡，认同者寥寥，冯友兰、张岱年等学者也认为这种说法是错误的。到 20 世纪末，公开著述认同或讨论儒教问题的学者增加，形成“儒教是教说”、“儒教非教说”或介于二者之间等观点的争议、颉颃。

首先搁置不同理论建构或实践取向的种种歧见，回到基础概念本身，完成定义的界定和厘清。这里我们必须给儒教下定义，但先来看看一般的宗教是如何定义的。“很难给宗教下一个让所有人都满意的定义……它总是属于人们所拥有的普遍文化的一部分，同时又是对这种普遍文化的一种诠释”(Shryock，1966：223)。许多现代西方学者已经不再囿于过去终极意义上的基督教式的宗教定义，所以现在很多不同的传统和文化都可以被灵活自如地纳入基督教的框架之下。涂尔干（Durkheim）拒斥他那个时代流行的各种关于“宗教”的定义。在这些定义中，一种宗教定义的根据是超自然的或神秘的东西，另一种宗教定义则与上帝或神灵联系在一起。涂尔干认为，“宗教是一种由信仰和实践构成的统一体系，其关联着某些

神圣事物，换句话说，就是被区隔开的、禁忌的东西——信仰和实践结合在一起形成单一的道德共同体即教会，所有人都得依附于此”（Durkheim，1961：21-44）。田立克（Paul Tillich）把宗教视作一种“处于终极关切支配之下的状态”（Tillich，1963：4）。约翰·鲍克（John Bowker）从宗教的社会学功能和人类学功能上对之进行考察，发现宗教是一种“超越局限”的方式，或者说是一种“寻路活动”的表现（Bowker，1973：viii）。斯特伦（Frederick Streng）将宗教定义为“迈向终极转变的一种手段”（Streng，1985：1-8）。约翰·希奈尔（John Hinnels）明确地强调，如果设定总存在一种可定义的、独立存在的、可被识别为“宗教”的现象，那么将面临难以克服的问题，因为“大多数人拥有的宗教通常都是通过习俗和实践来表达的”，由此他相信宗教的性质就蕴含在它的习俗和实践中（Hinnels，1991：12-13）。

根据对宗教理解的这种拓展，越来越多的西方学者倾向于从宗教的角度来思考儒家传统。在中国大陆，儒家传统通常被定义为封建伦理体系，但随着研究的深入和拓展，关于儒学的观念逐渐发生改变，很多著名学者确定儒学与宗教以某种方式紧密地联系在一起（《新华文摘》，no.10，
1998：37-42）。显然，这些新尝试与早先几代汉学家所做出的不同。那 43
些汉学家之所以把儒学当作一种宗教，是因为它与基督教有着一些相似之处。当代学者试图确立的是，儒学是宗教性质的，是一种有着独特性质的传统，它以这样或那样的方式区别于其他宗教。这样，对儒学宗教性质的探究便聚焦到了它的独特性上。

将儒学定义为宗教面临的困难不在于它的实践，因为儒学所珍视的那些实践，如祖先崇拜、对儒家圣人的尊奉以及对天的祭祀，与世界上很多其他传统的宗教实践并没有太大的不同①。这一点是大家都认同的。困难的核心在于它的人本主义学说，以及它对世界、人生的理性主义把握和理解。就连把儒学列为中国三大宗教之一的苏慧廉，也不得不诉诸中国三大宗教的互补性融合，以弥补“儒学的不足——除了要人们保持平静淡泊和

① 孙孝东（Sun，Anna Xiao Dong）在其《儒作为世界宗教：历史和现实》（*Confucianism as a World Religion：Contested Histories and Contemporary Realities*. New Jersey：Princeton University Press，2013）一书中提出了“儒作为世界宗教”的观点。她试图保持价值中立性，拓展概念框架和定义方法，以便识别和捕捉到儒作为宗教的生机勃勃的独特实践，包括孔庙中正式仪式中的集体敬拜（如祭孔大典）、私下的敬孔拜孔、沉思或冥想活动、阅读和朗诵儒家经典。

坚忍克己，只能很少地或根本不能满足人类的精神需求”（Soothill，1973：xi-xix）。儒学关于哲学问题、伦理问题、社会问题的学说是否蕴含某种宗教的精神和价值，进而可以从中找到一种独特的宗教性？

孔汉思（Hans Küng）认为儒家传统是一种宗教、一种智慧的宗教，是一种特殊的宗教体系，但与世界上其他两大宗教又存在关联。按照他的观点，世界上的主要宗教可以划分为“三大河系”（three Great River Systems）。第一大河系起源于近东的闪族，它属于先知（预言）类型的，包括亚伯拉罕系的三大宗教，分别是犹太教、基督教和伊斯兰教。从近东到印度河流域，诞生了第二大河系。它起源于印度，带有神秘色彩。它是孕育于印度传统（《奥义书》），经过改良或调整，进一步产生了三个宗教：一是摩诃毗罗[①]（mahāvīra）的改革运动，他叫耆那（Jina[②]），也称“胜利者”（victor），是耆那教（Jainism）的创始人；二是释迦牟尼（Gautama Buddha）的改革运动，催生了佛教；三是更晚近的印度教，既包括一神论的教派，也包括多神论的教派。第三大河系起源于中国，并且和圣人的形象联系在一起，它因此而被称作智慧宗教或哲人宗教，包括儒教、道教及部分中国佛教。在第三大河系的宗教体系中，正是孔子、老子、佛陀这些圣人引导人们获得拯救（Küng & Ching，1989：xi-xix）。

44 秦家懿把中国的宗教定义为“和谐宗教”，因为它们都建基于同一个主题，即“天人合一”。她认为存在两种和谐宗教，一种是为了实现“神与人之间更大的和谐”，而另一种则追求“神圣秩序与世俗秩序之间更大的和谐”，比如道家哲学，孟子、新儒学的人本主义，还有中国大乘佛教的哲学尤其是禅教或禅宗佛教（Ch'an or Zen）的人本主义。综合这两个方面考虑，秦家懿认为儒学是“一种包容宗教价值观的人本主义”。秦家懿认识到孔子和儒学的主要关切在于社会事务、道德事务，不赞同把所有的人本主义者都当作“世俗主义者或者至少是宗教不可知论者”，坚持认为孔子是一位特殊的人本主义者，其道德学说蕴含一种深刻的宗教性，而

---

① 梵文的音译，也译为玛哈维拉，意思是“伟大的英雄”，简称“大雄”。“大雄”也可用来称释迦牟尼。（任继愈．佛教大辞典．南京：江苏古籍出版社，2002：155，1185）

② 即 Jaina，是耆那教创始者筏驮摩那的称号。耆那教于公元前 6—前 5 世纪与佛教同时兴起，其主要经典有《十二支》《人谛义经》等。（冯契，徐教通．外国哲学大辞典．上海：上海辞书出版社，2000：678）一说耆那教不是筏驮摩那创立的，在其之前就已经存在。（任继愈．佛教大辞典．南京：江苏古籍出版社，2002：155）

这正是儒学的基础（Ching，1993：6，51，52）。

从纯粹的人本主义到终极的唯灵论，儒学在理论上都有深入的探究，涉及面非常广，但贯穿其中的是对人类命运的精神信仰上的关切[①]。因此，一些人的关注点在于儒家传统的宗教维度的独特性，而不在于它到底是不是一个宗教传统（Tu，1989a）。姚新中在其《儒教与基督教》（*Confucianism and Christianity*）一书中认为，儒教之为宗教的独特性在于它处理宗教问题的人本主义路径，如信仰、仪式和机构，还在于它对世俗事务、个人成长、家庭关系、社会和谐的宗教关切（Yao，1996a）。世界上有不止一种的宗教。各种宗教对超越性、迫近的危险、不道德、通达永恒的方式有着不同的理解，彰显了各自不同的价值观，从而决定了宗教的多样性，如有神论的、人本主义的或自然主义的。有些学者采用的研究方式没有识辨出儒学和儒家传统的宗教性，其原因在于他们是从有神论体系的标准出发进行考察并做出判断的。在以神为中心的框架下，可以明确地说儒教不是真正的宗教，因为“它没有祭司职位，没有教会，没有《圣经》，没有教义，没有皈依，也没有固定的上帝体系。它对神学和神话学没有兴趣”（Ferm，1976：150）。不过，如果认识到人类存在着不同类型的宗教信仰，那么我们将不难发现，儒家传统中存在着与基督教中的“牧师、教会、《圣经》、教义、神学及神话”对应的东西。例如，儒家的书院（讲学 45
机构）就相当于基督教的教会，发挥着同样的功能。利玛窦第一次注意到这些儒家书院等同于基督教的讲经堂，而且儒士们也“感觉到了（耶稣会传教士的）讲经堂和他们自己的传统书院存在相似之处”。许理和（E. Zürcher）也观察到“书院的氛围确实有着某种庄严和神圣”：每一次讲学，首先要进行对创立者孔子的敬拜仪式；它有一套符合惯例的、制度化的行为准则，通常由学童们表达对孔子虔诚的赞美（Gernet，1985：17-18）。

上面讨论的这些路径为我们铺垫了一个基础，可以帮我们提出自己的关于儒家传统宗教性的独特之处的观点。儒家传统作为一种宗教，确实具有一种特殊的品质。儒教教义的支柱由三大原则构成：人与天的和谐统一、后代与祖先的和谐统一，以及世俗与神圣的和谐统一（Yao，1996a：

---

① 在儒家思想传统中，命或命运有两个重要维度：天命（作为超越的存在，构成人的终极价值源头）和时命（作为现实的条件，构成人生发展的限制性因素）。例如，孔子说“道之将行也与，命也；道之将废也与，命也”（《论语》，14：36）；又说“天之未丧斯文也，匡人其如予何?”（《论语》，9：5）。

31-33)。在对这三种和谐维度的分析、拓展中，儒教发展出了一套系统的、独一无二的人类宗教信仰学说。这是一种人本主义，因为它集中于世俗问题的解决，坚信人的可完善性。不过，儒教不是通常意义上的人本主义，它不止步于人的物质需求的满足，而追求精神的最终完善和至高境界。至于什么东西可以表述为“精神的”，儒教对此的观点不一，但有一点是得到普遍认同的，即个人对神圣性的体悟、对至高存在或终极实在（天）的忠诚和义务，具有根本性的、终极性的意义。这样，儒教是一种人本主义宗教，是一个人本主义传统，在其经典、信条、实践及机构中彰显了一种精神追求，宣示了一种精神原则，进而引向了一个解答人类终极关切的宗教旨归。这些关切表现在个人使命和社会使命中，并且显露在那种要按照儒家道德观和政治观更新自我、变革社会的愿望里。儒教是一种在寻常而守原则的生活中追求神圣性的人本主义；或者用鲁利的话说，它是一种“世俗宗教，强调现世，可同时又诉诸‘天’的观念中所包含的超验价值观”（Rule，1986：31）。儒教通过把世俗与神圣、人本主义与宗教性联结在一起，表达了一种对终极性和超越性的独一无二的理解，为人类开辟了一条通向永恒的独特路径。

46 儒家传统是一种人本主义的宗教，其根由在于，它对终极或终极实在、对迫近的力量、对超验性或超越性、对世界以及对生死的理解和观念，全都关联着且建基于它对人之本性和人之使命的探究。人类生活充满意义，无比珍贵，不仅仅因为它是践履人之使命的一条路径，还因为它是连接此世与来世、有限与无限、暂时与永恒的唯一方式，这在孔子对如何事奉鬼神、如何理解死亡这类问题的回答中得到了很好的说明：“未能事人，焉能事鬼?”“未知生，焉知死?”（《论语》，11：12）。

儒家传统作为一种宗教性的人本主义，有着鲜明的个性，即对天和天命胸怀信仰，对人性可获致完美、实现天的原则充满信心。它坚信人类肩负着对世界的使命，而要想实现这一使命，所有的男人女人都必须尽最大努力履行自己的伦理道德义务。由此，儒家形成了一种独特的观点：将道德做先验性理解，而把世俗做神圣化处理。儒家非常强调自觉（自我觉悟）和修身（自我修养）的重要性，将之作为通往“超越”的路径。自我转变从来不是要与世隔绝，疏远他人，脱离社会；相反，它与人类秩序、自然规律紧密联系在一起，要通过社会活动、政治活动的形式认真勤恳地加以训练，还要树立乐观的目标，就是通过不断改变使世界变得更加和谐。正是在这个意义上，杜维明指出，“评判新儒学事业内在维度的关键就在于宗教性问题”，要对新儒学的宗教性进行定义，应该依据个人生命经验，即个人都努力追求“共同的终极意义上的自我转变”（Tu，1985：135）。

儒家传统作为一种人本主义的宗教，其理性主义色彩也很突出。按照马克斯·韦伯的观点，“要判断一个宗教所代表的理性化水平，我们可以采用两个基本标准——在很多方面都是相互关联的。一个标准是宗教与巫术的分离程度，另一个标准是把神与世界的关联、宗教与伦理道德的关联这二者进行系统结合的程度”（Weber，1968：226）。从第一个标准来看，47
儒学差不多剥除了任何巫术观念，孔子便是明证，据记载他从不谈论“怪，力，乱，神”（《论语》，7：21）。从第二个标准来看，儒家理性主义彰显在它坚定的信念中，它坚信天是人的美德的终极来源；坚信通过人自觉地求索，在人的本性或在自然界、人类世界中即可致知天命；坚信天命的践履就是致力于修身和自我完善，把自己的美德推及他人、播向世界，如此而已。

另外，儒教作为一种理性主义的宗教，它强调的超越并不是外部的赋予。它关怀人类命运，不过这种关怀是建基于一种信仰，并从这种信仰中汲取力量，即它相信超凡入圣的可能，相信每个人都具有可完善性，都可以抵达完满或完美，且这是看得见的、实实在在的，只要道德品质日日有提高，社会发展天天在进步。对于那些热切地怀抱永恒之愿的人们，儒教提供了切实的指导，而不是“开一张空头支票”。它充分意识到人类每一个个体都是不完美的、有缺点的，也充分了解到社会现实的局限性。因此，它反复地警告说，完满仅仅是一种可能性，除非每个人都积极地学习、热情地实践，终生不渝，而且还要常常进行自我反省、自我规约，怀抱希圣希贤的心态。在儒家传统中，人生须以修身为本，是一个持续不断地进行自我修养、自我转变的过程，直到抵至自我超越，也就是实现人的本真之性——天的所有原则都充分地展现了出来。世世代代许许多多的人都投身于这一过程，也正是在这一过程中，儒家学说赢得了威望，汲取了力量，展现了生机。

第三节　儒家经典

儒学作为一种知识分子学说，它把古代的经典文献视作价值之源、理想之根，在这个意义上，将它称为一个书的传统，非常恰当。儒家经典奠定了儒学学说的内核，承载着后来的儒学学派及其分支学派的根基，也蕴含着所有儒学潮流的源头。这一点大家没有异议。确实，不对儒学经典做一适当的了解，要描绘一幅完整的儒学图景是不大可能的。

西方对儒学的描绘一直与如何评价儒家经典这一问题紧密联系在一起。在一些早期的基督教传教士看来，儒家经典代表着中国神圣的往昔，
48 那时它还没有被后来的理性主义和佛教迷信所污染。例如，利玛窦在发现儒家经典中的要素与基督教信仰之间的关联后评论：

> 据我所知，古代早期的欧洲人比中国人更容易踏入迷途而多有舛误，因为他们生活在异端教派的支配之下。相比之下，按照中国文献的记载，中国人早在历史开端就确认了一个至高无上的存在，对之加以崇拜，他们把这个至高无上的存在称为“天帝”。(Dawson，1964：9)

儒家经典在东亚社会历史中长期占据主导地位，产生了全面而广泛的影响。但近代以降，一些激进的中国和韩国知识分子，怀着摧毁儒学的意愿，开始贬损这些经典，于是这些经典的基础性地位发生了动摇，人们不再异口同声地赞赏儒家经典。有些西方历史学家对儒家经典持一种非常极端的观点。在他们眼中，中国是“最古老的国家，不过没有所谓的过去与现在的区分，因为正如我们所知，它从古代到今天一直都是那个样子”(Dawson，1964：15)。中国为什么不是一个不断进步的国家，其中一个理由就被归结为儒家经典的拖累：“他们的书的陈旧僵化导致了他们的观念的陈旧僵化”(Dawson，1964：6)。因此，这些经典被视为中国文化进一步向前发展的障碍，它们经常把中国拉回到过去。从这个意义上说，儒家思想就是个“《圣经》式的传统”，固守教条，没有未来。

不管把儒家经典当作人类文明的象征，还是将它视为一无是处的、彻底的、压抑性的东西，都是有失公允的。长期以来，这些经典一直被尊为神圣的典籍，是最高价值观的来源。它们确实是儒学思想形成的根基，也是儒者行为的指南。作为价值观的源泉，它们激励儒家弟子去继承、去创造。这样，没过多久，事实上儒家经典在很大程度上就与儒学合二为一了，也就是说，做一个儒士，就是要笃志钻研这些经典，或者更准确地

说，就要忠实地遵循这些经典所包含的基本原则和价值观。一方面，这些经典是历史的产物，取决于特定的时空条件。如果经典中的词句表述被绝对而普遍地应用到社会生活和个人生活中，那将不可避免地造成它们的教条、僵化。不幸的是，儒家经典教条化在后来东亚历史上相当长的时期内
确实发生了。另一方面，有观点认为，我们所了解的儒家经典两千多年来 49
并非一成不变。相反，一代代儒家学者不断地对这些经典进行了注解、诠释、再注解、再诠释，它们得以持续地更新、拓展和深化。经典中提出的宗教、政治观点一直都服从于社会发展，而且社会发展方向总是成为不同儒学派别之间争论的中心议题。

一、古代的记载和典籍

在孔子之前很久，非常发达的官方办学传统（官学）就已经出现，并且一直在繁荣地发展。随着商朝的灭亡，新建立的周朝强烈地需要一套官方学习教育体系，以便为国家提供意识形态理论、治理策略和管理人才。周公，即孔子眼中的伟大圣人，据说率先有意识地为国家机构创设了这样一套体系。在拥有丰富知识的儒的帮助下，周公把以前时代的复杂礼仪体系加以变革，创立了一套新的“礼乐”体系，明显带有新的道德导向和政治导向的功能。这一新体系的知识，一方面通过国家、地方的学校进行传播，另一方面借助文字材料（刻写在青铜、竹片、木片上的文字）进行传播。为了保存和传承这些知识，各种各样的记载逐渐累积下来，形成了古代文化的官方形态。

当统一的意识形态开始崩塌，各诸侯国处于半独立状态，官方教育体系因此而解体，取而代之的是民间学习教育机构（私学）的逐渐兴起。就在此时，儒学出现了。孔子是最早兴办私学、向大众传播知识的老师之一。据说，他教授了约 3 000 名弟子，其中只有一两名确定来自贵族家庭。孔子本人勤奋好学，广泛钻研以前时代积累的所有知识。他的终生目标之一就是保存、整理、传播古代文化资料。经过编辑整理和诠释，这些资料变成了大家所知的经典即“经”，这些“圣书”被认为是古代圣人（“先圣”）的作品。儒学被确立为官方正统学说之后，这些经典不仅在中国受尊崇，在所有其他儒学影响所及的国家皆是如此。

儒家珍视这些经典，将之视为古代文化的真实记载，而孔子的整理和 50
评注增加了其价值。人们相信，过去的习俗、事件可以成为观照当下的一

面镜子，也可以用作迈向未来的指南。就儒家学说而言，儒士们相信，这些经典向他们揭示了天的原则，通过学习经典可以理解天道，而通过将天道应用于人类生活，可以确立和落实人道。

儒家经典在儒学传统的传播过程中发挥着四个主要功能。第一，它们是学生的重要课本。作为百家之一也好，变成官方学说也罢，儒学之所以得以流行，原因就在于它对经典的尊崇。儒学研习者按要求必须用心钻研经典，而大多数人确实能够从表面看来很抽象的文本中提炼出“重要的意义和内涵”。汉朝时期，儒学成为“官方学问”，得到国家支持，同时接受政府监督，此时的儒家经典被作为国家教育的基础教材。据记载，公元前124年太学（国家最高学府）在都城长安成立，在五经方面造诣深厚的大儒们获得“五经博士”称号。到了公元130年，太学的规模非常庞大，建立了240栋建筑，拥有1 850个房间用来容纳学生。太学的掌管者是太常，是掌管礼仪的大臣，负责监管太学的教育，以保证它与传统一致。学生在头两年学习两门经典，学习期结束时要接受考试。通过考试的人会得到一个职衔和一份薪水，没有通过考试的人必须从头再学。那些希望继续深造的人将学习另外三门经典，每一门学两年，学习期结束时要接受考试（Shryock，1966：21）。当国家规定科举考试必须以儒家经典为基础范本时，这些经典及其标准注解就变成整个国家所有应试者、在校学生的必修内容。

第二，这些经典被视为儒家生活方式的来源。对信奉儒学的人而言，儒家经典在很大程度上就是理想生活的蓝图。经典中记载的政治原则被采纳为政府活动的指南。古人遵循的礼仪成为必要的过渡礼仪或通过礼仪（rites of passage）①，即人生礼仪。人们相信，诗歌和音乐是培养良好性
51 格的根本。甚至，经典中记载的日常谈话都变成了必须牢记心间的警句箴言。这样，《诗》《书》《礼》《易》《乐》等就变成人们生活所依赖的基础，成为要践行的内容。孔子晚年大部分时间都致力于《春秋》的整理和编纂。在他眼中，这本文集不仅仅是一部编年史，它融贯了各种价值观，既包含各种值得倡导的行为准则，也记录了很多需要禁止的行为方式。孔子对这部著作投入了大量精力，他满怀信心地评论说：“知我者，其惟《春

① 在人生重要阶段或关键时刻举行的特定仪式，例如成年礼。法国学者阿诺尔德·范热内普（Arndd van Gennep）的《过渡礼仪》（商务印书馆2010年版）对与人生各个阶段的变化对应的仪式、规范进行了细致的考察和分析，或许可以帮助我们理解中国古代的礼仪规范。

秋》乎；罪我者，其惟《春秋》乎”（《孟子》，6：9）。

第三，这些经典是众多儒学分支得以形成的根基。经典材料丰富、内容复杂，导致不同儒学派别之间经常发生针对经典的争辩和论战。具有创新精神的学者会从经典中读出不同的含义，由此促成了不同学派的建立。这些不同学派的大儒对经典文本通常都会给出自己的诠释。各派大儒的注解和评论中充满了个人的洞见与独特的体悟，于是激发了更深入的思考和进一步的拓展。有些儒学学派就是在同一经典不同版本的基础上直接发展起来的。例如，公元前2世纪，大概存在三个《诗经》研究学派，即三家诗，分别为“鲁诗”“齐诗”“韩诗”。这三个学派就分别建基于一个《诗经》版本。再如，关于《尚书》也有三个研究学派，分别基于今文版本、古文版本、伪古文版本。随着一些版本不再流行，或者不同版本融合为一，相应的一些学派就销声匿迹了。尽管如此，它们还是写下了浓墨重彩的一笔，为后来的一代代人留下了知识遗产，而后来者在恰当时机将会不断提出新的诠释，不断带来新的论争。

第四，儒家经典主要因在政治上的功能和应用而受到重视。据记载，孔子曾坚持主张用六艺来帮助建立一个好政府：

> 六艺于治一也。《礼》以节人，《乐》以发和，《书》以道事，《诗》以达意，《易》以神化，《春秋》以义。（《史记》，1997：3197）①

儒家经典深深地嵌入政治之中，成为人们实现各种政治目的的便捷工 52
具。一方面，通晓经典是赢得良好声誉的必要条件，而有了良好声誉，学者便可以事业有成。另一方面，朝代变迁，统治者更迭，常常导致这一经典或那一经典的地位上升或下降。某一特定学派的命运取决于它对儒家经典的理解是否被当时的掌权者所接受，而且采用哪个版本的经典，直接决定着一个学派的失败或地位下降和另一个学派的成功或地位提升。19世纪末20世纪初，儒家经典再次进入政治争论和政治运动的中心，不同的“政治派别”利用它们来为自己的政治方案做辩护。这样，有些时候人们说儒家经典在性质上是具有革新作用的，而在另一些时候又指责它们是保

① 意思是：“六经对于治理国家来讲，作用是相同的。《礼》是用来规范人的生活方式的，《乐》是用来促进人们和谐团结的，《书》是用来记述往古事迹和典章制度的，《诗》是用来抒情达意的，《易》是用来窥探天地万物的神奇变化的，《春秋》是用来通晓微言大义、衡量是非曲直的。”

守的。不论是这种方式还是那种方式，儒家经典都是被简单地用作工具而已，服务于各种不同的政治目的，同时它们与政治变迁的过程紧密地联系在一起。

二、孔子与儒家经典

儒家经典成形于孔子之手，有很好的理由支持这一点。然而，在经典的早期版本问题上，没有哪一种观点是理所当然的共识。最初的文本是什么样的，孔子在其中究竟做了多大工作，对此是没有定论的，历代争议和论辩时不时地会上演。

人们把孔子称为圣人，主要是基于他在古代文献整理和传播方面做出的贡献。至少自西汉起，大多数学者都开始相信，在孔子之前是没有什么严格意义上的“经典”的，是孔子确立了为人所熟知的经典。在孔子时代之前，或许已经存在了一些文字资料，记录了政治话语、宫廷或民间的诗歌、哲学和宗教上的思考、各种礼仪和仪式，以及历史事件和自然事件。不过，这些资料在孔子时代以前要么已经遭到破坏，要么已经亡佚。孔子对它们进行了搜集和重新整理，重新编排了章节顺序，并对内容进行了评注。在此意义上，孔子“校准”了这些古代文献的版本，并确立了它们作为经典教科书的价值。公元前 2 世纪的《史记》记录了这是如何发生的：

> 53 孔子之时，周室微而礼乐废，诗书缺。追迹三代之礼，序书传，上纪唐虞之际，下至秦缪，编次其事。……故《书传》《礼记》自孔氏。……孔子以诗书礼乐教，弟子盖三千焉，身通六艺者七十有二人。(Lin，1994：127-135)

关于儒家经典如何产生，如何在汉代以后几乎被所有皇家接受并作为经典和正统学说，《史记》中的这一记录提供了一种重要的观点，甚至在一定程度上变成了权威的表述。很多中国学者仍然支持这种表述。例如，陈立夫认为，“孔子整理了《诗经》和《尚书》，汇编了《礼经》和《乐经》，注解了《易经》，撰写了《春秋》，它们被称为‘六经’”(Chen，1972：2)。另外，熊十力认为（现存的）六经是最终的版本，由孔子晚年确定下来（熊十力，1996：406-442)。

然而，对此也有不同的观点。对有些学者而言，尤其是古文经学学派，这些经典早在周朝初年就诞生了。孔子所做的不过是重新编排和整理了以前的文献而已，一方面是出于对古代礼乐文化的热爱和认同而担当“斯文在兹”的使命，另一方面为的是便于办学授徒，更好地传播古代文献与文化。由此，孔子让这些文献得以保存和流传，为后世留下了珍贵的思想文化遗产。按照这种观点，我们显然不能说是孔子“创造”或“发明”了这些经典。20 世纪的一些学者趋向于赞成古文经学学派的观点，甚至提出了一个更激进的观点，认为孔子对儒家经典毫无贡献。据说，“五经”是五本互不相关的著作，是在战国末期被汇集在一起而成为五经的（Gu①，1962：40－82）。这一争论在现代西方学者当中仍然在持续。一些人对传统给予坚定的支持，认为这些经典就是孔子的作品，而另一些人则表示质疑。例如，顾立雅提出了一个总体上予以否定的主张：

> 我们对各种各样据说是孔子所作之书进行了考察……我们得 54
> 出结论，即没有任何确信无疑的证据支持是他创作了这些作品，甚至连任何的整理工作他都没有做。我们不是第一个做出这样的判断的，近年来越来越多的学者都给出了这样的论断。（Creel，1960：106）

相较于上面这些针锋相对的歧见，其他很多学者对孔子与儒家经典之间的关联持一种务实求是的观点。他们认为，儒家经典的历史非常悠久，孔子及其弟子和追随者对这些经典的形成做出了自己的贡献。对于认为是孔子造就了这些经典的传统说法，他们既不给予认同，也不表示反对。他们做了另外的工作，就是确认经典中哪些部分是孔子及其弟子所处时代完成的，哪些部分是更晚整理、增补或重写的（Loewe，1993）。如果说孔子是特意地通过整理早先的文献来创立一个经典体系，那就有点夸大其词了。但是，按照孔子的弟子及其同时代的人的说法，可以证明孔子确实对古代文献的传播做出了巨大贡献，他对以前的记载进行了分类和重新编排，用来作为学生的教科书。所以，不管我们今天拥有的经典版本是不是

---

① 顾颉刚主编的《古史辨》（1926 年开始陆续出版，此处参考的是 1962 年香港重印的文本）。

直接源自孔子的工作，完全否定他的贡献都是与事实不符的，是有失公允的说法。对于本书而言，重点不是在细节上考察每一部经典创作者身份的历史准确性。我们完全有理由这样说，这些经典是在孔子的目标和理想感召下诞生的作品，它们已经形成了一个经典文献库，在儒学世界中占有极其重要的地位。

三、历史上的儒家经典

据我们所知，最早对儒家经典进行引用的是《庄子》，这是一部于战国时期编纂而成的道家著作。在这部书中，《诗经》《尚书》《礼经》《乐经》《易经》《春秋》被归集在一起作为经典（Watson，1964：363）。这就意味着，至少在进入战国中期时，这些经典的地位就在儒学传统内外得到了认可。此后，有三个重大事件直接决定了我们今天看到的经典的状况。第一个事件是秦朝的“焚书”。秦始皇（前 247—前 210 年在位）在通
55 过战争统一各诸侯国之后，把注意力转向了意识形态，即迫使各个学派发出同一个声音，从而统一人们的思想。当时，法家是儒家的主要论敌。秦始皇受了法家的鼓动，于公元前 213 年下令：“异端之书”必须统统上交官府，予以烧毁。儒家经典当然首当其冲，就算不是该政策的唯一针对对象，也是第一号目标。据说，在这些文献中，只有医药、农学、占卜、秦朝官方历史方面的书，以及在国立学校任教同时担任政府顾问的博士保存的书，得以逃过此劫。这次事件是不是特意瞄准儒学以将之铲除，是一个可以商榷的问题；但是它确实给儒学造成了巨大的冲击，因为儒学的传统就保存在这些书中，儒学的诉求和价值观就依赖于对经典的研习。直到几十年后的汉朝初年，儒学才从低谷中重新崛起，并巩固了自己的地位，此时儒家经典也才在一定程度上得以复原。

第二个事件是西汉时期儒家典籍的重新发现或再整理。由于秦朝的反儒政策，加上击溃暴秦的战争，儒家经典遭到了很大破坏，导致在汉朝初年连一部完整的经典都很难找到。为了克服儒学传播中因可靠资料匮乏而带来的困难，也为了满足新王朝对管理技能和治国人才的迫切需求，儒士们不辞辛劳，去搜寻、修复、重新整理经典，甚至重写部分或大部分亡佚的经典。我们今天所知的大部分儒家经典，实际上都是这一时期“定格”的。而不同的版本引出了所谓的“真伪儒家经典”问题，许多儒学争论，许多当时及此后形成的思想派别的分野，都导源于此。经过很长时间，儒

学经典才得以确立其权威形态。公元175年，皇家下令把儒家经本镌刻在石碑上，于是诞生了著名的“熹平石经”，此举象征着汉代经典官方版本的最终确立。

第三个事件是宋代（960—1279）儒学的“复兴”。儒学在汉代被采纳为官方学说，但也就是从那个时候起，它因道教尤其是佛教后来的发展壮大而遭受巨大的挤压。从东汉灭亡到唐代（618—907）末期，在相当长的
一段时间内，是佛教或道教而不是儒学支配着中国人世俗的和宗教的生 56
活。直到宋代，儒学的衰落之势才从实质上得以逆转，此时一种新的儒学类型，即道学或理学和心学，也就是西方统称的新儒学，重新获得了比其他宗教和非宗教传统更高的地位。新儒学学者们发起了一场对古代经典进行重新整理、注解和诠释的儒学更新运动。这些新注解、新诠释大部分都是在道家和佛教的强烈影响下诞生的，因而新建构的学说具有融合的性质或调和的特征。不管怎样，它们被确立为儒学经典的官方解读，成为教育、国家考试、官方学术研究的标准文本。由于儒学作为“国教”享有至尊地位，新儒学哲学不仅受到儒家学者、官员及学生的珍视和尊崇，而且为道教所吸收，为佛教所改造利用。新儒学经典传播到了其他东亚国家，在那里找到了新的受众，有了新的拥护者，并且经历了一个进一步发展的过程，与这些国家的民族文化融合在了一起。

四、十三经

儒学传统中存在两种具有神圣地位的典籍：第一种称为“经”，指的是古代的经文或经典。人们相信，它们就像织物的经一样，承担着统摄社会的功能。中国汉字“经”的原初意思就是织物的经纱，将其引申拓展，也表示指导生活、历史的恒定原则。第二种叫作书（書，）。“书”字由两个部分构成，上面是“握着一支写字的毛笔”（），下面是一个“口”（），意思指“把说的话记录下来”，这样就指示了“书”的含义。经和书过去一直存在着差异。经比书更早，具有更根本的意义。确实如此，除了一个特例（《孝经》）之外，所有为人所知的经典的源头都可以追溯至孔子之前的时代。不过，在后来的儒学语境下，经和书的用法变了，两个字的含义合二为一了，都指神圣的典籍。

从历史上看，儒家经典和文本在汇集归类时常常有不同的取舍，数量有变化。人们知道的最早的儒家经典是六本，分别是《诗经》《尚书》《礼

57 经》《乐经》《易经》《春秋》，对它们有不同的叫法，如“六经”、“六艺”和“六学”。其中一本，即《乐经》，很可能就是在秦朝“焚书”事件中彻底消失的，这样六经就变成了五经。当西汉的汉武帝正式下令罢黜所有非儒学思想学派，五经就成为官方学说和选拔官员的标准。五经中加入了《论语》，东汉时又增添了《孝经》，这样就诞生了“七经”。唐代出现了“九经”，它们被采用为教材，而且被刻在了石碑上，包括：《易经》《尚书》《诗经》，然后是关于《春秋》的三本传，即《春秋左氏传》《春秋公羊传》《春秋穀梁传》，再加上《周礼》、《仪礼》和《礼记》。后来加入了三部别的书，分别是《孝经》《论语》《尔雅》（在最早的汉语词典中，“尔”表示“近”，“雅”表示“正”，合在一起表示接近或符合雅言），九经于是变成了“十二经”。到了宋代，《孟子》升格为经，被增补入“十二经”，由此“十三经”得以最终确立，一直就被用作儒学经典的标准合集。

五、五经

在所有这些划分中，“五经”是最基本、最重要的构成部分，已经被视为对古代文化的可靠忠实的记录，涉及了政治、哲学、传说、历史、诗歌和宗教等各个方面，同时它们是儒家学说的主要来源，使得儒学拓展出关于人类生活的彼此关联的不同视野，也就是说，我们可以透过诗歌、历史、政治、形而上学、伦理学等不同知识门类来理解、思考和把握人类生活。

自汉代之后，《易经》或《周易》一直被列为五经之首。《易经》被从《汉书》中挑选出来，作为“六艺之源头”；而在更早的文献中，它被正式地排在六经中的第五位。“易”的意思是“变化”，因此《易经》就是论述变化之原理或规律的书。“易”也有“容易”的意思，这指示了该书的性质，即它是一本用来占卜和理解世界的手册。虽然在儒学传统中这部书因其形而上学意涵和道德喻示而享有崇高的地位，但它最初大概只是被当作
58 基本的占卜手册，即按照手册的说明用一些蓍草秆进行操作演示，借此过程获得神谕信息，这种方式在很大程度上一直被沿用至今。

《周易》由两个部分构成，即《经》和《传》。《经》这一部分出现要早很多，是古代有关占卜活动的产物。经文的核心是六线图案，即六爻，就是人们所知的卦象。一个卦象由断开的线条（--）和/或完整的线条（—）构成，共六条，也就是人们熟知的阴爻和阳爻。近来的古代商周甲

骨文和金文研究，涉及一些奇怪的、归好类的、周期性重复的、由六个部分构成的符号，这些符号引发了人们的很多推测。现代研究表明，当前的阴阳爻形式直到更晚的时代才在神谕中出现。之前代替它们的是数字符号。出土的甲骨和陶瓷片展现了大量可辨识的象数，例如+X+∧∧∧（757666）、一+∧+)(∧（176786）。把这两个象数中的奇数转换成阳爻，偶数转换成阴爻，呈现在我们面前的两个图案是䷋和䷴，分别是现存《周易》经文中的第 12 卦和第 53 卦（Rutt，1996：99）。汉墓中发现了帛书《周易》，时间是在公元前 2 世纪，其中的阳爻和阴爻分别是—和)(，看上去类似于两个古老的数字形式———（1）和)(（8）（张立文，1992：8）。这进一步表明，卦象从奇/偶数字逐渐发展到阴阳爻是一个连续的过程。传统观点认为，在卦象出现之前三爻卦（即经卦）就已经出现了，并得到了很好的运用，而重卦则是由两个经卦加在一起形成的，即由三爻变为六爻。例如，理雅各和卫礼贤（Richard Wilhelm，1873—1930）特别强调把经卦作为核心要素，以此来理解重卦。今天的研究发现，几乎没有什么证据能证明汉代以前使用的主要是经卦。进一步研究发现，在最早的记载中由三个数字符号组成的经卦和由六个数字符号组成的重卦同时存在，这表明从（三爻的）经卦到（六爻的）重卦之间并没有明确的发展连续性。古代占卜者或许直接构造一个重卦或经卦，借此向他们的神请求谕示（张立文，1992：13C14）。经卦和重卦或许都可以很好地用作占卜及其他宗教仪式的工具，二者要么彼此独立，要么在双向影响中彼此关联。

早期西方的《周易》翻译者接受了儒学的传统，认为书中的经文和注释是古代圣人所作，比如传说中的圣人伏羲、周朝开创者周文王、儒家传统中的圣人周公。也许正是在这个意义上，苏慧廉提出，应该把这部书的重要意义概括为“人类摆脱野蛮境地而迈入文明状态的最初标志”（Soothill，1973：152）。大多数现代学者不赞同把传统观点作为《周易》起源的可靠表述。有一点达成了共识，就是书中的经文部分是在一个漫长的历史时期中形成的：很可能是在周朝早期，大量不知姓名的、有学问的占卜者收集了各种来源的材料，慢慢形成了一部书，差不多可以称之为手册。 59

《周易》的第二部分《传》是 10 篇注释，也称《十翼》，包括《彖传》上下篇、《象传》上下篇、《系辞传》上下篇，以及《文言传》《说卦传》《序卦传》《杂卦传》。传统上把这些注释归功于孔子，他不仅整理了《周易》，而且加上注释，传授给自己的学生。据说，孔子非常喜爱《周易》，反复地读，以至于把穿连《周易》竹简的皮绳用断了三次（韦编三绝）。同时，人们认为《周易》对他的影响反映在《论语》的一句话中，“加我数年，五十以学《易》，可以无大过矣”（《论语》，7：17），不过有观点认为这句话中的“易”并不是指《周易》（Lau，1979：88）。儒学传统观点认为，孔子把一部带有他的注释的《周易》传给了他的一个学生。这个学生叫商瞿（前 522—?），他非常喜欢这部书，格外虔诚，正是因为他，《周易》才得以流传下来（《史记》，1997：2211；Watters，1879：45）。这一观点遭到了现代学者的驳斥。虽然有些内容确实来自孔子或他的学派，但这些注释实际上很可能是快到战国末期才加到经文中去的，甚至可能更晚，直到秦汉时期才加进去，这一点似乎没有太大异议（Lynn，1994：3）。

五经中的第二部是《诗经》。《诗经》是一部诗歌集，创作于从周朝初期到春秋中期的 500 年间。人们认为，孔子从 3 000 多首诗歌中选取了
60 305 首，将之整理成书，以作为教材之用。然而，一些现代学者，如亚瑟·威利，对这种传统说法表示质疑。有一点是清楚的，即孔子确实使用了《诗经》来教育他的学生，并且还说“《诗》三百，一言以蔽之，曰：‘思无邪’”（《论语》，2：2）。这些诗歌主要呈现了人类共同体的内在协调，其中“人与人之间的互动，就像听到熟悉的曲调，看到熟悉的舞蹈动作一样，心中自然而然会涌起一种共鸣的情感”（de Bary & Chaffe，1989：142）。同其他儒学经典一样，《诗经》在秦朝期间也遭受了极大的破坏，等到汉朝开端的时候，已经找不到可用的《诗经》文本了。三位学者不得不口授《诗经》，由此诞生了“三家诗”，即《诗经》的三个官方版本。第一个版本，是由一位名叫韩婴的博学大儒留传下来的（《韩诗》）；第二个版本，肇源于一位齐国大学问家的学说（《齐诗》）；第三个版本，是以一位鲁国大学者的讲授为范本而形成的（《鲁诗》）。此外，一位姓毛的学者也讲授了《诗经》，于是带有他所作注释的版本便称为《毛诗》。汉朝之后，三个官方版本都遗失了，而《毛诗》版本却得以保存并赓续如昔，成为唯一可用的经典版本。

在 305 首诗歌当中，我们可以看到，通常每一首诗的标题都选自诗歌正文中的字词，而这些字词一般出现在诗歌开头的句子中。另外，每一首诗的前面都有一小段类似于序言的文字，用以解释或概括诗歌的内容或要

点。这305首诗歌可以简便地分为四个部分：第一，160首国风关乎13个不同国家或区域的风俗、节日及日常生活；第二，74首小雅涉及诸侯国的宫廷，如它们的节庆和对生活的抱怨；第三，31首大雅是关于周王朝的，有些讲的是它推翻商朝的事，有些记录的是古代的历史或神话人物；第四，40首颂是关于赞美或礼拜仪式的，分为几个不同的部分，涉及了周王朝、鲁国和商王朝，描述了各种各样的礼仪、庆典或音乐表演。

五经中的第三部（紧随《诗经》之后的）是《尚书》，也称作《书经》，或简称为《书》。“尚”的意思是“上面的”或“古代的”，顾名思义，“尚书”就是指受尊崇的古代的书，或者指受尊崇的关于古人的书。它是最早的史书，作为儒学中史学、政治学、哲学的根基，它已经被使用了两千多年。该书的内容主要涉及了三代（夏、商、周）的历史、政治事 61
件，主要形式是天子及其大臣的讲话，或者是二者之间的交谈。书的核心部分可以便捷地划分为五大类型：一是“谋”，比如天子和大臣们之间的对话；二是“询”，即大臣为天子提供的建议；三是“告”，即天子向民众广泛传达的通知；四是“誓”，就是天子在战场上的讲话；五是“命”，即皇家把职责和特权授予某个个人。

据说，孔子和孟子都曾把《尚书》用作教学的课本。而且人们认为，孔子时代这部书有100章内容。如果这个版本曾经存在，那么它在进入汉代时便难以觅得完整版本了。我们今天所见的《尚书》由两种文本构成。“今文”《尚书》（用秦汉时期的新字体撰写）是在遭到秦朝破坏之后凭借学者记忆“重新发现”的，但是“近来的研究表明，这些章节的内容很多‘根本就是根据杜撰的事件’写就的”（Loewe，1993：377）。“古文”《尚书》（用流行于秦汉字体改革之前的“蝌蚪文”撰写）据说是在孔子故居中发现的，但随后又再次亡佚了。据说，新发现的“古文”章节被呈给了晋代（265—420）的一位皇帝。这些章节成为《尚书》的一部分，并且一直被视为真实的历史文献，直到清代才被明确定为始于晋代的伪作。

不管怎样，《尚书》长期以来都被认为是儒学传统中最重要的经典之一，这不仅是因为孔子曾对书的章节进行了年代编排，并给每一章加上了序言，而且是因为书中的很多思想被视为儒家哲学、伦理学、宗教及政治学的最初来源。儒者们将之作为观照自己所处时代的一面镜子，从它的历史记载中开掘和阐发符合时代要求的道德伦理或宗教学说。

五经中的第四部被称作《礼记》，“它是一本礼仪选集，涉及古代的习俗、惯例、规定及逸闻”，不过“每一部分的时间和起源都存在相当大的
62 争议，正如《礼记》整本书的时间和起源一样，在整个中国知识历史中一直没有定论”（Loewe，1993：293）。不同的情形下，《礼记》或者被说成是孔子所作，或者被认为是孟子所作，再或者被说成是其他什么人所作。当然，《礼记》的命运和其他经典一样，最初的版本大概也在秦始皇的那把大火中化为灰烬了。西汉期间，（《礼记》的）大量章节经由各种渠道被找到，于是形成两个可用的《礼记》版本，分别由两位儒学学者编辑、整理，一位叫戴德，另一位是他的侄子戴圣。第一个版本共有 85 章，但它们中的大多数都亡佚了；第二个版本包括 49 章，成为《礼记》的标准版本（《礼记集解》，1989：1-3）。据说，这 49 章内容都是关于周朝的礼仪，孔子对之进行解释，而他的学生负责记录。不过，按照现在的观点，这 49 章中大部分仅仅是战国到西汉这段时间诞生的。

为便捷起见，我们将《礼记》的内容划分为五类：（1）包罗广泛的文章，涉及礼仪、仪式、学习，如《大学》《中庸》《礼运》；（2）对《仪礼》中所载古代仪式的解释，如《冠义》解释《士冠礼》，《昏义》解释《昏礼》，《燕义》解释《燕礼》；（3）关于孔子及其弟子言行的记载；（4）古代的仪式和典礼；（5）古代的谚语、箴言和警句。

五经中的第五部即最后一部是《春秋》，它是一部历史作品，记录了从公元前 722 年到公元前 481 年这 242 年间的政治的、经济的、自然的及外交的事件。它是按照孔子的母邦鲁国的编年史进行记录的。该书的书名反映了一种传统，即在记载每一个事件之前标明年、月、日及季节。那时候，春季包含了夏季，秋季包含了冬季，因而书中所有条目前面要么标明春，要么标明秋，如此一来，书中充斥着大量的“春”“秋”字样。自孟子时代起，儒学传统就已将孔子视为《春秋》的作者：“世衰道微，邪说暴行有作，臣弑其君者有之，子弑其父者有之。孔子惧，作《春秋》”
63 （《孟子》，6：9）。这一传统观点直到 20 世纪初才遭到有力的挑战，当时很多持批判态度的学者给出了各种各样的证据，来证明《春秋》的创作不大可能是孔子所为（《春秋左传注》，1981：8-16）。

由于《春秋》的内容太过简洁扼要，所以汉代初年，或许更早，出现了三种主要的注解，分别由姓左、公羊、穀梁的学者所著。他们是为了帮助读者理解某一具体段落的含义，添加了各个具体事件的相关背景信息，

还解释了某一特定字词或短语的使用意图，也就是把其中的褒贬及微言大义明确呈现出来。正如《尚书》中的情形一样，关于《春秋》的三种注解连同正文，也可以划分为两大类：第一类（一种注解）是建基于《春秋》的老版本（用秦之前的“古代字体”即古文书写）；第二类（另外两种注解）是以新版本（用流行于汉代的“新字体”今文所书写）为基础。新旧两个版本哪个是历史的真实，成为古文经学学派与今文经学学派之间恒久不衰的争论。对于大多数儒士而言，《春秋》是历史的一面镜子，是建立好政府的一个参照工具，可以让篡权的王子找到自己恰当的位置，可以对行为不端的大臣进行谴责，这样或许可以确立和平的根基，维持社会的团结统一。

六、四书

从汉代到唐代，五经是学习儒学和国家考试的主要课本。在其他儒学著作中，只有《论语》偶尔被采纳为官方教材。然而到了宋代，情况发生了改变。此时的新儒学大师，尤其是朱熹（1130—1200），格外重视《论语》《孟子》《大学》《中庸》（后两本乃摘自《礼记》的两章）。朱熹对它们进行了注释和评论，写成了一本书，取名为《四书章句集注》。他认为，学者要想了解圣人之道，四书是必需的阶梯。他也相信，一位学者只有全面地学习了四书，才能阅读其他经典，才能探究根本的原理，也才能处理好社会的、个人的事务。如果把这些书都读了，做到了融会贯通，那么对于其他典籍的理解便不在话下，对于其他种种义理学说便可以准确恰当地加以探讨了，而对于现实生活中的诸种事务也可以应付自如了。自此以 64
后，四书的地位迅速上升。到了1313年，元朝（1206—1368）朝廷下令，全国科举考试的试题必须取自四书，所有的答案必须以朱熹的注释和评论为标准。这道法令有效提升了四书的地位，使之跃居五经之上。从那时起，直到20世纪开端，大部分儒学学者更注重四书而不是五经，而且每一个学童必须背诵四书。

四书是基础教材，它们是按照作品长度和难度进行先后排序的。这样，《大学》作为四书中篇幅最短的，排在最前面。人们相信，学习《大学》可以帮助一个人打好学习基础：“大学是圣门最初用功处”（《宋元学案》，1992，第4册：882），《大学》是“初学入德之门”，此时必须用功钻研圣人之学。排第二的是《中庸》，接下来是《论语》，排在最后的是

《孟子》，它篇幅最长。四书也可以根据内容来编排。此时，《大学》仍然居最前面，其后依次是《论语》《孟子》《中庸》。《中庸》的道理最高妙，是儒家为数不多的道德形上学的表达，故称为“孔门传心之法”。正因如此，对于《中庸》为什么放在最后，朱熹给出的理由是：“然不会其极于中庸，则又何以建立大本，经纶大经，而读天下之书，论天下之事哉！”（《宋元学案》，1992，第 4 册：918）。

《大学》，字面意思是大人（成年人）要掌握的学问，或者指那些希望变得伟大的人要掌握的学问。“大学”与“小学”形成对照，二者也彼此关联，后者是小学童（启蒙）的课本。《大学》据说是孔子的一位学生所作，他就是曾子（曾参，前 505—前 434）。意图是要教人如何学习、实践“大道”。该书作者阐明了，一个人如果想把整个世界治理好，他该做些什么。这个目标的实现不可能靠武力，也不可能靠权力或律法，而只能靠道德的力量，只能靠道德的完善。因此，《大学》的核心就是关注如何培养内在的美德，如何向外施展道德的影响：要彰显崇高的德性，要爱他人，要遵从最高的善。为了达致这个目标，书中提供了所谓的八目或八个步骤，以便初学者遵循，分别是格物、致知、诚意、正心、修身、齐家、治国、平天下。

65 据认为，《中庸》大约是公元前 5 世纪所作，于秦汉时期重新进行了编辑、整理。《中庸》很可能是第一部儒学著作，它把五行观点引入了儒学，并将之拓展，以解释道德和社会方面的事务。如果说《大学》寻求的是治理世界之道，那么《中庸》探索的就是修身成圣之道。这个道就是中庸之道（中道），即一种居中状态、一种和谐原则。中庸之道不是简单地追求一种中间路线，而是遵循一种宇宙和谐秩序的进程。一个人要遵守中庸之道，必须保持一颗诚心。诚能够拓展和提升人的本性：怀抱诚的人，无须费力即可达致正确，不必多思便能实现理解，进而自然而然、轻轻松松就可以体现中庸之道。圣人之所以为圣人，正在于诚，以诚连接天地，使天、地、人三者统合。这个理论后来被接受为儒学的正统，而且“（天、地、人）三合一”的目标成为很多儒士的最高理想。

四书中的第三部是《论语》，顾名思义，就是“讨论或交谈与言语”，意指孔子及其弟子的“一个言论汇编”。

> 《论语》者，孔子应答弟子时人及弟子相与言而接闻于夫子

> 之语也。当时弟子各有所记。夫子既卒，门人相与辑而论篹，故谓之《论语》。(《汉书》，1997：1717)

《论语》是我们借以了解孔子及其学说的主要原始资料，一般而言也最为可信。此书共有 20 个部分或篇，大约包含 500 个节或段落。孔子去世后，大约经过了 100 年，他的弟子们的记录得以汇编成书。日本学者山下寅次（Yamashita Toraji）在《〈论语〉编纂年代考》(*The Chronology of Editions of 'Lun Yu'*）中认为，《论语》是在孔子卒年（前 479 年）和他的孙子子思卒年（前 402 年）之间编纂成书的。杨伯峻认为《论语》是由曾子（孔子最年轻的弟子）整理成书的。同时，他认为书的编纂始于春秋末期，大约完成于战国初期（《论语译注》，1980：26－30）。我们今 *66*
天拥有的《论语》版本直到公元 3 世纪才产生（Lau，1979：221）。如此说来，《论语》中有多少内容在真正意义上代表最初真实的孔子，确实是一个有争议的问题。比如，亚瑟·威利在其所译《论语》的导言中提醒说："我按照惯例在整本书中使用了'孔子'一词，只是简单地特指早期的那些儒学思想者，他们的观点包含在这些谈话中"（Waley，1938：21)。《论语》中不同章节诞生的时间相差悬殊，而且有着迥异的出处。例如，第 3—9 篇据认为是最早的一部分；第 16—17 篇是后来发现的，距孔子最早的一批学生相对久远；第 18 篇和部分的第 14 篇则更晚，因为它们当中有很多反孔子的叙述，这些叙述流行于道家作品中（Waley，1938：21)。虽然这些细微的考察有一定的学理证据，但如果凭此就切断书中展现的儒学智慧与孔子本人之间的联系，则显得武断而有失公允。随着出土文献及其他相关古代资料的出现，学界在不断推进对《论语》版本、文本校勘、义理阐释等方面的研究，或许未来很多疑难可以得到厘清。

四书中的第四部是《孟子》，它可能是由孟子的弟子编辑、整理的。孟子是战国时代一位伟大的儒学思想家。但事实上，他的著作被列在了《汉书》的《艺文志》中（即列在"子部"中)，由此我们可以做出这样的推测，即他在秦汉时期的儒学传统中并不是非常著名。在整个汉代时期，《孟子》很可能是经典学习中一部不太起眼的书。赵岐（约 108—201，现存最早的《孟子》注解的作者）提到汉代设有专门研究《孟子》的官方学术职位，这或许表明该书已被列入儒学经典，但是他的说法并未在其他原始资料中得到证实。实际上，这部以孟子的名字命名的书直到宋代才被列入儒学经典。直到那时，孟子才被尊为儒家的亚圣，仅次于孔子。《孟子》共包括7篇，每一篇分上、下两个部分。在该书中，孟子通过与其他学派的代表进行辩论，详细阐述了自己的理论，如人性本善、天人合一、人人皆有成圣的可能、仁政等。

67 五经是历代学者修身、为学、入仕必须潜心钻研的基本文本。至宋代，学术主流逐渐由“经典注疏”转向“义理阐发”。顺应政治形势，汉以来儒家传统中以“周孔”为尊，至唐代变为以“孔颜”为尊，而至于宋则嬗变为以“孔孟”为尊。这种巨大转变的典型标志为“四书”升格为经。宋代以降，四书与五经一起入列“十三经”，成为此后数百年影响中国人的教育、学术、观念、道德、伦理、政治等各个方面的最基础的文献。除了五经和四书之外，儒学经典中还有其他一些著作也占有重要地位，并且对儒家学说和儒学精神的实践产生了巨大影响。

问题讨论

1. 儒学等同于儒的传统吗？孔子是如何把儒的传统转变为一个独特的思想学派的？

2. 看一看儒学传统中的三种称呼，即（儒）家、（儒）学、（儒）教，然后想一想，东亚对儒学传统有着怎样的理解？

3. 为什么说儒学是一套伦理体系？

4. 我们能把儒学定义为一个宗教传统吗？如果能，与世界上的其他宗教相比，它具有什么样的宗教特征？

5. 为什么儒学有时候被称作书的传统？儒学经典指的是哪些书？这些书在一个儒家社会中是如何发挥作用的？

第二章　儒学的发展和转变
——历史的视角

过去，现在，乃至于未来，儒学一直处于持续不断的发展状态中。儒 68
学作为一种传统，要对其进行介绍，需要一个历史的视角。按照这一视角，儒学可以分为几个大的时期或阶段，这些不同时期如同一个个环节，共同构筑了一根长长的链条；链条的各个环节之间具有共同的特征，同时彼此又有分殊。这种历史的视角在一定程度上使得我们能够对整个儒学传统持续不断的演化和发展做出相对合理的认识与评判。

第一节　儒学和三种选择

春秋和战国是旧秩序崩溃、新秩序尚未建立的两个时期。许多思想家冥思苦想的，正是如何把世界从秩序崩塌中挽救出来，如何在混乱的环境中过一种有意义的生活。于是，各种各样的建议和观点被提了出来。这些构想和理论可以扼要地划分为三个主要的派别，每一派都指示一个独特的思想发展方向。

第一个派别提出，所有的社会规则和社会机构都必须予以摧毁，以便获得一种安宁而和谐的生活，即“绝圣弃智，民利百倍；绝仁弃义，民复孝慈”（《道德经》，第 19 章）。《道德经》是一本道家箴言集，被归到老子
（生卒年不详）的名下。该书中的内容是由不同作者完成的，或许可以将 69
他们视为这一学派的主要代表人物。他们呼吁回归古代自然质朴的生活状

态，大体上倡导一种准无政府主义。第二个派别由一批悲观主义者组成，他们放弃了一切挽救世界于混乱、颓败的期望。他们要么提倡一种彻底的出世，要么宣扬一种反对任何积极干预的冷漠。这一学派的代表人物是《论语》中提到的一些人，如石门司门者（《论语》，14：38）、楚狂接舆（《论语》，18：5）以及渡口的农夫（《论语》，18：6）。第三个派别的成员则试图改变世界。这一派存在不同的路线，催生了儒家、墨家和法家。要让这“扭曲的体系变平直”，必须采取哪些步骤？对此儒家、墨家和法家各有自己的理解，分别提出了积极的方式，以实现这一目标。

孔子倡导一种人本主义的观点。他坚决反对那些决心要放弃世界的人，说：“鸟兽不可与同群，吾非斯人之徒与而谁与？天下有道，丘不与易也”（《论语》，18：6）。孔子认为，只要能够恢复古代圣王的价值体系，他那个时代的普遍问题便可以得到解决。他探究了混乱的原因，提出了重建秩序的方法，并且由此开启了一个传统的发展进程，而这个传统将改变中国乃至东亚的政治发展轨迹。

第二种观点是由墨翟或墨子（约前 468—前 376）提出的。它发展成了墨家学派。虽然墨子曾经是认同儒家传统的一名学生，但从某种意义上说，墨家的主张与儒家正好对立。儒学展现的是一种人本主义体系，即通过一种“美德伦理”的方式确立、重建一套“道德-政治-宗教”原则。墨家选择了一条功利主义路线：提高人们物质上的福利，建立起公正的社会秩序，并对政治结构进行改革。墨家学者坚持认为，一个好的政府应该是这样的，它要能够给人们带来福祉，要能够维持社会的秩序，还要能够使国家的人口增长。儒家学者则珍视礼乐文化传统，因为它们具有培养德性的价值。然而，墨家学者却对礼乐这套体系不屑一顾，斥之为无用之物。取而代之的是，墨家提出了一种对神灵的萨满信仰，通过向天献祭和忠诚地践履天命，寻求一条化解社会、政治、精神、信仰等层面之种种问题的
70 路径。关于如何实现安宁与和谐，墨家和儒家的主要分歧是显而易见的，墨家强调功利主义的爱和普遍的平等，而儒家则突出个人品质的至上意义和亲情的推展。

第三种观点由这样一批人所提倡，他们宣称拯救世界的唯一方式就是对之进行依法治理，用清晰而明确的刑罚规则来进行管制。故此，他们被称作法家。这是一个非常特殊的学派，迥异于这个时代出现的所有其他学派：

> 组成法家学派的这些人之所以能够团结在一起，不是靠对主人的忠诚，也不是靠组织机制，不是因为他们是同时代的人，也不是因为他们具有儒者那样鲜明的师生关系。该学派中的成员是不断变化的，直到其在历史舞台上谢幕的那一刻也没有什么明确的派别归类。(Shryock，1966：16)

法家和儒家之间存在许多根本性的分歧，但是最重要的方面在于二者在治国理念上的巨大不同。在法家学说的应用中，律法普遍实施，任何人违法都要受到惩处，以维持社会秩序；儒家学说则全面推展美德，引导每一个人去学习美德、践履美德，以达致善的状态。法家学者攻击儒家的教育和学习，斥之为通向敏感脆弱、软弱无力的路径，正如后来的一位法家代表人物商鞅（约前390—前338）所指出的那样："是故豪杰皆可变业，务学《诗》《书》，随从外权，……民以此为教者，其国必削"（《商君书》，1959：5）。

事实证明，法家策略是政府积累财富、增强国力的一种行之有效的方式。法家学说在战国末期达到巅峰，帮助秦始皇完成了统一大业，一时间其地位之高，其他所有学派都难以望其项背。

儒学在应对这一系列不利局面的过程中涌现出了一大批儒学大师，他们的贡献是人所共知的，构成了儒学早期发展过程中最重要的因素。他们当中有四位尤为卓越，后来被尊为儒家"四配"。颜回（颜渊，前521—
前490）是孔子最喜爱的弟子。孔子在《论语》的很多章节中都称赞了颜 71
回的德行和才能。颜回是受到人们供奉的第一位孔门弟子。曾子（曾参，前505—前434）之所以杰出，不仅在于他是孔子的弟子，不仅在于他十分孝顺他那严厉的父亲①，更在于他被认为是《大学》的传播者和《孝经》的作者，这两本书后来都进入了最重要的儒家经典之列（Watters，1879：5-6）。子思（孔伋，前483—前402）是孔子之孙、曾子的学生，据认为是《中庸》的编纂者，同时也是以他的名字命名的学派的创始人。最近发掘的一座墓属于战国时代，在其中发现了一些儒学典籍，带有子思学派的特征。墓中的这些刻在竹简上的儒学作品，填补了我们关于孔子到

① 《孔子家语·六本》载："曾子耘瓜，误斩其根。曾皙怒，建大杖以击其背。曾子仆地而不知人久之。有顷，乃苏，欣然而起，进于曾皙曰：'向也，参得罪于大人，大人用力教参，得无疾乎？'"

孟子之间这段儒学传统的知识空白，因为目前经过辨明，这些著作恰好是孟子关于人心、人性的理论的前身（《人民日报》，1998 年 6 月 16 日）。孟子（孟轲，约前 372—前 289）大抵追随子思的思想足迹，他在道德人本主义的路向上进一步发展了儒学传统。鉴于孟子对传播儒家学说做出的伟大贡献，宋代儒学学者将他所著的作品纳入四书之中。当代学者对孟子思想和思孟学派的研究取得了一定的进展。有学者根据郭店楚简等出土文献对思孟学派的特点和发展演变进行了新的考察。

除了这四位之外，我们还必须考虑到荀子（荀卿，约前 313—前 238），他所代表的儒学传统路线指向了一个不同的方向。荀子发展了儒学的自然主义维度，认为人性本恶，同时把天看作一种客观力量或自然规律。相较于孟子对仁义的推重，他强调的是礼和法。他的两位弟子，即韩非（约前 280—前 233）和李斯（？—前 208），成为法家最著名的两位代表人物，他们在秦朝打压儒学的过程中发挥了重要作用。主要由于这两点原因，唐代以后荀子不再被视为一位正统的儒学传播者，而且《荀子》一书的价值也没有得到应有的足够重视。直至近代和当代，很多学者才开始以更平正、公允的态度来重新认识和探讨荀子思想。

第二节　孟子及其创立的理想主义儒学

在秦代以前的所有著名儒家学者当中，理想主义的孟子和理性主义的荀子格外引人注目，成为继孔子之后最伟大的两位儒家学者。孟子信奉儒
72 家经典中包含的道德观、伦理观和政治观，并在伦理道德的方向上进一步发展了儒学；荀子则不然，他倾向于自然主义的、制度主义的观点，且在人本主义的理性主义精神中培养这种观点。他们都尊奉孔子，可二人关于人之本性的观点却有天壤之别。荀子对汉代儒学造成了极大的影响，而孟子则在宋代及其之后备受推崇，被视为继孔子之后唯一正统的古代文化传播者，荣膺亚圣的尊号。

我们关于孟子的生平知之甚少。他出生在一个叫邹的小国，离孔子的出生地鲁国不远。据认为，孟子很小的时候他父亲就去世了，是母亲一手把他抚养长大。孟子视孔子为偶像，确信自己的使命就是要把这位伟大圣贤的学说发扬光大。与孔子时代相比，战国时期的社会政治状况更加糟糕。不过，同孔子一样，孟子试图通过传播自己的政治主张和伦理思想来

改变政治现状，缓解社会问题。他访问了很多诸侯国，煞费苦心，百般努力，就是想说服国君（掌权的公、王）采纳他的思想，贯彻他的政治哲学——仁政。按照孟子的观点，仁政摒弃战争，治理国家不是靠强权和武力，不是靠残忍的压制和惩罚性的律法，而是靠国君的道德力量和良好品质——树立一个好榜样，让老百姓效仿。孟子是一个倡导道德的和平主义者，强烈反对战争、征服、杀戮，胸怀诚挚的信念，强调“人人亲其亲、长其长，而天下平”（《孟子》，7：11）。显然，在那个战争频仍的时代，他的政治观点和道德主张常常是曲高和寡，几乎没有统治者对之感兴趣。西部的秦国采纳法家学者商鞅的建议，将之作为富国强兵的途径；南部的楚国充分利用吴起（约前 440—前 381）的兵法，以征服对手；东部的齐国遵循孙膑（生卒年不详）的策略，战胜了所有邻国。在这样的环境下，对任何一个国家而言，孟子的道德学说都显得苍白无力、价值寥寥。当意识到自己不可能成功时，孟子离开了宫廷，全身心致力于儒家经典的诠释和孔子学说的传播。

孟子尊崇孔子，赞颂他是最伟大的圣贤（《孟子》，3：2，6：9，14： 73
38）。他追随子思的思想步伐，继续发展儒家经典中的伦理道德理论。他相信儒学传统源自古代圣王的作品和生活，相信这个传统在孔子的学说中得以树立为典范，进而传至后世。他感到非常痛心，“由孔子而来至于今，百有余岁，去圣人之世若此其未远也，近圣人之居若此其甚也，然而无有乎尔，则亦无有乎尔”（《孟子》，14：38）。

终其一生，孟子都战斗在两大前沿阵地：一面痛斥诸侯们滥用政治权力（“诸侯放恣”），一面批驳其他学派学者的“各种流行学说”（“处士横议”）。孟子周游各国四十余年，不断向诸侯们宣扬“王道”思想，不断与“霸道”思想做斗争。他认为，霸道乃失天下之道，即靠武力统治，伴随着残酷的惩罚和杀戮，因而会失去民心，失去民众的支持，最终将失去天下；王道乃赢天下、保天下之道，正所谓“得其民，斯得天下矣；得其心，斯得民矣”（《孟子》，7：9）。天下的根基在国家，国家的根基在家庭，家庭的根基在每个人自身，因此，要赢得民心，无须统治者使用武力或强力。通过修养德性而以仁心行仁政，一个统治者便可让天下归附自己。君主有仁心仁德，可为臣民树立典范，上行下效，整个社会秩序井然，安宁与和谐自然而然就会到来。正如孟子反复强调的那样，一个人通过践履美德便可成为一位仁者，一位不可战胜的仁者，因为他身怀道德的力量（《孟子》，3：5，14：3）。因此，仁慈之君，天下无敌：“如有不嗜杀人者，则天下之民皆引领而望之矣。诚如是也，民归之，由水之就下，沛然谁能御之？”（《孟子》，1：6）。

一方面，孟子竭尽所能地想要说服统治者接受他的仁政思想；另一方面，他为了捍卫古代圣人的学说，又与其他学者展开论战，坚决驳斥各方
74 论敌[①]，“距杨墨，放淫辞，邪说者不得作”（《孟子》，6：9）。墨翟（墨子）和杨朱（战国初魏国人）是当时最有影响力的学者中的两位，他们的学说对孔子追随者们构成了直接的挑战。按照孟子的说法，杨朱提倡一种自私的“唯我”学说，在孟子看来，这是对君主的否定，即“杨氏为我，是无君也”；墨子倡导的是一种人与人之间相互的、平等的爱，即“兼爱”（Graham，1991：41；Yao，1995：189），孟子指出这意味着对父子之间特殊关系的否定，即“墨氏兼爱，是无父也”。孟子认为，这两种学说都以这种或那种方式剥夺了人类关系的道德性，导致人与禽兽无异，即“无父无君，是禽兽也”。为了反驳这些学说，孟子宣扬儒学对人的理解，认为每一个个体都是由家庭、国家组成的更广泛的社会的成员和参与者。他呼吁，所有的人伦关系都要建立在亲亲之情的基础上，也就是以亲亲之情为源头和根据；他相信，“老吾老以及人之老，幼吾幼以及人之幼，天下可运于掌”（《孟子》，1：7）。

同孔子一样，孟子强调人之本性即为仁：“仁也者，人也”（《孟子》，14：16）。与孔子不同的是，孟子把仁和义紧密联系在一起，而且他是第一个把“义”提升为最根本之德的儒家学者。孟子同时把仁和义作为真实人性的根本要素，强调“言非礼义，谓之自暴也。吾身不能居仁由义，谓之自弃也。仁，人之安宅也。义，人之正路也”（《孟子》，7：10）。以仁为心灵安顿之所，以义为行动指南，即可实现人的本性。孟子作为一位道德理想主义者，指出仁的根本在于人的内心，即“人皆有所不忍，达之于其所忍，仁也。人皆有所不为，达之于其所为，义也。人能充无欲害人之心，而仁不可胜用也。人能充无穿逾之心，而义不可胜用也”（《孟子》，14：31）。统治者有了“不忍人之心”，便可以做到“以不忍人之心，行不忍人之政，治天下可运之掌上”（《孟子》，3：6）。

---

① 关于与其他学者辩论这一点，孟子声明自己是被迫的。公都子问孟子：“外人皆称夫子好辩，敢问何也？”孟子回答说：“予岂好辩哉？予不得已也。”（《孟子》，6：9）

孟子的仁义观点源自他对人性的深刻洞察。孔子认为，人的本性相类
似，但因实践的不同会产生分殊，正所谓“性相近，习相远”；而孟子则
坚称，人性本善，即人出生时都有善的潜能，只要悉心培养，即可展现丰 75
富的美德，就像嫩芽一样，经过培育便可长成大树，绽放出美丽的花朵。
孟子在对告子的辩驳中发展了这一理论。据说，告子（生卒年不详）宣称
人性之初无所谓善恶（中性）。第一，告子认为人的本性就像柳树，而善，
如仁和义，则如同木碗，柳树可以做成木碗，但不能说柳树就是木碗。孟
子全然否定了这一观点，认为这种譬喻显然是不恰当的，他反问：“子能
顺杞柳之性而以为桮棬乎？将戕贼杞柳而后以为桮棬也？如将戕贼杞柳而
以为桮棬，则亦将戕贼人以为仁义与？”（《孟子》，11：1）。孟子强调，做
木碗要遵循木的本性，而培养人的善，只需要简单地在我们已经拥有的善
的素质之上加以发现和发展即可，而不是违背和破坏人的本性。第二，告
子坚持认为人的本性就像流水，可以流向东，也可以流向西，人性不分善
恶，恰如流水不辨东西。为了驳斥这一点，孟子主张：“水信无分于东西，
无分于上下乎？人性之善也，犹水之就下也。人无有不善，水无有不下”
（《孟子》，11：2）。故此，孟子指出水的向东或向西只是表象，而“就下”
才是本质，同样，人外在表现出的善行或恶行也只是表象，不能否认“人
性之善”的本质。第三，有些人认为人性可善可恶，有事实为证，“性可
以为善，可以为不善；是故文武兴，则民好善；幽厉兴，则民好暴”。不
过，在孟子看来，情形并非如此简单。实际上，在好政府治下，人性之善
得到保护、发展，人们便倾向于美善；在坏政府治下，人性之善遭到破
坏、腐蚀，人们便倾向于邪恶（《孟子》，11：6）。

孟子声称，人性是善的，并不意味着人始终都全然纯粹是善的。孟子
的学说坚持这样一种主张，即人自身具备向善的倾向，拥有达致善的天赋
能力。在心理-道德层面，所有人都有一颗不忍见别人受苦的心，这表明
人类有天生的良善之情。孟子坚定地认为，仁、义、礼、智四德，不是从
外部灌输到我们内心的，我们一出生就已经具有产生它们的源头即“端”，
即“非由外铄我也，我固有之也，弗思耳矣”。美德正是生发于我们内心
固有的这些“端”，分别是恻隐之心、羞恶之心、辞让之心、是非之心。
经过发展和培养这些天生的心灵的感觉或情感，我们便能够按照如下方式 76
形成美德：恻隐之心生发出仁，羞恶之心生发出义，辞让之心生发出礼，
是非之心生发出智（《孟子》，11：6）。

通过对人类本性进行心理-道德层面的论证，孟子发展出了著名的人性本善的道德形上学理论，后来对儒学的精神性产生了深刻的影响。第一，他的人性观证明，天赋予人类善的本性，它本身一定是善的，或者说，它一定是善的根源。作为善的根源，天是最高的裁判官，是终极的约束力。第二，他把学习视为一个修身和自我完善的过程，以此扩充人的道德感，增强人的正义感。修身不仅是保持一个人良善天性的方法，而且是一种服务于天的方式。对此，孟子给出一条独特的进路："尽其心者，知其性也。知其性，则知天矣。存其心，养其性，所以事天也"（《孟子》，13：1）。第三，一个人如果发掘本心至极致，那么便可以实现自己的天命，成为大丈夫，可以"居天下之广居，立天下之正位，行天下之大道，得志与民由之，不得志独行其道。富贵不能淫，贫贱不能移，威武不能屈"（《孟子》，6：2）。一个人，通过持之以恒的修身和自我完善，彻底转变自我，不断提高自己的道德境界，便有可能获得圣贤的称号。由此，孟子表达了他关于人类命运的乐观主义观点，强调每个人本性中都有成为圣人的潜质，"尧舜与人同耳"（《孟子》，8：32）。

第三节　荀子：儒学集大成者

荀子，名况，又称荀卿（子）或孙卿（子）。荀子是赵国人，游学于齐国，三度担任稷下学宫的祭酒。稷下学宫是那个时代的学术中心。受诸多王公贵族之邀，荀子在政治、军事、教育、礼法方面建言献策。他写了
77 大量文章，经汉代学者刘向（约前77—前6）收集、编纂，形成为人所知的《荀子》一书。

战国末期，学术氛围自由宽松，诸多学派得以充分发展。当时著名的学派有儒家、道家、法家、墨家、名家及阴阳家。儒学内部逐渐形成了许多分支学派和代表人物，其中子思和孟子最为杰出、影响最大。荀子对这些人的学说感到非常不满意，批判性地审视了它们的基本信条和社会影响。这引领他试图纠正那些在他看来是源自孔子本人真实信条的学说。他批评流行的儒家学说，称之为"略法先王而不知其统"，因为"甚僻违而无类，幽隐而无说，闭约而无解"；另外，他批评这些学者，斥之为"沟瞀儒"（愚蠢糊涂的儒生）或者"贱儒"（卑贱平庸的儒生）（《荀子集解》，1959：59；Knoblock，1988：224，229）。荀子通过这种广泛的批判性的

分析和梳理，综合了以前儒家各个派别的学说，建立了一套全面的儒学体系——代表着先秦时期（公元前 221 年以前）理性学说发展的最高水平。荀子的综合而包罗万象的体系包括了许多来自其他思想源头的因素。例如，他对作为自然的天的探讨，明显地表现为一种道家形上学的理解；他对逻辑的兴趣，则显示了他对名家的熟稔。然而，他关于教育的观点却与据说为曾子所作的《大学》相近。荀子最重视的是礼，而不是孔子的仁或孟子的义。这自然而然地促使他更多地关注惩罚性的律法而不是道德典范，这令他的观点类似于法家。不过，荀子对礼和法的重视正是对战国社会混乱失范的深刻观照和体察。同时，《荀子》一书也反复强调仁、君子、德性的根基性地位，《君道篇》一文说："有治人，无治法"，"法不能独立，类不能自行。得其人则存，失其人则亡"，"君子者，法之原也"，"有君子，则法虽省，足以遍矣"。若君主无仁德，法律再细密完备也无法达成大治。在这个意义上，荀子依然是典型的儒家。由此可见，荀子虽然重视礼的作用，但并没有轻视作为道德主体的人的仁、义、德性的价值[①]。

司马迁在撰写其巨著《史记》的时候，把孟子和荀子放在了同一章（《孟子荀卿列传》），这不是没有道理的。孟子和荀子都认为自己是孔子真正的传人，而且他们在根本追求上确实是一致的。但是，他们对先师孔子的诠释是彼此迥异的。荀子呈现了不同于孟子学说的另一个重要向度，其中有的观点可以对孟子思想起到补充的作用，而有的观点则似乎与孟子所论完全矛盾。例如，与孟子的理想主义和道德主义不同，荀子表现出自然
主义和理性主义的倾向，这体现在他对天、人性、道德、知识、教育及礼 *78*
法的思考中。荀子是一位自然主义哲学家，可是从根本上看他是人本主义的，因为他关注的是人类事务而不是形而上学的问题。他的自然主义、实在论、对逻辑的重视、对进步的信念、对法律的崇尚，以及他对各种哲学派别的全面梳理和批判性考察，使得他不管在中国知识传统中，还是在儒家传统中，都是非常杰出的。他在儒学发展过程中扮演着非常重要的角色。这些极其重要的贡献确立了他在秦汉时期思想领域的统治地位。确实，一个汉代版本的《礼记》中有三个部分与《荀子》中的内容相同。他的现实主义政治观将他与早期理想主义的儒家学者区分开来，这是标志着

① Kline III，T. C.，Ivanhoe，P. J. Virtue，Nature，and Moral Agnecy in the Xunzi. Indianapolis：Hackett，2000.

中国政治迈向专制主义的重要一步。他强调把教育作为纠正人类本性中固有的恶的手段，这促进了由汉代皇帝确立的书院的发展（Shryock，1966：14）。尽管荀子在汉代有着巨大的影响力，尽管他做出了许多创新，但随着孟子渐渐被接受为正统儒学的传承者，他的声誉最终被孟子超越了。若要想理解这一变化的原因，我们必须看一看荀子的理论，尤其是关于天（或自然）、人性、礼义、礼法、教育及学习的那些理论。

子思和孟子所理解的天包含两个根本信念。第一，天为人们提供原则和最高的道德约束力，这反过来又要求人们敬天和事奉天。第二，天和人建立了相互感应的关系，也就是说，天的情况相应地会影响人们的生活方式，而人类社会发生的事情也会引致天的回应。在《荀子》一书中，“天”是在完全不同的意义上被使用的。尽管荀子强调天人和谐的终极意义，但他并没有把天表述为一种宗教的、道德的实在。对他而言，天只不过是自然、自然法则或宇宙演化的原则。因此，荀子主张“天人相分”，否认天和人的行为之间、宇宙运动和政治变迁之间、自然的和道德的之间存在相感相应。人们无论做什么，都不会对自然法则产生任何影响，因为自然
79 （或天）不会对人的行为做出反应而改变自己的进程。不管政府是好是坏，自然始终保持不变，不会变好也不会变坏：“天行有常，不为尧存，不为桀亡”（《荀子》，17：1；Knoblock，1994：14）。相应地，人们不应该因自然的变化而恐惧，也不应该在自然中寻找吉凶的征兆。自然是以不同于人类行为的方式运行的。幸或不幸，有序或混乱，都是人类行为的结果，这不是自然能够改变的。

荀子特别强调，人类皆出自自然的天，天生地倾向于满足肉体欲望，进而导致相互竞争，若不加约束和予以恰当的引导，便会酿成无序和混乱。他由此证明人类本性是恶的而非善的。尽管持人性本恶的观点，但荀子对人类命运并不感到太过悲观。相反，他坚信人性是可以转变的，并且安宁、和谐及良善能够充满世界。荀子提出了两点论据来支持自己的观点。

第一，圣人已经创建了礼和义作为人们行为的指导原则，因此，教育对于国家秩序和人性转变便具有根本的意义。教育意味着广泛的社会学习和道德培养，由法律做出强制性规定，再由道德原则予以教化、指导。这一规划的关键就是“礼”，在荀子看来，它规定了一切情形下的正确行为。他认为，圣人之所以构建礼，就是要给社会带来秩序。荀子明确地论述说，“人生而有欲；欲而不得，则不能无求；求而无度量分界，则不能不

争；争则乱，乱则穷”，而“先王恶其乱也，故制礼义以分之，以养人之欲、给人之求”（Knoblock，1994：55)。这些原则不仅仅是人为的规定，它们源自天地，成于祖先之手，由君主和圣贤加以践行。它们最高的完美形态便是，达到“天地以合，日月以明，四时以序，星辰以行，江河以流，万物以昌”（Knoblock，1994：60)。

第二，荀子认为，尽管人天生不具备德性，但是人有能力学习如何变得有德性。因此，人要想变好，学习便是一种必需，具有最高的重要性。
人生来都具有同样的本性，正是学习把人们区分开来了。“为之，人也； 80
舍之，禽兽也”（Knoblock，1988：139)。在荀子看来，学习应该从背诵经典开始，以学习《礼记》结束，目的是先成为学者，最后成为圣人。要想成为圣人，必须持续不断地积累智慧和美德，以“积善成德”，进而“神明自得”，最终做到“圣心备焉”。荀子所谓的学习不仅仅指阅读和背诵，他强调性格或品质培养（修身）的重要性：“见善，修然必以自存也；见不善，愀然必以自省也”（《荀子》，2：1；Knoblock，1988：151)。他把自我修养与完善看成一个包含多个维度的过程，包含“治气”“养生”“修身自强”等（Knoblock，1988：152)。一个人如果在这些方面都做得恰到好处，便能够获得像古代圣王那样的名声。荀子强调，修身一定要在礼、信原则的指导下进行。一个人如果遵循礼的要求，行为符合信的标准，那么就能“治通”；如果做不到，那么就会“勃乱提僈”。荀子关于学习和修身的文章着重阐述了礼的重要性：“人无礼则不生，事无礼则不成，国无礼则不宁”（Knoblock，1988：153)。

通过学习和修身，一个人便能够理解圣人的教导，控制自己的私欲，进而转变和完善自己的人性。在符合原则的前提下，人的自然欲望是可以得到满足的；而在遵循礼的条件下，人的活动能够使其生命得到完善。在这一点上，荀子认为普通人和圣人没有太大区别：“涂之人可以为禹”，因为禹之所以为圣人，“以其为仁义法正也”（Knoblock，1994：158)。既然所有人都能懂得这个道理，并且有能力将之付诸实践，那么自然而然每一个人都能变得像圣人一样伟大而有德性。

第四节　儒学的胜利和调和

儒学在短命的秦朝遭受了重大挫折。随着汉朝的建立，儒学的发展来 81

到了一个转折点，面临着新的机会、挑战和问题。古典儒学需要适应这一新的环境，有必要做出一些改变，以满足当下文化、社会及精神方面的需求。汉代的儒家学者认真积极地应对着这些挑战，这样儒学的发展便进入了一个新纪元。那些没能或没有适应新环境的儒生被斥为“鄙儒”①，即拘执、不通达事理与时变的儒生，而那些懂得灵活变通且适应了新环境的儒生则成功地获得了很高的地位和名声。

儒学改变自己以适应新时代的过程也构成了它战胜所有其他学派的过程的一部分。这一最终的胜利有着很多原因。其中一个原因当然就是，儒学保存并重新提出了宗教仪式、宫廷礼仪，这得到了新王朝统治者的赏识和高度重视。公元前 200 年，汉高祖同意由叔孙通按照周代国君的礼仪安排了一场秩序森严的宫廷典礼，这标志着儒生地位的上升，开始参与政治。儒学地位上升还有一个原因，就是儒生具备管理国家的必要技能。汉朝的创立者汉高祖（前 202—前 195 年在位）本人对儒学不是太感兴趣，不过，他似乎对这些儒生提出的建议有一些兴趣。例如，叔孙通（生卒年不详）向他建议，“夫儒者难与进取，可与守成”（《汉书》，1997：2116）；另外，陆贾（约前 240—前 170）提醒他说：“居马上得之，宁可以马上治之乎？”（《汉书》，1997：2113）。汉高祖接受了这些著名儒生的劝谏和建议，于公元前 196 年下了一道诏书，规定要为政府选拔贤人（《汉书》，1997：68）。这样，儒学因具备了礼仪的知识，又可以满足国家管理的需要，便证明了自己有足够的资格来为新王朝的统治者提供必要的国家治理策略和技能。

在秦朝及其之前很长的历史时期内，法家是影响力巨大的思想流派。儒家与法家之间不可避免地存在竞争甚至对抗。而与法家之间的较量是儒家必须赢下的第一场战斗。秦国统治者采纳了法家的观点，在法家政策的指导下增强了自己的力量，公元前 221 年秦王嬴政（秦始皇）统一六国，
82 建立秦朝。他统治这辽阔疆土的策略是强推严苛的刑律，对反叛行为进行残酷的镇压。这种残忍和对人之生命、尊严的无视导致秦朝在秦始皇死后不久便覆灭了。儒家学者坚持认为，历史已然证明法家的政策在战争时期有其作用，但并不适合作为国家长治久安的基础；汉朝统治者如果不想犯

① 《史记·孟子荀卿列传》载：“不遂大道而营于巫祝，信禨祥，鄙儒小拘。”《史记·刘敬叔孙通列传》载：“叔孙通笑曰：‘若真鄙儒也，不知时变。’”

同样的错误，那么当务之急就是选择一个替代法家的政策。

儒家学者投身的第二场战斗是针对道家学说的。汉初的皇帝关注到了秦朝的败亡，因而开始垂青于一种源自黄老学说的“自然无为”思想。据说，黄老传授的是一种类似于自由放任主义的学说，建议采取较少的或者取消政府干预。这样，经济开始复苏，国家变得越来越富裕，百姓得以丰衣足食。然而，黄老学说存在一个根本的弱点，即它是一种过度的个人主义，与法家的极端政策截然对立。这样一种学说不可能完全满足一个强大的、正在成长的王朝的需要，无法为统治者提供具有强大凝聚力的进取的管理策略。

当时，儒学或许是汉王朝最好的选择，但它需要做一些调整，以便更好地满足政治和国家治理的需要。汉朝文化兼容并蓄，包含着各种各样的要素。在黄老的旗帜下，道教流行，方士活跃。由邹衍加以系统化的阴阳五行学说当时渗透到社会生活的各个层面。墨家学说的信徒分布在下层社会。在宫廷和贵族的实践中法家思想根深蒂固。而儒学是最有活力的、最具包容性的，它准备做出调整以适应新的秩序。它不仅吸收了过去的传统，而且对其他学派最优秀的思想持开放的态度，并将它们整合到自己的学说中。很多学者在儒家传统中享有卓越的名声，但实际上他们曾是其他学派的拥护者。当他们转向儒学的时候，他们把过去的观点和理论也一起带进了儒学。一种新的儒学形式在兼容并蓄和包容开放的潮流中成型了。它接受了阴阳家的宇宙观，部分采纳了道家的人生观。它利用了某些法家策略以强化统治者的权力，采用五行学说来解释历史的循环和王朝的兴替。它吸纳了一些谶纬思想，以便在当时或多或少比较迷信的社会中增强 83
自己的吸引力。由此诞生的儒学是一种折中主义的儒学，吸引了汉朝社会的各个阶层，也获得了统治者的认可。儒家学者变得越来越自信，认为他们的学说可以满足国家的一切需要。在此背景下，一个似乎不太和谐的论调出现了，即董仲舒在给皇帝的建议中明确提出，“诸不在六艺之科孔子之术者，皆绝其道，勿使并进”（《汉书》，1997：2523）。这样，汉代的儒家学者一方面是开放而灵活、调和而包容的；另一方面，他们又通过控制、包纳其他学说来统一思想，从而保持他们的强势。这两个方面一起促成了儒学的成功。汉武帝采取了最后一步，即确立儒家思想为国家正统学说，并把对孔子的敬奉作为国家的祭礼。汉朝统治者治国方略的转变引发了整个社会的历史性变迁。

第五节　董仲舒与汉代儒学的确立

为了适应汉代新的文化，儒学做出了改变，它从一个道德体系转变成“一种宇宙观、历史观：为人们的行为提供必要的准则，为社会建立秩序，也确定了帝国体系在整个宇宙秩序中的地位”（Twichett & Loewe，1986：754）。在这一过程中，董仲舒扮演了主导角色，他在天人感应的基础上发展了一套全面而系统的儒学学说①。

汉武帝年纪轻轻就掌管了国家，他咨询大臣和博士，听取他们有关良政善治的谏言，采纳他们给出的纠正国家弊病的措施。董仲舒呈奏了三大对策以回答皇帝的询问，提出了改革政府和统一政府规章、法令的新举措。他建议建立太学，以便为官方管理岗位培养人才。他强调这些官员的选拔要以他们的才能和德行为基础。董仲舒宣称，儒家经典论证了天地恒久不变的原则，并且表明这些原则不仅适合古代也可以指导当下，因此他鼓励皇帝本人也要践履经典中的观点（《汉书》，1997：2523）。这些建议
84 给年轻的皇帝留下了深刻的印象，同时促成了儒学作为官方正统学说的确立。董仲舒成为当时最著名的学者，他的作品在整个西汉的儒学思想中占据主导地位。除了这些呈给皇帝的对策外，董仲舒还撰写了大量文章，其中大多数都保存在《春秋繁露》一书中（Queen，1996：5）。在这些文章中，一方面，他承接了孔子—孟子—荀子的传统，强调美德、教化、仁政等；另一方面，他更突出了超自然的天的制裁力的重要性。这一侧重和转变标志着一种向《尚书》和《诗经》中记载的早期传统的回归，确切地说，董仲舒寻求“以人随君，以君随天”，同时要为汉朝统治提供一个“神学”基础。

董仲舒相信所有儒家经典都有深刻的意义与内涵，但他更青睐《春秋》，因为他认为《春秋》中支配宇宙的天的原则被成功地应用于了人类历史过程。他相信孔子已经深入探究了天与人、古与今，这才编纂出了《春秋》。天与人之间存在相互感应的沟通，这是人类生活的原则和人们行为的指南。一定要注意《春秋》中所谴责的，即如果不遵循《春秋》中表

---

① 鲁惟一在其《“儒家”遗产与〈春秋繁露〉》（*Dong Zhongshu：A “Confucian” Heritage and the Chunqiu fanlu*，香港中华书局2017年版）一书中详细探讨了董仲舒的思想和影响。

达的原则，那么结果只会带来不幸、灾祸和破坏（《汉书》，1997：2515）。汉代时期可供使用的《春秋》注解主要有三种，其中由公羊高所著的《春秋公羊传》据说是最适合新时代要求的，因为它当中包含了大一统思想（《汉书》，1997：2523），并且阐明了一些极其重要的问题。董仲舒吸收了《春秋公羊传》中的一些重要观点，发展出一套全面的体系，涵盖了儒学的形而上学、神学、社会、道德、心理学等维度。

这个体系的起点是宇宙论，认为天、地、人合一构成了安宁与和谐的基础，阴阳的互动作为推动力，而五行的正确秩序则代表着变化的法则。董仲舒第一次以清楚明白的语言，构建了一套系统的儒家“神学”，讨论了天人之间的交互感应，其中天是先验的实在和人类生命的根源，人必须 85
忠诚地遵守天的原则和履行天的命令。在这一关系中，天是神性力量，是人类的曾祖父，并且具有赏善罚恶的能力。人类不仅在肉体上是由天塑造的，而且在道德和政治方面也是由天决定的。人类的品质是由天赋予和激发的。由此而言，天爱人，所以人要有仁爱之心；天有序——四季轮回、昼夜交替，所以人要遵守礼仪；天驭地，所以君主支配臣民，父亲支配儿子，丈夫支配妻子。人类行为一定也遵循天的运行动因——阴和阳。阳表示德，联系着春天，因而象征着生命诞生和教育；阴是阳的完成，联系着秋天，这是肃杀的季节，因而象征着死亡和惩罚。要履践天的意志，统治者必须重视教育和美德的倡导，而不能依靠惩罚和杀戮。违背这些原则，将会在自然世界和精神世界招致纷乱。例如，如果统治者和老百姓离心离德，阴阳的和谐就会被破坏，由此便导致邪恶、灾荒和混乱，这就是来自天的警告和惩罚。如果统治者和老百姓同心同德、合乎正道，邪恶便会远离，阴阳将会保持和谐，于是风调雨顺、生活安宁、谷物丰收、草木繁茂，整个世界欣欣向荣，而这一切正是天与神灵的保佑和奖赏（Shryock，1966：50-51）。

董仲舒秉承孔子所推重的原则，向统治者建议如何改革旧的政府机制、如何恢复古代圣王之道——必须真诚地践行仁、义、礼、智、信五德。然而，他的建议不仅仅是道德劝诫，因为它包含了神学的理解、教育策略和法律政策。董仲舒说，好的统治者首先必须践行天的意志，遵守天的命令（即第一条措施），其中包括发布新的历法、改变服饰和旗帜的颜色，以便与五行的秩序保持一致（《汉书》，1997：2510）。董仲舒在其关于国家管理的观点中主张一种集权主义。不过，董仲舒在试图强化统治者 86

权力的过程中并没有赋予统治者为所欲为的权力。他强调统治者一定要遵循天的原则，一定要在实践中体现儒家的美德。董仲舒认为教育是头等大事，君主的第一要务便是确保人民受到适当的教育（即第二条措施）。只有教育才能让人民变得正直而有德行，也只有办好教育才能使国家繁荣昌盛。董仲舒不仅关心教育的方法，而且关心教育的内容。学习经典、积累善行、践行美德，这些是教育的核心内容。按照董仲舒的建议，提供教育的系统由太学和郡国学组成。董仲舒急切地要求建立太学，因为“养士之大者，莫大（虖）太学；太学者，贤士之所关也，教化之本原也”（《汉书》，1997：2512）。作为第三条措施，董仲舒力劝皇帝支持维护社会等级秩序的法律，防止人们的欲望过度膨胀。董仲舒认为，人的本性无所谓好坏。他在《春秋繁露·深察名号》中说“天两有阴阳之施，身亦两有贪仁之性”，意在强调既然天有阴阳两种表现，那么人相应地也有贪婪和仁慈双重品质。这两种品质都是人天生就具有的，仁慈是人的本性的外在表现，而贪婪则是人的情或情感的外在表现（Chan，1963a：275）。人的本性中包含善，但是唯有通过教育，这种善才能表现出来：“性待教而为善”（Chan，1963a：276）。人还拥有情感，而这会阻止人性达到完全的善，并且正是这些情感导致了邪恶。这就是社会秩序需要通过法律和规章来维持的原因。

董仲舒认为这三条措施具有同等重要的地位，因此建议，“是故王者上谨于承天意，以顺命也；下务明教化民，以成性也；正法度之宜，别上下之序，以防欲也；修此三者，而大本举矣”（《汉书》，1997：2515－2516；Shryock，1966：57）。

第六节　经学：论战和争议

汉武帝时期，儒学被确立为官方正统学说，这一制度使得学习儒学成
87 为官学的唯一合法内容。一个新的教育体系就此建立起来，旨在研究和传播儒家思想。官方课程被限制在五经范围内，每一门经典都相应地设立一些官方学术职位，最为人所知的就是“五经博士”。五经博士作为执掌经学传授的学官，一般都由那个时代经学造诣极高的博学鸿儒担任。在这套官学体系中，人才的培养和选拔可以通过考试或推荐的方式进行，而官员的任命或者凭借儒学造诣，或者依据在儒家美德实践上的事迹。伴随着儒

家经典地位的提升，有志于学问的人对儒家经典文本的钻研、注解、考证的兴趣日益浓厚、蔚然成风，预示着经学时代的来临。这些经典和注解吸引了一大批才华横溢的学者，他们努力对经典做出进一步的诠释和注疏。也正是在这一时期，儒家思想的教条主义极大地增强了；注解和诠释遵循从老师到学生的严格传承；经学局限于非常窄的领域，注意力完全集中在词、句、段（章句）的细微解释上。经学创造了大量过度烦冗的注解。例如，“说五字之文，至于二三万言”（《汉书》，1997：1723），也就是说，对于短短五个字的内容，其注解和诠释可能长达两三万字。这种治学方法遭到了很多推崇独立思考的学者的批评，即所谓“章句小儒，破碎大道”（《汉书》，1997：3159）。

摆在汉代儒生面前的另一个问题是如何阅读经典。他们中的大部分人相信，儒家经典能够为人们的生活安排、统治者的国家治理提供标准。他们主张，在阅读这些经典的时候，首先必须能够理解精微文本的深刻含义（微言大义），这样领悟到的含义便提供了一个理解宇宙、社会、人类心理等奥秘的线索。其次，他们坚信，学者一定要能够把时代的迹象与经典中的语句关联起来，并且能够解释各种偏离自然标准的行为，这就决定了自然现象与人类行为之间的联系。这两种研究方法导致了一种被称作谶纬的文献的增加，它用一种神秘的语言来“揭示”经典中所谓神谕式的预测。谶纬作品中的部分内容被精心巧妙地纳入个别经典，有些甚至被视为孔子本人的作品，因而获得了与经典一样的崇高地位。带着这样一种类似神谕 *88*
的性质，它们可以被用于各种各样的目的，指导统治者来预测反叛和朝代兴替（《纬书集成》，1994：1290）。同时，各种各样关于孔子神性的传说流行起来。这些传说的共同点就是包含着预言信息。而且，在东汉王朝建立的过程中，这类文献和传说被精心缜密地用在了政治斗争中。然而，它的迷信、神秘主义、对天人关系的肤浅理解，腐蚀了儒学的精神。谶纬文献也造成了儒学进一步的固守旧教，有害于儒家传统的传承。因此，毫不奇怪，具有独立精神的思想家，如扬雄（前 53—18）、桓谭（约前 20—56）和王充（27—约 97），以及一些正统学者，都把攻击的矛头指向了这种伪儒。大家慢慢地认识到，谶纬文献对国家是有害的，因此必须予以逐步淘汰。谶纬在公元 5 世纪被禁止，到了公元 7 世纪初的时候，大部分谶纬文本已被销毁。

儒家经典的不同版本，尤其是《春秋》及其注解，导致了不同的理解、不同的研究方法，最终形成了不同的学派。这些学派中最著名的当数今文经学学派和古文经学学派。今文经学学派是由董仲舒开创的。所以，今文经学学派变成了官方正统，它的学者被任命为官方研究者，他们传播的学问在西汉大部分时期被视作官学。刘歆和扬雄努力确证古文经的真实性。两派争论的核心是如何诠释经典。今文经学学派探究的是包含在精妙而简洁之文本中的哲学、形而上学的意义与内涵，而古文经学学派则从历史的视角解释经典。今文经学学派总体上采用的是一种杜撰加神秘预言式的方法来研究古代作品，因此它被主要的古文经学学者斥责为迷信。这两个学派展现了不同的孔子形象。今文经学的拥护者们将孔子当作世界的"救世主"，认为没有他，人类还停留在黑暗中，世界还处于混沌中。对这些学者而言，孔子不仅是一位圣人，而且是无冕之王，即"素王"（《汉
89 书》，1997：2509）。古文经学学派则与上述观点针锋相对，基本上把孔子视为一位古代的老师，认为他传播了过去的智慧。

公元前 51 年和公元 79 年，由宫廷支持召集了两场会议来探究经典的真正含义，同时调和两派之间的分歧。第二场会议的记录《白虎通》，总结了不同学派或学者提出的不同解释，成为汉代儒学的一座丰碑。临近东汉王朝末期，两派都沉醉于对经典进行微小而精细的研究，把有活力的、现实的儒学思想变成了彻头彻尾学究式的教条主义。在一些杰出学者的努力下，两派之间的争论得到了暂时的解决。例如，马融和郑玄在他们自己的注解中努力调和各种学派的解释。郑玄的注解特别吸收了两派的成果，并且澄清了五花八门的解读和注释，由此郑注在相当长的一段时间内差不多成为很多经典的标准注解（Makeham，1997）。

第七节　儒学的"玄学"维度

到了东汉末期，儒学总体上已经变得高度经学化，以至于它不再反映现实的情形。因此，儒学对国家和社会的影响力日益式微。富有创新力的年轻思想家越发不能忍受现存的学术。儒家学者不得不对儒家学说做出调整，以适应人们的心理和精神需求，进而找到一条摆脱困境的出路。渐渐地，他们的兴趣转向了道家的作品或者带有强烈道家倾向的书籍，这导致他们把注意力集中到了《易经》上。汉代学者如扬雄和王充的自然主义世界观在他们的作品中得到了反映。事实上，魏晋学者开创了一种新的儒学

形式，他们用道家的语言重新诠释了儒家经典，把道家精神引入儒学的核心领域。著名的学者如王弼（226—249）、何晏（约 190—249）、向秀 90
（约 227—272）、郭象（252—312）和裴頠（267—300）把儒学引向了一个新的哲学方向。这一进展以“清谈”的风格得到进一步发扬，其引领者是竹林七贤，其中最著名的当数阮籍（210—263）和嵇康（223—262，或 224—263）。知识界流行一种风尚，就是嘲讽、漠视或者彻底抛弃经学研究方式。一系列关于儒家经典的新的评注和解释诞生了，标志着汉代经学和主流儒学进入了一个新阶段：玄学时期。

西方许多人只看到了玄学的道家倾向，于是便将其翻译为 Neo-Daoism（新道家哲学）。的确，汉字“玄”有其道家思想的源头，而且其根本的研究原则类似于道家哲学，这一学问的核心问题和范围也是用道家术语定义的。然而，玄学也有其儒学维度。它实际上不仅没有取消儒学，相反，还通过采用道家哲学重新诠释儒学的社会、道德内涵，以新的方式拓宽和发展了儒学。因此，玄学是儒学发展和转变脉络中重要的一环。

玄学是综合儒家哲学和道家哲学的第一次认真深入的尝试。它把道家学说融进儒学，同时调整儒学以适应道家的形上学。如此而言，即便像王弼、何晏、郭象等著名学者，基本上也很难将之与此前或此后的儒学大师归入同一类。或许，这正解释了为什么向西方读者展现玄学的儒学特质的资料如此之少。冯友兰的《中国哲学史》和陈荣捷的《中国哲学文献选编》是西方人使用最广泛的两部关于中国哲学的原始文献，可是其中对玄学的儒学维度依然关注甚少。相反，他们几乎把全部注意力都集中在了玄学是如何把旧的道家学说转变为新的道家学说的。在讨论儒学传统从汉代经学向宋代新儒学转变时，谢和耐（Jacques Gernet）评论说，尽管这一 91
时期出现了一些著名的注经家，但他们是处于边缘地位的学者，他们简单地“继承了汉代传统，在文本诠释的方法和哲学内涵上都没有做出太大的改变”（Gernet，1996：204）。谢和耐没有考虑到魏晋学者在汉代儒学传统转变方面做出的贡献。戴密微（Paul Demieville）持一种相反的观点。他注意到，尽管这一时期儒学在哲学和宗教上的发展乏善可陈，但是“在过去一段时期它经历了哲学上的辉煌，这都归功于它与道家学说之间的联系”，至少是因为它关于经典的评注“渗透着道家学说和儒学之间的调和精神，对儒学的强调表现得小心翼翼”（Twitchett & Loewe，1986：828，834）。

玄学确实是儒学发展的一个重要阶段，这在儒学传统中得到了正确的评价。事实证明，虽然它有明显的道家倾向，但是其中许多关于儒家经典的注疏，尤其是关于《论语》和《易经》的注解，早在唐朝便被视为标准的注疏版本。玄学对接下来几个世纪儒、佛、道彼此之间的相互转化产生了重要影响。在很大程度上，玄学的争论、术语及思想义理为此后所有的学术著作奠定了基础，也为宋明新儒学建立其新体系提供了哲学工具和形上学思维。这个新体系建立在对一些基本概念之间关系的讨论的基础上，包括体和用、一和多、性和情、理和气，其中大多数在玄学中已经或明或暗地有所论及。

尽管大多数魏晋学者对汉代儒学怀有深深的不满，但他们依然承认孔子至高无上的地位，尊称他为至圣。在这个意义上，他们继承了汉代传统——儒学作为官方正统学说，而孔子则是美德和智慧的最高典范。导致他们不同的地方在于，他们把道家学说的特质融入了儒学的美德和智慧的观念中，由此使得圣人观念糅合了道家思想。王弼和何晏认为孔子表达了
92 人类社会中最高的真理，因此他是世界上无与伦比的圣人。孔子“述而不作”，矢志不渝地传播智慧、文化、知识而没有写下任何东西（《论语》，7：1），一生都是“默而识之”（《论语》，7：2），其功绩远远超过所谓的道家创始人老子。尽管强调圣人教化人民不需要言语——“圣人处无为之事，行不言之教”，但无论如何，老子还是写下了他的智慧，形成一本大约五千字的作品，即《道德经》。王弼把孔子与老子、庄子进行了对比：“圣人（孔）体无，无又不可以训，故言必及有；老、庄未免于有，恒训其所不足”（Mather，1976：96）。郭象也做出了一个类似的论断，他把孔子比作道家的神人，称赞儒家的圣人“虽在庙堂之上，然其心无异于山林之中”。在郭象看来，圣人能够使世俗与神圣之间达到完美的和谐，“游外以弘内”，相比之下，老子和庄子则“极游外之致”，而“冥于内”（Chan，1963a：327，333）。

一个与圣人形象直接相关且一直被争论的问题是：圣人该不该受到情感的影响？在何晏看来，圣人之所以为圣人，是因为他“无喜怒哀乐”（Fung，1953：188）。在这个意义上，圣人就像一个完美的道家人士，既没有欲望也没有交际。王弼则提出了相反的理论，认为“圣人茂于人者神明也，同于人者五情也”（Fung，1953：188）。在这一点上，他赞同孔子，因为孔子在看到一个贤者的时候会感到快乐，而对其学生的去世则会

感到悲伤，他充分地表达了自己的情感，而且是自然而然地流露。圣人拥有情感，但是不会让自己陷溺于其中。这开启了一段漫长的讨论，其中佛、道、儒都对人类命运进行了探究；另外，这也点亮了一盏思想明灯，而宋代新儒家在思考人类性、情问题的时候，正是受到了这盏明灯的指引。

汉代经学已经导致儒学脱离社会、政治生活，并且造成了作为官学的儒学与社会真实需求之间的紧张关系。伪善的政治家以儒家美德之名行不
道德之事，仅仅是用儒家伦理规则来限制个人的自由和创造力。玄学试图 93
克服汉代经学造成的这些问题，同时摒除那些对儒家伦理所进行的虚假伪善的应用。他们寻求建立一套新的学问体系，其中要让古典儒学的真正精神得到复兴。魏晋学者认为，要想实现这一点，必须把道家原则引入儒学，由此涤除儒学烦琐的解经分析，以便展现儒学真正的哲学内涵和理性主义价值。正是这一点，使得玄学成为儒家哲学演变、转化历史过程中一个独特而又非常重要的阶段。

道德规范/社会制度（“名教”）与人类的自然倾向（“自然”）之间明显的紧张关系导致了一系列问题，玄学学者迫切地试图解决这些问题。总体而言，人们认为儒家强调名教，而道家注重自然。争论的核心便是：这两个方面是应该分开，还是应该联系在一起，以及如何解释它们之间的异同。玄学、儒家、道家，三者各持己见，各自都隐含着对儒学和儒家道德的一种不同态度。戴密微把玄学看作“儒学和道家学说的调和”（Twitchett & Loewe，1986：829），但是他没有继续深入，没有指出不同个人和派别所采取的各种各样的观点，有些更接近儒学，有些则更接近道家学说。从道德的与自然的之间的关系来对三者加以审视，能够帮助我们弄清不同派别所持的立场。

第一种理论认为，道德规范来自自然（名教出于自然）。在这一理论中，像何晏、王弼、郭象这些学者，都主张制度化的道德与自然之间存在着根本的一致性。按照这一理论的逻辑，将得出这样一个结论：道德规范和礼仪既然出于自然，那么它们就绝对不能违背本能的规律。为了阐明其中的道理，他们考察了更加形而上的问题——“有”和“无”，把道德规
范归为“有”，而把自然归为“无”。一些人坚持认为，“有”是可以言说 94
的、多样的、易变化的，而“无”是“有”的根源，是不可言说的、永恒的、统一的。人要想理解道德，首先必须理解自然。另一些人持相反的观

点，认为有和无、道德规范和自然是不能分开的，自然体现在道德规范中，事物本身的存在、转化都是自发的。不管采用怎样的论证，这些学者都试图确立这样的观点：自然是社会制度的源头或根基，任何道德规范，只要不符合（人类）本性，都必须予以舍弃。

第二种理论从第一种理论发展而来。一些学者，如阮籍和嵇康，更进一步地主张，既然道德规范来自自然，那么我们超越这些规范而遵从我们自己的本性便是自然的、符合道德的（越名教而任自然）。经典儒学声称，遵循道德规范是实现人之本性的最重要的途径之一。确实，汉代儒学作为官学的建制使得儒学的道德维度成为学术的主题。学者们密切关注道德规范体系，因为它关联着国家和政府的需要。美德和礼仪成为国家束缚“人性”的工具，而不是发展人之本性的方法。狂放不羁的学者，如阮籍和嵇康，反对儒家伦理的滥用，强调我们应该遵从自己的本性，尤其是肉体欲望，而不应该被反人性的道德规范束缚。阮籍和嵇康的矛头指向的是儒家学说教条式的应用而非儒学本身。他们的理论本质上是个人主义的，某种程度上在实践方面又是享乐主义的。毫无疑问，他们的行为是有原因的，这归结于当时的社会环境——社会混乱形成了军事独裁，这反过来又把社会混乱推向了极致，不仅扼杀了传统知识分子享有的学术自由，而且导致人生变得毫无意义，剩下的只有悲惨不堪和朝不保夕。然而，他们这种对社会道德规范的挑战潜在地给儒学造成了一场不曾预料到的危机。这种认为道德要求仅仅是教条和社会束缚、可以将之抛到一边的观念，震惊了很多学者，同时被认为是造成时代道德堕落的原因。确实，阮籍、嵇康及其追随者们走向了极端，无视一切社会常规和道德原则，过着一种彻底的“自然的生活”：“魏末，阮籍嗜酒荒放……其后贵游子弟……皆祖述于籍，
95 谓得大道之本。故去巾帻，脱衣服，露丑恶，同禽兽”（Mather，1976：12）。

第三种理论对前两种理论都表示反对，认为道德规范和社会制度本身就是自然的（名教即自然）。儒学陷入了真正的危机。空谈大行其道，颓废的生活做派导致极端的无理性，在此情形之下，一些著名学者看到了整个社会结构崩塌的危险。儒学的衰弱和堕落必须予以克服，同时一定要重新确立儒家学说的合理性。人们认为，除非道家学说被用来补益儒学，否则不可能克服儒学的衰弱和堕落；同时，除非对道家“无”的旨趣予以制止，否则儒学合理性的重新确立不可能完成。因此，向秀和郭象做出了第三种尝试，即主张儒学和道家学说是合一的（“儒道为一”），这样便把道

德的和自然的综合起来了（钟优民，1985：58）。“无”的思想引发了空谈和不合常规的生活方式，如阮籍等学者竞相提倡这种生活方式。与重视“无”的思想倾向正相反，另一些学者更强调“有”，并提出以“有”为基础的新理论。裴頠写了一篇名叫《崇有论》的文章，攻击这些赞颂“无”而导致儒学堕落的人。裴頠声称，“自然”就是由自身决定的那个样子，自然应该在“有”当中，而不是在“无”当中，因为“无”不可能创造自身。这一论证“有”的逻辑表明，所谓的自然既不是王弼、何晏宣扬的神秘的“无”，也不是阮籍、嵇康倡导的肉体欲望。通过否定“无”是一切事物的基础和起源，裴頠的论证努力要摧毁玄学的根基，涤除“空谈”，恢复儒家伦理道德的崇高。裴頠、向秀和郭象坚决主张“仁、义是人性的原则”，他们保卫了儒学，没有让其在道家的方向上走得更远。在他们看来，儒学传统中已经出现的教条主义、偏见及伪善必须加以反对，而它的道德原则及其应用则必须予以捍卫。

综上，由于道家学说在文化和学术上的统治地位，魏晋儒学形成了一种总体上的神秘特质。不过，当时道家学说在思想学术领域的主导地位并没有彻底击败儒学。相反，它催生了一种新的学问，由此儒学通过吸收道 96
家思想和方法论得以进一步发展与更新。表面上，玄学是一种新形式的道家学说，但实质上，这种形式在很大程度上是儒学努力对自身哲学的调整，由此把儒学从东汉纯粹经学中拯救了出来。玄学是通过把道家学说引入儒学而使儒学重新获得生机的。起初，主要是儒学借鉴、吸收道家学说，但很快道家学说也从儒学中汲取思想资源，即道家学说和儒家学说呈现出双向的互动融合态势。此时道教渐渐开始重视和借用儒家伦理规范，于是获得了一个有用的社会道德工具，这增强了它的宗教吸引力，同时为它被采纳为国家宗教铺平了道路。

第八节　新儒学的兴起

尽管魏晋时期的一些杰出学者做出了努力，但他们没有成功地复兴儒学以使其成为指导个人生活和社会生活的哲学。在道教思想和新的佛教学说快速传播的形势下，儒学失去了至高无上的地位。儒学只能在国家管理方面维持其表面的、名义上的价值和功能。在道教、佛教宗教精神潮流盛行之下，儒学为了保护自己的地位不得不努力抗争。当中国在隋唐时期再

次统一之后，儒学渐渐重新获得了一定程度的统治力和主导地位。道教、
佛教在普通大众和宫廷之中依然流行。但无论如何，政府管理方面的行政
职能被再次牢牢地攥在了儒家学者手中。唐代的儒生巩固了自身的地位，
同时为迎接另一个新纪元的到来而做着准备。他们借助教育体系和科举考
试扩大了影响力。他们努力恢复儒家仁政和修身的学说，重视家庭责任、
社会责任方面的伦理规范。在唐代学者中，韩愈最为著名。韩愈作为新儒
学的先驱，以人性为出发点，试图确立儒学传统的正统传承，提出了著名
的“道统论”。他认为，中国有着悠久的传统，从古代圣王尧、舜、禹、
汤、文王、武王、周公一直到孔子和孟子。但是到了孟子之后，道的传承
97 中断了，因为荀子和扬雄没有被视作道统传承脉络中的环节。韩愈相信，
倘若我们成功地传承道统，老百姓便能享有安宁与和谐，国家则会繁荣昌
盛。韩愈对佛骨崇拜感到非常愤怒，于是写了一份奏表（《论佛骨表》），
请求皇帝禁止迷信活动。为了扭转潮流，韩愈声称佛教是社会破坏的源头
和原因，号召烧毁佛经，让和尚、尼姑统统还俗（《韩昌黎文集校注》，
1987：18，616）。

唐代儒士开启的新诠释在宋明学者那里得到了拓展和深化，充分复兴
了儒学的人本主义和理性主义，它不同于汉代对儒家学说的理解。这是儒
学历史上的一个重要时期。一些大学者如张载、朱熹、陆九渊、王守仁，
受到佛教学说的启发，通过相互之间的论辩，试图系统地回答佛教和道教
提出的问题。他们成功地在古代经典中追溯答案的源头，并且在四书和
《易经》中找到了典范与卓见。新儒学的真正价值不仅在于向经典儒学的
回归，而且在于对儒家学说的根本性变革，这使得新儒学能够建立一个包
含宇宙论、人本主义伦理学、理性主义认识论的全面而复杂的学说体系。
这个体系是建立在佛教影响的基础上的：“假如没有佛教传入中国，便不
会有新儒学”（Chang，1958：43）。确实如此，大多数新儒学大师都有一
段或长或短的研究佛教和道教的经历。不过，他们的体系在性质上是反佛
教的，在根本主题上表现为反驳佛教的强有力的论证。儒学被描述为正义
的和具有公共精神的，相比之下，佛教则被描述为具有自私的和“渴望回
报”的性质（Chan，1963a：576）。新儒学积极支持现世的人生观，反对
佛教学说的无常、无我和来世；强调家庭和社会的价值，将佛寺和道观中
的生活斥责为堕落与不正常。新儒学选择了儒家的通过礼仪（人生礼仪），
98 其中包括传统、人与人的关系、社会责任与个人义务，以此来替代“迷信

的”（极乐世界）佛教徒对他们的“救世主”佛陀、菩萨等的崇拜。新儒学是一套非常成熟的人本主义理性学说，这在很大程度上促成了接下来八个世纪儒学在中国政治、伦理、文献、文化方面绝对的统治地位。新儒学通过改造和重新定义儒学，也促进了其他东亚国家对儒学的接纳和认同。

第九节　北宋五子

宋代的建立结束了自唐朝崩溃以来的分裂局面，为儒学的发展创造了有利的环境。学者当中形成了一种批判精神，他们对汉代以来整个传统的发展重新进行审视。焦点从汉代儒学的解经传统（经学）转移到关于身心、性命的经典主题研究，由此给儒学开启了一个新的发展方向。

这一转变的先驱是早期的新儒学大师，特别是周敦颐、邵雍、张载、程颢和程颐，他们也被称为“北宋五子”。

周敦颐是第一位著名的新儒学哲学家，被一些历史学家视为宋学的开创者。在他之前已经有许多思想家在思考新的儒学主题，不过是周敦颐真正完成了核心的转变，开始研究心、性、理等重要问题。像许多同时代的学者一样，周敦颐虽是一个下级官员，但却是一位杰出的学者。他作为一个官员，在做决定时践行儒家秉持公正的美德，因此不顾自己的官位而批评上级官员，这为他赢得了声望。他作为一位学者，教书育人，撰写道德文章，成功建立了新的儒学世界观。他有两个代表作：一是一篇不到250字的短文，名为《太极图说》；另一则较长，名为《通书》。在这两个作品
中，周敦颐探究了宇宙的起源、运动及原则，试图建立一种万物与人类合 99
一的宇宙观。他把《易经》作为其宗教、伦理体系的基础，采用了道家的太极并将其转化为新儒学的世界观。周敦颐主张，无极是通过太极来表现自身的，太极的动和静分别形成阳和阴，这两种形式的宇宙力量又产生了五行。太极、阴阳五行、乾道坤道整合在一起，便诞生了男和女两种力量，二者相互作用又生出万物。万物生生不息，以至于形成无穷无尽的转化（Chan，1963a：463）。

这是一种整体论的世界观，包罗了一切方面的存在和非存在，把宇宙原则应用到人类生活和命运中。它证明了儒家的观点，认为人类是宇宙中最高级的生物，具有理解宇宙原则的智力和意识。人类世界存在许多问题，而圣人通过建立中、诚、仁、义的原则来解决这些问题。“诚、神、

几，曰圣人”，并且圣人以自己“立人极焉”（Chan，1963a：467）。在这个意义上，圣人代表着世界的完美和未来的希望，正如《易经》中所阐述的，圣人的特征是“与天地合其德，与日月合其明，与四时合其序，与鬼神合其吉凶”（Chan，1963a：463-464）。

这一世界观表达了一种理想主义的宇宙伦理体系，把人类的道德品质视作宇宙秩序及和谐的原因。这其中的关键在于静而不是动，而获得静的必要条件便是消除欲望。消除了欲望即可带来心灵的平静，进而使诚得以彰显。诚心可达致智慧、理解、公正和博大。诚心既是圣人之心，也是宇宙之心。在《中庸》中，诚是圣人必备的品质。周敦颐极大地强化诚的概
100 念，以至于诚不仅被视为一种内在原则，而且被看作宇宙的本体。诚作为宇宙的本体，被认为是圣人的本质，是一切美德的出处，是一切生命的起源，更重要的是，它是统一人类和宇宙的力量。

邵雍是宋代新儒学学者中的一个有争议的人物。他钟情于道教和佛教，被视作一位隐士，正统学者经常以此为理由把他排除在儒学传统的主流之外。他没有明确地参与对仁、义的讨论，这似乎成为他不够格称为杰出新儒学大师的依据。因此，《宋史》把他列在张载之后，尽管他比张载年长 9 岁（《宋史》，1997：12710）。

邵雍满足于简单的生活，把自己称作“安乐先生”，把自己的住处称为“安乐窝”（《宋元学案》，1992，第 3 册：564）。他的学说和思想闻名遐迩，但他不愿意出来做官。他每到一处都会受到欢迎，但他视自己为“无名先生”（也说“无名公”“无名君”），因为他认为万物的起源——太极——便是完全不可名状的（Chang，1962，vol. 1：161-163）。他的著作中有一部在儒学和道家学说中都有着持久的影响力，即《皇极经世》。

与周敦颐一样，邵雍坚持主张宇宙中的万事万物都有一个唯一的来源，即太极。不过，邵雍与周敦颐及同时代的人的不同之处在于，他认为太极与心灵/思维是同一的。于是，他得出结论：万物皆源自心灵/思维，宇宙的规律/原则也就是心灵/思维的规律/原则。既然一切存在物都来自同一个源头，那么相同的原则一定蕴含在所有生命中。邵雍相信，如果这些原则被揭示，那么我们将能够彻底地理解世界。为了理解这些宇宙原则，他研究了《易经》，在其中发现了一种解释宇宙演化过程的数字模式。这是一个数字序列：一分为二，二变成四，四变成八，八变成十六，十六
101 变成三十二，三十二变成六十四，这是《易经》中卦象的数字。太极是

一，是静止的，是一切事物的内在性质和本质。它以两种方式显示自身——动和静，这是超越现世的、无形的，即所谓的“精神”（Fung，1953：458）。阴（⚋）和阳（⚊）一起构成四种符号（⚌、⚍、⚎、⚏），为宇宙中的一切现象提供了基本模式。存在四种天体即“天之四象”：日（太阳）、月（太阴）、星（少阳）、辰（少阴）。同时，存在四种基本的地球物质即“地之四象”：水（太柔）、火（太刚）、土（少柔）、石（少刚）①。人类有四种感觉器官：耳、目、鼻、口②。人类历史经历了四个主要阶段：春（三皇时期，他们创立了文化制度）、夏（五帝时期，这是一个成长期）、秋（三代时期，这是成熟期）、冬（五霸时期，这是衰退期）。从四象演变出八卦，代表着宇宙中的八种根本现象：天、地、山、泽、水、火、风、雷。再者，从八卦演变出了六十四卦，包罗了宇宙和人类历史中的一切事物、现象与事件。

邵雍声称，既然宇宙有一个数字结构，而其演化又遵循一个数字序列，那么通过数学计算，事物的性质、变化及未来便都可以被预测和知晓。然而，要想理解和预测宇宙的变化，一个人就有必要掌握客观知识，有必要获得由物的角度观察物（“以物观物”）的能力：

> 夫所以谓之观物者，非以目观之也，非观之以目，而观之以心也；非观之以心，而观之以理也。（天下之物，莫不有理焉，莫不有性焉，莫不有命焉。）所以谓之理者，穷之而后可知也；所以谓之性者，尽之而后可知也；所以谓之命者，至之而后可知也。此三知也，天下之真知也，虽圣人无以过之也。（Chan，1963a：487）

邵雍在其《皇极经世》一书中主张，圣人由于具备客观地观察的能力，能够使用整个世界的目、耳、口、心，就如同使用他自己的目、耳、口、心一般。因此，圣人“能用天下之目为己之目，其目无所不观矣。用

① “天有日月星辰，为天之四象；地有水火土石，为地之四象。太极分而为两仪，两仪分而为四象。天之四象与地之四象合而为八卦，八卦即为天地之四象。”（邵雍集．北京：中华书局，2010：1-2）。

② “日月星辰共为天，水火土石共为地。耳目鼻口共为首，髓血骨肉共为身。此乃五之数也。”（邵雍集．北京：中华书局，2010：132）

天下之耳为己之耳，其耳无所不听矣。用天下之口为己之口，其口无所不言矣。用天下之心为己之心，其心无所不谋矣”（Fung，1953：466-467）。

张载进行了出色的思想创新和理论建构，堪称新儒学的正式创立者。
102 通过研究《易经》而受到启发，张载构建了一套学说体系，其基础是：气（原初是空气、水蒸气、呼吸，然后是生命的活力，再后来转化为各种各样的物质力量、基本能量或者物质），理（原则或理由），心（心灵/思维），性（本性或人的本性）。他的很多著作都被视为新儒学传统中的杰作。在《西铭》和《正蒙》中，他描绘了一幅新的儒学理想图景，构建了一个新的儒学世界观体系。他的观点和阐释极大地启发了后来的儒家学者。

张载提出，宇宙起源于气，而且气既是太极——宇宙的源头，也是无穷变化的驱动力。最初，气是无形的，称作太虚。然后，这种虚的气开始收缩和加固，轻的部分上升形成天（阳），重的部分下降形成地（阴）。天之气与地之气交互作用，创造出不同的形式和事物。压实的气（实气）具有各种形状，是可见的；疏松或分散的气（虚气）没有形状，是不可见的。一切事物、生命和人都是由实气生成，最终复归于虚气。这样，一切事物都具有自身不同于其他事物的个体特征，但在本质上，它们又属于同一种物质，并且都遵循宇宙的原则。从这个宇宙一体观点出发，张载提出了一种宇宙伦理学，其中天和地、人和万物都是同一个宇宙大家庭中的成员。由此，他认为：

> 乾称父，坤称母；予兹藐焉，乃混然中处。故天地之塞，吾其体；天地之帅，吾其性。民，吾同胞；物，吾与也。（Chan，1963a：497）

张载用他的气理论解释了人的本性和命运。气的性质即为人的本性。气有虚、实两种形式，而人之本性包括好、坏两个方面。好的本性源自太虚，它与天地的性质（“天地之性”）是相同的，并且在人的肉体形成之前就存在了。一个个体具有由实气构成的肉体性质（“气质之性”）。天地之
103 性，作为良善的根源，由普遍的原则构成；而气质之性，根据气的不同构成方式，因人而异，或轻或重，或纯粹或驳杂。个体特有的气的构成，被用来解释为什么有些人倾向于良善而其他人却不是这样。人的双重本性构

成了张载关于道德培养和圣人的理论的基础。人的本性可以通过好和坏两种方式来展现。气质之性与肉体欲望联系在一起，因此减少这些欲望将会净化我们的心灵，使我们能够回归本然之性。这样，我们的行为就能合乎礼而不会走极端，进而自然而然地与中庸之道相契合。这便是逐渐改变气质之性而发展天地之性的途径。

同其他伟大的儒学大师一样，张载认为人生是一个彰显天地最高原则的过程。与道家重视、追求肉体不朽（长生不老）不同，张载提出，一位真正的儒者既不会破坏生命存在，也不会延长生命存在；相反，他会遵从天的意志，以天地为典范来塑造自己，不会做任何有悖美德和仁慈的事情。在张载看来，一位儒者应该孜孜不倦地努力涵养自己的心灵和本性，将财富、荣誉、恩典和利益视为人生的丰富，而把贫穷、卑微、痛苦当作帮助其践履天命的工具。“为天地立心，为生民立命，为往圣继绝学，为万世开太平”（Chang，1958：170）[①]，张载将此看作自己的使命，同时它也是所有儒者的使命。一位好的儒者终其一生都会遵从、服务于天地，这样便可达致圆满，以至于在生命结束的时候会平静处之。

张载的外甥程颢和程颐曾经跟随周敦颐学习了一年。在宋学的正统传承中，程氏兄弟被列于周敦颐之后，但位处于张载之前（《宋史》，1997：12713），因为他们完成了儒学与道家学说、佛教学说之间的分离，让儒学展现为全新的体系。程颢担任过很多官职，同时致力于儒家经典的研究与讲授。程颐以四书为指南，深入钻研经典，撰写了《易经》和《春秋》的 104
注解。二程都是理学宗师，他们围绕一系列共同的主题，如人性、天理、心、修身，构建起影响深远的理学体系。他们试图通过克服天理与人欲之间的紧张来解决一切社会问题和伦理道德问题。他们认为，生活和学问所追求的目标是一致的，如珍视天理，同时减少甚至灭绝人欲，以便一切行为、情感都彰显美德。他们相信，要实现这一点，一定要在诚敬状态下修养心灵，并且在此过程中积累好的行为。他们提出了能够成功修养心灵的三种方式：穷理、尽性、知命（Fung，1953：527）[②]。

二程的学说形成了一个独立的学派——洛学。然而，二程关于儒家学说的探究存在明显的区别，各自建立了不同的学派。程颢把仁的概念作为

① 冯友兰先生称之为“横渠四句”。

② 《易经·说卦》曰：“穷理尽性以至于命。”

其学说的核心，同时认为学问不单单是知识的问题。按照他的观点，普遍的原则存在于人的心灵中，通过扩展心灵，人就会渐渐地认识天，达到豁然贯通的状态即为仁者，而仁者与万物同体——宇宙一体。程颐则更关注理，他将之理解为一切事物、事件的原则和根据。他认为，每一个个别事物都有自身的理，也即一切事物的理，理由很简单，宇宙中只有唯一的理。根据程颐的观点，理永恒地存在着，在整个时空中始终不变；由此，人精神修养的第一步就是理解理，而其唯一途径是彻底地探究事物（“格物”），把关于事物的知识拓展到极致，最终通过“下学上达”而认识天理、与天理为一。二程不同的着重点预示着此后新儒学发展的两股不同潮流。程颢影响了心学（所谓主观唯心论或主观理想主义），通过陆九渊和王阳明得以充分发展；而程颐则引领了理学（所谓客观唯心论或客观理性主义）的道路，在朱熹手中得以系统化，由此形成为人所知的程朱学派。

第十节　朱熹及其理学建构

105　朱熹的思想代表了新儒学的最高峰——宋明理学或宋明道学。他尽心竭力地传播早期新儒学大师的学说，编纂、出版二程的著作和语录，并针对张载、周敦颐的作品撰写了富有洞见的评注。他确立了从孔子和孟子到周敦颐、张载、二程的正统传承脉络。朱熹向所有的前辈学习，不过尤其青睐和推重程颐。他围绕太极、理、气、性、格物、仁等概念创立了一套系统的学说，由此完成了理学的集大成。朱熹概括、综合了宋代经学研究成果，开启了经典注疏的新趋势。他对大多数儒家经典，尤其是《易经》、《春秋》、四书，进行了编纂和注解。在此意义上，朱熹完成了汉代经学向理学的转变，建立了一个以《孟子》《大学》《中庸》等经典为基础的调和的新儒学体系。同时，他把《荀子》、《易经》、阴阳五行学说、佛教学说、道家学说等观点融入了他的理学体系。

朱熹在其仕宦生涯中表现出了学术上的正直和在日常生活中践行儒家理想的决心。他去世前处境和声誉跌入谷底，他的作品被贴上了“伪学”的标签（《宋史》，1997：12768）。不过，他在去世后被封为“文公”。在元朝时期的1313年，朱熹版本的经典和注解被采纳为科举考试的官方范本。朱熹的正统地位得以确立。后来朱熹的灵位被放在孔庙中十一位孔子重要弟子的旁边，成为“十二哲”之一，配祀孔庙。他编纂和注解的四书成为儒家经典的官方版本。四书第一次被列于五经之前，主要归功于他的努力。朱熹思想主导了此后大约八百年的儒学形态和发展进程。这种在正 106
统传承中的统治地位为他赢得了“朱夫子”或“朱子”的称誉。在他之前，只有两位（孔子和孟子）获得了这样的称号，而在他之后，再也没有人获得过。

在朱熹的系统化学说中，“理”占据着核心地位。“理”本来的意思是指一块石头或木片上的纹路，这里用来表达存在的原理、万物的法则、自然规律等类似的含义。朱熹把理等同于天、道、太极，由此确定：理是世界的起源，是生命的最终裁判，是万物的内在本性，是万物演化的力量和源头。换句话说，理决定了世界的产生和运行过程。理存在于万物之先，没有理一切都不可能产生，也就不可能存在运动和静止。理作为世界的源头和存在的模式，既是普遍一般的，又是个别具体的。尽管一切事物都具有自己的理，但这只是对普遍的理的反映。个别事物的理与其他事物的理并没有（根本的）区别，因为一切事物都来自或者遵循共同的普遍的理。如果我们说理是太极，那么一切事物中都有太极；不过，理或太极并未被分割开，因为它是被完整地赋予了每一个事物。这就是“理一分殊”的思想。朱熹借用佛教“月印万川”的说法进一步解释说：“本只是一太极，而万物各有禀受，又自各全具一太极尔。如月在天，只一而已；及散在江湖，则随处而见，不可谓月已分也”（Chan，1963a：638）①。理是存在的模式，是一切事物产生、运行所遵循的规律，因此我们只要认识理即可。最高的知识便是对理之统一性的认识，也就是说，证实宇宙中存在唯一的理是为学的最高成就。同时，朱熹主张，为了理解这种统一性，我们必须从研究个别的理开始，因为没有对“多”的彻底研究，就不可能理解“一”。

世界不是单单由理构成的，物质性的气也是必需的。朱熹在处理理与气之间的关系时，综合了前辈学者尤其是周敦颐、张载、二程的观点。第 107
一，他坚持认为，尽管气产生了万物，但只是因为已经有了理的存在，这才成为可能。也就是说，气产生万物的能力完全来自固有的理。因此，他认为理是先于气而存在的。第二，他主张，理与气相互补充、相互依赖，气是理的载体，理通过气得以物化、实体化、差异化、个别化。理没有形

① 参见：朱熹. 朱子语类. 北京：中华书局，1986：399，2409。

式，而气则借助各种形式来运行，同时滋生、形成各种各样更丰富的形式。因此，没有气便没有理，而没有理也就没有气。气就像植物的种子，而理就是它生长、发育的潜能。没有理的种子就如同一颗死种子，而植物的生长必须开始于种子。第三，朱熹认为，理和气不仅相互依赖，而且彼此间相互作用。气能够充分地彰显理，同时也能够通过自身或纯粹或驳杂、或精良或粗糙的存在来限制、扭曲理。理如同珍珠，而气则仿若水。珍珠在纯净、清澈的水中会闪闪发光，而在污浊的水中则黯然失色。

对理、气的探讨为朱熹论述人之本性与道德培养铺平了道路。“性即理也。……在物为理，在人为性”（Chan，1963a：614）。作为理，人的本性天生就具有孝、忠、仁、义、礼、智，这被称为“道心”。同时，人生于气，被赋予了肉体性质，具有情感和欲望，这被称为“人心”。朱熹引用了《尚书》中的一段话：“人心惟危，道心惟微，惟精惟一，允执厥中”（《四书章句集注》，1983：14）。人心与道心之间的区别即个别的气与普遍的理之间的区别。理是一切事物所固有的，在根本上而言它是完满的；但
108 由于气的缺陷、阻碍，理没有彰显其完满，显现出了不足。同样的情形也发生在人身上。因为人所禀受的气不同，或清澈或混浊，或纯粹或驳杂，所以人的天赋千差万别。如果一个人所禀受的气纯粹，那么他就可以成为圣人或贤人；但如果一个人所禀受的气不纯粹，那么他便可能成为无知而邪恶的人（Fung，1953：553－554）。

朱熹对人的命运并不感到悲观，因为人之本性具有内在的德性、理和太极。我们所必须做的就是清除障蔽我们本性的东西。圣人即为已经做到了这一点的人，而凡人则是还没有成功彰显其道德本性的人。要展现人性的光辉，使内在的天理得以显露，我们就必须清除污染，也就是说，必须消灭私欲和情感，让优良本性闪光。这就是朱熹所说的道德培养。

正如《大学》中所教导的那样，道德培养必须始于格物（对事物的探究）。万物蕴含着理，要认识理，人就必须格物以增加知识。增加了对物的知识，便拓展了对人性的了解。没有彻底格物，我们就不可能把握太极，就不可能获得智慧，也就不可能彰显道心。如果我们坚持不懈地努力格物，实现事物之理与本性之理的同一，那么“一旦豁然贯通焉，则众物之表里精粗无不到，而吾心之全体大用无不明矣”（Fung，1953：562）。

朱熹对儒家学说的探讨尽管系统且全面，但还是遭到了两个学派的攻击。第一，朱熹的理论受到了实学学派的批评。该学派的领袖是陈亮和叶

适，他们主张学术必须对国家和百姓有用。由此，他们指责朱熹的人性、天理学说助长了毫无用处的空谈。第二，朱熹的理论遭到了陆九渊创立的心学学派的反对。后来王守仁继承了心学，他不满于朱熹对支离的理的强调和对经学的倡导。心学坚持认为，儒学的成圣之道一定要容易且简单，由此指责朱熹的道德培养学说是漫无目的的、漂浮不定的、难以实现的。

第十一节　心学：陆九渊和王守仁

心学一方面是理学的补充，另一方面也是理学的反对者。后者把理作 109
为太极——囊括且决定一切事物和生命；而前者则认为心是太极，它包罗整个宇宙、一切的理、一切的德性。心学的观点在陆九渊那里得到了最好的表达，他说“宇宙便是吾心，吾心即是宇宙”（Chan，1963a：579）。作为对“性即理”这种理性主义观点的反对，心学学派提出了不同的理论，认为“心即理也”，陆九渊的具体论述是“天之与我者，即此心也。人皆有是心，心皆有是理，心即理也”（Chan，1963a：579）。心学批评理学没有辨明理的整体，没有认识到理是存在于内心的。因为心外无理，因为心已经内在地具有了理、德性的一切根源和材料，所以心本身即为完满、全体。此外，心还是积极的、实践的，包含认识什么是善、学习如何变得善、践行有德之事的固有能力。正是在这个意义上，心学论证了知行合一。

心学学派的根基可以追溯到《孟子》和《中庸》。在新儒学当中，心学学派的首创者是陆九渊。陆九渊对心学的探究在明代王守仁的手中得以发展并臻于完美。王守仁是心学学派最伟大的代表人物。因此，这个学派也被称为陆王心学或陆王学派。

人们一般尊称陆九渊为陆象山，他是朱熹理学思想的首要论敌。他尤其反对朱熹的格物思想和把注解经典作为成圣路径的观点。为了调和他们之间的分歧，二人共同的好友吕祖谦在1175年在鹅湖寺安排了一场“鹅湖之会”。这场论辩没有完成这个任务，因为公开的争辩暴露了他们之间在基本理解、概念上的巨大鸿沟。朱熹将理视作在万物中表现自身的
“一”和同时存在于心内、心外的自然法则。陆九渊则认为这破坏了理的 110
统一性。陆九渊把理仅仅理解为心，除此之外别无其他，宇宙间万事万物皆源自心。朱熹把“穷理”作为精神培养中的启迪途径，把扩充知识作为

道德提升方面的改进方式。陆九渊不同意这个观点，他强调心外无理，为学只不过是“明心”（“发明本心”，无须向外求理），它有赖于对根本原则的把握，所以他留下了一句名言：“学苟知本，六经皆我注脚”（《陆九渊集》，1980：395；Chan，1963a：580）。与朱熹不同，陆九渊认为儒学的核心不是对经典的注解式钻研（即经学），而是孟子所谓的“存心”和“求放心”。陆九渊称这是轻松、直接、简单的为学方式，而朱熹的讲授则是艰涩的、复杂的、支离破碎的、无效的，二者形成了鲜明的反差。

在朱熹看来，气是存在的根源，因此也是个体之间存在差异的原因。他进一步把理等同于人的本性，把气等同于人的欲望，由此得出结论：要想在人的本性中表现天理，人就必须改善自己的“气质”。陆九渊将此看作二元论学说，因为他认为事物之外不存在道，而且理与气不可割裂。按照朱熹的观点，心是人之本性的功能，有两种表现形式：人心和道心。人心源于气，易犯错误；而道心则来自天理，应把道作为准则。陆九渊反对这种区分，认为“情、性、心、才，都只是一般物事……在天者为性，在人者为心”（《陆九渊集》，1980：444），也即主张心与性统一于个体或整个宇宙，并且“此心此理，实不容有二”（《陆九渊集》，1980：5；Chan，1963a：574）。美德内在于人心，是天赋予的，这就意味着仁、义构成了人的本心。本心是永恒的，为圣人和凡人所共有，过去如此，数世纪之后仍将如此。天与人本来就是合一的，没有理由把善归于天而把恶归于人，也没有必要把物质性的自然作为决定人类命运的原因。无论如何，有一点
111 是重要的，那就是改善人性中气的品质。但是，轻松且简单的改善方式不是研究或探索，而是“立乎其大”（《孟子》，11：15）。这要求对人的心进行一番仔细的探察，以便使之去除自私、偏见及“物欲”，正如陆九渊所认为的那样：

> 义理之在人心，实天之所与，而不可泯灭焉者也，彼其受蔽于物而至于悖理违义，盖亦弗思焉耳。诚能反而思之，则是非取舍盖有隐然而动，判然而明，决然而无疑者矣。（Chan，1963a：580）

朱熹的“道问学”和陆九渊的“尊德性”是一个过程的两个方面，这在《中庸》（第27章）中有论述。这两个方面应该是相互补充的。朱熹似

乎发现了割裂二者的缺陷，并试图将两种方法结合起来（《四书章句集注》，1983：35-36），然而陆九渊却坚持认为“尊德性”一定要优先，因为唯有如此，“道问学”才可能进行。他们之间的分歧标志着宋明新儒学两大主流学派的最终分野。

从宋代末期到王守仁的出现，程朱学派的正统地位并未受到严重挑战。元代的大多数儒学学者，如姚枢（1201—1278）、许衡（1209—1281）、赵复（生卒年不详）和金履祥（1232—1303），还有明代前半期的学者，如宋濂（1310—1381）、曹端（1376—1434）、薛瑄（1389 或 1392—1464），都是朱熹的追随者和拥护者。程朱学派的影响力如此巨大，据说一些学者敢挑战孔孟的观点，但是没有任何人敢挑战程颐和朱熹的诠释。儒家学派始终在做出努力，通过解释以消除朱熹和陆九渊之间的分歧，从而调和两个学派。元代的许衡、吴澄（1249—1333）和郑玉（约 1298—1357）公开倡导“和会朱陆”。吴澄认为朱熹和陆九渊两人的学说 112
在起源上是相似的，是他们那些不争气的学生在相互攻讦（《宋元学案》，1992，第 6 册：583）。在评论元代儒家学派的时候，钱穆认为，“他（吴澄）已经彻底调和了朱熹和陆九渊，因此在他的一生中，他的学生不敢通过对陆九渊必要的驳斥来推崇朱熹，这样会使两派陷入对抗”（Chan & de Bary，1982：288）。吴澄的一位学生，名叫虞集（1272—1348），提出了这样的主张：在他们的早期作品中，朱熹和陆九渊是不同的；而在他们的后期作品中，二人是相似的。例如，他挑出朱熹作品中的一些段落来证明：朱熹已经认识到了格物的缺陷，并且赞同陆九渊的“反身而求”。郑玉则坚持认为，朱熹和陆九渊尽管在做学问的方法与途径上不同，但在学说的原则与目的上是相同的。他们的学说中都既有正面的东西也有负面的东西，由此郑玉提出，每一派都要学习对方的优点，以弥补自身的缺陷。

朱熹的统治地位和元明时期朱、陆糅合的学术趋向，为另一位杰出儒学学者王守仁的迅速崛起提供了相应的时代背景。王守仁世称“阳明先生”。与大多数同时代的人一样，王守仁接受的是程朱传统下的教育，被教导要通过格物来积累知识。但王守仁没有能够通过这种方法获得智慧，这促使他转向了陆九渊的学说。他对心学进行了系统化发展并使之达到了顶点，由此在儒学传统中确立了陆王学派。这个学派挑战了程朱学派的学说，在新儒学的发展中具有同等重要的地位。王守仁认为所有人都有本心，它具备统一的仁的品质，拥有良知——彰显内在的智慧、激发实际的行动。在此意义上，王守仁相信每个人身上都具备成为圣人的潜质，而反映本心是通向智慧的唯一途径。

与陆九渊一样，王守仁对朱熹的学说进行了批判。朱熹强调“格物”
113 而后“穷理”，即理必须于物、事中求，要获得智慧，就必须借格物（探究事物）以致知（扩充知识），而且格物一定要做到极致，这样今天格一物、明天格一物的坚持，终将达到豁然贯通的状态，这时便有了真正的智慧，无往而不识得理。王守仁用他自己的经验和观察来驳斥这些观点。第一，他认为世界上的事物无穷无尽，而一个人的一生是很有限的，所以任何一个人都不可能格尽所有事物。第二，一个接一个地格物，会把理割裂成互不相关的碎片，通过这种方法不大可能把握真正的理。第三，他反对程朱所谓“穷理”的为学次第：格物、致知、诚意、正心……王守仁注意到这个序列使得学问脱离了道德，知识脱离了行动，外在脱离了内在，起点脱离了目标，由此把学问降格为经验的纯粹数量的累积，而单靠这一点是不能实现质的突破从而达到圣人境界的。第四，他声称，程朱学派以外在的格物为起点，只看到了树的叶和枝，而忽视了树的干和根。“朱熹颠倒了为学的恰当顺序，以至于初学者不知从何处着手”（Chan，1963b：12-14，95-97）。这致使程朱学派的途径是徒然无果的，甚至成为学问进步的阻碍。

新儒学是达到圣人境界的途径。既然人人都可以学，那么自然而然每个人都有成为圣人的能力。在王守仁看来，并非所有学说都能助人学习做圣人。他认为，程朱学派提倡的复杂方法把成为圣人的可能性限制在了一小撮人当中，因为普通人不可能探察一切事物，不可能详尽地研究经典，再者，这还得假设他们愿意这么做。为了反驳这一点，王守仁坚决主张为学的目的是获得内在的智慧，而不是积累关于外在事物的知识。他承认，尽管所有人在本性上是一样的，但是他们具有不同的自然禀赋，因此为获得智慧所要付出的努力就是不同的。不过，王守仁进一步强调说，所有人都有超越其个体局限的能力，可以把最原初的本性发展到极致。这样，“圣学”（圣人之学）从根本上变成了自我超越，同时把人的心作为其起点
114 和基础。虽然心并没有彻底摆脱一切缺点，如自私，但它拥有自我控制和自我纠正的力量，并且可以引导自身达致完美。在这个意义上，王守仁强调知与行的统一：“知是行的主意，行是知的功夫”或“知是行之始，行是知之成”（Chan，1963b：11）。通过统一知与行，王守仁更偏重实践而

不是读书，更偏重如何在生活中实现理而不是如何背诵经典的词句。

王阳明充满活力与理想主义的新儒学对后来中国的学术、政治发展产生了巨大影响，同时对日本的学术、政治发展也有不小的影响。这主要是因为王阳明阐述的精神培养简单且直接，所以心学学派吸引了大批追随者。心学作为盛行的正统理学的论敌，同时作为程朱死板治学方式的反对者，常常成为那些反抗权威或官方思想的人的武器和灵感。在王阳明之后，陆王学派发展出了不同的方向：首先是在王阳明学生手中的进一步发展，如王畿（1498—1583）、钱德洪（1496—1574）、王艮（1483—1541）；然后是那些陆王学派拥护者对心学的进一步发展。我们一般把王阳明之后的这些不同心学分支称为“王门后学”或“阳明后学”。另外，陆王学派也是一些独立思想家的摇篮，如何心隐（1517—1579）、李贽（1527—1602）、黄宗羲（1610—1695）和王夫之（1619—1692），他们探究、证明了儒学的独立及革新精神。例如，李贽挑战了古老的传统，并且指出“人们所认为的是非对我而言从来就不是什么标准。我从一开始就没有把世上所谓的是非看作我自己的是非”（de Bary，1970：199）。

在接下来的几个世纪，中国儒学的一大特征便是赞同王阳明者与反对王阳明者之间的论争。在心学传统中，一部分人宣扬一种极端形式的心学，另一部分人则试图采取一种相对温和的形式。针对陆王理想主义与程朱理性主义之间的关系，一些人采取了对二者皆包容的态度，但其他人则支持一方而排斥另一方。从消极的一面来看，心学学派的学说中存在一些不能让人满意的因素，这部分地解释了心学在正统儒家学者那里受到的冷 *115*
遇。例如，心学对超越性的理解蕴含禅教的特征；它对心灵直觉的强调导致了某种“社会无标准、知识无规范”，这种过度的强调招致了后来者对它的批评，认为它是中国王朝体系衰落的原因（Chan，1963a：658）。从积极的一面来看，心学学派推动了儒学内部的改革。心学拥护者挑战了当时的正统学说，否定加诸个人身上的外部限制，规划了一种充满圣人的理想主义世界图景。这些都暗含着一系列重要观点，包括学术自由、道德品质和政治进步，对鼓励独立思考有着极大的促进意义，同时发展了儒学研究的精神维度。不久之后，这在中国、日本的改革运动的发展中结出了果实。概括而言，宋明理学开创的新儒学思想传统在中国、韩国、日本都产生了持久且深刻的影响；宋明新儒学尽管在韩国、日本发生了变形和转化，但仍然在相当程度上构成了东亚共享的价值观和文化传统，形塑了东亚人的观念结构和精神气质。

尽管百年来儒学在整体历史进程中发生了巨大的变迁和转型，但是宋明理学在当代的影响仍在继续，有些学者倾向于阐发程朱理学一派的思想，另一些学者则着重在陆王心学（远溯思孟）的基础上发明新说。

第十二节　韩国：儒学的第二故乡

在向其他国家的传播过程中，儒学发生了转变，然后以许多不同但相互关联的方式或形态呈现出来。其中，韩国儒学和日本儒学两大儒学新形态最令人瞩目。这两国儒学发展史上涌现出很多著名儒学学者，正是他们努力钻研来自中国的儒家学说和典籍，并且对之加以改造以使之适应本土社会现实和文化传统，从而使儒家传统在本国社会生根开花。除了中国之外，韩国大概是儒学产生广泛影响的第一个国家。这种影响不仅表现在过去，而且今天依然可以得见，正如一位当代韩国学者所论证的那样：

> 韩国儒学显而易见地促进了民族身份感和主权意识，并成为韩国历史演变中的一个重要推动力。韩国儒学提供了一种统一的文化观念，这种观念催生了一套价值体系——直接关联着高度发达的伦理观、政治观。另外，它激发了一种独一无二的民族意识，这直接关系着韩国人民的生存和未来繁荣。（Yun，1996：113）

而且，如果不算上中国的话，韩国儒学就有着最悠久、最丰富的历史。据《三国史记》（*Samkuk Saki* 或者 *Chronicles of the Three Kingdoms*）记载，公元 372 年，也就是高句丽王朝（前 37—668）小兽林王
116
（King Sosurim）高邱夫统治的第二年，太学得以建立，专供贵族子弟学习儒家经典。同一时期，百济王国（前 18—660）也建立了学习儒家经典的太学和博士制度。而且，百济在中国和日本之间发挥了桥梁的作用，经由这个桥梁儒学被“输送”到了“太阳升起的地方”。新罗国王金春秋（King Muyol）在获得王权之前，即公元 648 年，到中国的唐朝考察中国教育制度。当成为国王之后，他派遣了大批新罗学生到唐朝首都学习儒家学说（Bak，1983b：256）。一种准宗教性质的军事体系花郎道得

以建立[①]，它是建立在儒家学说和佛教学说基础之上的，其成员践行儒家的学习方式和修身方式，这对公元669年朝鲜半岛的统一起到了促进作用（Chung，1995：1）。儒学牢固地扎下根来，并且成为学问的核心。1934年发现的碑文证实，公元732年两个韩国学生“对天起誓，在今后的三年中他们要用绝对的忠诚来引导自己的行为，然后进一步发誓，要在这三年中掌握《诗经》《礼记》《左传》”（Yang & Henderson，1958—1959：83）。儒学在韩国文化中的渗透使得新罗时期的伟大儒学学者崔志远（Choi Chi-won，858—951）这样说，韩国本土的宗教是由儒学、佛教、道教混合而成的（Bae，1982：37）。以中国的唐朝为榜样，高丽王朝（918—1392）建立了科举制度和国子监。在文宗王徽（King Munjong，1047—1083年在位）统治期间，私立书院兴盛起来，其中一位开创者崔冲（Choi Chung，984—1068），由于对韩国教育、学术的贡献，被誉为“海东孔子”。

虽然自高丽朝伊始儒学学者就已活跃于政府、教育、学术领域，但儒学还不是韩国文化中的主导力量。被当作国家宗教的是佛教而不是儒教。佛教僧人被允许参加科举考试，因此能够参与国家政策的制定。佛教深深渗入世俗事务，造成了广泛的腐败和社会不满。临近高丽朝末期，儒家学者以复兴儒学为优先任务，同时对佛教学说进行驳斥和批评。在这些学者当中，安珦（An Hyang，1243—1306）、郑梦周（Chung Mong-ju，1337—1392）、李穑（Yi Saek，1328—1396）和吉再（Kil Chae，1353—1419）在把程朱学派系统地介绍到韩国的过程中做出了巨大贡献。他们有力地论证了新儒学的宇宙论、道德观、宗教观及哲学观，他们的学术成就形成了一种对佛教理论与实践的切实可行的替代形式。李氏朝鲜（1392—1910）对高丽王朝的取代标志着佛教在韩国政治中主导地位的终结，同时儒学开始成为韩国文化、社会的根基。

在中国，新儒学使儒学研究从显赫于汉唐的经学转向了理学。韩国的儒学研究也聚焦于性理学（即对人本性、理的研究）或者道学（即对道的研究）。新儒学的理、气、心、太极这些概念以及它们在沉思训练、修身、精神修养、自我更新方面的实践应用，赢得了韩国学者的青睐，并成为韩国学术研究和学术争论的中心。徐敬德（So Kyong-dok，1489—1546）是

① 关于花郎道的详细介绍，参见：李甦平．韩国儒学史．北京：人民出版社，2009：56-82。

16 世纪最早的一批伟大儒学学者之一，他在“气”概念的基础上建立了一种一元论理论，这可谓是韩国版张载的气与太和理论，也可谓是韩国版周敦颐的宇宙论思想。徐敬德声称，宇宙只不过是由气构成的，并且气是一切事物唯一的来源。在他看来，理是不能脱离气而存在的，同时理属于气的支配力。因此，理从来没有先于气，它必须在气中运行。徐敬德的一元论代表了韩国人对引进的新儒学思想进行系统化的第一次努力，也是他们为儒家伦理学说奠定坚实的形上学与宇宙论基础的最早尝试。

韩国的新儒学在李滉［Yi Hwang，1501—1570，更为人所知的是他的号“退溪”（T'oegye）］和李珥（Yi I 或者 Yulgok，号栗谷，1536—1584）的手中达到了顶峰。“二人是韩国历史上最著名的人物”，被称作思想界的“双璧”，而且他们“是激发自豪感、自信心的民族象征和国家符号”（Kalton，1994：xv）。在接受了程朱二人对儒家学说所做的诠释之
118 后，这些学者发现了朱熹理论中的一些问题和不一致性，尤其是关于理与气之间的关系。这样，不同的理解导致了激烈的争论，这反过来又促成了进一步的修正、妥协、综合。其中一个争论聚焦于人之本性、情感在形上学和心理学上的复杂性，其表现形式是“四端”与“七情”，“四端”是德的四种萌芽或人的四种固有的优良禀性（《孟子》，3：6），而“七情”则是喜、怒、悲、惧、爱、恶、欲（《礼记集解》，1989：606）。这便是所谓的“四七之辩”或“四端七情之辩”，是朝鲜朝儒学所特有的论辩，也是韩国性理学的一大特色，在韩国儒学史上留下了浓墨重彩的一笔——在相当程度上标志着“儒学的韩国化”。“四端七情之辩”最早是由李退溪与他的弟子奇大升（Ki Taesung 或 Ki Kobong，1527—1572）发起的，他们试图精确地界定“本然之性”与“气质之性”之间的关系。后来由李珥和成浑（Song Hon 或 Song Ugye，1535—1598）继续展开论辩，他们重新探究了“道心”与“人心”之间的相互依赖关系。通过不同的形式，“四七之辩”一直占据着朝鲜朝儒学研究的中心，并且是贯穿整个韩国新儒学历史的重要特征。

李退溪是朝鲜朝乃至整个韩国儒学史上最伟大的新儒学学者，也是最具创造力的朱子学（Jujahak 或 The Studies of Zhu Xi）学者。鉴于他对韩国儒学研究的贡献，他被誉为“东方朱子”。他对新儒学学说的重新诠释“一直决定着韩国儒学的性质和特征”，“他的个人特点与学术风格几乎代表了朝鲜朝儒学的研究特点和方法论”；如果不是因为他，“韩国儒学将不

会是后来的那个样子”（Hwang，1979：518）。李退溪在日本也颇受尊敬和推崇，据说“事实上是李退溪的思想开启了日本的儒学研究。姜沆（Kang Hang，1567—1618），一位秉持李退溪思想观点的学者，作为战争俘虏被解送到了日本，他是现代日本儒学创立者藤原惺窝（Fujiwara Seika，1561—1619）的导师”（Lee，1996：118）。李退溪编纂了《朱子书节要》（*Chu His Su Julyo* 或 *the Essentials of Zhu Xi's Works*）和《圣学十图》（*Sunghak Sipto* 或 *Ten Diagrams of Neo-Confucianism*），以此传播程朱学派的学说。李退溪哲学研究的核心是问题：理与气是如何相互关联而又产生差异的？这种关系是怎样被应用于社会生活和个人生活的？

至于人的本性，李退溪清晰明了地遵循张载和朱熹的观点，认为存在
两种形式的人性：天地之性，即本然之性，是理的表现；气质之性，即禀 *119*
受之性，是气的表现。李退溪把人之本性的这两个方面应用于对（人的）性与情之关系的理解上。他认为，本然之性表现为“四端”（仁、义、礼、智），而且本然之性是纯粹的良善，不包含任何恶的因素。同时，他认为，气质之性因人的肉体欲望而表现为“七情”，并且气质之性是不确定的，既可能是善的也可能是恶的。他用这一理论解释说：尽管所有人在根本上是平等的，但是通过检视人的态度和行为，可以发现人与人之间的差别，于是便有了好人与坏人。

关于理与气，朱熹提出了两个论点：第一，理与气是两种不同的东西；第二，理与气不能彼此割裂。在这看似矛盾的两个论点之间，李退溪更重视前者。他坚称，理与气一定是彼此区分的，并且人的本性与理联系在一起，而人的情感与气联系在一起。他清楚地论述说：“‘四端’的源头是纯粹的理，因此它包含的是完全的善；而‘七情’的源头包括气，因此它既包含了善也包含了恶”（Kalton，1994：1）。这种二元论理论产生了强烈反响。尤其是李退溪的学生奇大升，他反对这种理气二元论。在与自己老师的论辩中，奇大升显示出了独立精神与创新精神。奇大升认为，不能把“四端”与“七情”看作两种不同的实体，二者不能相互独立，因为“四端”只不过是“七情”范畴中最好的部分而已。老师与学生之间的这一论争持续了将近八年，在此期间双方都稍稍修正了自己最初的观点，最后达成了共识，即指出“四端”和“七情”可以相互区分开，但仅仅限于这样的意义上，那就是二者只是“修身过程中基础的但不相同的方面”（Kalton，1994：107-108）。

在李退溪和奇大升去世后不久，他们关于“四七之辩”的观点再一次
120 成为学术争论的主题，争论双方是成浑与他的好友李珥。成浑和李珥一开始都不赞同李退溪理气二元论的分析。后来，在仔细研究了朱熹著作的一段内容之后，成浑改变了自己的观点——这段内容涉及的是源自理、义的道心（“性命之正”）与源自气、利的人心（“形气之私”）之间的分殊（《四书章句集注》，1983：14）。这一改变促成了一场他与李珥之间的公开论辩。李珥早在 23 岁时就展示了自己作为一个新儒学学者的杰出才能，他科举考试中的文章《天道策》（“Chondochaek”或“Treatise on the Way of Heaven”）确立了他作为原创的、独立的思想家的地位。李珥坚持理气一元论立场，没有因为新近发现的朱子观点而动摇。他解释了道心与人心之间的分殊，认为这仅仅是术语上的区别：

> 心是唯一的；之所以用不同的术语如道心和人心来表述它，就在于我们的道德本性与我们的自然欲望这二者之间的差异。情也是唯一的，之所以在一些场合称之为“四端”，而在另一些场合则称之为“七情”，就在于前者是专指理而言的，后者是就理与气混合而言的，这二者是不同的。因此，道心和人心不能合并为一，但是它们自始至终以同样的方式相互联系着。“四端”不能包含“七情”，但“七情”包含着“四端”。（Kalton，1994：113）

李珥的理气一元论观点是奇大升反对二元论的论证的合理延续，并且明确地把矛头指向李退溪。李珥坚决主张理、气不可分，并且声称理、气实质上是两种东西，但二者是合为一体运行的。在李珥看来，理是使万物运动和停止运动的力量，而气因为理而运动或停止运动。有一点很重要，那就是要明白理不能自动地发出任何东西，哪怕是它自身也不行，它要想表现自身，就必须以气为载体。理、气之间之所以存在差异，是因为理是无限的、无所不在的，而气是有限的、片面的。理渗透于一切事物，畅通
121 无阻，可以蕴含于任何具体形态之中，而气的表现则可能偏袒也可能公正，可能纯粹也可能驳杂，可能顺从也可能抗拒。这就是李珥在说“理通达而气受限”（Bak，1980a：68）时所包含的意思。

这场论辩使整个韩国儒学大致分裂成两个阵营，一个是主理派或称岭

南学派（the School of Principle 或 Yongnam School），另一个是主气派或称畿湖学派（the School of Material Force 或 Kiho School）。一方面，这场论辩消耗了韩国儒学学者的精力，使之沦为纯粹的学术游戏；另一方面，它引领韩国学者去探索新儒学的多重维度，由此丰富、拓展了儒学。虽然致力于学术上的论辩，但李退溪和李珥并没有把自己封闭在“象牙塔”或纯粹学术中。他们积极地将儒家学说应用到日常生活中。例如，李退溪把儒家的冥想或静坐发展到了新的高度，以此作为获得真正知识的方式。他在一首诗中描述了这种方式是怎样进行的：

> 焚香非是学禅僧，
> 清坐无尘思若凝。
> 已遣襟灵浑洗涤，
> 从教心地凛渊水。（Kim，1995：24，略有改动）①

像李退溪一样，李珥也把修身作为社会安宁与和谐的基础。他在自己的《圣学辑要》（*Kakkyo Mobum* 或 *Manuals for School*）一书中给出了具体的原则，如：把成为圣人作为目标，用正确的行为举止规训人，阅读、思考经典并静坐以存心养性（Kim，1996：30-31）。

在历史上，韩国曾为自己是比儒学的故乡中国更正统的儒学国度而自豪。在韩国儒学传统中，只有理学学派（程朱学派）被看作正统的儒学传播者，而心学学派则被贴上了异端的标签，它在传到韩国后不久便遭到严厉禁止。被强化了的儒学正统意识使朝鲜朝时期形成了一些独有的特征。
在中国，新儒学是通过吸收佛、道因素而成熟的，因此它与其他宗教传统 122
的关系是包容性的，学说方面如此，生活实践领域亦如此。在日本，新儒学发端于与禅宗的结合，并且儒学与佛教的交流和互动形成了日本儒学发展过程中的一个重要维度。然而在韩国，儒学对佛教的态度显得相当排斥且严苛得多。它严格地把程朱学说理解为正统，造就了朝鲜朝新儒学研究的独特的讨论和争辩。这一方面澄清了儒学术语的含义，但另一方面也让充满活力的探索沦为没有意义的争吵。

---

① 参见：退溪先生文集. 影印本. 首尔：景仁文化社，1999：140。原诗题为《焚香》，完整为：焚香非是学禅僧，清坐无尘思若凝。已遣襟灵浑洗涤，从教心地凛渊水。史巫祈祝唯增怪，罗绮薰浓只长矜。谁舆沉材除此厄，敬拈一瓣为颜会。

这种对正统性的极端追求不可避免地窒息了儒学，使之退化为纯粹的学术研究，脱离了日常生活，或者沦为科举考试、追求仕途的工具。这样的研究对于改善人们的生活只有很小的作用，或者说没有丝毫的价值。由于对这种状况的不满，加上中国清朝儒学出现的新发展对他们的促动，17、18世纪许多独立的韩国儒学学者开创了一种学术新趋向，即实学(silhak或者Practical Learning)。韩国的实学可以追溯到郑梦周："儒学之道存在于日常生活的寻常事务中，甚至性关系、吃喝当中都存在有意义的原则。尧舜之道不外乎这些原则而已"（转引自Hwang，1979：470）。然而，作为系统化理论与实践的实学则到了17世纪才得到倡导。例如，柳馨远（Yu Hyang-won，1622—1673）和李瀷（Yi Ik，1681—1763）摒弃了抽象的空谈，批评君主专制政体，公开指责科举考试的恶劣影响，他们把注意力转向了社会改革和公共福利。实学学者满怀热情地研究一切有实用价值的东西，以推动政府机构的改革和人们生活水平的提高。他们试图改革土地所有制、税制和科举考试。他们严厉批评儒学中脱离人们需求的无意义的争论，并且坚决认为造成国家弊病的主要原因是道德脱离了生
123 产、儒学脱离了人们的需求。对于这些学者而言，"只尊德行而忽略产业就相当于一个鳏夫，重视产业而不顾德行就等同于一个寡妇"（Bak，1980b：273）。他们主张二者的统一，并且相信国家、人民及儒学都将从这种统一中受益良多。丁若镛［Chong Yak-yong，1762—1836，更为人所熟知的是（他的号）茶山（Dasan）］，是韩国继李退溪和李栗谷之后最伟大的儒学学者，他把实践精神与儒学结合了起来，并且把儒学研究的方向重新定位到社会、政治现实上来。丁茶山指出了朱熹解释中的缺陷，同时呼吁回到原初的儒家经典。他特别强调《论语》的重要性，因为他认为这本书没有包含宋学中典型的理与人性的抽象讨论，也没有集中论述汉学中具有代表性的天人感应关系。他不仅对汉代、宋代的儒学不予考虑，而且连孟子都摒弃了。他不是在这些注释中寻找真理，而是直接回到孔子本人的学说。采用这种分析方式的目的是，通过孔子来赋予儒学新生命，使儒学与日常生活联系起来。丁茶山论述到，儒学在性质上就是一种实践的学说，涉及的是：如何培养人自身的孝与仁，如何把自己的德行推及他人，进而如何由此达致仁政。按照这样的理解，儒学必定是一种以人类关系而不是以理气关系为核心的学问，而且它必须是一种有效果、有效率的管理国家事务的工具，可以消除混乱，形成和谐稳定的社会秩序。不幸的是，

丁茶山的思想没有引起当时儒学领袖的兴趣，也没有得到官方的容忍。他本人遭流放长达 19 年，过着极其困苦的生活。

实学没有取得突破，另外一种被称为“东学”（Tonghak 或 Eastern Learning）的新的学术趋向发展了起来。东学带有明显的儒学印记。它宣扬“东方思想”以直接对抗“西学”，尤其是基督教的上帝、拯救、原罪学说。东学运动的首倡者是崔济愚（Choi Je-wu，1824—1864），他在其著作《东学大全》（*Tongkyong Daejon* 或 *the Comprehensive Book of Eastern Learning*）中第一次使用了“东学”这个术语，书中清晰论述了 *124*
东方天道学说。遵循了孔子“道不远人，人之为道而远人，不可以为道”（Chan，1963a：100）的观点。崔济愚坚决主张天道不是外在于人而是内在于人的，同时天心与人心是一致的。若想掌握天道，人就必须保存并涵养其自身固有的本性，而非从外在的源头寻求拯救。东学运动的第二位领袖崔时亨（Choi Si-hyong，1827—1898）进一步发展了这些观点，并提出：如果一个人希望掌握真理和“事天”（为天服务），那么他就必须首先认识自己。他坚称，既然“人人都是天”，那么不善待他人便是不善待天，而恰当地对待他人就是为天服务。另外，他还论证了普遍平等，即宇宙中的一切事物都是天的副本，这样，天、人、万物在根本上是相同的。到了第三位东学领袖孙秉熙（Sohn Byong-hi，1861—1922）手里，东学运动发展成了一种宗教，即天道教（Chondo-kyo 或 Religion of Heaven's Way）。天道教反对拯救和死后永生，它的目标是经由和平、美德、礼仪来创造一个人间乐园。它致力于通过改革腐败的封建体制和消除旧习俗，以加强和净化韩国的民族精神。天道教积极投身启蒙运动，同时组织了各种各样的示威和起义。

尽管许多韩国儒士做出了改革努力，可正统儒学的保守性质还是成为李氏王朝末期韩国民族现代化尝试的主要障碍。“韩国儒学的停滞程度在一个简单的历史事实中得到证明，即 14 世纪末期郑梦周的两个哲学主题被 20 世纪的郭钟锡（Kwak Man-Woo，1846—1919）忠诚地保留下来作为根本的问题”（Hwang，1979：469）。因此，对于韩国这样一个“学术上受制于正统儒学、经济上停滞不前、政治上依附于衰落的中国”的国家（Deuchler，1977：1），在开放过渡的过程中，也意味着更容易遭受侵害，而牺牲儒学则是这种过渡不得不付出的代价。李氏王朝的终结宣告了儒学的颓败：儒学不再是教育、社会生活中的主导角色。

125 近代以来韩国儒学遭到来自自由主义知识分子的猛烈攻击，他们将儒学看作保守的、落后的东西。伴随着新时代的到来，像中国的儒学一样，韩国儒学也不得不就自身的社会功能、道德功能进行重新定位。总体而言，进入20世纪之后，儒学在中国、日本、韩国乃至东亚的主导地位逐渐丧失，影响力日益式微。现代民族国家纷纷涌现，工业化、城市化成为各国社会发展进程的主流模式，同时西方的自由民主理念在很多国家取得支配地位。这一切对儒学而言可谓是一个大困局和大挑战。尽管如此，由于受儒学精神熏陶涵养超过千年，韩国的现当代社会生活中仍然能够发现很多儒家思想的印记和表现，如对礼仪的重视、对孝道的推重、教育体系中对儒家精神遗产的传承（如成均馆大学）等。当然，儒家思想在韩国现代化和当代社会发展的过程中既有积极的作用，也有消极的作用，这依然是值得进一步探讨和反思的议题。

第十三节　日本：儒学的转化和应用

韩国的儒学与日本的儒学有着诸多相似之处。像韩国一样，日本在新儒学传入之前一直采用的是佛教传统，而且日本知识分子经历了一段漫长而痛苦的对他们的佛教传统的反思，之后才接受新儒学。儒家宇宙论与日本本土的神道教传统实现了自然的亲和，这促进了日本知识分子态度的转变。像韩国学者一样，大多数日本儒学学者都是在新儒学理学学派的框架下进行思考和研究的，他们根据日本社会的需要传播并转化了程朱学说传统。当然，日本的儒学与韩国的儒学也有很多不同。韩国的情形是儒学学者的领袖，如李退溪和李栗谷，沉醉于形而上学的哲学论辩，日本的儒学学者不是这样，他们对宇宙论、传统主义、哲学普遍主义的热情要小得多。他们的主要兴趣在于如何把儒家的价值观、思想、训诫应用于社会生活、政治生活。因此，日本儒学历史的标志便是一系列的转化和调和，其中故意忽略新儒学的一些方面，而强调和发展另一些方面。儒家伦理与神道教教义的结合使得儒学最终变成日本本土文化的一部分，并且渗透到民族意识当中。儒家伦理成为培养民族士气的文化工具，同时为社会行为提供实践准则。与中国、韩国的儒学学者不同，日本儒学学者没有成功建立或者可能从来就没有真正试图建立科举制度。如此一来，日本儒学学者与政府官僚机构之间的联系就是松散的，并且日本知识分子从来就没有被赋予超越国家的至高无上的权力，也从来没有获得脱离政府的独立地位。儒学及其实践被用来塑造和再造武士道（bushidô 或 Way of Warriors）的道 126
德精神，但儒学学者一直被认为是幕府（bakufu）和君主的“侍者”。日本对待儒学的实用主义态度极大地影响了儒学传统的发展，并且解释了儒学在现代日本所具有的独特形态和功能。在 20 世纪的大部分时间里，多数中国人和韩国人认为儒学在政治上是保守的、在文化上是落后的，而在日本，人们广泛地认为儒学在明治维新中扮演了重要角色，加速了日本的工业化与现代化。

两部早期日本编年史，一部是《日本书纪》（*Nihon Shoki* 或 *Chronicles of Japan*），另一部是《古事记》（*Kojiki* 或 *Records of Ancient Matters*），当中记载，《论语》和《千字文》是由百济王国学者王仁（Wani 或 Wang In）于應神天皇（Emperor Ôjin）十六年（即公元 285 年）二月带到日本的。但现在认为，这一事件实际发生在公元 5 世纪初期，大概在公元 405 年。按照中国的记载，如《后汉书》《魏略》《宋书》，日本与中国之间的外交、商贸交往出现在东汉，然后在魏晋南北朝时期经由韩国进一步扩大了交往（Tsunoda，1951：1-16）。在日本使节呈递给中国皇帝的外交文书中，和在日本出土的公元 5 世纪初的三件青铜/铁器的铭文中，都清楚地记载了儒学对日本政治、道德、社会生活的影响（王家骅，1990：5）。从历史事实的角度大概可以做出这样的推测，即儒学观点或可能的文本是由日本使者和中国移民引介到日本的，而且这种引介不是一次性的孤立事件，而是一个漫长且缓慢的过程。按照历史记载，公元 6 世纪初来自百济王国的古代韩国学者在日本宫廷受到了接见，我们可以进一步推测出韩国在中国与日本之间发挥了桥梁的作用，韩国作为媒介，给日本带去了中国和韩国的文化，尤其是带去了经典儒学。

大乘佛教伴随着儒学传入了日本。但让人没想到的是，佛教而非儒学
迅速地融入了日本社会，在普通人中广泛传播。儒学逐渐获得了精英阶层 127
的青睐，对政治和教育产生了影响。第一部日本宪法《十七条宪法》（*Junanô Kenpô* 或 *Constitution of Seventeen Articles*）是由圣德太子（Prince Shôtoku，574—622）颁布的，它的制定明显受到了儒家道德理想主义政治观的影响，是根据儒家的历史-政治构想撰写的。它的首要目的是界定天皇与国家之间、天皇与臣民之间的关系（Moore，1967b：4-9）。“天命”概念得到采用，以使天皇的统治正当化。天智天皇（Emperor

Tenchi，668—672 年在位）建立了一套包括国立和省立大学（daigaku）、地方学院和私立学校的教育体系，其中采用的教材主要选自儒家经典。儒学在教育体系中的统治地位并没有持续多久，当日本书写系统取代汉语且日语作家开始受到欢迎的时候，特别是在科举考试制度崩溃时，儒学的地位很快跌到谷底。10 世纪之后的几个世纪，佛教越来越受欢迎，地位超过了儒学。儒学渐渐被视为佛教的一个附属方面。据说，到 13 世纪末期，儒学对日本文化的影响是微弱的，这一时期日本儒学学者只是简单地模仿和追随中国学者、韩国学者的解释，没有能够像中国、韩国那样取得创新。在日本，儒学与汉唐时期盛行的经学没有太大区别。

中国新儒学的兴起及其向韩国的传播，几乎没有改变中古时期日本儒学的特征。然而，禅教的发展使得新儒学引起了佛家学者的关注。他们发现了禅宗与新儒学尤其是朱熹学说之间的相似性，禅宗寺院很容易就接受了新儒学。禅宗和尚桂庵玄树（Keian，1427—1508）率先把朱熹的《大学章句》翻译成日语。这种相似性解释了日本儒学的另一个特征：在中国和韩国，新儒学通过吸收佛教和道家的一些形而上学观点，同时批评它们
128 的宗教道德体系，来回应佛、道的挑战；而在日本则相反，儒学从一开始就被视为佛教的一部分，并且在很大程度上一直与佛教和神道教保持着和谐关系。新儒学被认为有助于对佛、道的理解，不管是皇室还是寺院，都加强了对它的学习。例如，后醍醐天皇（Emperor Godaigo，1318—1339 年在位）召集学者做关于儒学主题的讲授，数千人在足利学校（Ashikaga gakko 或 Ashikaga Academy）参加了新儒学课程的学习（Nosco，1984：7），不过其中很多都是禅宗和尚。不管这背后的动机是什么，朱熹学说的传播都为德川幕府时代（Tokugawa age，1603—1868）日本儒学新纪元的到来铺平了道路，这一时期日本对中国和韩国的儒学进行了全面彻底的研究与转化。在这个时期的大部分岁月里，新儒学尤其是程朱学派的学说被看作日本政治、文化、教育的基础，同时也被视为社会生活、学术生活领域的根本观念。

在韩国朱子学的影响下，加上想从儒家经典中寻求真理之强烈动机的激励，藤原惺窝舍弃禅宗而转向儒学。因此，他成为德川幕府时代第一位儒学大师，并证明儒学可以有效地支撑日本的立国，同时可以为幕府体制提供道德基础。藤原惺窝给幕府体制创建者德川家康（Tokugawa Ieyasu，1542—1616）讲解了儒家的历史和儒家提供的政治方案。作为回报，德川

家康成为儒学的保护人，同时采纳儒家的政治方案作为统治日本的方式（Tsunoda *et al*.，1958：336－337）。藤原惺窝是日本第一位根据理性主义新儒学学说（即理学）注解四书五经的杰出新儒学学者。他认为一切真理都存在于人类关系中，由此批评佛教抛弃现世的态度。由于对汉唐的经学感到不满意，藤原惺窝转向宋学，认为宋学与“圣学”（圣人之学、孔子之学）更加一致，是对儒学的真正传承，也就是儒家道统的承载者。他服膺朱熹的学说，但对其他新儒学大师的学说也不拒斥，因为他倾向于折中主义而非排他主义。他找出新儒学哲学家秉持的共同原则，并将它们融合起来形成一个体系。他认为周敦颐突出“主静”，程颐强调“主敬”，朱熹宣扬“穷理”，陆九渊主张“简易功夫”，陈献章（1428—1500）提出“静坐”，而王守仁讲“良知”，这些“全部来自同一个源头，只是表述的字词看起来不同而已”（王家骅，1990：81）。藤原惺窝开创了新儒学讨论的一个新方向，由此把儒学带入一个新纪元。他的诠释对日本学术产生了巨大影响，其追随者们成为儒学的领袖人物，他们进一步强化了儒学与德川幕府将军统治（Tokugawa Shogunate）之间的联系。

在藤原惺窝之后，林罗山（Hayashi Razan，1583—1657）在推动儒学成为日本德川幕府时代统治思想的过程中起到了决定性作用：“正是凭借林罗山及其后继者的努力，不管是对于外部事务还是对于内部事务，新儒学都是官方指导思想和幕府将军统治的准则”（Tsunoda *et al*.，1958：347）。同他的老师藤原惺窝一样，林罗山摒弃禅宗而接受了朱熹思想，他攻击佛教学说及其实践，将它看作对人类关系的破坏，并斥责佛教寺院是对人力和物质资源的浪费。他的老师在朱熹与王守仁之间采取了折中策略，强调二人在根本原则上的同一性。然而，林罗山没有这么做，他严格坚持朱熹的学说，坚决认为只有朱熹才代表儒家学说的正统传承。另外，林罗山通过探索新儒学学说在支持幕府政治方面的实用性，同时强调“忠诚”美德而非“孝道”美德的优先性，来发展儒学的实践领域。他认为国家拥有超越家庭之上的不容置疑的优先权，于是成功地把儒学转变成实现日本统一的有效工具，同时成为确立幕府政治合法性并维持其统治的有力手段。林罗山承担起了调和儒学与日本本土文化的任务，并指出“日本的精神传统正是君王之道，这与儒学之道完全一致。因此，它们之间没有任何差别”（王家骅，1990：86－87）。

继林罗山之后，朱子学（Shushigaku 或 the Studies of Zhu Xi's

Learning）发展出了许多不同的方向。山崎闇斋（Yamazaki Ansai，1618—1682）将朱熹视为继孔子之后的第一大师。为了表达对朱子的尊敬，山崎闇斋一直身着深红色衣服并使用深红色手巾（“朱”在汉语中表
130 示深红的意思）。山崎闇斋认为，中国和日本的所有新儒学诠释者，包括藤原惺窝和林罗山，都曲解了朱熹学说，于是他当仁不让地承担起从内在、实践两个维度忠实地传播朱熹学说的任务。他论述说，传播朱熹学说不是简单地把它从中国移植到日本，更重要的是，在自己的生活中、在日本社会文化的背景下，重新思考朱熹关于仁、修身的学说。关于儒学与神道教之间的关系，山崎闇斋采取了与前辈相同的思路，试图“利用新儒学的框架”构建一套新的神道教神学，由此使这两个传统结合起来，同时创造一种可能性，即让“儒学成为德川时代的思想基础”（Nosco，1984：11）。林罗山坚持认为神道教与儒学之间存在一致性；山崎闇斋虽然也承认儒学与神道教之间存在一种亲和性，但是无论如何都强调儒学民族主义的方面，同时把神道教视为属于日本的独一无二的道。山崎闇斋给自己设了个问题：如果中国派遣一支由孔子和孟子率领的军队来攻打日本，那么孔孟的日本弟子们该怎么做？他的回答是：拿起武器“反抗，并且要生擒孔子和孟子，以让他们来为我的国家服务。这正是孔孟所教导我们去做的”（Tsunoda *et al.*，1958：369-370）。

山崎闇斋开启并探讨了日本儒学的一个新维度。在林罗山看来，儒学是外在地服务于幕府的，即通过其道德准则和礼仪规范为幕府指引方向；而山崎闇斋则认为，儒学是人生活的一部分，必须借助内在的沉思而加以德性的培养，然后在社会正义中履践儒学之道。林罗山与山崎闇斋之间的分歧不仅造就了日本新儒学内部的两大主流学派，而且催生了两种不同的政治倾向。林罗山的后继者们对现状持赞同态度，而山崎闇斋的后继者和信徒们则大多愿意投身于激动人心的爱国运动，支持“恢复天皇的权威”，反对幕府对权力的垄断，还参与了“尊王攘夷”和“明治维新”。

贝原益轩（Kaibara Ekken，1630—1714）发展了日本德川幕府时代新儒学的精神品质和实践应用。通过把贝原益轩与中国、韩国的主要儒学大师进行对比，塔克（Tucker）概括了贝原益轩对日本儒学的贡献，具体如下：

131 在13世纪的中国，许衡试图证明新儒学学说对于忽必烈统

> 治下的蒙古人的意义，16 世纪李退溪对朱熹的新儒学学说进行调整以适应韩国人的需要，贝原益轩正如他们一样，采取了类似的做法，即致力于将圣人之道进行跨越文化与民族界限的转化。贝原益轩识辨出新儒学中的普适性因素，同时注意到它们在德川幕府时代日本社会中的具体应用，他以无比强烈的献身精神信奉道。在（中国）宋代朱熹（1130—1200）的新儒学学说中，他找到了一个涵括个人修养、学术探究、政治组织及宇宙论取向的体系，它为思想提供了一个广阔的背景，为行动奠定了一个实用的基础，这在他看来正是他那个时代的必需。（Tucker，1989：3）

贝原益轩把新儒学从严格的约束性道德准则转变为更适宜于社会、政治的“常识”，由此完成了儒家伦理的日本化。他是一位坚定的朱熹学说信仰者，虽然不免受到来自中国明代和朝鲜李朝的时代思潮的影响，但依然试图根据他自己的洞见复兴理性主义哲学，构建一种充满活力的生机论学说：从内在而言，植根于个人的精神体验；从外在而言，建基于对自然的全面观察。这不可避免地促使他挑战了部分的正统学说。在他的《大疑录》（*Taigi-roku* 或 *Grave Doubts*）一书中，贝原益轩严肃地批判了朱熹的部分阐述，以真诚之心尝试对它们加以修正，从而使之成为对普通日本人有意义、有效用的学说。“贝原益轩用他们可以理解的语言把儒家伦理带入寻常的日本家庭，这一点是其他任何人都不及的”（Tsunoda *et al*.，1958：374）。他不能容忍理与气、天理与人欲这样的二元论。他清楚准确地论述了宇宙论中的秩序与人类秩序之间的动态关系，并且提出了一种气一元论观点。在这种实在论精神之下，贝原益轩强调儒家学说在日常生活中的实践价值，同时认为真正的儒学之道存在于学说的实践应用中，而非古老的、过时的规范中。虽然对朱熹注释的一些方面进行了批判，但不管怎样，他在情感上依然是忠诚于其“精神导师”朱熹的，而且坚决拥护朱子学说。在此意义上，可以说贝原益轩对朱熹学说进行了内在的革新，因 132
为“对贝原益轩而言，质疑是真诚学术探索的一种重要手段，而不是与儒学传统割裂的标志”（Tucker，1989：65，75）。

在日本，朱子学的流行超越了阳明学（Yômeigaku 或 the Study of Wang Yangming's Learning）。日本的心学学派没有像中国明朝后半期的心学学派那样声名显赫，不过它也没有像在韩国那样遭遇禁绝。朱子学很快得到了幕府的认可，成为官方学问，并最终被确立为国家正统意识形态（1790 年），而研究和传播心学的学者却依然处境惨淡，经常被视作“异端”，甚至遭到官方的迫害。无论如何，阳明学还是受到了一定程度的容忍，因此它能够发展自己的学说，形成独特的学派。例如，中江藤树（Nakae Tôju，1608—1648）和熊泽蕃山（Kumazawa Banzan，1619—1691）两位学者是阳明学的开创者，强调心的实体和功能。这些学者勇敢地面对官方学说强势的统治地位，在发展日本新儒学之心学形式的过程中彰显出了独立精神。

新儒学被转化以适应日本本土文化传统的需要，这就意味着儒学的实践维度得到凸显，其代价便是弱化了哲学上的探究。为了使儒家学说能够有效率且有效果地服务于日本社会，山崎闇斋和贝原益轩故意忽略了朱熹学说中高度哲学化的方面，而把注意力集中在其学说的实践与现实方面。不过，由于受到朱熹理性主义原则的束缚，山崎闇斋和贝原益轩未能取得最终的突破。中江藤树一方面放弃了朱熹的思想，另一方面将王阳明所谓主体的心作为儒学的基础，由此把日本儒学推进到一个新的论域，其中内在经验和个人幸福优先于外在探索与普遍原则。中江藤树将内在的道德意识称为“内在之光”或“天赐之光”，并且认为，唯有这光而非其他任何东西指引着人的生活。只要将主体经验与社会改革这两个概念统一起来，个人幸福就可以得到制度安排的保障。然而，这正是中江藤树没有成功完成的任务。这个任务由他的学生熊泽蕃山完成了。熊泽蕃山转向孟子的仁
133 政学说以寻求灵感，他从中找到了如何把人的德性推展到外界的方法和条件。他完成了对于内在与外在、个体经验与社会常规、个人幸福与公共福祉的理论融合过程，并确立了这样的信条，“如果不首先增加我们的物质财富，那么仁政便不可能惠及整个国家……如果一个省的长官依据大道的原则享有财富，那么这个省就会幸福；如果幕府将军也依据大道的原则享有财富，那么整个国家就会幸福”（Tsunoda *et al.*，1958：388-389）。

熊泽蕃山在把儒学政治化的过程中似乎与林罗山遵循了同样的思路。然而，林罗山是把朱子学转变为支持幕府统治的一种工具，而熊泽蕃山则是利用阳明学为政治管理服务，以便对社会基础结构进行改革。

早期的阳明学在 18、19 世纪的著名学者手中获得了新的发展动力，如佐藤一斋（Satô Issai，1772—1859）和大盐中斋（Oshio Chusai，1793—1837）都做出了重要贡献。这些学者“强调在个体经验的基础上理

解与研究心、人性的重要性”（Okada，1984：216)。他们与其前辈相比，表现出了许多不一样的特征。第一，同中国后来的心学拥护者一样，很少有日本阳明学学者是独尊心学而排斥其他学说的。他们把王阳明的天赋良知学说与朱熹的格物学说结合起来，在这两种传统之间进行了必要的折中。例如，熊泽蕃山坚持认为二者都是必要的，另外林良斋（Hayashi Ryosai，1807—1849）声称，“依我拙见，程朱和陆王的特殊之处便是：它们都追溯到同一个东西，即二者都是圣人之学”（Okada，1984：223)。第二，他们虽然坚决认为心是唯一的实体，是一切事物的终极根源，但是更突出孝道。在 27 岁的时候，中江藤树不得不做出抉择：是为封建领主效力，还是照料自己的母亲？他选择了照料母亲，由此把孝道置于社会责任之上。后来，他把孝道升格为最高的美德，同时将之作为解释儒家学说的核心要素。他清楚地论述说：“孝道是美德的最高层次，也是天、地、人三个领域中的道的本质。正是孝道赋予了天、地、人以至于万物生命。因此，追求学问的人需要研究的唯孝道而已”（Tsunoda *et al.*，1958：384)。第三，阳明学中倡导的独立精神和对知行合一的追求，在日本学者 *134*
当中培育出了社会革新与实践应用的精神取向。早期的阳明学学者致力于提升实际效用，常常公然反抗学术权威。后来的学者则直接向他们认为不合理且不道德的日本制度发起挑战，其中的典范如大盐中斋的行动，他在 1837 年领导了一次起义，目的是解放饥饿的人民，史称“大盐平八郎之乱”，也称大阪起义；再如吉田松阴（Yoshida Shôin，1830—1859）及其信徒们的行动，他们中的许多人满怀激情地为明治维新做准备工作并积极投身其中。

除了这两大主流的新儒学学派之外，还有一个学派贯穿了德川幕府时代，被称作古学派（Kogaku 或 School of the Ancient Studies)。古学派学者摒弃了朱熹和王阳明的学说，认为这两个学派都是在道家和佛教的影响下形成的。他们直接回到周公、孔子和孟子，以找寻真正的圣人之学。他们坚决认为，虽然圣人的经典“对整个世界而言是不证自明的”，但是后来的评注者和诠释者已经把我们引入了迷途（Tsunoda *et al.*，1958：401)。因此，掌握圣人真理的唯一方式就是抛弃那些让人糊涂的诠释性著作而回到圣人学说本身。山鹿素行（Yamaga Sokò，1622—1685）描述了他在这一过程中是如何做的：

> 17世纪60年代，我认识到自己的误解归咎于读了（中国）汉代、唐代、宋代及明代学者们的著作。我直接去读周公和孔子的作品，通过将他们作为自己的榜样，使自己的思想脉络得以梳理。自那时起，我便摒弃了后世的那些著作，转而夜以继日地用心钻研圣人之作，最终澄清和理解了圣人的要旨。（Nosco，1984：14）

山鹿素行钻研圣人的学说以发现真理，目的是为解决实际问题提供答案，而不是对偏离正轨的知识进行纠正。他认为最重要的一点是如何指导武士（samurai，即warrior，或者更贴切地说是military scholar）的生活。山鹿素行将儒家伦理应用于武士信条（bukyo或者the warrior's creed），第一次系统阐述了后来渐渐声名鹊起的武士道：

> 135 武士的职责包括：在生活中要反映自己的身份；如果有主人，就要尽职履行自己对主人的忠诚；在与朋友的交往中要强化自己的忠贞；最后，根据对自己处境的恰当考量，尽力让自己做到以上所有的方面……如果武士只是了解武士的德和公民的德而没有表现出来，这便是没有达到要求。既然如此，就外在而言，武士要站立，身体上做好准备，随时听候召唤以执行使命；就内在而言，武士要努力践履君主与臣民之间、朋友与朋友之间、父亲与儿子之间、哥哥与弟弟之间以及丈夫与妻子之间的道。（Tsunoda *et al.*，1958：399）

古学在伊藤仁斋（Itô Jinsai，1627—1705）和荻生徂徕（Ogyû Sorai，1666—1728）的手中得到了进一步发展和深化。伊藤仁斋强烈谴责当时对最初的孔孟学说的忽视，坚持认为《论语》是“一切著作中最重要的一部，位列六经之上”，仅此一部即“可作为一切时代道之学说的标准和指南”，再者，“《孟子》是所有时代打开儒学大门的钥匙”，“对我们后世所有人而言，它有着磁铁般的吸引力”，它就像“黑暗中的一盏灯笼”（Tsunoda *et al.*，1958：419-420）。荻生徂徕甚至走得更远，他把孔子的话等同于六经，呼吁回归早期的圣王学说：

> 孔子之道就是早期圣王之道……他没有能够获得官方职位，于是致力于六经的编纂，以使它们可以传之后世。因此，六经包含了早期圣王之道，今天那些说孔子之道不同于早期圣王之道的人是非常错误的。(Tsunoda *et al.*，1958：425)

古学学者在反对新儒学区分天理、人欲的过程中采取了不同的策略，同时将义、利的割裂看作人为的对立。他们遵循中庸之道，以证明人欲的合理性，规定对利益的恰当追求，同时认为政治优先于道德。

藤原惺窝和林罗山把儒学从禅宗寺院中与经学家的讲堂中解放了出来，由此开启了一个漫长的过程：将儒学变成一种满足日本社会需要的有生命力的传统。中江藤树和荻生徂徕突破了朱熹之客观原则强加的外在束缚，借助阳明学他们把儒学变成一种服务于个人经验和社会改革的有利且 *136*
有效的工具。一方面，这促进了儒学的道德、政治学说在日本的社会生活领域的渗透；另一方面，它把儒学弄得世俗化了，同时让新儒学的智力源泉变得干涸。于是，儒学渐渐丧失了道德理想主义和形上学思考，沦为纯粹的“统治艺术”。因此，在荻生徂徕之后日本儒学不可避免地走向了衰落，尽管有很多学者积极参与政治生活。大多数的学派和运动，如调和主义（Setsu Aika）和经学（Kosho），都缺乏批判精神和原创精神。西学的快速传入差不多使儒学成了一种空疏之学。启蒙学者如福泽谕吉（Fukuzawa Yûkichi，1835—1901）和西周（Nishi Amane，1829—1897）批判儒学是社会落后的罪魁祸首。日本正在快速发展为一个资本主义和军国主义国家，此时与儒学相比，科学和技术稳稳地占据了上风。不过，儒学对日本而言依然具有实际价值，而且日本的现代化并未完全摒除儒家伦理。不像中国和韩国的儒学，日本儒学没有阻止或者说没有企图阻止日本成为现代世界的一分子。儒学保住了自身大部分的文化遗产，成功地转化为利于现代化和工业化的推动力量与道德工具。明治维新（1868 年）正式确立神道教为国家的正统信仰，同时给其他传统的发展留下了空间。温和与宽容把所有不同类型的传统和因素融汇到了一起。早期的折中主义原则，如“神儒合一”（Shinju-gôichi）、“文武不二”（Bumbu-funi）、“忠孝一本”（Chuko-ippon）（Tsunoda *et al.*，1958：592），在新的环境下继续得到贯彻和遵循。这样，儒学之所以受到政府保护，部分原因在于它与神道教的亲和关系，部分原因在于其道德力量对西方文化影响的平衡作用。在佐久间象山（Sakuma Shôzan，1811—1864）提出的经久不衰的口号“东洋的道德，西洋的科学”中，儒学被当作东方道德的象征（Tsunoda *et al.*，
137 1958：607）。与中国和韩国不同，日本给了儒学融入现代的机会，使之成为现代化过程的一部分：虽然它的学说遭受批评，它的组织如学校和书院被取消，但是儒学并未停止发挥作用。随着帝国宪法的颁布，针对儒学的多方面的更新和转化很快到来。一些在传统思想上有造诣的学者，如元田永孚（Motoda Eifu，1818—1891）和西村茂树（Nishimura Shigeki，1828—1902），对儒学进行了改革，使其适应快速变化中的日本，同时使儒家伦理更容易被纳入教育课程中。天皇于1890年颁布的《教育敕语》（*Kyôiku chokugo*，即 *Imperial Rescript on Education*）“反映出对明治早期西化倾向的强烈回应”，同时是对儒家道德教育的全面强化（Tsunoda *et al.*，1958：647）。资本主义商业理念的先驱如涩泽荣一（Shibusawa Eiichi，1840—1931）推动了道德与经济的融合，把儒家学说转化成资本主义的推动力。例如，在他著名的《论语与算盘》（*Analects and Abacus*）中，涩泽荣一强调儒家学说与市场经济之间不存在冲突。与此同时，军国主义者强化了武士道中的儒家道德因素，以培养民族的忠诚和尚武美德，也是为了使他们在东亚的军事行动正当化。通过这两个途径，日本儒学的要素延续到了当代的新阶段，此时儒学发生了进一步的转变，以符合快速变迁的日本以及日本在社会、政治、经济等方面的需求。

第二次世界大战的结束同时终结了政府对儒学的精心采用。不过，这一终结没有持续太久。在20世纪60年代日本经济起飞之后，儒学再次出现在国家的相关议事日程上，这可以从前首相中曾根康弘（Yasuhiro Nakasone）的要把儒家伦理重新纳入学校课程的提议中得到体现，与此呼应的是，新加坡也采取了类似的举措（Küng & Ching，1989：85）。

就当代整个东亚社会的发展来看，虽然各国的政治、经济、社会、文化等层面多有差异，但是在社会生活的基本价值观层面依然在一定程度上保留了儒家思想的影响。同中国、韩国等国家一样，当代日本社会非常重视仁爱、敬诚、忠恕、孝悌、信义等价值观，这正是儒家价值观在当代日本国民观念中发挥作用的表征。另外，对日本儒学的探讨是学界的重要研究主题，有的从历史维度进行考察，有的专门探讨了儒家思想与日本现代化的关系，有的以儒学的日本化为主题进行专题研究，有的站在整个东亚儒学的视野下对日本儒学进行研究和梳理。

问题讨论

1. 孟子与荀子之间的不同点和相似点分别是什么？

2. 西汉时期，儒学是如何胜过其他学派而成为国家正统思想的？

3. 玄学仅仅算是道家学说的发展吗？儒学的玄学维度是怎样的？

4. 新儒学的理学学派是指什么？心学学派又是指什么？我们应该如 138
何理解它们之间的对立？

5. 为什么说韩国是儒学的第二故乡？

6. 为什么说日本儒学加快了日本的现代化，而中国和韩国的儒学却阻碍了它们的现代化？

图 1　孔子像，位于孔子故乡曲阜孔庙

图 2　杏坛，据传孔子曾在此讲学，位于孔子故乡曲阜孔庙

图 3　通往孔子墓的神道，道路一旁栽树 72 棵，喻指孔门七十二贤，另一旁栽树 73 棵，喻指孔子 73 岁寿终

图 4　孔子墓前的碑

图 5　孔子嫡孙子思(前 483—前 402)墓和碑

图 6　孔子墓旁的小屋,据传孔子的弟子子贡(前 520—前 456)曾在此为孔子守丧六年

图 7　乐正子(？—？)的墓碑和雕像,位于曲阜孔庙。乐正子是战国时期人,被尊为孔子孝道传播者

图 8　亚圣(孟子,约前 372—前 289)庙,位于孟子故乡邹县

图 9　韩国成均馆祭孔典礼,韩国学者在向孔子致敬

图 10　嵩阳书院,位于河南嵩山少林寺

图 11　北京白云观里的朱熹雕像和碑。朱熹雕像似有佛教中的手势

图 12　1998 年 10 月 17 日孔子诞辰 2 549 年全球庆典，香港孔教学院承办

第三章　儒学之道

139 按照儒学的理解，世界是通过三极维持的，是围绕三极组织起来的。三极也称三才，即天、地、人。三才在有机的宇宙中一起运行，可谓“天地人，万物之本也，天生之，地养之，人成之”（《春秋繁露义证》，1992：168）。儒学对天的探讨为其形而上学的世界观奠定了坚实的基础，儒学对地的理解把现在与过去联结在了一起，儒学对人的分析以充分实现人的潜能为宗旨。宇宙的三极具有相同的性质，它们的关系表现为和谐而不是相互对立或抗衡。《易经》中认为它们是同一个道的三种模式：“天之道曰阴与阳”，“地之道曰柔与刚”，“人之道曰仁与义”（Chan，1963a：268；《周易大传今注》，1979：609）。天与地有时合在一起是指形而上学的、物质的世界，它是人生存、活动的场所，也是人安排自己的生活、指导自己的行为的条件。

天道或道是儒学世界观的根基，涉及人类存在的终极意义问题（Roetz，1993：101-103）。儒学大师们的主要关注点是如何把支配天地的原
140 则应用于人类生活和社会，如何找到道以维持或恢复世界的和谐。在此过程中，原初意思是指路或径的“道”，含义被拓展了，用以表达普遍的原则——适用于且存在于宇宙的每一个角落。普遍的道被理解为：它源自天地，因此是人类生活之意义与价值的源头。据认为，它在古代圣王的智慧中（先王之道，见《论语》，1：12），在孔子的学说中（夫子之道，见《论语》，4：15），以及在良善之人的生活方式中（善人之道，见《论语》，

12：20)，都已经得到了表达。经过这样的理解，道便是和谐宇宙、安宁社会、美好生活的基础，若没有它，宇宙的运行转化将失灵，人类社会将陷入混乱，国家将衰弱乃至崩溃。虽然儒家学者承认，道是否流行于人类世界，不完全是人的问题，它或多或少是预先决定了的。“道之将行也与，命也；道之将废也与，命也”(《论语》，14：36)。但是不管怎样，儒者都相信，在命运的框架之内，每个人都被赋予了在各自生活中践履道的责任。如此说来，既然道存在于日常生活中，存在于普通行为中，也存在于世俗事务中，那么它相对于人类而言就并非异质的东西，不能将之与人类生活割裂开。是扩展道还是贬损道，是彰显道还是障蔽道，皆取决于人。

儒学之道的核心是“天人合一”原则：天与人的和谐统一，这是“一种简洁的概括，抓住了一般所认为的中国人宗教性的基本特征”(Hall & Ames，1987：241)。尽管早在春秋时期理性的哲学家和政治家就意识到，“天道远，人道迩”(Fung，1952：32)，但是儒学大师们从来没有将它们割裂开或放在对立的位置上加以探讨。理性主义分析方法把天作为精神终极，由此开启了对天道与人道的人文主义理解。通过形而上学的/自然主义的天与社会的/道德的人之间的合一，儒学对宇宙有机体的理解拓展到人类领域，因而人类德性的完美获得了一种精神本质。许多现代学者已经注意到天人合一对儒学传统的重要性及其对人类精神性的深刻揭示。例如，杜维明这样阐释天人合一的内涵：

> 天与人之间的关系不是二律背反式的两个一，而是无形的单 *141*
> 个一。在此意义上，圣人作为人的真正表现，并不是与天并存，而是与天同一……尽管天与人之间可能存在概念上的区分，但就内在的、最深刻的本质而言，二者构成了牢不可破的连续统一体。(Tu，1976：84)

天、人、和是儒学之道的三个构成要素。因此，天之道(或天道)、人之道(或人道)、和之道(或和道)成为儒家学说三个最基本的方面。从某种意义上说，这三个方面的道只是一个道，彼此之间不可分离。天道的内涵反映在人道中且在和之道中达到极致；人道所追求的目标以天道为根据且以和之道为实现方式。必须谨记在心的是，三个方面是同一的，在功能上是重叠的，这里只是出于理论上的便捷，分三个部分来探讨儒学之道，每一个部分论述一个方面。

第一节　天之道

天作为一种先验的力量，是儒学精神性的来源。据认为，儒家学说最初是观察、参验及遵守天地运化规律的产物。正如《易传》中所说：“古者包牺氏之王天下也，仰则观象于天，俯则观法于地，观鸟兽之文与地之宜，近取诸身，远取诸物，于是始作八卦，以通神明之德，以类万物之情”（Chan，1963a：265）①。

尽管天对儒学而言有其重要性，但关于天是什么，似乎言人人殊，从来没有统一的观点。汉字“天”传统上被定义为“至高无上”（《说文解字注》，1981：1）。现代学者对于这个汉字有许多种理解。顾立雅把“天”（天）解释为“人”（人）之上的“一”，或者解释成大人或伟大的人（大），因此“过去的统治者被认为共同生活在天上”。岛邦男（Shima Kunio）认为“天”这个字在甲骨文中等同于“帝”，是天帝、皇天上帝或昊天上帝
142 的意思。伊若泊（Robert Eno）猜测：天是死者火化后骨灰的目的地，即天的含义“通过火联系起了死亡的概念”；早期儒家重新理解天，将之作为终极的超验的存在（Eno，1990：181－189）。这个字解释起来困难重重，且对于其含义的理解有着太多分歧，以至于对它在中国哲学、宗教传统中的内涵是什么，不可能给出明确的定义。英译儒家经典中可能把“天”译为 Heaven，这只是一种便捷化的理解，可能不是太准确，但似乎也没有多少更好的选择。

中国宗教传统和儒学传统中的天都有着多重含义，并且这些含义彼此关联。宋代新儒学大师程颐试图把天所有方面的含义统一起来：

> 夫天，专言之则道也，天且弗违是也；分而言之，则以形体谓之天，以主宰谓之帝，以功用谓之鬼神，以妙用谓之神，以性情谓之乾。（Chan，1963a：570）②

---

① 具体解释，参见：周振甫．周易译注．北京：中华书局，2013：272－274。

② 二程集．北京：中华书局，2004：695.

在天的诸多内涵中，儒学思想中最常涉及的是三种。其一，就形而上学和物理学的含义而言，天通常与地相连或相对，指的是万有、宇宙、物质世界，或者简单地说，即指自然。其二，当应用到精神领域，天象征着人格神或者最高存在者，在天上发号施令，直接支配或管理精神世界和物质世界。其三，在道德情境下，天被理解为伦理原则的最终来源和人类行为的最高约束力，并且一些学者提议可以把天理或天的原则等同于现代欧洲哲学中的自然法（Eno，1990：4）。最为重要的是，儒学传统中的天充当的是至高存在或终极实在，人对其负有责任，须践履自己的天命。天之道预先决定了人之道，同时为和之道提供了基本条件。天的精神的、伦理的、自然的诸含义使天之道成为儒学世界观、宇宙观及社会观的基础。

一、天之为儒家至高存在

李约瑟（Joseph Needham）有一段被大量引用的关于儒学宗教性特征的论述，其中明确地指出，“由于文庙中存在明显的神圣性特质，如果把 *143* 宗教定义为某种涉及神圣意义的东西，那么儒学也是一种宗教；但是如果把宗教仅仅理解为拥有创世神的神学体系，则儒学就不是宗教了”（Needham，1969：63）。一般而言，我们赞同李约瑟关于儒学宗教性特征的观点，也承认儒学与有神论宗教之间在先验概念上的区别，但是这并不意味着儒学传统中不存在对先验的终极实在的神学式信仰。毫无疑问，天是一切儒学信念的核心，儒学学者把天作为他们最高的精神主宰。天作为先验的存在，拥有决定自然进程和人类世界的力量，尽管后来大多数儒学家对绝对的造物主或人格化的上帝持怀疑态度，倾向于将天理解为自然法则这样的终极性力量或因素。在儒家的观念中，天是先验的力量，保证了形而上学的与物质的之间、精神的与世俗的之间以及人的本性与人的命运之间的和谐。

在儒家经典和国家的宗教实践中，天指涉的是神灵的存在，其掌控并决定了人类世界。《诗经》《尚书》《礼记》《左传》《国语》中谈及的天，“多指有人格的上帝……上帝为至高无上之权威”（Fung，1952：31）①。天如何成为最高主宰者的实际过程基本上一直是个有争议的问题。不管怎样，我们大概可以做出这样的假定：天作为周部落的自然神（天神），被

① 冯友兰．三松堂全集：第2卷．郑州：河南人民出版社，2001：281.

转化成周王朝至高无上的主宰者，其部分原因在于它联系着人格化的帝或“上帝——商朝的至上神”，而现在人们认为这是源自早期共有的世系中“父”的观念。周朝后来意识到，对帝或上帝的信仰是非常危险的，因为它是激发商朝造反的潜在因素，但此前在周朝初期帝或上帝依然被尊崇为至上神（Franz，1986：27）。政治需求加速了天升格至精神世界之最高层
144 级的过程，也推动了天与神以人们易于接受的方式进行融合的过程。于是，最高的精神统治者有了个新称号，即皇天上帝，它成为宗教生活、政治生活中的核心。天被描述为万能的、至高无上的、有目的的宇宙统治者或宇宙管理者，在整个时空历程中支配和裁决一切人类的、自然的事务。很多儒学著作强化并重申天的至高无上性。据推测，商朝的创建者汤有一篇誓词，谴责了夏朝的最后一位统治者，“有夏多罪，天命殛之”；汤的辅佐大臣伊尹称“天之生此民也”（参见 Legge，1992，vol.3：173－174，178；《孟子》，9：7）。据说，天国不仅拥有主管刑杀的神，而且“天事官成”，各项事务都有专门的职官负责（Fung，1952：30）。天的赞同或愤怒构成了极其重要的“天命”概念的基础，这决定了一个王朝被另一个王朝取代或一个王朝采用武力镇压反叛是否具有正当性。天通过发出福佑或谴责来表达自己对人类事务赞同与否，其具体表现形式有谷物丰收或自然灾害。这在汉代发展成了复杂的学说体系，认为：如果不能履行人的使命，就会惹恼上天，而天起初会发出警告，进一步就会降下灾异（灾害和异兆）以示惩戒，即“谴告人君，觉悟其行，欲令悔过修德”（《白虎通疏证》，1994：267）。

一个王朝的命运取决于上天持续不断的护佑，这在儒家的圣人周公那里得到了明确的阐述。人们相信，周公的功绩在于确立了一个体系——同时是道德的、政治的和宗教的：

> （周公若曰：君奭!）弗吊天降丧于殷，殷既坠厥命，我有周既受。我不敢知曰厥基永孚于休。若天棐忱，我亦不敢知曰其终出于不祥。(Chan，1963a：6)①

儒家坚信，对任何新王朝而言，从上天那里领受天命都具有根本意

① 具体解释，参见：今古文尚书全译. 贵阳：贵州人民出版社，1992：348。

义，而保有天命则是一个王朝维系统治的必要条件。任何政治变革，只有 145
在得到上天许可时才可能是正当的；一个王朝被另一个王朝取代，也只有在获得上天保佑时才成为可能。孔子很多关于天的论述都指出天是最高的存在，它支配着世界，决定着人类事务的定数，因为“唯天为大”（《论语》，8：19）。《礼记》中的记载表明，祭天对国家的安宁与和谐而言具有根本的意义。人死的时候灵魂将回到天上。董仲舒给我们勾勒了一幅图景，说“天者万物之祖，万物非天不生”，又说“天地者，万物之本，先祖之所出也”（《春秋繁露义证》，1992：269，410）。在此意义上，冯友兰评论称，按照董仲舒的观点，“实有智力有意志，而却非一有人格之上帝”（Fung，1953：19）。这个评论大概忽略了董仲舒对天道的探讨的神性维度。很显然，董仲舒认为天是“最神圣的”，是“百神之君”（《春秋繁露义证》，1992：354，402）；他认为天是人类的曾祖父：“（为生不能为人，）为人者天也。人之人本于天，天亦人之曾祖父也”（《春秋繁露义证》，1992：318）。在董仲舒看来，作为人类伟大祖先的天，创造了人的生命，同时赋予人本性；作为“造物主”的天，规定了人的生活方式，“（天之为人性命，）使行仁义而羞可耻，非若鸟兽然，苟为生，苟为利而已”（《春秋繁露义证》，1992：61）。

天不仅是生命的创造者，是宇宙的最高统治者，也是人类事务的公正管理人。天之所以受崇敬，不是因为它向祈祷者施以救恩。相反，它之所以受到推崇和尊敬，是因为天被视作人类行为和社会变迁的最终制裁力，由此令人心有畏惧。

在某一特定时期，人类的努力可能成功也可能失败，某一具体行动可能正当也可能不正当，某一个人的性格可能识辨得出也可能识辨不出。但无论如何，儒士坚信上天是终极的制裁力，一人一时的失败，不会令其感到沮丧以至于要放弃自己的目标。错误的行为和对道德原则的违背，当时
可能没有受到纠正和惩罚，但人们相信上天终将给予纠正并做出惩罚，因 146
为上天密切地“监视”着、热情地关心着下面的人间世。因此，冒犯上天或违背天道被视为最严重的罪过。孔子清楚地说过，“获罪于天，无所祷也”（《论语》，3：13）。孔子接着认为，一个人遭到上天抛弃是极其可悲的命运。这一点在下面这则逸闻中得到了表现。孔子曾经拜访声名狼藉的南子，他的一位学生（子路）因此不太高兴。虽然孔子觉得自己的行为没有什么不妥，但是他意识到这可能很容易造成严重的误解，所以为了名誉

不受损害，孔子对天发誓说："予所否者，天厌之！天厌之！"（《论语》，6：28）。这样，孔子再次强调天是至高无上的，具有宗教上的约束力，要求人追求正直完善，同时他再次表现出对天之公正的信心。

儒学把传统的对天的宗教信仰引向理性与道德的方向。天不是被仅仅当作被动的制裁力或监护人，而是被更加积极地视为道德创始者。按照儒学的观点，天道能够引发人的道德力量。当面临被杀的危险时，孔子把全部的信心寄托于上天，由此摆脱了恐惧，"天生德于予，桓魋其如予何？"（《论语》，7：23）。一种源自上天的强烈使命感，赋予了孔子传播古代智慧和文化的信心。当被问到为什么人们不理解他一直以来传授的知识时，孔子强调人对上天赋予自己的使命的践履，"不怨天，不尤人，下学而上达。知我者，其天乎！"（《论语》，14：37）。这段话包含着儒家许多重要的原则。第一，儒家对人类生活过程的信心和对未来的乐观态度牢牢地植根于对天的信仰。儒家相信天对现世与来世的统治是公正的，也相信个人的命运，即生或死、富或贫、成功或失败，一切都取决于天。这两个信念催生了儒家关于世界和人类事务的观点。对儒家学者而言，他们的努力是否得到别人的承认或赞扬无关紧要。重要的是，他们是否已经尽了最大努
147 力去践履自己的使命。第二，天道可以通过研究人类事务来加以认识，因此研究人类生活是理解天道的途径。第三，天是一切个人及其价值与功绩的最终裁判。有了对作为至高存在或终极实在的天的忠诚和信仰，人们就不会因世间的成败和人生的荣辱而偏离正轨、陷入舛误。

作为对道德行为具有制裁力的最高存在，天自然而然地成为儒家理论与实践的核心，这些理论与实践涉及宗教、政治、伦理、历史、文学和生活方式。儒者之所以下决心要践履他们在世间的使命，是因为他们相信"顺天者存，逆天者亡"（《孟子》，7：7）。这样，他们就投身于学问、教育以及古代文化的传播，因为他们相信天命可以通过学习、占卜和观察加以认识（《论语》，7：22；14：36；12：5；2：4）。

二、天与道德原则

天作为至高存在的概念与作为一套道德原则（义理之天）的理解紧密地联系在一起。事实上，这两个方面属于儒家学说彼此密切关联着的两个维度：天是至高无上的，因为它是美德的化身和源头；天能够形成和催生（人的）卓越的美德，因为它是终极的、超然的原则。道德内涵与先验内

涵之间的密切关系，把作为儒学终极目标的天与一神论传统中的上帝区别了开来。天道主要存在于人们在生活中所坚持的道德径路。天赋予人类天命，由此世界能够得到公正的管理。只有人们以符合道德的方式满足自己的需要，公正的管理才可能成为现实。赋予天命或收回天命是一个道德判断问题。因此，在儒家的政治中，天命被理解为等同于老百姓的意志，政府合法性的取得和证实都取决于老百姓的意志。天的生成性力量被理解为“授予”人（道德）本性，这样人便能够以各种不同的方式遵循和发展源自他们自身本性的道。因为体现在人本性中的天就等同于道，所以道的培养成为儒家学说和儒家教育的根本所在。儒家认为，这样的培养和教育，148 总体而言将导向良善、真理和完美；具体而言会达致个人的正直和真诚、家庭的忠诚和责任、社会的互惠互利，以及健全的生活观念和常识。人只有短暂的一生，有可能大部分时间生活在混乱的环境中，而个人并非总是能够自信地面对自己的命运。正是天道给了儒者实现终极目标的信心。在某种意义上，儒家背景下终极目标的实现，意味着希望能够在一个有限的、历史的、世俗的、文化的生命中保有无限而神圣的理想。

儒家相信天及其与地的关系为人的道德准则确立了典范和根本原则。举例而言，正如天在上、地在下，君主之于臣民、父母之于孩子、丈夫之于妻子也都是这样的关系。儒家认为，一切生物都诞生自天地之精华，而人类是最尊贵的，因为只有我们能够在生活中践履天的原则，并且不管家里家外，我们都能按照恰当的关系行事。在人类当中，唯有那些已经修养了自己本性的人才会尊崇天命，而那些缺乏德行的人则不会尊崇天命，甚至会有意背离天命。

天道指示着道德性，遵循天道就是要过有德性的生活。孟子认为存在两种荣誉，一种是天赋予的荣誉（如仁、义、诚等)，即“仁义忠信，乐善不倦，此天爵也”；另一种是人给予的世俗的荣誉（如在政府中的职务、地位和级别)，即“公卿大夫，此人爵也”。前者应该优先追求，而后者则是随之而来的理所当然的结果，“古之人修其天爵，而人爵从之”（《孟子》，11：16)，通过这种方式，天道将流行于世界。相反，如果人只追求“人爵”而放弃“天爵”，则社会将归于混乱，而人则失去立身之根本。新儒家发展了天的道德概念，同时将天道应用于日常生活中。天有时被等同于（道德的）理，于是天理成为天道的另一个名称。在另一些情形下，天被等同于（内在的）心，因此天道只不过存在于人心中而非别的什么地方。除非心已被拓展，否则天理不可能得到真正理解；除非探究了自己的本性，否则一个人便不可能与天合为一体（Chan，1963b：13）。天、天
149 道、理、性、心，以不同的方式在本质上被视作同一的，正如程颐所论述的那样，“在天为命，在义为理，在人为性，主于身为心，其实一也”（Chan，1963a：567）。这就是天的本质，同时也是天道施展其过程的方式。

三、天之自然主义向度

天作为人格化的、神性的统治者，也作为最高德性的化身和创造者，这是理解儒家天道的关键。然而，关于儒家的至高存在或终极实在，也存在一个自然主义的视角。在这一视角下，天主要被当作自然，而天道则被视为某种类似于自然规律的东西。自然和自然规律两个概念是儒家关于天的学说的重要组成要素，也是儒家理性主义的基本观点之一。正如我们将在本章第三部分所看到的那样，作为自然的天的观念促成了人与环境之间的和谐。

尽管孔子在谈到天的时候认为它决定了人类生活的过程，且它自身内部生发出卓越的美德，但是他似乎也已指出，天道清楚地显现于自然过程之中，我们应该遵循自然过程。总的说来，孔子在授徒过程中很少探讨天道的问题，所以子贡才说：“夫子之文章，可得而闻也；夫子之言性与天道，不可得而闻也”（《论语》，5：13）。当被问及他为什么不宣讲天道时，孔子解释说，静默的天凭借规律而不是言语来施展其过程，“天何言哉？四时行焉，百物生焉，天何言哉？”（《论语》，17：19）。《孔子家语》中记载了下面一段孔子关于天道的论述：

> 日月东西相从而不已也，是天道也；不闭而能久，是天道也；无为而物成，是天道也；已成而明之，是天道也。（Kramers，1950：215）①

大多数儒学学者都将注意力集中到人道上，但同时也不排斥自然之

① 也见于《礼记·哀公问》《大戴礼记·哀公问于孔子》。具体解释，参见：杨朝明，宋立林. 孔子家语通解·大婚解第四. 济南：齐鲁书社，2013：32。

道。早期的道家哲学家把人看作自然的延伸，呼吁人们回归原初和素朴，150
即与自然合一并遵循自然之道。由于道家学者沉浸于自然之道，而认为人道也没什么不同，所以荀子对他们进行了批判，指出庄子“蔽于天而不知人”（《荀子》，21：4；Knoblock，1994：15）。不管怎样，荀子是在儒学传统中发展作为自然的天的概念的，“列星随旋，日月递照，四时代御，阴阳大化，风雨博施”（Knoblock，1994：15）。这开创了一个儒学趋向，即对世界和人类的自然主义理解得以深入与拓展。

自然主义儒学家把天视为人类生活的终极源头，比如恒常而规律的变化导致了差异性和多样性，其背后的动力便是天。因此，儒学背景下的自然规律是恒常变化所遵循的原则，通过这原则万物被赋予生命，万事得以开展。这就是《易传》中天道所包含的含义。其中认为，天地的宏大恩德就在于持续不断地化育万物（“天地之大德曰生”），而宇宙万物的生生不息就在于阴阳相互转化形成的变易作用（“生生之谓易”）。这样，道即为阴阳之间的相互作用：“一阴一阳之谓道”，这一观点在后来的儒学发展中被理解为“易乃是性与天道”（Chan，1963a：268，266，506）①。天道就在（阴阳）两种宇宙力量的运动之中，这一运动是促成一切变化和发展的基本动力。董仲舒把天看作人类存在和活动的根本原则，很好地利用了阴阳学说来阐释人的性质和命运，“身之有性情也，若天之有阴阳也。言人之质而无其情，犹言天之阳而无其阴也”（《春秋繁露义证》，1992：299）。王充将这种理解发展为一种极端的自然主义观点，清楚地表示，“夫天道，自然也”②，也就是说，阳和阴随四季而兴衰，事物凭自身即抵达成熟和完善。这就是他的“天道无为”（Fung，1953：152-153）③一词所要表
达的意思。天道即自然（自动自发）的道，这一理解在魏晋玄学和宋明儒 151
学中被接受并得到进一步发展。新儒学大师之一程颢曾经论述：“言天之

① 《横渠易说·系辞上》载：“易乃是性与天道，其字日月为易，易之义包天道变化。”（张载集. 北京：中华书局，1978：206）

② 王充在《论衡》中反复申述其“天道自然”的观点。例如：《论衡·寒温篇》载：“夫天道自然，自然无为。二令参偶，遭适逢会，人事始作，天气已有，故曰道也。”（黄晖. 论衡校释. 北京：中华书局，1990：630-631）《论衡·谴告篇》载：“夫天道，自然也，无为。如谴告人，是有为，非自然也。”（同前，636）《论衡·自然篇》载：“夫天安得以笔墨而为图书乎？天道自然，故图书自成。”（同前，778）

③ 王充在《论衡·自然篇》中说：“天道无为，故春不为生，而夏不为长，秋不为成，冬不为藏。阳气自出，物自生长；阴气自起，物自成藏。”又说：“天道无为，听恣其性，故放鱼于川，纵兽于山，从其性命之欲也。”（黄晖. 论衡校释. 北京：中华书局，1990：782）

自然者，谓之天道。言天之付与万物者，谓之天命”（Fung，1953：514）①。

天在作为宇宙的起源时，被等同于太极，即一切事物产生的源头。《周易大传》第一次在易的体系下对太极进行了思索。太极生两仪，即阴和阳。两仪生四象（太阴、少阴、太阳、少阳，变成了四季）。四象生八卦，分别代表天、地、山、泽、火、水、风、雷（Wilhelm，1967：318）。天道和地道之间的相互作用（“刚柔相摩”），以及八卦之间的相互作用（“八卦相荡”），生成了一切生命和万物（张岱年，1982：27）。《易经》中的宇宙演化轮廓在新儒学中得到了丰富。周敦颐在太极概念的基础上构建了一套包罗广泛的天道学说。宇宙的起源即无极，以存在的起源即太极为自己的表现形式。太极的动和静分别生成了阳和阴，而从阴阳这两种形式的宇宙力量中又生成了五行。在太极、阴阳五行、天道（乾道）、地道（坤道）的整体合一中，男、女二气得以产生，于是二气交感就生成了万物。万物不断创生再创生（生生），形成了永不止息的转化过程（Chan，1963a：463）。

作为自然的天紧密地联系着气（即有活力的物质性力量）的概念。在早期的儒家典籍中，气的概念并未得到清晰的界定，如《孟子》中的论述涉及了夜气和浩然之气。直到东汉时期，在何休（129—182）、郑玄和刘劭（生卒年不详）的著作中，气的概念才被明确地用来指深刻的、根本的、物质性的宇宙力量。何休说“元者，气也”②；郑玄把太极解释为完
152 全处于调和状态的、未分化的气③；刘劭认为宇宙来自元一，这元一就是气（张岱年，1982：41）。儒家的气学说或气论经过张载的阐发而趋于成熟。张载把天等同于太虚，即气的原初状态，把天道等同于太和，把天命等同于气永不停息的运行。他论述：

> 太虚无形，气之本体……气坱然太虚，升降飞扬，未尝止息……气聚则离明得施而有形，气不聚则离明不得施而无形……由太虚，有天之名；由气化，有道之名；合虚与气，有性之名；

---

① 二程集. 北京：中华书局，2004：125.

② 详述参见：春秋公羊经何氏释例. 上海：上海书店出版社，2012：418-419。另外，《周易集解》引《九家易》载：“元者，气之始也。”（周振甫. 周易译注. 北京：中华书局，2013：3）

③ 即太和之气。《周易》中说“保合大和”，其中“大和”即太和，指阴阳化合之气。

合性与知觉，有心之名。（Chan，1963a：501，503，504）[①]

张载也探讨了气的运行方式。气是按照自然规律发生变化的：“生有先后，所以为天序；小大、高下相并而相形焉，是谓天秩”（Fung，1953：482）[②]。因此，宇宙的演化就是气聚合和分散的过程，是根据天序和天秩完成的。气的天秩和天序即为天道。关于人性，天理和气指向了不同的方向；人的道德个性可以用物质构成的不同来加以解释。按照这样的理解，气便有了性别，即阴和阳。阴阳两种力量以其方式流动，因而产生了四时；它们在不同的方向上运动，因而形成了五行。王夫之以类似的方式论述说：“盖言心言性，言天言理，俱必在气上说，若无气处则俱无也”[③]。天只不过是阴阳五行构成的整体，而天道是气的秩序，“拆着便叫作阴阳五行，有二殊，又有五位；合着便叫作天”（Fung，1953：641－ *153*
642）[④]。戴震认为，“举阴阳则赅五行，阴阳各具五行也；举五行即赅阴阳，五行各有阴阳也”，即阴阳与五行相互包含，而二者的相互转化即为天道，“阴阳五行，道之实体也”（Fung，1953：653）[⑤]。

自然过程遵循它，一切事物的实现仰赖它，这就是天道。因此，天道等同于儒家思想中的理概念，天和理合在一起使用就是指天理。《易传》把理等同于天，把对理的探究等同于天命的获得：“穷理尽性以至于命”（Fung，1953：650）[⑥]。《礼记》中关于“天生人”的一段被做了这样的新解释，即指“万物本乎天，人本乎祖”，并且大祭就是为了“大报本反始也”（Legge，1968，vol. 27：430－431）。作为自然也好，作为自然规律也罢，天和天道都奠定了人类生活的基础，并由此与人道紧密地联系在一起。

第二节　人之道

儒学有时候被描述为世俗的人文主义，其理由便是它没有对宗教维度

---

① 参见：张载集. 北京：中华书局，1978：7－9。

② 同①19.

③ 王夫之. 读四书大全说. 北京：中华书局，1975：718.

④ 同③69.

⑤ 戴震. 孟子字义疏证. 北京：中华书局，1982：21.

⑥ 高亨. 周易大传今注. 济南：齐鲁书社，2009：539.

给予足够的关注。确实，儒学首要关注的是生而不是死，是人而不是神。然而，这并不意味着儒学对个体的理解完全是世俗的、眼前的。在很多儒学学者看来，个体都被赋予了先验的“神明”，如果对之加以充分发展，则能够使人成为世界的协调者、自然过程与社会过程的保护人，以及天地创化过程的辅助者。形而上的或先验的道与世俗的人类生活之间紧密的联系，在《中庸》第一段中得到了说明：“天命之谓性，率性之谓道，修道之谓教。道也者，不可须臾离也，可离非道也”（Chan，1963a：98）[①]。

154 人之道从根本上而言是道德生活方式，这也是为什么在术语的解释中人们把道称作仁和义。对大多数儒家学者而言，天是有意义的生活的源头，为人提供了仁、义、礼、智四德的根或端。不过，这并不是说一切个人都预先被决定要遵循良善的过程。德性之根能否长成人性的大树，德性之端能否充分发展，在根本上取决于人是否存心养性、如何存心养性。除非被理解为人道，同时在日常生活中由人有意识地加以践行，否则天道不可能化为现实。儒学家承认天、地、人是宇宙的三极，认为人必须践履自己的使命，才配得上这样的角色：“天有天道，地有地道，人有人道。人而不尽人道，不足与天地并”（Chan，1963a：575）[②]。在探索天道与人道如何相互关联、天道如何在人道中得以彰显的过程中，儒家学者感兴趣的并非此世与来世之间、得拯救与下地狱之间的对立。相反，他们致力于缩短人与非人之间的距离，更准确地说，是缩短那些已经受教导而行止得当的人与那些还没有做到这一点的人之间的差距。因此，儒家学者把教育和修身确立为人道的核心。修身的必要性是基于这样的事实：内在于人的潜能最终把人与鸟兽区别开来，不过这种潜能要经过开发和培养，才能变成性格中实实在在的品质。要培养潜能，首先必须保存潜能。保存潜能，即充分发展本初的道德意识，就是要完全地成为人；而放弃或忽略潜能，将导致有缺陷的性格，与动物相差无几。

儒家相信天赋予了人类传播文化的意识与关切，我们凭借这种信念寻找生活的终极意义。天道必须在个人经验和社会交互中加以培育。天之保存“斯文”（《论语》，9：5）的意志，催生了道德传统，同时，一方面赋
155 予这种传统宇宙论意义；另一方面给人“强加”了一种使命，即践履隐藏

① 具体解释，参见：杨天宇．礼记译注．上海：上海古籍出版社，1997：899。

② 陆九渊集．北京：中华书局，1980：17.

在这种文化中的义务。

一、道德超越

儒学不单单是一种世俗传统，它有着深刻的宗教性与精神性意义。儒学作为一种宗教人本主义，把道德的或有德性的等同于宗教的或先验的。因此，要讨论人道，我们必须从“德”这个概念开始。虽然可以将“德”翻译为英文中的 virtue（美德、德性），但它最初表示的是一种政治的、精神的品质或能力，凭借这种“力量”或“魅力”，君王就能统治国家而无须诉诸武力或暴力。在这个意义上，作为美德的“德”被定义为“得”，一个有德的人就是能够“得”到上天和祖先认可的人，能够赢“得”贤能大臣支持的人，能够使“得”民众为国家效力的人。最开始，向上天和祖先献祭被当作获得统治正当性与统治力的最重要的因素。随着时间的推移，从这种实践中演化出了新的理解，即能力和力量还必须要经过个人的培养，于是“德”变成“一种产生端正品行的个人属性”，它可以赋予人“精神的力量，或者对人甚至有时对人周围客观环境的影响力”（Nivison，1996：5-6）。为了阐明“德”的含义从“力量”拓展为“美德”的过程，万白安（Norden）和倪德卫（Nivison）指出：

> 人类一般都会对礼物心存感激。然而，在有些社会当中，这种感情被放大了，以至于我对你的感激似乎渐渐变成一种你对我施加的影响力。“德”最初就是这样的“力量”。中国的君王是凭借向祖先神灵献祭和向臣民施恩的意愿来获得这种力量的。无论如何，诚心诚意给予的礼物与为了控制他人而给予的礼物之间有着重要的区别。因此，“德”与谦卑、慷慨及（宽泛意义上的）“美德”联系在了一起。（Nivison，1996：5-6）

孔子对政治权力的性质和来源具有独特的理解，在此基础上他认为，一个好的统治者是这样一个人：他真诚地培养自己的品质，虔诚地遵行礼，郑重地积累善行、完善德性。没有履行自己义务的君王，如故意忽略
或违背礼仪规则，或者滥用政治、军事权力，将会被视作失德之君，这反 156
过来会令其丧失统治的权力和能力。通过这种方式，德与礼紧密地联系在了一起，相辅相成。进一步而言，由于上天、祖先、神灵的认可体现于国

家、社区、家庭的和谐、安宁及秩序中，所以仪式不仅指向来世，而且具有品行上的引领、指导作用。因此，宗教仪式在广泛的应用中转化成了行为规则和礼的意识。这些仪式不仅在祭祀时用到，而且在日常生活中同样需要；不仅对于君王或官员的身份是必要的，而且对于任何特定个体的命运都是不可或缺的。这样，礼仪规则就变成雅斯贝斯所说的“行为的义务”（Jaspers，1962：55）。外在的对规则的遵守进一步内化为道德品质，向外开展的实践变成向内深入的精神旅程。这就是儒家传统中的道德和伦理如何获得宗教的、先验的意义的。

美德不仅是一种品质，而且是一种转变自我的能力和改造他人的力量。就像风使草随其摆动一样，人们相信一个君子能够带领人们朝着道德良善的方向行走[①]。由此，成为具有美德的人也不再是统治者或位高权重的大臣的特权。它成为一个人从粗鲁而野蛮的状态向有教养而文明的状态转变，或者从任性随意向品行端正过渡的必要条件。这种转变或过渡，就其根本而言，是一个人自己的责任，因为他是否会变成君子取决于他自己而不是别人。因此，自我觉悟和自我修养便成为提升人之精神品性的根本途径。通过宏观世界与微观世界之间的互动，一个人自身个性品质的改造被认为就是为了实现对世界和社会的改造。

在修身自新的过程中，起主导作用的是人本身的意志。变得文雅而有教养，进而达到理想的境界，其困难首先来自我们天生的弱点，如孔子观察到的那样，人们喜爱美色胜过道德自新，“吾未见好德如好色者也”（《论语》，9：18），或者如孟子警告的那样，人们追求学问的动力可能比不上寻求肉体满足的激情。这样的困难或许也造成了我们人类社会的脆弱性，即有时难以避免地陷入糟糕的境地。为了防止腐败堕落，儒家传统在
157 总体上高度重视对我们自身本性的保存涵养、对社会生活中正义的追求。在这一方面，心在儒家自我改造中扮演了一个积极主动的角色。儒家认为，当内在于人性中的道德的、高尚的倾向被各种复杂的外在因素阻碍或限制的时候，人心就会受到腐蚀。虽然消除这些因素很重要（这正是儒家思想将参与政治和改革社会结构作为第一要务的原因），但是大多数儒家学者坚持认为，人腐败堕落的社会因素不可能被彻底消除，除非大多数的

① 《论语·颜渊》载：“子为政，焉用杀？子欲善而民善矣。君子之德风，小人之德草，草上之风，必偃。”（程树德. 论语集释. 北京：中华书局，1990：866）

个人都培养了自己的本性，并且使自己的品行端正而富有正义。在他们看来，更要紧的是通过积极落实自我修养而在自己的本性上下功夫，而不是把自己的失败归咎于他人或外在环境。儒学对自我的探究进入了一个更深的层次，即深入了每一个个体的道德心理层面。他们主张个人要对自己的将来负责，鼓励人们在自己的内心寻求向善的资源，并且相信“求则得之，舍则失之，是求有益于得也，求在我者也”（《孟子》，13：3）。

儒家对人的性与心的探讨，直接关联着他们对人类命运的关切。这种关切不在于来世的幸福，而在于此世可以实现的生活；不在于从外部获得拯救的可能性，而在于通过道德培养和社会参与寻求自我改造或自我超越的过程。所以，儒学传统关于“如何变好”的问题，正如许多其他宗教传统关于“如何得救”的问题一样，有着丰富的洞见和深刻的内涵。在这个意义上，寻求道德完善也就是追求“超越性突破”，即突破人作为寻常个体的道德局限。在寻求这一突破的过程中，儒家传统中的主流思想展现出了宗教理想主义，具体表现在以下三个方面。

第一，儒家传统认为，我们具有内在于我们自身的成为良善的源头和条件。儒者相信天赋予我们“道心”，而道心是精妙的，不过它被我们的“人心”（物欲）所干扰纠缠①。道心为我们提供了达致良善的基础，同时赐予我们追寻自身天命的力量和意志。每个个体身上还存在着“人心”，而人心喜好并追求物欲的满足。在此意义上，人心为每个人提供了生存下去的物质材料。

第二，儒家传统主张，人有能力掌握达致良善的方法。天道将自身展 158
现于自然中、社会中及个人身上。因此，我们有两种方式弄清如何能够与天道相符。一种方式是探究一切事物赖以存在、一切生命赖以生存的原则。譬如，通过观察草木的生长和枯萎，我们能够理解天理的规律性和守时性，以及遵守人类社会礼仪规范的重要性。另一种方式是靠我们自己的心去沉思。既然所有人都具有内在于心的达致良善的条件，那么对内心世

① 伪古文《虞书·大禹谟》云：“……人心惟危，道心惟微，惟精惟一，允执厥中。”（程树德. 论语集释. 北京：中华书局，1990：1349-1350）当然，也有人对这所谓“十六字心传”有不同理解，认为“人心惟危，道心惟微”讲的不是危险的人欲与精微的天理之间的对立。参照《荀子·解蔽篇》中“故道经曰：‘人心之危，道心之微。’”，杨倞认为“危”谓不自安，戒惧之谓也，即害怕陷溺于欲望而保持谨慎忧戒。（王先谦. 荀子集解. 北京：中华书局，1988：400-401；杨柳桥. 荀子诂译. 济南：齐鲁书社，2009：426）

界的反思和冥想就能使我们充分理解自己内在的潜能，并且最大程度地对之加以利用、发挥。

第三，在大多数儒家学者看来，单靠观察或单靠冥想都不能实现自己的天命，除非一个人已经充分掌握了经典且在日常生活中遵循礼的原则，进而在每一个意图、每一个行为上都完完全全符合了天道。有了这般的修为，一个人便能够“从心所欲不逾矩”（《论语》，2：4），能够“经纶天下之大经，立天下之大本，知天地之化育”（Chan，1963a：112），能够知天和事天（《孟子》，13：1），还能够达致“天地之塞，吾其体；天地之帅，吾其性”这样的境界（张载，参见 Chan，1963a：497）。这就是儒家传统中的超越性或终极的突破所具有的基本内涵。

在儒学的“超越”概念中，既不呼吁逃离现世，也不追求特立独行的生活方式。关于日常生活中改造和培养的可能性，儒学在坚实的基础上确立起了其对于人类命运的乐观主义和自信。而且，通过使个人成长与宇宙演化相符合，儒家学者得出了“不朽”概念。儒家的不朽观主要是受了发生于公元前 549 年的一场对话的影响。这场对话把“不朽”界定为德、功、言的持久影响：“太上有立德，其次有立功，其次有立言，虽久不废，
159 此之谓三不朽”（Chan，1963a：13）[①]。基于这种理解，儒家学者把“不朽”等同于圣人。在儒学观点中，世界并没有善与恶、天堂与地狱的划分，只有文明与野蛮、博学与无知、教化与未教化的区别。人生就整体而言，正是一个从野蛮到文明、从无知到博学、从未教化到教化的过程，其最终目标在于成为圣人。

中文的“聖”字是一个象形文字，意思是指一个有成就的人会更多地“听”而不是说。圣人“听”天的召唤，“听”人们的要求，还“听”自然世界的“韵律”。这样，圣人便能够让天理在人的准则中再现，并且用他的智慧指导人们的活动。人们相信，圣人表现了与天相符合的最高德性，同时得到了天的护佑。例如，传说中的圣王舜就是以其伟大的孝和德而受到赞扬，这不仅给他赢得了地位（天子、国君），而且给他带来了财富和长寿：

---

① 据《左传·襄公二十四年》记载，鲁国的叔孙豹和晋国的范宣子就何为“死而不朽”展开了一番对话，这里的三不朽观点即为叔孙豹所持的观点。

> 假乐君子，显显令德。宜民宜人，受禄于天。保右命之，自天申之。(Chan，1963a：102)①

圣人在道德上是完美的，在智识上是杰出的，至于在人世间践履天道，他则“博施于民而能济众”(《论语》，6：30)。圣人使得传统充满生命力而经久不衰：

> 仲尼祖述尧舜，宪章文武；上律天时，下袭水土。(Chan，1963a：111-112)

圣人带给世界最大的福祉，确立了不朽的影响，给世世代代的人们留
下了令人敬佩的典范。有一个被人们广泛认同的说法，即“天不生仲尼，
万古长如夜”，可以证明这一点。《中庸》中说：“惟天下至诚，为能尽其 160
性；能尽其性，则能尽人之性；能尽人之性，则能尽物之性；能尽物之性，则可以赞天地之化育；可以赞天地之化育，则可以与天地参矣。”作为“天下至诚”的圣人便成为维持整个宇宙、协助宇宙化生的三种力量之一。圣人能够充分发展自己的本性，同样能够充分发展一切生命和事物的本性；圣人能够充分发展一切生命和事物的本性，便可以协助天地化生与孕育；由此，圣人即“与天、地构成了三位一体”(Chan，1963a：108)。在这样的功绩中，圣人被完全地等同于天、地了，并且通过与天、地的统合一体，圣人在自己的生活中证明了天、地之永恒的、超越的性质。

二、善与恶

基于对天道的理解及其与人道的关联，儒家学者着手分析善与恶的问题。他们的根本信念是：天道是正确的，违背天道是错误的；源自天道的都是好的，阻碍天道流行的都是恶的。大多数儒家学者都持这样的观点，即“恶”不是一个形而上学概念，因为“所谓恶者非本恶”(Chan，1963a：529)②。也就是说，儒学中的恶概念并非表示一种形而上学的或本体论的实在。它只是简单地作为一个道德概念，表明一种道德状态，在

① 程俊英，蒋贝元．诗经注析．北京：中华书局，1991：820.

② 陈荣捷．中国哲学文献选编．南京：江苏教育出版社，2006：452.

这种状态下人们道德的和身体的活动以一种错误的方式进行。

善与恶被视为个人道德品质方面的一对术语。一切个人都被认为有能力变善，因此随之而来有个很自然的问题，即人们能够是善的是因为人们已经具有了内在的潜能，抑或人们能够变善是因为人们受到礼仪规则的指导和圣人的教化。儒家关于这两个选择的争论肇始于荀子对孟子的反驳，而且这两个选择导向了两大影响深远的不同的人性理论。

孟子认为善是根本的，恶只是对善的偏离。他坚信，人天生就具有善，天生就处于善，天生就追求善；而且，这就像水往低处流、树木向上长一样，是自然而然的倾向，再清楚不过了。既然孟子认定人本初就是善的，那么恶是从哪里来的？孟子回答了这个问题，用三个理由来解释为什
161 么善的本性却表现出了恶。第一，我们天生具有的本性仅仅为我们提供了为善的开端或潜能，并非所有个体都会从这个开端发展起来，或者说，并非所有个体都能充分实现自己的潜能。换句话说，存在于人品质中的恶归咎于人先天本性的未充分发展或未完满。第二，天生的善是脆弱的，容易受到外界影响的腐蚀，需要进行保存和培养。孟子在其著名的“牛山之喻”中解释了这是如何发生的。山上的树木曾经很美，但是由于离某一大国的都城太近，树木遭到砍伐……即便如此，在雨露的滋润下，生长的力量一刻也不曾停息，于是树墩子都抽出了新芽新枝。然而不久，牛羊啃食了这些新芽新枝。最终，山彻底变得光秃秃了。因此，看到这种情景，现在的人们便会想象这山从未长过树木。但是在孟子看来，山的本性是长满美丽的树木的，光秃秃的状态只是不断砍伐和过度放牧的后果。按照同样的逻辑，孟子坚决认为，一切人的本性中都包含天生的善，其中一些人变坏或变恶，只是因为他们被剥夺了“自然生长”（《孟子》，11：8）。第三，孟子坚定地主张，我们没有能够充分地达致良善，其中的大部分责任要由我们自己来负。受到相同的影响，一些人变善甚至成为圣人，而另一些人却堕落了。其关键就在于他们是保存了良善之心，还是丢掉了良善之心。“人之所以异于禽兽者几希”（《孟子》，8：19），一个人如果失去了良善之心，那么他的行为就和禽兽差不多。正如孔子曾经论述的那样，“操则存，舍则亡”（转引自《孟子》，11：8）。因此，一个人要想保存善心，就一定要认真守护它。孟子痛心地说：“人有鸡犬放，则知求之，有放心而不知求。学问之道无他，求其放心而已矣”（《孟子》，11：11）。他总结说，恶只是我们本善之性未充分发展的、被剥夺的、堕落的、未完成的状态而

已，别无他。一个人不管遭受怎样的侵害和腐蚀，他本初的良善都不可能被彻底消除。学习与教育足以帮助一个人寻找丢失的本心。通过自然生长和有意识培养，本初的良善就能得以恢复。

荀子驳斥了孟子的观点，坚持认为善并非天生地存在于人性之中，
“人之性恶，其善者伪也”（Chan，1963a：128）。他们人性学说的区别源 162
自他们对天的性质的不同理解。孟子遵循的论点是：天是德性的源头，是人的行为的道德制裁力，因而人天生具有向善的倾向。而荀子提出了自然主义的学说，即天只不过是自然或自然规律。在此基础上他坚决主张，人天生具有自然本能，如果不加以指导和约束，就会引发坏的行为，并且会威胁社会正义和集体利益。例如，荀子在《性恶篇》中说：“今人之性，生而有好利焉，顺是，故争夺生而辞让亡焉；生而有疾恶焉，顺是，故残贼生而忠信亡焉；生而有耳目之欲，有好声色焉，顺是，故淫乱生而礼义文理亡焉。”既然人天生就有逐利心、嫉妒心和仇恨心，那么如果沿着这种倾向发展下去，缺乏礼义规则的约束和纠正，“则夫强者害弱而夺之，众者暴寡而哗之，天下悖乱而相亡，不待顷矣”（Chan，1963a：128）。因此，荀子认为人天生具有邪恶的倾向而非良善的倾向。在荀子看来，我们所谓的“天性”是某种无法通过学习和实践获得的东西，而道德品质则是我们必须追求和践行的。礼和义并非天生就存在于我们身上；相反，它们是由圣人创制的，为的是约束人的本性：人天生就具有饿了要吃饭的欲望，而礼要求人们先伺候长辈；人天生就具有累了要休息的欲望，而义要求人们先救助他人，“故顺情性则不辞让矣，辞让则悖于情性矣。用此观之，人之性恶明矣，其善者伪也”（Chan，1963a：129-130）。

荀子把儒家学说当成一种必要的措施，以纠正存在于个人身上的和社会当中的错误。在荀子看来，善是正确的，是与自然原则一致的，是可以达致和平与秩序的；恶是偏私引发的错误，是居心不良地违反自然原则，是有悖常理的，是桀骜不驯的，最终会造成混乱。如果善已经存在于人性中，那就不需要圣人了，也就不需要任何礼和义了。古代的圣人看到了人
的恶，于是“为之立君上之埶以临之，明礼义以化之，起法正以治之，重 163
刑罚以禁之”（Chan，1963a：131）。在这个意义上，美德便不是天生的，而是圣人教化的结果。正如一位制陶工人塑造陶土以生产出器皿，或者一个工匠用一块木头雕刻出容器，圣人通过积累自己的思想和观点制定出礼与义，并且把学习和实践的收获加以融会贯通，从而确立善。尽管每个人

天生就具有自然欲望，但任何明智的人都会明白讲道德关系着自己的切身利益，生存于这个社会的任何人都要受到社会常规的约束。通过有意识的活动和社会的规范，天性便得以改造，并形成一种后天获得的人性，这也就是“化性起伪”的过程。荀子认为，自然生命中天生的与从社会生活中获得的是一个过程的两面：天生的性是未加工的材料，是有待雕琢的成分，而有意识的活动就是秩序、发展、完善的形式和原则。如果没有天性，有意识的活动就没有了改进的对象；如果没有有意识的活动，天性就不可能自我改善。唯有天性和有意识的活动结合起来，“然后成圣人之名，一天下之功于是就也”（Knoblock，1994：66）。

后来的儒家学者对孟子和荀子倡导的这两种学说进行了相应的结合或调整。杰出的学者如董仲舒、王充、扬雄、韩愈和李翱，就人性提出了各种各样的理论。例如，有的人主张人性中既含有善的因素也含有恶的因素；另一些人则提出，一部分人的本性是善的，其余的人的本性则是恶的；还有一些人坚持认为，人性是善的，而情感是恶的。不管持什么样的观点，他们的基本任务都是减少恶而增加善。他们相信，这个任务可以通过个人层面的内在培养和社会层面的外在教化来完成。在社会层面，儒学强调教育的重要性。例如，董仲舒声称，天已经赋予人善的材质，但人没有能力达致完全的善。因此，天确立君主和圣贤，以通过他们的教化使人
164 们变得善。“王承天意，以成民之性为任者也”（《春秋繁露义证》，1992：302）。有了王和圣的教化为基础，儒家才能制定各种具体的社会规划来改造社会。在个人层面，董仲舒强调心对于培养人性中的善、阻止人性中的恶的作用。在他看来，虽然天赋予了人善，但是材质因素（人的情）阻止了人达致完全的善。对情感加以抑制很重要，这正是心要承担的工作：

> 栣众恶于内，弗使得发于外者，心也。……天有阴阳禁，身有情欲栣，与天道一也。（《春秋繁露义证》，1992：293，296；参见 Fung，1953：35）

新儒学确立了孟子在儒学道统中的正统传承者地位，把他的人性本善思想作为正宗的儒家学说。性本善的观点认为人性原初是善的，而恶就是偏离了善。新儒学学者在此基础上把善与恶视为彼此联系的（两个）概念。善与恶之间的关系被比作阴与阳（宇宙中的两种力量）之间的关系，

但这并不是说善就是阳、恶就是阴，而是说“万物莫不有对，一阴一阳，一善一恶，阳长则阴消，善增则恶减”（程颢，转引自 Fung，1953：518）[①]。在这个意义上，新儒学学者认为“天下善恶皆天理，谓之恶者非本恶，但或过或不及便如此”（程颢，转引自 Fung，1953：518）[②]。既然善和恶都与中庸联系在一起，那么儒学学者自然就会秉持这样一种观点，即恶只不过是偏离了中庸之道（中道）而已，《中庸》中说小人反中庸之道而无所忌惮。一些新儒学学者利用水的清澈和透明来解释善与恶是如何相互关联的，以及恶为什么会产生。水原本是清澈的[③]，当小溪流向大海时，有些就变得浑浊了，其中有的极其浑浊，而有的只是轻微浑浊（张载，见 Chan，1963a：528）[④]。程颐对此的解释是，恶不是心的本质，而只是心的表现：“心本善，发于思虑，则有善有不善”（Chan，1963a：567）[⑤]。王阳明也坚决主张，心之本体中不存在善与恶的区别，只是当意志或意愿发动时才出现了善恶之别，即“无善无恶心之体，有善有恶意之动”（阳明四句教中的前两句）。因此，“至善者，心之本体。本体上才过当些子，便是恶了。不是有一个善，却又有一个恶来相对也。故善恶只是一物”（Chan，1963a：684）[⑥]。这些新儒学学者虽然强调善与恶的统一性，但并非指善与恶都是值得拥有的。对他们而言，“知善知恶”固然重要，但更重要的是“为善去恶”。

三、圣君与仁政

若要“为善去恶”，不仅需要自我的修养，而且需要一个好政府的恰当监督。因此，人道不可避免地要涉及政治领域。在《孔子家语》中，孔子据说对人道做过以下论述：

> 人道政为大。夫政者，正也。……古之政，爱人为大；所以治爱人，礼为大；所以治礼，敬为大；敬之至矣，大婚为大。（Kramers，1950：212）

---

① 二程集. 北京：中华书局，1981：123.

② 同①14.

③ 张载集. 北京：中华书局，1978：341.

④ 参见：陈荣捷. 中国哲学文献选编. 南京：江苏教育出版社，2006：451；二程集. 北京：中华书局，1981：10-11。

⑤ 同①204.

⑥ 陈荣捷. 王阳明传习录详注集评. 台北：台湾学生书局，1992：304-305.

这在逻辑上便可以得出如下结论："爱与敬，其政之本"（Kramers，1950：213）。如果这就是儒家关于人道的观点，那么我们便可以看出这一（人之）道在根本上而言是一种伦理体系，要以良好的道德品质作为支撑。在具体的内容上，儒家的人道包括三个方面：政事、爱人和礼仪。在这三者当中，政事被赋予优先地位，因为它既是爱人和礼仪的结果，也是爱人和礼仪得以实现的必要条件。

儒家关于政事的论述以其对天命的理解为基础。"天道赏善而罚淫"（Legge，1992，vol. 3：186）①，统治之道即变成了美好德行的竞争。那些
166 被证实具备了美好德行的人将会被授予统治的正当性，而那些违背天道的人就会因此而失去统治的正当性。天不会"偏爱"任何特定的人或部落。只有当他们已经成为卓越美德的典范，并且持续地践行美德，天才会授予他们统治的正当性。现代新儒学学者唐君毅重新论述了这一观点：人必须培养美德，天命才会到来。人务必要对天命保持警觉，即便已经获得天命，也要坚持不懈地培养自己的美德；人培养自己的美德越充分，天授予人的天命就越充分（Tang，1961：202）。

据说，所有上古的王都是有美德的人。孔子歌颂了尧、舜、禹和文王，因为他们具备伟大的德行（《论语》，8：19-21）。儒家经典认为"大德者必受命"（Chan，1963a：102）②，进而阐发了这样的信念，即天命是对先王美德的一种奖赏。周朝之所以能够建立，据说就是归功于文王的卓越德行：

> 惟乃丕显考文王，克明德慎罚，不敢侮鳏寡，庸庸，祗祗，威威，显民。……冒闻于上帝，帝休。天乃大命文王，殪戎殷，诞受厥命，越厥邦厥民（Legge，1992，vol. 3：383-385）③

《诗经》赞颂了伟大的天命和文王的美德，仿佛这二者是等同的："维天之命，於穆不已。于乎不显，文王之德之纯"（Chan，1963a：6）。孔子称颂武王，因为武王努力彰显他父亲（文王）的美德，武王宣誓说："虽有周亲，不如仁人。百姓有过，在予一人"（《论语》，20：1）。孟子强调，

---

① 参见：邬国义，等. 国语译注. 上海：上海古籍出版社，1994：56，59。

② 大学·中庸. 北京：中华书局，2006：84-85.

③ 王先谦. 尚书孔传参正. 北京：中华书局，2011：647-649.

唯有天，而不是其他任何东西，可以授予统治国家的正当性：“天不言，
以行与事示之而已矣”，并且统治者的更换“非人之所能为也，天也”
(《孟子》，9：5)。然而，先王的美德有点儿像一定额度的信贷，很容易就 167
透支殆尽。天命不会恒久不变。它会根据君王的德行、修养而发生改变。儒家经典一再告诫刚登基的君王：保存天命不是一件容易的事情，只能靠持续的敬天，以及诚心诚意地完善而不是减损先王在世时树立的美德。因此，存续天命的关键就在于君王是否保持恭敬之心，是否坚持不懈地发扬先王的卓越德行。为了保有天命，君王必须正确地执行礼节和仪式，必须恰当地进行管理工作，还必须虔诚地祈求、祭祀天和祖先。同时，他应该减少而不是增加老百姓的艰难，应该仁慈地而不是残酷地对待老百姓，还应该关怀那些遭受苦难的人们。做不到这些，就会导致老百姓向天抱怨，而天反过来就会收回天命。《尚书》中的很多段落对商朝最后一位君王进行了谴责，谴责他冒犯天并犯下恶劣的罪行，这被认为是他失去国家的缘由：“今商王受，弗敬上天，降灾下民”(Legge，1992，vol.3：284)。

天被认为是遵照一定的伦理原则行事的，进而这原则被用来约束现实中的人间统治者——作为在上的至高统治者的天与在下的黎民百姓之间的中间人，人间统治者要以天的行为为典范，实现明智的、讲道德的、和谐的、统一的治理。人间君王至高无上的地位和广泛的职责催生了圣君这一概念。在道德上，儒家传统中的圣君密切联系着儒家的宗教政治或伦理精神。在儒家经典中，君王经常称自己为“予一人”，同时被称作“天子”①。这些称呼不仅表明了君王统治世界的独一无二的权威，而且指出了君王专属的践履天命的职责。上天和人类世界通过君王得以连接起来。君王可以向上天传达讯息，同时管理天下的百姓。汉代儒家学者董仲舒探讨了这一天人互动，并解释说，汉字“王”由三条水平线和一条从中间贯
穿的垂直线构成，这实际上象征着三个领域是如何通过君关联起来的；三 168
条水平线分别代表天（上方）、地（下方）和人（中间），而垂直线就是指将它们联系起来的君。在此意义上，董仲舒证实，“王者唯天之施”，因此“道，王道也。王者，人之始也”(《春秋繁露义证》，1992：329，101)。天授予君王统治人类世界的职责，因此君王“立于生杀之位，与天共持变

① 《礼记·曲礼下》载：“君天下，曰‘天子’。朝诸侯，分职授政任功，曰‘予一人’。”(王文锦．礼记译解．北京：中华书局，2016：48-49)

化之势”（Fung，1953：47）。另外，儒家学者强调君王仅仅是天道在人间的执行人而已。君王必须以天为榜样来塑造自己，要爱老百姓，因为上天不是创造老百姓来服务于君权，而是确立君权来服务于老百姓：“天佑下民，作之君，作之师”，因为“天矜于民，民之所欲，天必从之”（Legge，1992，vol.3：286，288）。

社会的崩溃很大程度上归咎于统治者道德的缺失。儒者认为“天视自我民视，天听自我民听”（《孟子》，9：5），并且他们评价一位统治者德行的根据就是同老百姓的需求是否符合。给老百姓带来苦难的统治者被视作暴君；不采纳儒者建议的统治者被认为是不称职的君主。暴君将会遭遇反叛，而不称职的君主必然遭到谴责。怀着对天命的信念和践履天道的决心，很多儒学大师为自己确立的最高使命就是说服王子或君主依礼行事，同时坚持不懈地反对任何错误的行为直到其得到纠正为止。这样做常常让儒士面临丢掉职位甚至失去生命的危险。这些儒士所试图捍卫的是德治原则。德治是一种把美德典范的效应最大化的统治机制。惩罚被视作相对次要的辅助治理方式，并且靠杀害不遵循道的人以维持社会秩序的做法，被认为是统治者本人的失败。当被问及是否允许对违背道的人执行死刑时，孔子完全否定了这样做的合法性，同时指出杀戮既没有正当的理由也没有必要，因为“子欲善而民善矣”（《论语》，12：19）。儒家认为，“上老老，
169 而民兴孝；上长长，而民兴弟；上恤孤，而民不倍”（《大学》，10；参见Chan，1963a：92）。唯一具有合法性的政府，一定是以符合天德为基础的。因此，唯一正当的统治者就是这样的人：致力于谋求百姓的福祉，为百姓提供足够的食物，公正行事，借助教育和礼仪教化百姓，另外还建立精英管理体制，以使有德行的、勤奋的学者被选拔为官员。这样，国君与百姓之间就建立起了相互关心、彼此信任的关系，进而人道和人德便得以彰显。

君权对于践履天道很重要。但是儒学的理性主义和人本主义，使得儒家学说把践履天道的责任从统治阶级扩展到了一切个人，或者说至少扩展到了一切受过教育的个人。个人被认为不仅要对自己的命运负责，而且潜在地要对整个人类的命运和世界的命运负责。这样，儒家学说就变成了民众生活的指南，而不仅仅是统治阶级的治国手段。因为每个人都被认为有责任践履人道，所以一个人的价值就体现在对儒家美德的践行之中。人道被理解为生活的道德指南和人类活动的原则，对世界的安宁与和谐有着根

本的意义。儒家认为，违背这一指南或这些原则，将严重破坏天与人类社会之间的和谐，导致失序和混乱。

第三节　和之道

在儒家关于道的学说中，很难在天与人之间画一条明确的界线，因而天道和人道总是以这样或那样的形式关联在一起。一些用于天的领域的术语，如元、气、阴阳、太极等，都可以应用于人类；那些涉及人的领域的术语，如心、性、情，同样可以用来规定天。其他术语，像德、理、道，则贯穿天、人两个领域。这证明天与人之间的关系是儒家世界观的基础， 170
并且这种关系主要是一种和谐的关系，而非对抗或冲突的关系。

儒家对天与人的论述为“和”概念的提出创造了条件。借由“和”这一概念，天道与人道双方便在彼此当中得以实现，而且一方的实现为另一方的实现提供了条件。在此意义上，和正是儒学之道的顶点或极致，标志着天道和人道的会合。儒学是在一个动荡的时期形成的，既是对混乱做出的回应，也是对这种无序状态的纠正。儒家对于混乱和冲突的解决办法的核心是如何重建大同。儒家相信，这种大同曾存在于圣王治下的古黄金时代，同时一直是一代代儒学后继者在各自的时代试图恢复和重建的。这种使命般的构想在孔子那里得到了昭示，他倡导一种以德为基础、以礼为指导的安宁而和谐的生活，借以反对并试图改变残酷而不公正的现实。这一构想也是孟子一再宣扬和试图恢复的，他一生致力于反对专制和暴政，提倡一种由仁慈的君主施行的仁政。这一构想在《礼记》中有具体的阐明，尤其是《大学》《中庸》《礼运》等篇章，探究了如何在人世间“致中和”，同时宣扬一种作为社会的、道德的、政治的、宗教的典范的乌托邦社会。汉代儒家学者认为，天人合一不仅是自然规律，而且是人类的命运，而宋明新儒家则提倡一种“民胞物与”的和谐世界，强调要爱人及一切物类。

一、和：概念与主题

“和”并非孔子的创造。汉字“和”只在金文中出现了，它被写作“和”，由一个“禾”与一个“口”组成。不过，这个字通常用来代表一个更古老而复杂的字“龢”：由一个“龠”与一个“禾”组成，前者指示含义，后者指示读音。通过分析这个字，我们可以发现儒家对“和”的理解

171 主要与音乐相关。在甲骨文中，“龠”是一个象形字，表示一种乐器，大概是一种两个或三个孔的短笛或短箫（[illegible],[illegible]）。正是在这个意义上，《说文解字》（1981：85）中把“龢”字定义为“和众声”（调和多种音调）。在古人的思想当中，通常我们可以发现音乐与“和”紧密地联系在一起，正如《庄子》中的记载，“《乐》以道和”（Watson，1964：363）。在《礼记》中关于音乐的部分，音调被说成是从人的心发出的，而音乐则关联着人行为举止的原则（《礼记集解》，1989：928）。在此意义上，音乐被认为反映了和谐，也通过触动人的心、调节人的行为创造了和谐。由于在古代音乐是宗教、社会仪式的主要部分，所以礼仪和音乐相互配合，一起创造了和谐，“乐者为同，礼者为异。同则相亲，异则相敬”（Lin，1992：565）①。进一步言之，礼仪和音乐具有形而上学的意义，因为“乐者，天地之和也；礼者，天地之序也。和故百物皆化；序故群物皆别”（Lin，1992：571）②。孔子认为音乐是形成良好品质的根本，它不仅能调节人的情感，而且能让社会混乱恢复秩序。对于孔子及许多其他的儒学家，存在两种音乐：一种是和谐的、安宁的音乐，另一种是诱惑的或狂暴的音乐。前者被认为是好的，可以提高人的品质，对达致国家的安宁有引导作用；而后者则激发坏的行为，使人形成不道德的情感。

从音乐发端，“和”得到了拓展，用来表示不同要素的有秩序的结合，由此一种新的统一体便产生了。《左传·昭公二十年》记载，“和如羹焉，水火醯醢盐梅以烹鱼肉，燀之以薪，宰夫和之，齐之以味，济其不及，以泄其过”，这里的“和”被比作一种美味的汤，是指按照一定的标准把不同的原料和调味料混合在一起（Fung，1952：36）③。儒家学者有意识地把“和”与“同”做了区分，认为一物与另一物相同，只是简单地复制已经存在的东西；而某物与他物相和，则产生了某种新的东西。在这个意义上，我们便可以说，要实现和，就要创生（“生”）、要转化（“化”）、要扩展（“大”）。

“和”展现于人的品质中，是一种内在状态，其中一切感觉和情感都
172 按照中庸得以恰当的表达：“发而皆中节，谓之和”（Chan，1963a：

① 林语堂. 孔子的智慧. 西安：陕西师范大学出版社，2006：170.

② 同①172.

③ 晏子春秋校注. 北京：中华书局，2014：328-329.

98)①。每个人都有情感，但并不是每个人都能恰当地或在适当时机表达情感。为了使我们的情感和谐，我们必须修养我们的个性品质。儒家认为，培养内在的和，我们将变得有美德；相反，如果不这样做，我们就会破坏我们的品性。在此意义上，和等同于美德，且被视为所有美德中最重要的一种。孔子及其弟子详细阐明了和的含义、作用，认为在所有可以通过礼实现的事物中，和最为宝贵，即“礼之用，和为贵”（《论语》，1：12）。董仲舒清楚地论述说：“中者，天地之所终始也；而和者，天地之所生成也。夫德莫大于和”（《春秋繁露义证》，1992：444）。

在儒家看来，美德就其性质而言具有重要的政治意义。作为“至德”（最高的美德），和被称为个人的、家庭的及国家的安宁生活的必要条件。秩序与安宁一定要通过内在和外在共同培育。《尚书》认为，世界的混乱归因于人们内心失去了和谐：“自作不和，尔惟和哉！尔室不睦，尔惟和哉！”（Legge，1992，vol. 3：505）②。据记载，周成王颁布了他的最后一道命令：“命汝嗣训，临君周邦，率循大卞，燮和天下”（Legge，1992，vol. 3：558）。

由于儒家把政治作为教育的一个科目，所以和成为一项重要内容，也是道德训练的主要目标。据记载，周朝的君王“以六乐防万民之情，而教之和”（《周礼注疏》，1980：708）。为了实现内在的和与外在的和，个人被要求发挥积极性和创造力，以便改造和重塑自己的生活，提升对世界的理解，以及表现自己的本性。作为最高的理想，“和”因此紧密地联系着自然、政治、伦理及日常生活。在此意义上，“和”有时被称作“中和”。儒家借由“中和”要表达的是，对于一切存在、一切活动而言，“和”都是核心，而且“和”植根于先天的中心性与均衡性之中。

早期儒学大师倡导的“和”的学说后来在新儒学中得到了发展。宋明新儒家不仅把“和”看作一个核心概念，而且将其视为滋养儒家学说的精神、推动儒家实践的力量。他们认为，“和”奠定了一切关系的原则，是一切美德得以充分实现的根由。 173

义命合一存乎理，仁智合一存乎圣，动静合一存乎神，阴阳

① 陈荣捷．中国哲学文献选编．南京：江苏教育出版社，2006：107.

② 具体解释，参见：今古文尚书全译．贵阳：贵州人民出版社，1990：372。

> 合一存乎道，性与天道合一存乎诚。（张载，见 Chan，1963a：507）

和作为核心主题，渗透到了儒家论述的所有层面和各个维度。不过，它主要是在天人关系的背景下得以表述的。对天人关系的讨论和探究有着许多不同的角度。从形而上学的角度言之，天人之间的和谐关系是指精神与物质之间、形式与质料之间、心灵与身体之间以及一与多或一般与个别之间的和谐。就宗教意义言之，天人之间的和谐关系指示一种此世与来世之间、神圣与世俗之间以及天理与人的行为之间的连续不断的过程。从自然主义的领域言之，天人之间的和谐关系指的是人与自然之间、生命与存在之间以及社会的与自然的之间的统一。从政治的维度言之，天人之间的和谐关系实现了被统治者与统治者之间、靠政府法令实现统治与靠道德教化实现安宁和谐之间的统一。

各种不同的儒家学派对天的含义有着不同的理解，因此，它们对于天人之间的和谐也秉持不同的观点。在这些观点中，有两种观点构成了儒家和的学说的主流：一种把和谐定位于天人合一，另一种则在人对自然规律的遵守中寻找和谐。

二、天人合一

174 对许多儒者而言，天人之间的和谐指示一种人与终极理想之间的道德上的联系。孟子认为扩展人的（善）心、培养人的本性就是了解天、服务于天的方式。阴阳五行学派“乃深观阴阳消息而作怪迂之变”（《史记》，1998：2344）。汉代儒家学者受该学派的影响，总体上把和谐理解为形而上学的合一，具体而言是一种政治的/道德的机制——在天这一最高统治者与人间统治者之间建立起了所谓的相感相应的“道德协作”。他们把实现社会和谐、自然和谐的责任寄托在统治者身上。和谐就是天命，但要想达致和谐，统治者首先必须培养自己的美德。

董仲舒把“以类合之，天人一也”（《春秋繁露义证》，1992：341）确立为儒学的根本原则。天人合一被用来揭示宏观世界-微观世界统一体的各种表现。第一，董仲舒认为人与天具有相同的性质，可以彼此沟通（天人相通）：

天有阴阳，人亦有阴阳。天地之阴气起，而人之阴气应之而起，人之阴气起，而天地之阴气亦宜应之而起，其道一也。(《春秋繁露义证》，1992：360)

第二，董仲舒认为人与天的许多方面都是相关联的（“人副天数”）。按照这个理论，人是以天为模板创造出来的，人的身体、心灵、道德都是精确地依据天的原则塑造的。例如，人的头是圆的，其关联着的天据认为正好是圆的；人的足是长方形的，其关联着的地正好是方的；人的身体据说由 366 块骨头组成，其关联着一年的天数；（人的）四肢关联着四季；五个内部器官联系着五行；双眼对应着太阳和月亮。据认为，人的情感也与天的变化相符，悲伤和快乐分别对应着阴和阳（《春秋繁露义证》，1992：354-357）。

第三，人类事务会唤起天的回应，而天做出回应的方式就是赏善罚恶（天人感应或天人相应）。因此，“凡灾异之本，尽生于国家之失”（《春秋繁露义证》，1992：259）。为了恢复天人之间原本的和谐，天“命令”人们行为举止要讲道德，并“指导”人们恰当地生活。天理与人事之间的感应式联系，揭示了人遵循普遍原则的极其重要的意义。然而，天人感应并非只是一种单向流动——天发出命令而人被动遵守。儒者认为人可以在维系和谐方面扮演重要的角色，这里的和谐不仅包括宇宙与我们自身之间的和谐，而且包括宇宙的两种根本力量——阴与阳之间的和谐。早在汉代，儒家就强调政府有责任维护世界的和谐，并且“所谓三公之职，除治政事外，尚需‘调和阴阳’”（Fung，1953：10）①。例如，据记载，西汉的丞相陈平（生卒年不详）曾用如下文字向皇帝描述丞相的职责：“宰相者，上佐天子理阴阳，顺四时，下育万物之宜”（Watson，1961，vol. 2：166）。

天人之间具有因果关系的感应有着丰富的内涵，正是这些内涵使儒家的政治、伦理、教育等得以建立和实施。

三、人与自然

由于天具有自然或自然规律的维度，所以天人之间的和谐就被理解为人与自然环境之间的协作关系，其中自然规律应该被遵守，自然环境应该

① 参见：黄寿祺，张善文. 周易译注. 上海：上海古籍出版社，2004：385 页注释 1。

受到保护。由此，一种儒家生态伦理得以发展起来，其目标是实现人与自然之间的和谐状态。

儒家生态伦理建基于天道与人道之间明显的一致性。运行于世界的规律大体上也可以在每一个人身上发挥作用。《易传》主张：

> 176 天尊地卑，乾坤定矣。卑高以陈，贵贱位矣。动静有常，刚柔断矣。方以类聚，物以群分，吉凶生矣。（Chan，1963a：265）

这段话具体解释了儒家对宇宙运行的理解，按照这种理解人们完美地进行自我调节。与宇宙原则保持协调一致，会带来和平、秩序和幸福；而违背这些原则，将导致混乱、无序和噩运。人对自然规律的遵守，并不必然意味着人与自然规律合为一体，而且和谐可以源自人类事务与自然过程的分离。第一位探究这一主题的儒家学者是荀子，他坚持认为作为自然的天矗立于人类领域之外。荀子反对那些迷信地认为向天祈求便可带来福佑、违背天便会招致灾祸的人，坚称天的自然过程不可能因人事而改变，不管人的行为讲不讲道德，自然规律都是依据其本身的过程运行的。有些人认为天是一位做出干预的统治者，一切人的好运或噩运都是天给予的奖赏或惩罚。荀子驳斥了这样的观点。他主张天只不过是纯粹的自然而已，自然与人之间的和谐不可能存在于二者的相互干预之中。如果人们遵循自然规律并因而享有安宁与幸福，那么自然就不可能带给人痛苦。相反，如果人们忽视自己的职责，不做丝毫有益于他们生活的事，以至于变得贫穷而悲惨，那么自然就不可能扭转人们的噩运。

既然自然没有“情感”和“意志”，那么它就不可能有目的地为人类创造和谐。为了保持我们与自然之间的和谐，我们应该利用自然规律来为我们自身的目的服务。我们是我们自身命运的设计师。基于这一理由，荀子满怀热情地称：

> 大天而思之，孰与物畜而制之？从天而颂之，孰与制天命而用之？（Chan，1963a：122）

177 这里的天命即可理解为自然规律，控制并利用自然规律，意味着理解自然规律，遵循自然规律，让关于自然规律的知识发挥效用。为了做到这一点，荀子提出了两种方式。一种是遵照自然的秩序行事。例如，“春耕、夏耘、秋收、冬藏”就是遵守自然的秩序，这样人们将拥有充裕的谷物以供食用。另一种方式是通过遵循自然的秩序和规律来保护自然环境。例如，因为春天是万物生长的季节，所以在这个季节一切不利于（万物）生长的行为活动都必须予以禁止，或者用荀子的话说，“斧斤不入山林”，“罔罟毒药不入泽”（Knoblock，1990：105）。

天是自然，和谐源自对自然规律的遵守，这样的理解被许多自然主义的或理性主义的儒学学者所接受和发展，其中最杰出的当数王充、刘禹锡（772—842）和王夫之（1619—1692）。这些学者强调天并不创造和谐，只是为人类实现和谐提供条件而已，还强调人与环境之间的和谐关系可以促进人们获得幸福生活。有些人认为天有目的地创造物质，以为人们提供食物和衣服。王充反驳了这种观点。他主张“天动不欲以生物，而物自生”，要想维持人与自然之间的和谐关系，我们应该按照天的方式行事，只在必要的时候做出行动，否则就让事物依照自身的过程运转（Chan，1963a：298）[1]。在刘禹锡看来，天与人是不同的，不仅性质不同，而且功能不同；和谐是自然之道与人之道并行地得到落实的结果。“天之能，人固不能也；人之能，天亦有所不能也。（故余曰：天与人交相胜耳。其说曰：）天之道在生植，其用在强弱；人之道在法制，其用在是非”（张岱年，1982：179）[2]。王夫之则认为，天理是不断地发展和转化的，我们必须理解这种（天）理并拓展人之道以“造命”[3]（创造我们自己的命运），而不是等着天来决定我们的命运（Chan，1963a：700）[4]。毫无疑问，这些观
点并不是今天所谓生态伦理表达的含义，而且这些学者基本上也不能被称 178
为环保主义者。然而，它们确实代表了儒家所谓和谐的另一维度，对有关天人关系的政治化、道德化的观点起到了补充作用。

四、社会冲突及其化解

儒家关于和谐的论述不只是一个探索形而上学奥秘的理论尝试。它们

---

① 陈荣捷. 中国哲学文献选编. 南京：江苏教育出版社，2006：270－271.

② 刘禹锡集. 北京：中华书局，1990，67－68.

③ 王夫之在《读通鉴论》（卷二十四德宗三十）中有详细论述，参见：船山全书：第10册. 长沙：岳麓书社，2011：936－937。

④ 同①577－578.

有着很强的调和对立、化解冲突的实践功能，可以让世界秩序井然，远离纷乱。儒学家满腔热情地致力于和谐的实现，因而极其重视冲突和对立的解决。和谐没有被看作一切保持现状、不做任何改变的静态的一致；相反，它被视为不断的变化和冲突的调和的结果。儒家认为，从宇宙的根本力量中产生的对立是达致和谐的必要条件，这在张载那里得到了经典的概括："有象斯有对，对必反其为；有反斯有仇，仇必和而解"（Chan，1963a：506）[①]。

对立导致紧张，紧张积聚就会爆发冲突。然后，冲突得到调和，和谐就实现了。在这一意义上，和谐概念本身就包含着冲突及其化解；儒家的和之道表明，不仅调整和改善是必要的，克服紧张同样是必要的。墨子刻（Metzger）注意到，好的与坏的之间或理想与现实之间的紧张"是新儒学的核心所在，这一点被马克斯·韦伯误解了，同时经常为研究'和谐'主题的学者所忽略"（Metzger，1977：108）。然而，承认紧张和对立的必要性及不可避免性，并不意味着儒学家赞同紧张和对立。儒家的和之道致力于冲突的化解和消除，努力寻找调和、解决各种冲突的有效方法。

在人的领域，儒家化解冲突的方法聚焦于三种关系。第一，人际和谐。即寻求自我与他人之间的融洽和谐，其方法是探究人的本性并号召人们诚心诚意地修养自己的德行。第二，家庭和谐。即寻求家庭关系的和
179 谐，其方法是培养家庭成员彼此之间的责任意识。第三，社会和谐。即寻求一种方式以降低社会生活中暴力冲突的可能性，其方法是确立仁政，依靠美德来克服自私的争夺。通过这三种方法，儒学试图建立一种机制，以支撑和维持一个全面的社会架构，在此架构下任何冲突都不会被忽视，任何冲突都不允许超出一定的限度。一方面，这些方法在过去是有效的，而且其中有些在今天或许依然有价值。另一方面，这些方法是在一定历史条件下制定的，它们在解决老问题的同时也带来了新问题。因此，为了对儒家的和之道有个全面的了解，我们有必要对儒家这三种解决办法做一番仔细的考察。

按照儒学的观点，首先，冲突从自我与他人之间的关系中产生；然后，自我的需求要照顾到他人的需求，调适到适宜的程度就实现了和谐。儒学主张，人就其本性而言是一种社会的存在，人天生就知道或可以通过

① 张载集．北京：中华书局，1978：10.

受教育而知道如何与他人发生联系、如何恰当地对待他人。因此，做人不是只关心自己的利益，只满足自己的欲望。儒家解决自我与他人之间冲突的方法是：一个人必须从培养个人品质做起，然后把自己的美德推及他人，从而实现自我与他人之间的和谐。儒家认为，缺乏个人修养会导致人际关系被自我中心主义所左右，也会造成他人的误解和不信任，而这如果处理不好就会引发冲突。一个道德优良的人与一个有道德缺陷的人之间的区别就在于，前者已经通过自己理解了什么是义，并且将之推及他人；而后者则误以为人际交往就是为了满足自己的利益。冲突的根源存在于人自己的内心，而与他人之间的和谐关系只是人内心宁静的反映而已。“不仁者不可以久处约，不可以长处乐”（《论语》，4：2），没有德行的人在艰难与安乐中都无法保持一贯的宁静内心；而那些有德行的人，即便生活在简陋而狭窄的巷子中，一餐只有“一箪食一瓢饮”，也依然会体会到快乐和幸福，因为“仁者安仁”而拥有持久的内心安宁。儒家认为，当我们内心宁静、性格平和的时候，我们将自然而然地拥有与他人之间的融洽关系，因为构成良好人际关系最主要的不是财富，也不是权力，而是美德和礼仪 180
（《论语》，4：1，4：2，6：11）。相反，未经过培养的性格不仅会给人带来不满和抱怨，而且会导致人只盯着自己的好处和利益。孟子把这种自私的利益争夺视作冲突和杀戮的根源。他认为，如果每个人都把利益最大化作为唯一的行为指南，那么世界上就不会有美德和操守，同时谋杀、杀戮、暴力将会取代伦理规范，并且人类世界将变成一个野兽王国，这里的每个人都被卷入一切人反对一切人的战争之中（《孟子》，1：1）。

具有美德或缺乏美德可以通过自我反省显露出来。曾子是孔子的一位弟子，因具有责任心而为人所称道，他说：“吾日三省吾身：为人谋而不忠乎？与朋友交而不信乎？传不习乎？”（《论语》，1：4）。这种反省是必要的，因为它可以帮助我们搞清自己性格中的不当之处，同时能够帮助我们弄明白与人交往时哪些东西是必需的。与他人之间的一切不和谐关系，可以说都有着我们自己性格上的原因。要想弄清这一原因，人就应该对自己进行反省。孔子以射艺为例做了解释：“射有似乎君子；失诸正鹄，反求诸其身”（Chan，1963a：102）①。孟子也秉持同样的态度，他建议我们在与他人不和谐的时候应该省察自身：

① 陈荣捷．中国哲学文献选编．南京：江苏教育出版社，2006：110.

> 爱人不亲，反其仁；治人不治，反其智；礼人不答，反其敬。(《孟子》，7：4)

别人的苛待不应该成为一个人以牙还牙的理由。当受到误解和苛待的时候，我们不应该怨天尤人，而应该忠诚地信仰天，正如孟子的教导：

181 爱人者人恒爱之，敬人者人恒敬之。有人于此，其待我以横逆，则君子必自反也：我必不仁也，必无礼也……我必不忠。(《孟子》，8：28)

儒家化解人际冲突的方法首先在家庭中得到检验和应用，这在儒学看来为世界的秩序与和平奠定了基础。因为家庭是人类共同体的基本单位，所以和谐的家庭关系被认为是社会和谐与国家安定的关键：“人人亲其亲、长其长，而天下平”(《孟子》，7：11)。对属于统治阶级的人而言，他们在家庭事务中具有的美德更加意义重大，因为儒家认为，当这些人对父母怀有深深的爱的时候，普通老百姓就会自然而然地变得有仁爱之心(《论语》，8：2)。正是在此意义上而言，孔子最关心的是家庭和谐与家庭责任，其次才考虑其他方面的和谐与其他社会责任。在某些极端情况下，孔子甚至准备要以某种强制的方式来巩固家庭关系，因为在他眼里社会正义只不过是家庭之爱的延伸而已，除非亲密的家庭关系得以维系，否则社会正义就不可能实现。他的弟子强调家庭和谐对于整个国家稳定的重要性，并且用家庭美德来纠正混乱的秩序(《论语》，1：2)。

儒家经典中的家庭关系包含三个方面，即父母与子女之间的关系、丈夫与妻子之间的关系、兄与弟之间的关系。在这三种关系中，首先要讲的也是最重要的就是父母与子女之间的关系，其中维护家庭和谐的主要责任在于子女。代与代之间的紧张通过晚辈对长辈给予或付出的尊敬、爱戴、侍奉来缓解。儒家认为，父母与子女之间任何冲突的原因都在于子女不恰当的态度和行为；一旦冲突产生，子女便有义务通过道歉和自我批评来寻求和解。在一段相当长的历史时期内，这种解决方法以子女的付出为代价，促成了一个稳固的家庭结构；另外，它对子女受歧视地位的容忍到了
182 无以复加的地步。在中国封建社会后来的时期里，这样的做法确实被施行
到了荒唐的极端状态，即儿子生命的意义和价值仅仅存在于对父亲绝对的

顺从当中：即便父亲要求儿子去死，儿子也要照做，否则就被视为不孝（“父教子亡，子不亡不孝”）。

在某种程度上，儒学要为这种极端政治化的孝道实践负责。儒学在20世纪初期被抨击为“礼教”并被指控为“以礼杀人”[①]，这不是没有缘由的。然而，正如秦家懿所称：主张严格等级制家庭关系与社会关系的礼教主义（或礼仪主义）[②]，是以儒家的社会生活观为基础的，但从历史的角度而言，这种礼教主义“不大能算得上是儒学的产物，更多的是儒家哲学在其他思想影响下形成的混合产物，这些影响儒家哲学发展的思想包括法家学说及其权力理论以及武断地把宇宙力量与人类关系关联起来的阴阳学说”（Ching，1997：267）。我们不应该断然下结论说儒家思想中父母与子女之间的关系是不平等的，因为儒家最终要落实的是和之道。事实上，孔子反对把孝道简单地看作对父亲的服从。据说，孔子在《孝经》中评论说：

> 父有争子，则身不陷于不义。故当不义，则子不可以不争于父，臣不可以不争于君，故当不义则争之，从父之令，又焉得为孝乎。（Legge，1968，vol. 3：484）[③]

许多其他早期的儒家思想者都坚持认为，父亲和儿子对维系一个和谐的家庭负有同等重要的责任。虽然儿子必须对父母尽孝，但是父亲也必须对孩子表现出仁慈与关爱（“父慈子孝”）。在父母-子女关系中，孩子的教育，尤其是道德训练和品性培养，是父母的首要职责。如果一个儿子缺乏教养，那么他的父亲就应该受到责备（“子不教，父之过”）。进一步言之，儒学家认为，一个和谐的家庭需要父母与孩子的共同付出，并且双方的付出都是无条件的。父母对孩子的关爱或孩子对父母的尊敬都是天经地义的，父母的过失不应该成为孩子不履行自身义务的借口，同样，孩子的叛 183

① 吴虞写过《吃人与礼教》。但之前戴震批判的是“理”杀人，即抨击纲常化的理学所谓“存天理，灭人欲”对基本人性的戕害：“古贤人圣人以体民之情、遂民之欲为得理，今人以己之意见不出于私为理，是以意见杀人，咸自信为理矣。”（戴震文集. 北京：中华书局，1980：240）

② 关于清代的礼教问题，参见：周启荣. 清代儒家礼教主义的兴起. 天津：天津人民出版社，2017；商伟. 礼与十八世纪的文化转折. 北京：三联书店，2012。

③ 孝经译注. 北京：中华书局，2009：32.

逆也不应该成为父母放弃履行父母职责的理由。

儒学作为一种形成于家长制社会中的传统学说，其中女性的地位相对较低。在家庭中，一个年轻妇女的主要美德被认为是孝敬父母和公婆，做丈夫的贤内助，用心教育孩子（相夫教子）。孟子曾用下面的话来描述当时那个时代的普遍习俗：

> 女子之嫁也，母命之，送往之门，戒之曰："往之女家，必敬必戒，无违夫子！"以顺为正者，妾妇之道也。（《孟子》，6：2）

在这一准则的指导下，妻子被束缚在做家务、伺候家人这些事情上，并且相比于丈夫，妻子享受到的尊敬要少得多。正是在这样的社会背景下，孔子曾有过关于"女子"与"小人"的表述："唯女子与小人为难养也，近之则不孙，远之则怨"（《论语》，17：25）。女性的弱势地位在儒学传统中得到进一步发展。在传统的儒家社会中，有德行的女子就是指没有丝毫政治野心甚至没有任何突出才能的女性（"女子无才就是德"），同时她要一直追随丈夫，不管他是谁，不管他在哪儿（"嫁鸡随鸡，嫁狗随狗"）。儒家传统中女性的角色、地位、权利、德性要求等慢慢成了既定的社会规范①。

当然，在受儒家传统影响的东亚社会，女性的这种弱势地位不应该完全归咎于儒学，因为这几乎是所有传统父权制社会都具有的典型特征。只是到了后来的阶段，儒学变成了严格的教条，这时所有针对女性的规则才与儒家学说联系在一起。在一个具有儒家传统的社会，母亲或祖母享受尊
184 敬和赞美。据说，许多伟大男性的成就都直接或间接地归功于其母亲的德行。因此，站在孔子背后的是他的母亲，有了她的支持和教育，他才成为最伟大的圣人。孟子的母亲为了给孩子提供一个更好的教育环境搬了三次家，这个故事家喻户晓，人们常借此突出母亲教育之于孩子成长成才的重要性。儒家学说赞同家庭中男性与女性之间的劳动分工，丈夫掌管家庭外部的事务，而妻子负责家庭内部的事务（男主外女主内）；同时，儒家学

① Rosenlee, Li-Hsiang Lisa. Confucianism and Women: A Philosophical Interpretation. Albany: State University of New York Press, 2006.

说认为这也是宇宙的原则："女正位乎内，男正位乎外，男女正，天地之大义也"（Wilhelm，1967：570）①。这一分工给家庭中的年长女性划分出清晰的职责范围，她们便能够施展自己的智慧，同时彰显女性美德。在此意义上，这些观点和准则促成了传统社会中稳固的家庭结构，尽管它们与现代的男女平等观念还相差甚远。到了当代，儒家关于女性的观念和男女分工模式，随着百年来一系列政治、经济、社会等诸多方面的巨大变迁和革新，已经今非昔比，女性可以像男性一样接受高等教育、走向社会和职场、参与市场竞争、参与政治、参与学术研究。尤其在中国，"妇女能顶半边天"绝对不是一句理想主义和浪漫主义的口号，在很多领域女性甚至比男性表现得更加优秀。

儒家声称政治是家庭伦理与个人伦理的扩展，因此政治冲突的处理原则与家庭情境中采用的原则是一样的。儒家学说提出了解决政治冲突的办法，其途径就是制定处理内、外部问题的规则。在儒学背景下，国只不过是扩大了的家庭形式，君王与臣民之间、统治阶级与被统治阶级之间的关系就等同于父母与子女之间的关系。然而，在家庭层面，子女承担着解决冲突的主要责任；与此不同，在国家层面，缓和紧张、化解冲突的首要职责由统治者和管理者来承担。儒家有一个信念，即国君残暴无德，则国无宁日，唯有仁爱有德之君才能结束纷争，缔造国家的繁荣与和谐。对儒学的忠实追随者而言，参与政治，首要的就是致力于道德修养，接受道德教育，诚心诚意地在政府中践行道德原则。只有那些有爱心、重感情的人才被认为有统治的权利。由于这种道德取向，儒学反对简单地依靠法律惩罚或武力惩罚的统治策略。孔子批评了不对百姓进行恰当的教化就强制实施死刑的做法；在孟子看来，一位统治者哪怕只杀了一个无辜的人，都要被谴责为暴君。对忠实的儒家学者而言，一位好的政治家一定是具有爱护百 185
姓、关怀百姓的美德的人，并且一定是先天下之忧而忧、后天下之乐而乐的人。

经济上的考量常常是引发政治冲突的重要因素。贫穷导致不满，不满带来争夺和冲突，进而破坏国家的稳定和社会的安宁。所以，儒家从来不是孤立地重伦理、讲美德，一定是以经济上的基本物质保障为前提的。严格而言，先秦的贤臣子产、管仲算不上儒家，但他们推行经济、政治改革

① 周振甫．周易译注．北京：中华书局，2013：137.

以强国富民，这些安邦济民、影响历史文明进程的改革家在孔子看来便是一种大仁义。所以后来，孔子才对子贡感叹，“博施于民而能济众”是“必也圣乎”的境界（《论语》，6：30）。孔子认为，安民必须先使其丰衣足食，这样“既富”而后可以“教之”（《论语》，13：9）。孟子有句名言曰“舍生取义”，但这主要是对“无恒产而有恒心者”即“士”“大丈夫”的高阶要求，而非对“无恒产，因无恒心”的一般民众的普遍要求，所以孟子会务实地主张：使民“无饥”而后“谨庠序之教，申之以孝悌之义”（《孟子》，1：7）。至于荀子，其“制礼义以分之”和“以养人之欲，给人之求”（《荀子集解》，1988：346），对于经济物质欲求与道德礼义之间的平衡、兼顾更加鲜明，毋庸赘言。

纵观历史，儒家传统一直都非常重视寻求道德与物质之间的平衡。一方面，儒家认为，要化解冲突，首先要使民众富裕起来，让他们有机会过上体面的生活。另一方面，儒家强调，人生的意义与目标是品质的培养和美德的实现，如仁、义、信，而不仅仅是追求富有。人希望摆脱冲突，他们“不患寡而患不均，不患贫而患不安”（《论语》，16：1）[①]。换句话说，儒家解决经济问题所引发的冲突，其方法之一就是在民众中平均分配财富，缩小贫富差距。除非国君和统治阶级讲道德、正直、有操守，除非他们能够“节用爱人”，除非他们把民众利益置于自身利益之上，否则财富分配不可能平均而公正。

然而，这种对生活的双重性理解在后来的儒学进程中向两个方向发展了。一些儒家学者极端地认为，道德是一个人应该为之奋斗的全部，因此倡导“存天理，灭人欲”，将此作为实现个人正直与社会和谐的途径。其他持功利主义观点的儒家学者（事功学派）则强调，物质富足是道德得以
186 确立的唯一基础：“功到成处，便是有德；事到济处，便是有理”（Tillman，1982：133）[②]。更有甚者，其中一些人把伦理规范的内涵简化为对物质需要的满足：“穿衣吃饭，即是人伦物理”（《焚书　续焚书》，1975：4）。这两派都没有反映孔子所持的全面而均衡的观点——人不管多么渴求财富和高位，都必须取之有道（《论语》，4：5）。按照孔子的观点，物质利益与德行操守可以和谐地联系在一起，前者为基础，后者为指导。财产

① 《论语》注家一般根据后文的“均无贫，和无寡”认为此处“寡”和“贫”应当交换位置。

② 陈亮集. 北京：中华书局，1987：393.

和富贵并不一定与道相抵触，只要它们的取得符合道德原则即可。

正如一切尚未确立民主制度的社会一样，儒家解决政治冲突的方法面临着一个问题，即缺乏监督、监控统治阶级的切实可行的措施。热心的儒学研究者们注意到了这一问题：“从西方政治思想的角度来看，这一太过理想主义的图景，最明显的欠缺就是没有任何立法可以使君王仁爱、百姓顺服的情形得到持久的捍卫和强力保障”［《泰晤士报文学增刊》（*The Times Literature Supplement*），1998 年 7 月 19 日］。

在儒家看来，这是一个道德问题而不是一个立法问题。为了解决这个问题，儒家提出了三条措施，以迫使统治者遵守道德原则，不过这些措施在国家政治中能否得到充分执行一直是个悬而未决的问题。第一条措施是天命学说。没有神圣的、形而上学的至高存在或终极实在的支持作为基础和依据，任何一个政府都不可能取得合法性和正当性。正是根据天至高无上的制裁力，孟子提出了“主权在民”的思想。在权衡影响国家稳定与繁荣的三个最重要的因素时，孟子说：“民为贵，社稷次之，君为轻”（《孟子》，14：14）。明智的儒家政治家把天命等同于民众的意志，用水和舟的比喻来解释民众与国君之间的关系。民众像水，国君如舟，水能载舟，也能使舟倾覆；明君创造安宁与和谐，受民众拥护，而昏君则招致混乱和灾难，终将被推翻。第二条措施是要求国君担起责任的祖辈传统。儒学传统的基础是对祖先的尊崇和对古代文化的保护。不管一位皇帝在世间多么高 187
高在上，他都是祖先的子孙，祖先的保佑、呵护、认可被认为是他赢得认同和合法性的基本条件。因此，对祖先的忠诚不仅成为联结国君与其强大祖先的方式，而且成为国君进行自我反省和悔过以获得祖先持续支持的手段。第三条措施是“革命”（革天命）学说，即废除不称职国君的天命（或大命）。处于残暴统治之下的民众会向天发出抱怨，然后天就会“收回”天命，再把天命授予德行卓越之人。一位国君或皇帝如果不具备德行，残酷地对待臣民，并把民众剥削到忍无可忍的地步，那么他便被认为失去了统治和管理国家的合法性。儒家的“革命”学说就其根本而言属于伦理-宗教式的学说，其基础是天人之间的和谐。并且，这种革命被视作一种动态的大转变过程，它通过消除社会混乱无序的主要根源，重新建立和谐的关系，重新开始执行人的天职——在世间践履天命。

国与国之间的战争是最暴力的冲突，被认为是产生苦难的主要原因与破坏和谐的罪魁祸首。儒家对战争的谴责源自其对民众生活的深层关怀，因为在战争中“彼夺其民时，使不得耕耨以养其父母，父母冻饿，兄弟妻子离散”（《孟子》，1：5）。为了阻止战争，儒学大师积极探索减少国家间利益冲突的方式，致力于借助道义影响力和美德感召力，以实现世界的安宁与和谐。儒学家并非严格意义上的反战主义者。残酷的现实迫使他们寻求结束战争的有效方式，于是“义战”概念就被提出来了。义战即符合道义、维护正义的战争，是由正义的人们发动、有着合理的理由、为了“吊民伐罪”的战争。不过，一般而言儒家更赞同借助德行而非暴力来施展影响力。相较于通过战争保卫和平，儒学大师更愿意借助美德为世界带来安
188 宁与和谐。孔子在区分舜和武王（周朝的实际创建者）时显示出了这种偏好，前者据说是凭借德行赢得帝位的，而后者则是通过战争推翻商朝而创立周朝的。于是，“子谓韶，‘尽美矣，又尽善也’。谓武，‘尽美矣，未尽善也’”（《论语》，3：25）。在孔子看来，防止国家受到侵犯的最有效方式不是加强武力，而是强化本国民众的信任。至于国家的安全和稳定，来自民众的信任是最重要的，而粮食和武力只分别居于第二、第三位（《论语》，12：7）。

作为一种古老的传统，儒家的和之道及其解决冲突的办法是随着历史条件的变化而变化的，它们受到了批判性的考察和审视，但没有被新的学说所取代和摒弃。儒家强调，除非存在持续的变化和适应，否则和谐是不可能实现的，正如董仲舒所言，“当更化而不更化，虽有大贤不能善治也”（《汉书》，1997：2505）。然而，事实上对和谐的强调经常被用来加强固化的、严格的等级制人伦关系，也经常被用来维持现状。儒家和之道中的另一个问题在于，理论极其鼓舞人心，可是实际的执行措施可能不太切实可行，于是理论与实际之间产生了一种紧张关系。这在一定程度上反映了儒家化解实际冲突的策略的局限性。然而，无论如何，儒家的和之道作为一种激励人心的理想，鼓舞着它的追求者虔诚地奋斗以实现安宁与和谐，为此他们甚至做好了放弃自己的财富、地位甚至生命的准备。各种各样冲突的化解依赖于修身和个人品德的提升，这导致儒家的和之道在从冲突、混乱中创造安宁与和谐时显得相当无力，同时这种和之道不足以减少社会的内在紧张，也不足以消除冲突的社会根源。

儒家的和之道有其现代价值。儒家传统始终表现出对和谐的认同与赞赏。而强调斗争的学说认为世界的本质及推动社会前进的动力是矛盾而不是和谐，这种学说运用到了人与自然、人与人的关系上，在一定程度上酿

成了人与自然环境之间、人与人之间的紧张。通过反思历史和 20 世纪的 189
思想形态，很多当代中国大陆的儒学学者或者非儒学知识分子试图重新发现和探究儒学传统中的有关和的主题，其关注的焦点在于儒家的和谐对于中国人生活的意义，以及它对于处理冲突的指导作用。他们主张必须把和谐重新置于中国文化的中心地位，重新确立为 21 世纪的意识形态基础，以指导所有国家处理人与人之间、人与自然之间以及国与国之间的冲突（张立文，1996，上、下卷）。另外，在当代中国官方的政策话语中，建立和谐社会成为中国社会发展的重要目标之一，其中“和谐”主题与儒家传统中的和之道形成了某种内在的契合及承接。对传统思想（尤其是儒家思想）的资借、阐扬、创新性发展及创造性转化，同时成为官方的政策研究和学界的学术研究的重要课题。所以，21 世纪的儒学遇到了一个十分有利的发展契机，而儒家的和之道也将有可能充分展现其现代价值。

问题讨论

1. 我们应该如何理解“天”对于儒家世界观、社会观、人之命运观的重要性？

2. 什么是儒家的人道？人道是如何与天道联系在一起的？

3. 儒家传统中“和谐”的含义是什么？为什么说和谐是贯穿儒家学说的核心主题？

4. 儒学能够为现代生态伦理提供有价值的资源吗？

5. 我们如何评价儒家对待家庭关系的态度？

第四章　礼与宗教实践

190　儒家对礼的理解和精神修养实践显示出儒学独具特色的宗教性。儒教与其他宗教传统的共存使得儒家学者能够与许多不同的学说展开充满活力的对话。这一方面丰富了儒家的宗教伦理，另一方面培育了一种调和的文化。要研究儒家传统的精神维度，我们应该考察儒家实践的三个领域。第一，我们要探究儒教是如何参与到宏大的宗教祭祀活动中的，是如何促进国家宗教的形成和转变的。这是本章第一节讨论的内容。第二，集体的和官方的宗教仪式只是儒家传统的宗教性的一个方面；儒者个人也积极投身于一系列精神实践，在此过程中他们通过追求世俗学问和个人修养来寻找一种不朽的、超越的意义。因此，在本章第二节我们将考察儒者个人是如何通过做学问和精神修养，努力连接现世与永恒的。第三，儒学一直是在一个宗教多元的社会背景下存在和发挥作用的，它与其他宗教传统（如道教、佛教及晚近的基督教）之间的互动，不仅冲击了自身的学说和实践，而且对其他宗教传统造成了巨大影响。因此，儒教与这三种宗教传统之间的互动成为本章第三节的中心内容。

第一节　儒教：一种礼的传统

191　正如人们所知，儒教是一种礼的传统（“礼教”），因此在传统的中国和韩国，儒教与国家宗教深深地交织在一起。尽管儒教不完全等同于国家宗教，国家宗教实践不能说绝对是儒教式的，但无论如何，儒家学说与政府的宗教仪式在核心要素上具有极大的重叠性。儒教改造了流行于商周时代的宗教实践，帮助建立了一套系统的学说，该学说被用作官方宗教实践和民间宗教实践的指南。儒家学者/官员对礼仪的理解和执行有着巨大的影响力，他们推动形成了一个政治-伦理-宗教社会，这一社会在根本上是以道德礼仪和宗教仪式为基础的。通过这些方式，儒教成为国家管理体系的根基，帮助官方解释或组织宗教信仰和宗教实践。儒教极大地受益于其与政府之间的联系，因而使儒家思想嵌入整个国家体系中，长期支配着人们的思维、行动、生活的方式。在某种意义上，我们或许可以说，如果没有恰当地理解儒教的宗教或非宗教仪式，我们将不可能明白儒教的基本原理以及儒教在传统社会中的功能。当然，还有一点也是确定无疑的，即如果没有对儒教之宗教性的评价，我们将不大容易弄懂传统中国和韩国的政府是如何使自身的权威合法化的，是如何把自身的权威施加到民众的社会生活和宗教生活中的。

一、礼与祭祀

“礼”（禮）描述的是供祭祀用的（左边一个“示”）礼器（右边一个“豊”），它本来的含义是“布置礼器”，然后“事神致福”（《说文解字注》，1981：2）。“礼”的含义后来被引申和发展了，因而变成一个表示宇宙基本原则的复杂术语；宇宙基本原则决定自然界和人类世界的一切法则、规范、规律。《礼记》中对礼进行了如下描述：

> 夫礼必本于天，动而之地，列而之事，变而从时，协于分 *192*
> 艺。其居人也曰养，其行之以货力、辞让、饮食、冠昏、丧祭、射御、朝聘。(Legge，1968，vol. 27：388)①

儒家认为，在人的领域，礼具有宗教的、社会的及心理学的维度；礼的含义从仪式拓展到礼节、规矩，从民间习俗发展为成文法典，从指导行为的道德准则引申为思想、情感、行为中的伦理意识。礼的宗教维度指明了人借以与神灵力量进行沟通的手段。按照儒家的观点，把秩序井然的舞

① 具体解释，参见：杨天宇. 礼记译注. 上海：上海古籍出版社，1997：365，382。

蹈和音乐的表演与祭品、供奉结合起来，可以让所祭祀的祖先和神灵满意；借由这种方式，子孙们能够表达自己的感恩和忠诚。在此过程中，过错得到原谅，信心得以增强，同时幸福和成功也有了保障。就其社会维度而言，“夫礼，先王以承天之道，以治人之情，故失之者死，得之者生”（Lin，1992：493）。礼仪之网赋予了每个人在家庭、社区、社会中的特定位置；反过来，这又使得人能够把握在特定情形下什么该做、什么不该做，进而使人能够相应地确定自己的言行举止。儒家相信，如果每个人都依照礼来行事，世界将变得安宁而有序，实现无为而治。礼的心理学维度有点类似于蕴含在音乐、诗歌、舞蹈中的和谐，使遵守规则变成一种令人愉快的个人体验而不是单调乏味的履行义务。在儒家看来，这种（愉快）体验对人的性格修养而言是必要的，它能够使一切感觉、情感变得和谐并通过恰当的方式表达出来。

早期的儒家学者基本上都是古代文献的记录者、保存者、修订者和编纂者，其中大量文献是关于各种各样的礼的。儒家的老师和学生把这些记
193 录作为教育教学的课本，逐渐形成了一套关于各种礼的性质、功能、价值的比较系统的观点。当儒学在汉代升格为官方正统学说和国家意识形态的时候，其关于礼的观点被纳入了国家宗教，在国家神学政治体系的发展过程中扮演了重要角色。儒家对古代礼仪的记录和解释为国家在人神沟通方面的实践奠定了理论基础，同时为政府巩固政权的努力提供了大量必要的帮助。

礼最重要的一个方面是祭祀。中文里有三个汉字可以表达“祭祀”的含义：一是“祭”（），一只手（）拿着一块肉（）献给神灵或放在祭坛（）上；二是“祀”（），由一个祭坛（）和一个胎儿或幼儿（）组成；三是“享”（），是表现祖庙形状的象形字。这三个汉字中的每一个都有其特殊的含义，联结着特定的用途：祀，是向天神献祭；祭，是向地神献祭；享，是向祖先的亡灵献祭（《周礼注疏》，1980：757－758）。不过，一般而言，所有关于献祭的活动都可以称作祭祀或祀。根据编纂于战国或西汉末年的礼仪合集《周礼》，祭祀存在三个等级：一是大祀，祭品包括玉、丝绸和动物；二是中祀，祭品有动物和金属制品；三是小祀，祭品只有动物。在后来封建社会的中国，大祀用于祭祀天（神）和天坛（天庙）中的上帝，地坛（地庙）中的地祇，土神和谷神祭坛上的社稷二神，皇家宗庙中的祖宗，以及孔庙中的孔子；中祀献给日、月、先农、先

蚕、先辈帝王；小祀则供在寻常的神庙中（Shryock，1966：160）。

儒教与这些宗教实践紧密地联系在一起。儒家经典对礼仪和祭祀进行了记录、描述与解释。忠实的儒士总是带着小心、诚心、敬畏之心来对待礼仪，他们依照经典文本来履行、遵守礼仪规则，并且把祭礼看作虔敬和人性的“最高表达”，其中每一件祭品都被赋予了象征意义。《礼记》中记载：

> 三牲鱼腊，四海九州之美味也；笾豆之荐，四时之和气也；内 194
> 金，示和也；束帛加璧，尊德也。（Legge，1968，vol. 27：413）[①]

儒家认为，严格践行礼仪是确保国家、家园及百姓和谐、幸福、富饶的必要条件。大多数儒者主张，用数量适宜的动物、丝绸、果蔬等祭品来执行恰当的祭祀礼仪，对于人神两界之间的有效沟通具有极大的重要性。在讨论礼仪的含义和重要性的时候，《礼记》清楚地表明，“凡治人之道，莫急于礼；礼有五经，莫重于祭”（Legge，1968，vol. 28：236）。

儒学作为一种理性学说，它以一种人本主义的方式对礼仪和祭祀进行解释。儒家认为：“夫祭者，非物自外至者也，自中出，生于心也。心怵而奉之以礼。是故唯贤者能尽祭之义”（《礼记集解》，1989：1236）。所以，祭礼关键在于内心，不是外部强加于个人和国家的；只有贤德者方能充分彰显礼仪和祭祀的意义与目的。儒家充分意识到祭祀也许能够带来好运，如物质利益、长寿、精神上的保护，但它时常强调个人的获益并不是主要目的。重要的是要有诚恳的态度、虔诚的心和高尚的动机，献上祭品不是为了获得任何好处，即“明荐之而已矣，不求其为”（Legge，1968，vol. 28：237）。那些参与祭祀的人应该可以体验到一种精神上的、道德上的与神灵的合一，“祭如在，祭神如神在”（《论语》，3：12）。这就是说仅仅执行祭祀仪式是不够的。儒家着重指出祭祀典礼对提升人之孝道的重要性，同时强调祭礼对民众的道德影响力。礼不仅仅指演奏音乐和献上玉帛，所以会说“礼云礼云，玉帛云乎哉？乐云乐云，钟鼓云乎哉？”（《论语》，17：11）。礼的用意是要实现道德的完善。当一个君子参与祭礼时，他“致其诚信与其忠敬，奉之以物，道之以礼，安之以乐，参之以时” 195

① 具体注解，参见：王文锦. 礼记译解. 北京：中华书局，2016：341-342。

（Legge，1968，vol. 28：237）。因此，虔敬贯穿于祭礼的整个过程，它发端于人的敬畏之心，进而扩大为对神灵的最崇高的敬意（《礼记集解》，1989：1298；Legge，1968，vol. 28：330）。

儒家认为礼是人生的美德和意义得以彰显的手段。但重要的不是漫不经心地遵照礼，而是过一种有德行的生活，带着虔敬之心去完成人的使命。孔子病得很重，有人提醒他需要向神灵祈祷，这时孔子首先发问存在祈祷这回事吗，然后说“丘之祷久矣”（《论语》，7：34）。在孔子看来，祈祷过程不是赎罪的时刻；它是一个人整个人生的方向。在此意义上，孔子自信地认为，他所过的人生遵守了天道，他对良善的追求与他的诲人不倦是最虔诚的祈祷形式，比任何具体的祷告语都更加有效。即便在临死的时候，孔子依然坚定地如此认为。

儒学作为一种道德导向的传统，改造了古代礼仪，使之与道德成就紧密地联系在一起。大部分儒士都是以人本主义的表述来理解神灵及对神灵的祭祀的，认为神灵的需要实际上是人的需要。有人认为通过充分地准备祭品，如肥美的羊、漂亮的丝绸，就可以实现一场完美的祭祀仪式。儒家对此进行了反驳，并且极力要求人们明白：“夫民，神之主也。是以圣王先成民，而后致力于神”（《春秋左传注》，1990：111；Legge，1992，vol. 5：48）。他们提议说，只有那些具备完美德行的人或者在精神上、道德上对民众的福祉做出了巨大贡献的人，才有资格享受祭祀。按照这种理解，大祀应该仅仅用来纪念那些对民众、对国家做出巨大功勋的人。诚然如此，《礼记》中关于祭祀原则的部分这样描述：

> 夫圣王之制祭祀也：法施于民则祀之，以死勤事则祀之，以劳定国则祀之，能御大菑则祀之，能捍大患则祀之。（Legge，1968，vol. 28：207－208）

196 进一步言之，儒家学者坚持认为，礼的履行不仅是为了人神之间的有效沟通，而且是为了让民众在伦理道德上得以提升。他们相信，恰当而虔诚地践行礼对人个性品质的完善具有相当好的促进作用，设想通过行礼和观礼，行礼者身心得以净化，观礼者受到教育，进而明白什么是好、什么是不好，这样就会自然而然地追求好的东西而拒绝坏的东西。

二、祭天

建立在儒教基础上的传统政府在性质上是一种神学政治实体，其运转借助这样一种宗教信念：政治权力是由天授予的，同时天对政治决策具有制裁力。从这个角度说，一切政府事务都是宗教性的，而一切宗教实践都具有政治意义。

在中文语境下，“国家宗教”是一个模糊的术语，覆盖了非常广泛的领域，包括宗教对决策制定的约束、官方祭祀、宫廷典礼以及皇家的婚礼、丧礼。在以国家名义进行的多种多样的祭祀中，有三种直接与儒教相关，即祭天、皇家祭祖、祭孔，这三种大的祭礼形成了国家宗教的架构。祭天和皇家祭祖起源于商周时期，比儒学成为显学早得多。但儒家学者把它们纳入了自己的体系，使之成为儒学传统的一部分。儒家学者投入大量精力来考究这些仪式，并且极其用心地按照儒家经典中记载的礼仪规则来履行这些仪式。

在之前的章节中，我们已经考察了儒家所谓的天是如何构成儒家宇宙学说、人性学说的基础的，是如何成为宗教生活、政治生活、道德生活及日常生活的重心所在的。在中国历史的较早阶段，“天”通常是在宗教意义上被使用的，确实如此，“中国政治生活所受的许多宗教影响是来自天这一基本概念及其次级神体系，它们作为超自然的力量，预先决定了宇宙间一切事件的过程”（Yang，1961：127）。随后，祭天成为第一个也是最重要的国家祭礼。祭天被用于许多种目的，其取决于历史的、社会的、文化的环境。它可以被用来祈求消除旱灾、虫灾、外敌入侵，或者被用来祈 197
求获得国家和平、好收成或战争的胜利，又或者被用来使君主权力合法化以及加强君主的权力。从很多方面来看，正是最要紧的事情决定了祭天的主要目的，但其终极目的是使人神两界的关系变得和谐。

一般而言，存在两种祭天典礼，一种是在天坛进行的，另一种是在泰山东峰进行的。儒家认为，这两种典礼过去传说中的圣王都举行过。据《尚书》记载，周朝的东都在洛邑建成时，周公在南郊建立了一座祭坛，他在这里放置两头牛作为献给天的祭品（Legge，1992，vol. 3：423）。在其他经典中，对天的祭祀据说是由“天子”执行的，祭祀中所用动物的数量并不固定。《礼记》中说，天子“郊特牲”（Legge，1968，vol. 27：398）[①]，“郊

① 具体注解，参见：王文锦. 礼记译解. 北京：中华书局，2016：345。

之祭也，迎长日之至也，大报天而主日也”（Legge，1968，vol.27：427）①。由于受阴阳五行理论的影响，天主后来被描述为五帝，分别居住在中心和四方。汉代期间，天与上帝曾有过短暂的区分：祭天的仪式在南郊进行，而祭上帝的仪式在明堂（即天宫，它的顶模仿天，是圆形；它的底层模仿地，是方形）进行（Soothill，1951：90）。这两种祭礼渐渐合二为一，并且南郊祭天成为地上君王与天沟通、通过献祭向天表达感激的唯一场合。从那时起一直到20世纪初期，历朝历代都奉行这一祭天礼，对其仪式程序做出规定，并视之为最令人敬畏的宗教活动。这一仪式的程序包括九个步骤，进行的内容有：音乐、舞蹈、读祈祷词及献祭品。对于这一大祀，唯一有资格的行礼者就是皇帝即天子，而且在向天献祭的过程中他就是在“服务于”天（即“事天”，见《春秋繁露义证》，1992：405）。
198 皇帝一年到头统治着整个国家，坐在他的王座上，面向南方，但到了祭天的场合他不得不面向北方，以便在皇天上帝面前承认自己的卑微和从属地位，并且要拜倒在皇天上帝的灵位前。

祭天也会在泰山举行，这一仪式就是为人所知的封。封据说是所有古代圣王都采用过的一种祭天活动。根据《尚书》记载，圣王舜据说曾在泰山对天进行了燔祭（Legge，1992，vol.3：35）。秦始皇在巡游全国的时候，希望效法古代的王在泰山脚下举行封的仪式。但秦始皇及其随从对这种仪式一无所知，于是他征召七十位儒生博士，来供他咨询有关举行封禅大典的程序问题（《史记》，1997：1366；Watson，1961，vol.2：23）。汉武帝是一位热衷于举行封禅仪式的帝王，据记载他在位期间一共到泰山举行过五次封禅大典。

不管采用什么形式，祭天都是国家宗教、政治的核心，受到了儒家学者的高度重视。毫无疑问，祭天一直是官方的事务和皇帝的特权，同时祭天被用来强化政权的统治力。董仲舒坚称，“道之大原出于天，天不变，道亦不变”（《汉书》，1997：2518-2519）。这经常被用来作为抵制变革呼声的借口。当然，天和祭天仪式与一般的儒生和普通民众并非一点关系都没有。理性的儒教把超自然的天的概念转变为基于道德原则的天人合一的思想，但这并未削弱儒家对天的敬畏。在儒教体系中，“敬天”和“畏天命”构成了一切人类行为与社会规划的基础。对皇帝的顺服被民众认为是

① 具体注解，参见：王文锦．礼记译解．北京：中华书局，2016：357-358。

一种宗教行为。民众承认皇家的权力是由天授予的，而皇帝是天在地上的代表。另外，人们相信天不仅支配着王朝的命运，而且决定了王朝中每个 199
人的命运。儒教无疑对这种观念的传播起到了促进作用，这就把国家、民族的命运与天命交织在一起了。

敬天不仅仅是一种用来约束老百姓的工具，它也能够给国家带来积极的影响。每一次祭天的时刻，天的力量和权威都会得到再次确认；仪式的每一个步骤，皇帝都会被提醒不要忘记自己对天的责任，以及由此带来的对民众的责任。儒家学者将此视作祭天仪式的宗教-政治价值，有统一价值观、收拾人心、强化政权合法性的功能。只有考虑到他们在世间践履天命的使命，我们才能理解为什么历史上如此多的儒士会冒着生命危险，谴责沉迷声色而没能充分履行对国家的责任的皇帝。许多著名的先儒——他们的灵位被接纳而供入孔庙，都证明了他们对这一使命的忠诚。他们反复向统治者灌输儒家的原则、美德，由此他们被认为做到了“事天”（践履了对天的使命）。在这些先儒中，著名的例子如韩愈，他两次斥责皇帝而两度被贬；再如欧阳修，他毫无畏惧地指责皇帝、皇太后及宰相（Watters，1879：112，121）。另外，儒家相信“天视自我民视，天听自我民听”，这种信念为儒士和普通民众提供了共同的反抗腐败上层的强大武器。祭天激发了民众的尊严感。因为普通民众相信天道是公正的，所以他们把天作为正当的理由，以表达对腐朽政体的不满和愤怒，进而发动革命运动来推翻它。

三、祭祖与孝道

祖先崇拜在许多学者看来是一切宗教的根基。在儒家文化中，家庭占据着核心地位，而对祖先的崇敬和颂扬不仅被看作一个人最大的义务，而且被视为他最大的荣耀。中国的汉字“祖”最初指的是祖庙，它由两个偏旁构成：左边是“示”（宗教的祭坛），右边是“且”（男性生殖器或用作祭品的肉），其表达的是祭神和牺牲的结合。考古发现和历史记录证明， 200
殷商文化的基础就是对祖先的祭祀，而且母系（母权制）向父系（父权制）的转变在周朝早期就已经完成了：

> 商朝时期（约公元前 1200 年）的甲骨文中涉及女性的内容也是显而易见的。对去世的母亲（妣）的提及要比对父亲或男性

> 统治者的提及更多，并且已经有人提出，女性名字占据主导地位就指向了一个母系社会。这种情形在周朝时期似乎已经发生了改变，而到了周朝末期基本上就没有什么专门的祭祀是针对女性祖先的了。（Rawson，1996：271）

在这样的文化中，死亡不是被视为家庭联系的完全终结，而是被看作一个对家庭命运继续发挥影响力的事件。人们相信通过祭祀，过去和现在得以重新统一起来，死者和生者相互支持。甲骨文和金文中包含着当政的君王与已去世的先辈君王之间进行亲密的日常沟通的证据。从已发掘的墓中发现的祭祀用品包括青铜器皿、人和动物的遗骸、战车，以及大量其他的人工制品，这些都指向某种信仰，即死者的需求与生者的需求类似。祭祀的动机包含两个方面：一是对死者的关心，二是对生者的关心。出于对死者利益的考虑，祭祀的目的是提供食物，这样通过祭祀献上的物质材料，使得祖先可以按照其生前已经习惯了的方式生活。对生者而言，祭祀祖先带来福佑和帮助，将使后代能够克服灾难、战胜困难。他们认为，如果不进行祭祖，就会切断他们与祖先之间的纽带，招致不满的祖先的愠怒，进而这些祖先会对生者的家庭发出诅咒。

早期有关祖先崇拜的实践也证明，祭祀祖先与人们的天的观念密切联系在一起，换句话说，祭祀祖先反映了人们对至高存在或终极实在的思考。据认为，皇家的伟大祖先在天上，坐在上帝的旁边；与天之间的最有效的沟通就是经由对伟大祖先的虔诚的祭祀完成的。商朝和周朝都有这样的传统，即把皇家的祖先神灵作为天或上帝的相关物或中介者来崇拜。据说，周公曾经通过其祖先（后稷，即谷神）向天献祭，通过其父亲文王的神灵向上帝献祭（Watson，1961，vol. 2：16-17）。

201 祭祀祖先不仅是一项宗教事务，而且是政府、文化、社会等各领域的基础。皇家的祖庙（太庙）过去一直是国家最重要的场所，被视作君权的政治象征。太庙不单单是祭祀祖先的场所，也是进行占卜的地方，还是新君登基和宣布皇家婚礼的地方。此外，它也是贵重物品和军事武器的储藏室。皇帝正是在这个庙中正式接见百官和各诸侯王的，关于民事问题、军事问题的命令正是从这里发出的；皇帝和大臣正是在这里听取战争捷报的，皇帝正是在这里向应受赏赐的官员施与嘉奖的（Bilsky，1975：66）。这些行为证实了一种深深的信念：如果没有宗教支持，则政治不可能持续而有效地运转下去；而如果没有政治规划，则宗教将是不完整的。

从这些早期的惯例中发展出了一种普遍的关于祖先祭祀的实践。早期的儒家学者认为，人的生命来自两个部分的结合：一个是魂，即来自天的阳气；另一个是魄，即来自地的阴气。当人出生的时候，这两个部分结合在一起，于是生命就开始了；当人死的时候，二者分开，魂升入天上，而魄则降入地下。在祖先祭祀中，每一位祖先都以安放在祭坛上的灵位（或牌位）作为象征，它们要么被置于专门的房间中，要么被放入庙中。当祭祀在灵位前进行的时候，子孙将召唤逝者：用音乐召回天上的魂，用酒召回地下的魄。据认为，当音乐和祭品的芳香升入天宫、酒的气味降到地下的黄泉的时候，祖先的魂魄就将回到他们的“家”并居住在灵位上。据说孔子曾高度评价这种祭祀，《礼记》中记载了他的话，大意是“合鬼与神，教之至也”（Legge，1968，vol. 28：220）。

人们认为在祭祀祖先的场合必须带着关怀之心、崇敬之情。“丧礼，哀戚之至也”（Legge，1968，vol. 27：167），但是对祖先的祭祀并不局限于提供食物和物质材料。它是子孙后代对祖先表示顺服、证明自己对过去的敬畏的一种方式。这样，祭祀祖先被认为可以促进品性德行的完善，正 202
如曾子所言，“慎终，追远，民德归厚矣”（《论语》，1：9）。

历代的儒士不仅在家中践履虔敬的祭祖仪式，而且十分关心古代礼仪的延续以及这些礼仪作为国家制度的确立。对他们而言，祭祖是重要的，因为它给予子孙宗教上的依靠和精神上的寄托，使联结祖先和子孙后代的纽带得以延续下去。“万物本乎天，人本乎祖”（《礼记集解》，1989：694；Legge，1968，vol. 27：430），这一信念是儒家学说的核心，儒教在祖先崇拜中赋予了不忘本的含义。祖先崇拜要求子女遵守孝道。孝体现了儒家对待过去的态度，以及儒家把子孙后代与祖先、父母联结起来的努力。在早期的文本中，孝指的是对祖先或父母亡灵的忠诚。例如，《诗经》中说，遵守孝道的子孙将会不间断地为祖先献上供奉，因为这种孝道，祖先便会给他带来福佑（Legge，1992，vol. 4：477）。《礼记》中引用孔子的话说：“修宗庙，敬祀事，教民追孝也”（Legge，1968，vol. 28：291）。在《论语》中，孝依然时常在这种意义上被使用，但主要是对健在的父母而言的。儒家坚决认为，祖先不仅存在于过去，也存在于当下，并且强调一个人拥有的一切都归功于遥远的祖先以及最近的“祖先”，因为人的身体只不过是“父母之遗体也”（Fung，1952：358）。因此，一个人对父母的义务与对祖先的义务相比具有同等的重要性，甚或更加重要。重心从逝者向生者的转移，是儒家理性主义、人本主义思想发展的结果。当孝被施与“健在的祖先”时，祖先崇拜便不再仅仅是一种传统或习俗；当祖先崇拜被认为是家庭生活的延伸时，孝便不再仅仅是一种世俗态度；孝已经成为
203 宗教仪式的一部分和神圣性的组成要素。后来的儒家学者把孝升格为一切美德中的最高德性，强调孝的精神价值来源于天，而且天在创造世界万物之后逐渐向人灌输了对长者的孝顺和尊敬（《春秋繁露义证》，1992：168）。在《孝经》中，孝被视为天地的第一原则①，“被神秘的光环所笼罩”（Waley，1938：39）。因此，这部简短的书成为有效地把孝道强加于人、宣扬儒家基本美德的最重要的文本之一。它促进了孝道作为儒家社会之基石的最终确立。

孝被视为对父母一辈子的侍奉。当被问及如何行孝时，孔子说，一个孝子必须为父母提供充足的衣食，而且在做这些事情的时候必须表现出愉悦的态度，另外还必须按照一定的礼仪规则行事。曾子描述了“三孝”（三种层次的孝）：“大孝尊亲，其次弗辱，其下能养”（《礼记集解》，1989：1225）。就最高层次而言，一个人必须通过自己道德修养上的成就和对民众、对国家的奉献，使父母感到荣耀、为人所颂扬。就中间层次而言，一个人不能让自己的失败给父母带来耻辱；正如《尚书》中所警告的那样，君王如果没有恰当地履行自己的职责，就会令他的祖先蒙羞（Legge，1992，vol.3：201）。就最低层次而言，一个人要带着尊敬之心侍奉自己的父母，确保他们过上体面的生活。

儒家的祭祖实践和对父母的孝证明了儒家人类命运观的另一个特征。“在佛教中，自我消解于宇宙；在儒教中，自我消解于家庭”（Tu *et al.*，1992：6，12）。家庭不仅为个人提供了生命的源头，借此他联结起过去，而且为个人生命提供了连贯感，借此他延伸至未来。由此我们可以看出，儒家关于连贯性、永恒性的理解是不同于其他宗教传统的。在基督教中，是赎罪和道成肉身给一个人以连贯感，让其在肉身消灭后可以进入永恒之中。在佛教中，自我被视为一种幻觉，而宇宙则被看作永远流动的。个体被限制在不断的轮回中，直到他能够忘记已身之小我，而变成宇宙之大我

① 《孝经·三才章第七》载：“夫孝，天之经也，地之义也。”详细解释，参见：胡平生. 孝经译注. 北京：中华书局，2009：12-16。

的一部分。在道教中，肉体可以获得永生，并且人若想实现不朽，就应该
通过符合自然法则的生活来修道。在儒教中，永恒存在于矢志不渝的修身 204
和自新之中，也存在于家庭共同的日常生活中。儒家学者认为，永恒感可以凭借家庭的延续来获得，其中每一代都被当作家庭传承链条上必要的一环，每一个生命都被看成对这项由祖先开创、由后代继承的伟大事业的一份贡献。儒家教导说，通过履行自己在家庭中的义务，年轻者将培养起道德责任感，年长者将受到尊敬，逝去者将活在子孙的心中，而新生者代表着希望并被赋予使命。通过这些方式，个体将伴随着他的家庭一直持续存在下去，于是在短暂的生命中获得一种永恒感。

四、孔子崇拜

虽然孔子很谦虚，但他的弟子称赞他是最崇高的典范，后世的人尊孔尤甚，直到将其神圣化。不过，《论语》中所记录的赞扬可能是很久之后才加进去的。孔子说："若圣与仁，则吾岂敢?"（《论语》，7：34）。但他的弟子相信，"固天纵之将圣，又多能也"（《论语》，9：6）。孔子认为自己是一个普通人，只是对知识和真理的热切追求使他显得与众不同："十室之邑，必有忠信如丘者焉，不如丘之好学也"（《论语》，5：28）。然而，孔子的弟子把他的品性比作日月，是其他人难以望其项背的："他人之贤者，丘陵也，犹可逾也；仲尼，日月也，无得而逾焉"（《论语》，19：24）。孔子把自己描述为一位古代文化的传播者，一个热爱学习、诲人不倦的人，而在他弟子的眼中，他们老师的道深刻而崇高，已经超越了语言可以描述的程度："仰之弥高，钻之弥坚，瞻之在前，忽焉在后"（《论语》，9：11）。当有人批评孔子，认为他不如他的弟子（子贡）贤德时，这位弟子以带着封闭围墙的房子为喻，解释了自己与老师之间的不同：
"譬之宫墙，赐之墙也及肩，窥见室家之好。夫子之墙数仞，不得其门而 205
入，不见宗庙之美，百官之富。得其门者或寡矣"（《论语》，19：23）。孔子终其一生都没有说服统治者施行他的学说，但这并未影响弟子们的看法，他们始终认为自己老师的成就是如此伟大，以至于无人可与之匹敌：

> 夫子之不可及也，犹天之不可阶而升也。夫子之得邦家者，所谓立之斯立，道之斯行，绥之斯来，动之斯和。其生也荣，其死也哀，如之何其可及也?（《论语》，19：25）

对孔子的赞美在后来的儒家学者那里得到了进一步发展，他们认为孔子已经达到世间的最高境界："自有生民以来，未有孔子也"（《孟子》，3：2)。孟子相信孔子作了《春秋》，宣称孔子作《春秋》的行为完全是行"天子之事也"（《孟子》，6：9)。在《中庸》中，孔子的谦虚与其所取得成就之间的反差被解释为道的一部分，即所谓"君子之道费而隐"，孔子在人类社会中所做的工作被认为具有先验的意义，他作为一位圣人被认为已经成为天地化育过程的一部分（Chan，1963a：100，108)。汉代儒家尊奉孔子为"素王"，认为《春秋》末尾处所记载的于公元前481年捕获的麒麟[①]（独角兽）是来自天的信号，意思是说"天命"传给了孔子，并且在道德的意义上他是一个新王朝的创建者（Fung，1953：71)。

这一类的称颂和赞扬不久便被用在祭祀孔子的典礼上，并且在孔子追随者们的助推下，这种祭祀从一种寻常的典礼升格为主要的国家祭礼。祭祀孔子的历史表明了他是如何在政治、文化、教育领域获得重要地位的。
206 毫无疑问，孔子的追随者和学生为他守丧了三年，而子贡甚至守了六年（《孟子》，5：4)；传统的观点认为，鲁哀公早在公元前478年就为孔子建了一座庙，但这无法得到证实（Shryock，1966：94)。据记载，西汉王朝的创立者于公元前195年祭拜了孔子的墓，献上太牢作为祭品，包括一头牛、一只羊和一头猪，但很多人认为这更多是一种政治姿态而非虔诚的崇拜行为。差不多直到儒学成为官方正统学说时，对孔子的全国性祭祀才开始。正是在汉代，祭孔的规模迅猛扩大，祭孔的重要性快速增强。在公元前8年，孔子的后代获赐一块世袭的封地，以使他们能够祭祀孔子和他们在商朝的祖先。公元元年（即公元1年)，政府出资修缮了孔子家乡的孔庙，同时孔子被追谥为"公"（即褒成宣尼公)。公元57年，朝廷下令把对孔子的祭祀和对周公的祭祀联系在一起。汉明帝（57—75年在位）于公元59年下令要求所有教育机构履行祭孔仪式，由此确立孔子为"先师"，也就是教育宗师或教育代言人。公元492年，孔子获封"文圣尼父"的称号。此后历朝历代，孔子的尊号、祀典多有变更，自宋元至明清大抵经历了先升格后降格的变化，至1657年定孔子为"至圣先师"，这一称号基本延续了下来。

---

① 《宋书》载："麒麟者，仁兽也。牡曰麒，牝曰麟。不刳胎剖卵则至。麕身而牛尾，狼项而一角，黄色而马足。"（宋书．北京：中华书局，1974：791）《礼记·礼运》载："麟凤龟龙，谓之四灵。"（王文锦．礼记译解．北京：中华书局，2016：313-314）

在传统的中国、韩国，每一个城市都有一两座孔庙，在节日期间孔子追随者、学生以及学者、政府官员会在庙中献上祭品。在17世纪最初的十年中，利玛窦观察到：

> 按照古代律法，在文化人聚集的每一个城市、每一所学校，都要有一座十分华丽堂皇的孔庙，这里竖立着孔子的雕像，雕像上有他的名字和称号。每逢新月、满月及一年中的四时，文人学者会来这里通过上香和献上动物祭品，履行对孔子的某种祭礼。不过，他们并没有把孔子当作神，也没有要求从他这里得到什么。如此说来，这种礼拜仪式不大能够称得上真正的祭祀。(Rule，1986：27)

倭妥玛（Watters）注意到，在19世纪“按照中国的法律，整个帝国的每一个行政区、次行政区、州县、集镇都要拥有一座文庙或孔庙。因此，不仅每一个镇有自己的孔庙，而且所有行政区级别的城市都拥有两座有的甚至拥有三座孔庙”（Watters，1879：v）。 *207*

孔庙有各种各样的名称：先圣庙、文庙、孔子庙。孔子庙通常与儒家的书院联系在一起，这导致它获得了一些其他称呼，如学宫、泮宫①。泮宫与庙前的半圆形水池（见插图10）有关，模仿的是周朝的书院设计（Shryock，1966：144）。在庙中，祭拜的对象包括孔子、孔子的祖先、孔子的家人、孔子的弟子以及杰出的学者。“四配”——复圣颜回、宗圣曾子、述圣子思和亚圣孟子，每一位都有自己专门的庙（见插图8）。除了“四配”之外，还有“十二哲”“先贤”“先儒”，其中成员的数量在不同的历史时期有所变化。韩国的儒学学者保留了最初的“十哲”数量不变，同时，对于那些被置于庙中受到祭祀的学者，他们做出了各种各样的其他调整。最近的一次调整把受祭拜人数从208大幅度削减到39，其中包括孔子、“四配”、“十哲”、“宋六贤”（新儒学六大师）以及“东国十八贤”（Palmer，1984：62）②。不去考虑这些改变，韩国儒学学者是怀着深深的

---

① 《礼记·王制》载：“大学在郊，天子曰辟廱，诸侯曰頖宫。”（王文锦．礼记译解．北京：中华书局，2001：167-168）頖宫也作“泮宫”。

② “东国十八贤”即李氏朝鲜对本国历史上十八位陪祀朝鲜孔庙的历代儒学学者的统称。详细介绍，参见：孔祥林．朝鲜的孔子庙——儒家思想深远影响的象征．孔子研究，1992（1）：113。

虔敬来对待礼仪和祭祀的，以此表达对先师的崇敬之情（见插图 9）。

孔子崇拜过去一直是中国国家体系的一个重要组成部分。1906 年，国家下令宣布：应该把祭祀孔子与祭祀天地摆在同等的根本位置上。在清朝（1616—1911）灭亡以后，中华民国延续了这一传统。国会代表于 1914 年开会讨论祭祀孔子的礼仪，他们一致赞成祭礼应该是大祀，并且典礼、服饰、器皿应该与祭天所用的类似（Shryock，1966：206，216）。直到 1918 年，仍然可以发现孔子“所受的崇拜在精神实质上有点类似于
208 佛教徒对释迦牟尼（一位觉悟者）的崇拜、基督徒对耶稣（犹太人的弥赛亚和整个人类的救世主）的崇拜以及穆斯林对先知穆罕默德的崇拜”（Carus，1918：155）。

祭孔是有神论的宗教崇拜，还是仅为道德上的崇敬之举呢？或许，它是这两个方面的结合，只是二者在漫长历史传统的不同时期各自的重要性或者更大一些，或者更小一些。施赖奥克认为，“孔子崇拜是国家在学者群体的极力主张下采取的一种英雄崇拜，这些学者承认孔子的领袖地位。在国家宗教中，这种英雄崇拜于自然神崇拜与祖先崇拜之间占据了一席之地，它对于后二者都有所借鉴”（Shryock，1966：105）。

一方面，孔子被当作神来对待，被认为是由上天派来拯救世界以使之免于毁灭的。由于受到佛教和道教的影响，人们把孔子视为神，认为他具有灵性的力量。这从唐代一直持续到 1530 年，在理性主义儒学的思想指导下，一场有关孔子尊号的重要改革得以发起，即要求去掉以前加于孔子及其弟子的贵族身份和尊号①。另一方面，孔子被视为一个伟大的人、一位伟大的老师，他一直强调礼的道德价值和教育价值。祭孔仪式中采用的祭文说明了孔子在道德上的卓越，同时表达了追随者对孔子的崇敬之情：

> 惟先师德隆千圣，道冠百王。揭日月以常行……兹当仲春秋，祗率彝章，肃展微忱，聿将祝典。尚飨。（Shryock，1966：169-170）

---

① 据《明史》记载：“嘉靖九年，大学士张璁言：‘先师祀典，有当更正者。’……‘孔子宜称先圣先师，不称王。祀宇宜称庙，不称殿。祀宜用木主，其塑像宜毁。……’”（明史. 北京：中华书局，1974：1298）“今宜于孔子神位题至圣先师孔子，去其王号及大成、文宣之称。”（同前，1299）

祭孔和祭祀儒家圣贤与所有其他的儒家仪式一样，目的都在于促进人类道德水平的提高和改善人的个性品质。日常的或季节性的摆放于雕像、画像、牌位前的食物、酒水等祭品，被当成一种提醒，提醒我们不要忘记圣贤的伟大德行。儒家的圣贤被视为教育、道德修养上的卓越典范。即便
在官方的祭孔仪式被废止之后，孔子依然是教育、社会伦理的象征，人们依 209
然在孔庙和儒家的学院（见插图 12）庆祝他的生日（中国农历八月二十七日）。孔子崇拜在韩国也在延续，彭马田（Palmer）注意到在韩国“今天保留下来的最古老的儒家典礼是半年一次在成均馆（历史上位于首尔的国家最高学府）对孔子、中国的圣贤及韩国的圣贤所进行的祭祀”，并且这种仪式的背后是这样一种理念，即“参与者通过仪式纪念孔子，努力效仿孝道、美德、忠诚、荣誉、社会和谐、诚信方面的实践；另外，管理个人事务、家庭事务、国家事务的道德原则再一次得到肯定”（Palmer，1984：1，40）。

第二节　学习与精神修养

儒家传统十分重视官方的仪式，同时把礼仪和典礼视作获得个人美德、实现道德完善的必要条件。儒学的精神性远不止于参与集体仪式。大多数儒家学者都是从修身方面来理解超越的，他们坚信，除非传统的价值观在个人生活中得到落实和彰显，否则自我转变和提升就是不可能完成的。韦伯没有从儒家传统中读懂这一点，因而得出了错误的结论：“儒家生活之道是理性的，但不同于清教的是，它是被从外部而非内部决定了的”（Weber，1968：247）。杜维明在人性四个维度的整合中对儒学的精神性进行了考察，这四个维度分别为自我、社会、自然、天，其中自我是核心，是终极转变的动力之源（Tu，1993：142）。因此，为了理解儒学的精神性，我们不仅需要关注儒家对天及其与人之间关系的理解，而且需要审视儒家是如何把表面看来是外在的“天命”转化为一种内在的道德使命感的，是如何把终极精神与个人之间的互动转化为一种个人体验、成长的过程的。这种转化是世俗的学问与神圣的意义相融合、个人修养与精神的纯粹诚挚相联结的关键之所在。

一、精神修养借阶于学

“如何变得善”，是儒家关于智力、精神的探讨的恒久主题。在儒学大 210

师们探索出的诸多方式中，为学被认为是通向完美或完善的最重要的路径。孔子通过专心致志于学习，开始了他一生的奋斗（《论语》，2：4）。他把学习当作协调一个人的品性与行为的方式。他极其重视仁、义、智、勇等美德，但认为这些美德必须踏踏实实地以学习和探究为基础：

> 好仁不好学，其蔽也愚；好知不好学，其蔽也荡；好信不好学，其蔽也贼；好直不好学，其蔽也绞；好勇不好学，其蔽也乱；好刚不好学，其蔽也狂。（《论语》，17：8）

广泛地学习且同时具有坚定而真诚的意志，热切地探究且同时反思已学的东西，这是形成良好个性品质的根本。孔子以他自己的经历为例解释说，一个人如果一味地思考和冥想而不好好学习，那将是在浪费时间：“吾尝终日不食，终夜不寝，以思，无益，不如学也”（《论语》，15：31）。另外，他在学习中获得了如此多的快乐，以至于“发愤忘食，乐以忘忧，不知老之将至云尔”（《论语》，7：19）。

如果我们把“拯救”理解为被某种超自然力量所解救，那么可以说大多数儒家学者对“拯救”都没有太大兴趣，或者说丝毫也不关心，因为真切的情况是，“儒家学者所欲求的‘拯救’只是摆脱缺乏教育的蒙昧状态而已”（Weber，1968：228）。通过学习，人可以培养道德力量，不断地向美德迈进。因此，在儒学大师们那里，学习成为一个基本的工具或方法，可以促进从已经实现的（实然）到应该实现的（应然）、从带有动物性到完全的人性、从不文明到文明、从缺教养到有教养的转变。在这一转变过程中，发挥核心作用的既不是祈祷也不是忏悔，而是学习。这样，儒学便证明了“学习”等同于“生活”“提高”“成熟”，甚至“永恒”。

就其性质而言，儒家的学习不是简单地阅读书籍，而是一种特殊的实
211 践或道德训练。这种道德训练涵盖了社会生活的一切方面，学生按照要求“入则孝，出则弟，谨而信，泛爱众，而亲仁。行有余力，则以学文”（《论语》，1：6）。为了指导这些实践，儒家学者以公认的重要文献为基础，设计了很多训练项目。在孔子的时代，最重要的训练内容是关于礼仪、音乐、诗歌、历史等项目的。孔子教育人们说，仅仅做到聪明、勇敢、多才多艺是不够的，还要实现“成人”（成为完善完美的人），而要做到这一点就必须经过礼仪的涵养和音乐的熏陶，即“文之以礼乐”（《论

语》，14：12)。孔子拓展了关于礼的传统理解，令其得到广泛的应用，并且使礼成为生活方式的核心。当被问及如何成为一个君子时，孔子给出的回答是“四勿”：“非礼勿视，非礼勿听，非礼勿言，非礼勿动”(《论语》，12：1)。孔子强调音乐的重要性，其部分原因在于儒家的学习是建立在古代的教育传统之上的，其中“教育的过程是围绕音乐和舞蹈的训练展开的：这类科目的理想的教育机构应该由乐师主持，全部课程基本上由循序渐进的典礼舞蹈训练组成”(Eno，1990：196)。除了音乐和礼仪之外，诗歌也是对于道德训练非常重要的一个方面：“不学《诗》，无以言”，“不学礼，无以立”(《论语》，16：13)。通过对这些科目的高度强调，儒家赢得了其独特的地位，成为一个著名的学派；而且，早期的儒士为人所称道的是，他们不知疲倦地吟诵古代的典籍、歌唱古代的歌曲、演奏音乐，甚至在面对死亡时依然如此。据《史记》记载，刘邦（前202—前195年在位）击败了自己的主要对手项羽，即将成为汉代开国皇帝，“举兵围鲁，鲁中诸儒尚讲诵习礼乐，弦歌之音不绝”(《史记》，1998：3117；Watson，1961，vol.2：397)。这证明儒家学者践行礼仪、演奏音乐及朗读诗歌并非仅仅为了娱乐，更是因为他们在这些实践与追求中找到了人生的价值和意义。换句话说，儒家学者把外在的学习内化了，以至于学习本身成为这样一个过程，即通过学与习，为学之人的暂存性可以转化为永恒感，他们短暂的一生可以获得长久甚至不朽的意义。 212

学就是去体悟，启迪智慧；习就是去实践，丰富阅历。孔子从没有过多强调经典的背诵。相反，他要求对经典中的言论要有个人的理解，对文本中包含的智慧要有个人的体悟。这种学习方法被宋代及其后各朝代大力发展的书院采纳为指导原则，在这些书院中，道德、精神上的提升是全部课程的核心。在《白鹿洞书院学规》中，朱熹确立了如下儒家为学原则：

1. 五教：父子有亲，君臣有义，夫妇有别，长幼有序，朋友有信。

2. 学之序：博学之，审问之，慎思之，明辨之，笃行之。

3. 修身之要：言忠信，行笃敬，惩忿窒欲，迁善改过。

4. 处事之要：正其义不谋其利，明其道不计其功。

5. 交往之要：己所不欲，勿施于人；行有不得，反求诸己。

(Meskill，1982：50-51)

章潢（1527—1608）曾经主持白鹿洞书院，订立《为学次第》，具体如下：

1. 学以立志为根源。
2. 学以会友辅仁为主意。
3. 学以致知格物为人路。
213 4. 学以戒慎恐惧为持循。
5. 学以孝悌谨信为实地。
6. 学以惩忿窒欲、迁善改过为检察。
7. 学以尽性至命为极则。
8. 学以稽古穷经为徵信。（Meskill，1982：145-146）

这些例子都表明儒家学者所强调的是，把学习作为提升自我品性的方法，而不是为了获得名望或他人的褒扬。由此我们看到，学习是一个转变过程，其行动的主体是自我，其行动的目的也是自我。学习开始于自我，但不应该终结于自我的满足。学生被要求把自己的知识和美德推及他人、拓展至世界，通过这种推及或拓展，帮助社会实现安宁与和谐。孔子一直坚定地主张，修身是让安宁与和谐得以彰显于世的手段。为了自我实现的缘故而学，人便可以通达一切，而为了他人的缘故或外在的功利意图而学，人最终只会失去自我，所以孔子感叹说："古之学者为己，今之学者为人"（《论语》，14：24）。

儒家为学的主要目的是理解天并把这种理解应用于社会生活、家庭生活及个人生活，因此，这种学习是一个养成内在美德、学做君子的过程。在孔子教授的诸多美德中，最重要的就是仁，它被视为贯穿其他所有美德的线索。仁的内涵十分广泛、丰富而复杂，可以理解为：慈悲、人道、博爱、爱、善良、仁慈、慈爱、真诚、热心、亲切、友好等。"仁"主要涉及的是一个人如何与他人进行交往，这可以通过"仁"字两个偏旁的结合来加以说明："二"（右边的部分，即两个）、"亻"（左边的部分，即人），合在一起就是指两个人的意思。仁是孔子学说的核心。同时，孔子引入了两个更深入的概念，以帮助人们理解日常生活中"仁"的实践。这两个概
214 念是"恕"和"忠"，它们是实现"仁"的途径。"恕"可以用"己所不欲，勿施于人"（《论语》，15：24）这一训谕或箴言来表达。"恕"中包含

的根本义务是，不仅要通过遵守规则来约束自己以避免伤害他人，而且要通过遵守“道”把自我与他人融为一体。相较于“恕”，“忠”显得更加积极一些：“己欲立而立人，己欲达而达人”（《论语》，6：30）。“忠”指示一种付诸行动的积极意图。要让自我与他人融为一体，仅仅做到不把自己不喜欢的东西强加于他人是不够的。更重要的是，要帮助他人实现他们所期望的，并且只有从这种积极的方面而言，才能说一个人做到了“忠”于他人。

仁被视为一个“人格塑造过程”（Hall & Ames，1987：84），一种人之为人的必需品质，以及一种创造、革新自我和他人的原动力。“成己，仁也”（Chan，1963a：108）。儒家关于仁的论述始终围绕的是人能够成为怎样的人，而且认为仁是一位君子应该具备的必不可少的品质。“君子”可以理解为有德行的人、优秀的人、高贵的人、完美的人或绅士。从词源学上看，这个词语的意思是“国君的儿子”，指的是皇室的后代和社会上层阶级的成员，同时表明他们贵族的出身和高贵的血统。虽然这一古老的含义在《论语》的某些段落中依然在沿用，但是孔子拓展了这个词语的含义，用来表示全部的优秀人品和仁的化身。在孔子看来，一个人如果没有彰显仁，便不可能是君子。“君子去仁，恶乎成名？君子无终食之间违仁”（《论语》，4：5）。就低一点的层次而言，“君子所贵乎道者三：动容貌，斯远暴慢矣；正颜色，斯近信矣；出辞气，斯远鄙倍矣”（《论语》，8：4）。就高一点的层次而言，君子应做到：“可以寄百里之命，临大节而不可夺也”，“仁以为己任……死而后已”（《论语》，8：6，8：7）。孔子说“君子谋道不谋食。……君子忧道不忧贫”（《论语》，15：32），所以道是君子追求的唯一有价值的东西，哪怕这样做会让他陷入贫穷。君子是一位没有困惑的智者，即“知者不惑”，是一位没有忧虑的仁者，即“仁者不忧”，也是一位没有畏惧的勇者，即“勇者不惧”（《论语》，14：28）。虽然孔子谦虚说自己在智、仁、勇三个方面都做得还不够，但足以说明智、仁、勇“三达德”兼具的君子人格是很高的境界，不是人人都能轻松达到的。君子“先行其言而后从之”（《论语》，2：13），因此一位君子如果说 *215*
的多而做的少，便会“耻其言而过其行”（《论语》，14：27）。另外，君子有力量、有能力转变不文明的生活方式，而不会太在意其所处的外在环境：孔子想去九夷居住，有人说“陋，如之何”，而孔子说“君子居之，何陋之有？”（《论语》，9：14）。

君子在德行修养上已经达到了很高的境界，与那些缺乏修养的人相比，君子显得卓尔不群。君子与小人之间的反差，也就是有德行的人与平庸或粗俗的人之间的鲜明对比。这种反差体现在生活的所有方面。在心理特征方面，“君子周而不比，小人比而不周”（《论语》，2：14）；在行为方面，“君子喻于义，小人喻于利”（《论语》，4：16）；在主观感受方面，“君子坦荡荡，小人长戚戚”（《论语》，7：37）；在私人关系方面，“君子求诸己，小人求诸人”（《论语》，15：20）。从表面上看，君子的这些品质是普通的、世俗的。然而，这些融为一体的品质共同构成完美的人格——正是儒士百般努力想要达到的。在此意义上，成为君子不仅是儒家为学的内容，而且是个人实现自我的过程。成为君子的志向为儒士投身学问并把所学付诸实践提供了动机和力量。这样，学者们学习如何修养和管控自己的脾性、如何协调自己的情感，然后所学的就会在他们处理世间事务的行为中得到体现。以君子的方式去思考、去行动，就是要做一个真正有修养、有纪律的人。从主观上说，这些活动的目的是使人彰显自己的天性；从客观上说，它们引导人在社会生活、团体生活中表现出成熟。孟子把人性本初的状态比作种子，并且评论说：“五谷者，种之美者也；苟为不熟，不如荑稗。夫仁，亦在乎熟之而已矣”（《孟子》，11：19）。在道德“种子”的成长过程中，五常或五常德——仁、义、礼、智、信——得到肯定和证实，由此天然的善的端倪或萌芽变成真正完美的德
216 性。这正是儒家为学试图达到的目标，也正是儒家为学的意义和价值之所在。

二、精神修养的过程

儒家为学有着强烈的精神取向，因为学习的最终目标是做圣人——完美的典范，其智慧和德行都彰显到了极致。儒家学习与实践中的一切规划的设计目的都是帮助学习者达到圣人境界，这一目的据认为可以通过世俗生活中的精神修养来实现。儒学传统中的根本信念之一就是人人都有潜力成为圣人（《孟子》，12：2；《荀子》，23：5）。不过在新儒学（即宋明新儒学或宋明理学）之前，被称作圣人的只有古代圣王和孔子。相比之下，新儒学学者把圣人境界看作切合实际的道德完善的结果、精神修养的终极目标、道德提升过程的最终阶段：“圣希天，贤希圣，士希贤”（见《近思

录》，Chan，1967：29)[①]。成为圣人是人一生中所应做的全部，也是儒学所探究的全部。新儒学学者重新肯定每个人都有成为圣人的内在能力，同时深入探究了圣人境界的复杂内涵。在大多数新儒学学者看来，圣人境界可以粗略地说是人知觉到与宇宙合一的意识状态。这就是为人所知的“与天地一体”，它的实现是“诚明”的标志，即一种清楚认识自己本性之后取得的修身功夫或成就。关于人为达到所谓诚明状态所应采取的方法，新儒学学者之间存在着分歧，进而这些分歧造就了两个截然不同的学派。一个学派主张，只有先通过外在的格物（探索、研究事物的理则）逐渐积累知识，然后才能取得最终的突破（下学上达、穷理尽性的渐进玩熟）；另一个学派则强调，通过对自我本心的内在探求，顿然地、直接地实现天人合一（近取诸身、本心自反的顿见彻悟）。后一个学派尤其宣扬圣人属性的普遍性。因为每个人都有着与圣人一样的本心，所以圣人属性是普遍的、开放的，不管受过教育还是没受过教育，不管优等还是次等，所有人在程度上都是等同的（de Bary，1970：171）。

儒学把精神修养看作一种个体经历，它需要“慎独”和“诚”。诚 217
“不仅仅指狭义上的真诚，也含有信、寡过、敬、尽己之性、尽物之性、真实无妄诸义”（Chan，1963a：465 页脚注 28）[②]。《孟子》和《中庸》认为天与人在本质上是相同的，再者，诚即天道，而思考如何做到诚则是人道，因此把诚看作天人合一的关键。这样，诚便被作为五伦（君臣、父子、兄弟、夫妇、朋友）的基础和完成道德修养的保证：没有诚，人就不能让父母满意，也就不能理解什么良善（《孟子》，7：12）。一个拥有完全的诚的人，既能够转变自我，也能够转变他人；一个不能转变自我和他人的人，则还未能做到充分的诚。新儒学学者继承了这一传统，把诚视为精神发展的根基。他们认为，在诚当中，存在和非存在、静和动、内在和外在都是和谐统一的。例如，周敦颐进行了深入的思考，“诚精故明，神应故妙，几微故幽。诚、神、几，曰圣人”，于是把诚视同于儒家的最高境界：“圣，诚而已矣”（Chan，1963a：467，466）。张载进一步阐释了为什么说诚是天道：诚是“天所以长久不已之道”，因此“不诚无物”[③]。在他看来，真正的诚只不过是一种对诚之状态的知觉

① 周敦颐集. 北京：中华书局，1990：22.

② 陈荣捷. 中国哲学文献选编. 南京：江苏教育出版社，2006：401 页脚注 6.

③ 张载集. 北京：中华书局，1978：21.

或意识；真正的诚是一种“明”[①]（觉悟，明白），只有当人的本性发展到了极致（“尽性”）、对事物理则的探究到了极致（“格物穷理”），才能达到这种诚，而若没有这种真正的诚，精神上的突破便不可能实现（Chan，1963a：507-508）。

有了诚，人便可以日日都有新气象（“日新”），同时在一切行为处事中做到“随心所欲而不逾矩”。这一有机的过程（this organic process）不仅是人性的特征，也是宇宙的原则，即天的自然法则和道德法则。《易经》中说“日新之谓盛德”，并且把“生生”确定为永恒变化的原则和本质，
218 即“生生之谓易”。日新的观点似乎有些神秘，但是它在《中庸》中被描述为一个很自然的过程，能够使人把一切感情、感觉、行为都调节到恰当和谐的状态。在平静中或活动中，人便可以体验到心本初的宁静，同时让被发动唤醒的心得到调适，这样可以深刻地“反思诚”和“践行诚”，达到“极致的敬”以及“自我与宇宙的合一”。

要做到诚，人必须致力于精神上的修养，其中既包括内在的维度，也包括外在的维度。就内在的维度而言，人以“养气”的形式修养自己的本性；就外在的维度而言，人践行美德、积累善行义举（“集义”[②]）。受禅宗和道家的冥想的影响，新儒学学者发展出了他们自己对于沉思凝神的见解，以引导心灵归于宁静，进而将此作为达到诚明的途径。因此，他们中的一些人开始青睐一种被称为“静坐”（安静地坐着冥想）的特殊方法，并且认为这是一种考察人的学问和成就的有效方式，也是一条导向觉悟的路径。因为孔子谈论过静（“仁者静”）（《论语》，6：23），孟子实践过养心和养“夜气”（《孟子》，11：8），所以他们把静坐的观点与实践追溯到孔子和孟子。

在新儒学学者看来，对于精神修养没有放之四海而皆准的公式，通往圣人境界的门径必须从自己的经验中摸索和寻求。关于人应该如何开展精神修养，诸多新儒学大师各有不同的侧重，至于修养过程由哪些阶段构

---

① 《中庸》载：“自诚明，谓之性；自明诚，谓之教。诚则明矣，明则诚矣。”

② 即积善的意思，指行事合乎道义。孟子、朱子、阳明子都有关于集义的论述。如：孟子说：“其为气也……是集义所生者，非义袭而取之也”（杨伯峻．孟子译注．北京：中华书局，1960：62）；朱子说：“集义，犹言积善，盖欲事事皆合于义也”（《四书章句集注》），“涵养须用敬，处事须是集义”（《朱子语类》）；阳明子说：“澄问：‘有人夜怕鬼者，奈何？’先生曰：‘只是平日不能集义，而心有所慊，故怕。若素行合于神明，何怕之有！’”（陈荣捷．王阳明传习录详注集评．台北：台湾学生书局，1992：77）。

成，学者之间见仁见智而无分轩轾，虽有时让人莫衷一是，但也为后学提供了丰富的思想养料和创新资具。例如，周敦颐坚持认为最重要的因素是“静”，于是造成了他对“主静”这一精神修养实践的强调。当有人问“圣可学乎?”时，周敦颐给出了积极的回答“可”；人又问“有要乎?”，他又简洁明确地说“有”。于是，周敦颐描述了“学圣”的根本方法，具体如下：

> 一为要。一者，无欲也。无欲，则静虚动直。静虚则明，明则通；动直则公，公则溥。明通公溥。庶矣乎！（Chan，1963a：473）①

程颢发现了这种方法中的问题，于是用“敬”取代了“静”，由此向 *219*
精神修养中注入了积极的态度。程颐觉得“敬”还不够充分，因为它代表的只是向内的努力。他认为，不管采取什么形式，精神修养都一定要与外部世界建立联系。虽然程颐相信内在的冥思牵涉到道德生活和外在行为，但是他强调，如果我们只是简单地“静坐”，那么我们在处理世间事务时就会面临困难（《宋元学案》，1992，第3册：774）。为了纠正周敦颐和程颢的片面性，程颐在“敬”的基础上加上了“致知”（增广知识），由此极大地削弱了静对于精神修养的重要性。要致知，就必须格物穷理（探究事物以掌握有关事理、情理、伦理、物理等的知识），而穷理就是要完成人的使命。程颐坚持认为，穷理是人得以有效率且有效果地实践精神修养的唯一方式。在他看来，“穷理尽性至命，只是一事。才穷理便尽性，才尽性便至命”（Chan，1963a：563）。

朱熹追随其精神导师小程子（程颐），也强调格物致知的重要性。然而，朱熹作为程朱理学的集大成者，更多关注的是精神修养两个维度之间的调和，试图把“持敬”（或“居敬”“主敬”“用敬”）和“致知”更好地协调统一起来。在他看来，这二者“实学者立身进步之要”（Chan，1963a：606）②。在朱熹的观点中，“持敬”就是存养人的本性，而“穷

---

① 参见《通书·圣学第二十》。

② 参见明代思想家丘濬所编的《朱子学的》。完整的表述为：“涵养须用敬，进学则在致知。此实学者立身进步之要。”也可参阅《宋朱子年谱》中的相关论述（台北：台湾商务印书馆，1982：43），以及《二程遗书》《近思录》中的相关论述。

理”则是拓展和丰富人的本性。这二者不是相互排斥的，而是相互包含的：“存养中，便有穷理工夫；穷理中，便有存养工夫”①；它们也是相互依赖的：“不能存得心，不能穷得理；不能穷得理，不能尽得心”②
220 （Chan，1963a：605，606）。像程颐一样，朱熹认为“持敬”只不过是“整齐严肃”和“严威俨恪”③，“致知”只不过是在为学和处世中弄清楚“理之所在”④。对朱熹而言，“敬”并不意味着“块然兀坐，耳无所闻，目无所见，心无所思”⑤。朱熹认为这种静坐方式是“死敬”⑥。一方面，持敬就是“有所畏谨，不敢放纵”，如此则“身心收敛”（Chan，1963a：607）⑦。另一方面，“敬”一定要有“义”作为支持，以辨别是非，敬和义就如同一硬币之两面：“敬便有义，义便有敬”，朱熹将此称为“活敬”（Chan，1963a：608）。在义与敬统一的基础上，朱熹强调静与动在相互支持中的平衡：“静者，养动之根；动者，所以行其静”⑧。他特别主张内在和外在的合一：“物与我心中之理本是一物。”他还认为知与行总是相须互发（相辅相成、相互促进）的⑨：“知之愈明，则行之愈笃；行之愈笃，则知之益明”⑩（Chan，1963a：607-609）。按照这种理解，精神的沉思就像一个动静循环或存心-穷理循环或知行循环的旅程。

心学学者从不同方面探讨了精神修养。根据他们的观点，心并非仅仅是意识的载体，它还是形而上学的实体和精神实体，这就使道德活动成为必要，同时为道德活动提供了动因。修身不是向外的研究事物（“格物”）的过程，而是向内的探究本心（“发明本心”或“求放心”）、反映先天的圣人潜质的过程。心学学派认为这种形式的自我修养是实现“与天地为一体”的“简易”方法。这与一些理学家提出的所谓“支离”方法形成了鲜

① 陈荣捷. 中国哲学文献选编. 南京：江苏教育出版社，2006：510；朱子语类. 北京：中华书局，1986：1539.

② 陈荣捷. 中国哲学文献选编. 南京：江苏教育出版社，2006：511；朱子语类. 北京：中华书局，1986：155.

③ 语出《礼记·祭义》，原文为：“严威俨恪，非所以事亲也，成人之道也。”（朱子语类. 北京：中华书局，1986：211）

④ 详述参见：宋朱子年谱. 台北：台湾商务印书馆，1982：43。

⑤ 详述参见：朱子语类. 北京：中华书局，1986：208。

⑥ 同⑤216.

⑦ 同⑤211.

⑧ 同⑤219.

⑨ 同⑤148.

⑩ 同⑤281.

明的对照。这些理学家主张，在人能够认识宇宙的全部真理之前，对每一
事物都必须进行彻底的探究。心学学派把理学家的这种探究方法描述为煞 221
费苦心而支离破碎的过程（“支离事业”）。心学代表人物陆九渊提出“理
充塞宇宙”和“宇宙便是吾心”[①] 等观点，认为在内心追求圣人境界是正
确的，没有必要到外部的事物或事情中去寻求。自省和向内求索足以让人
获得真知与成为圣人。因此，陆象山强调“知本”和“立乎其大者”，与
此形成直接对照的，是那些倡导“读书”足以达到圣人境界的人。陆象山
认为，专注于读书误导了学生，儒家经典只不过是用来解释已经通过自省
获得的知识：“学苟知本，六经皆我注脚”（Chan，1963a：580）。陈献章
是陆九渊与王阳明之间一位重要的过渡思想家，他驳斥了理学的真理观：
“岂无见在心，何必拟诸古”（de Bary，1970：74）[②]。在王阳明看来，精
神修养是一种纯粹的对人之本心的探求，或者用他自己的话说，就是拓展
“良知”（致良知）、发挥“良能”。既然求取学问就是扩大人的良知，那么
学习就不再仅仅是读书了，更根本而言是一种道德活动过程，在此过程中
实现知行合一，因为“知是行之始，行是知之成”[③]。因为知行合一了，
所以王阳明便理所当然地认为，不道德的意图就等同于不道德的行为。学
习不仅仅是为了避免犯错，更重要的是消除邪念和不良企图。王阳明觉得
这是他知行合一学说的基本目的和意义（Chan，1963b：201）。由于
“知”和“行”两个词表达的是同一种努力过程，因此，静坐被认为是一
种有助于学生获取真知的技巧，也是修身特定阶段的必要步骤。王阳明认
为，静坐可以帮助学生直接认识真正的道，同时也帮他们避免陷入智力思
维上的繁复的解释和琐碎的争论。然而，如果过度沉迷于静坐，则“渐有
喜静厌动，流入枯槁之病”[④]。王阳明说这正是他后来只倡导致良知学说， 222
并且在晚年厌恶静坐的原因。“良知明白，随你去静处体悟也好，随你去
事上磨炼也好”（Chan，1963a：684）。要成为圣人，人必须具有“内圣”
和“外王”，也就是说，一个人不仅一定要通过修身彰显自己的德行，而

① 陆九渊集. 北京：中华书局，1980：483.

② 陈献章集. 北京：中华书局，1987：779. 该诗句强调“自得”“己见”，反对拟古袭古，类似诗句有“此道苟能明，何必多读书”“吾能握其机，何必窥陈编”等。

③ 王文成公全书. 北京：中华书局，2015：5.

④ 陈荣捷. 中国哲学文献选编. 南京：江苏教育出版社，2006：567. 也可参见：陈荣捷. 王阳明传习录详注集评. 台北：台湾学生书局，1992：324。

且一定要在履行对家庭、国家及世界的责任的过程中始终坚持修身和自我完善（Chan，1963b：191，216－217）。王阳明相信，通过这样的方式固有的仁便会得到充分实现，同时人将会自觉地与宇宙万物融为一体。

尽管关于什么是精神修养、如何修养自己的精神在新儒学学者之间并没有达成共识，但是大多数新儒学大师都认为精神修养是一种达到诚明或觉悟的实践方式，同时觉得“静坐”是一个有效的方法，可以将他们的生命观付诸实践，也可以帮助他们克服精神修炼与提升过程中的障碍。举例而言，罗从彦（1072—1135）发展了这种观点，“（罗先生）教学者静坐中看喜怒哀乐未发作何气象”（《宋元学案》，1992，第 4 册：567）。静坐也时常被用作个人寻求“真理”的替代方式。根据陈献章的记录，他曾经遵循过许多著名学者的观点，但结果都没能取得任何进步，这促使他决定“舍彼之繁，求吾之约，惟在静坐”（Fung，1953：594）[①]。陈献章非常用功地实践着静坐，正如他在给他的一位学生写的信中所说：“老拙每日饱食后，辄瞑目坐竟日”[②]；他还告诉他的学生们，“为学须从静中坐，养出个端倪来”[③]（de Bary，1970：79）。

带着对静坐的青睐，新儒学学者花了极大的精力，以便把他们的精神修养实践与佛教、道家的冥想区别开来。他们极力声称，静坐是以这个世界为旨归的，同时致力于完善自我，而佛教和道家的冥想则聚焦于忘掉世界、舍弃自我。其他宗教传统中的冥想规定了严格的程序，必须从微小的
223 细节上去遵循这些程序，然后通常就会引发超自然的力量。新儒学学者只是把静坐作为一种帮助理解修身之效果的方法，而不是将其视为隔绝自我、远离人事的手段。他们认为，只有在这个世界当中及人间事务里，人才能在精神修养的道路上不断进步。湛若水（1466—1560）对这种观点进行了出色的解释，指出一个人可以做到“随处体认天理”（Meskill，1982：68）。顾宪成（1550—1612）肯定地说，静坐是一种探察人性之深度、发掘人性之深刻的方法，同时认为，人不管在独处时还是在忙碌时，也不管在和他人一起时还是在突然遭遇喜爱、愤怒、悲伤或快乐之情的袭扰时，都可以做到这一点（《明儒学案》，1992，第 8 册：742）。另一位明代学者高攀龙（1562—1626）强调精神修养的自然和寻常，并声称：“静

① 参见：冯友兰．三松堂全集：第 3 卷．郑州：河南人民出版社，2001：362。

② 陈献章集．北京：中华书局，1987：156.

③ 同②133.

坐之法，不用一毫安排，只平平常常，默然静去”（《明儒学案》，1992，第 8 册：766）。高攀龙进一步肯定静坐的作用，说：“入门者借以涵养，初学者借以入门”（《明儒学案》，1992，第 8 册：767）。高攀龙用他自己的体验对这一精神旅程进行了说明。他在经历精神上的极度痛苦和思维智力上的迟钝时，便会采取静坐的方式进行精神修养，由此获得一种与一切合为一体的感觉。用他自己的话说，“遂与大化融合无际，更无天人内外之隔”（Taylor，1983：25-27）。这便是大多数新儒学学者在他们的精神修养中不懈追求的那种体悟和诚明。

第三节　儒教与其他宗教传统

儒教并非局限于中国，它不是一个保守而孤立的传统。贯穿其历史，儒教始终处于与其他文化传统、宗教传统的持续交流互动之中，这些传统包括道教、佛教、萨满教、神道教、伊斯兰教、基督教、马克思主义以及西方的理性主义和人本主义。儒教从很多（文化或宗教）源头中汲取营养，由此获得做出改变、适应新环境和新条件的力量与能力。因此，对儒教之宗教性的探究，不可避免地要涉及对儒教与这些传统之间的互动和交 224
流的多维度考察。在这些儒教已经与之发生联系的宗教传统中，道教、佛教和基督教尤其引起了我们的兴趣。正是儒教与这三种传统之间的互动给我们所知的儒教传统施加了巨大影响。

一、三种教义的融合

儒教、道教、佛教是中国传统中较为人所熟知的“三教”。在处理与其他两种宗教传统的关系方面，儒教有时显得教条，有时又较为灵活。像世界上许多其他所谓的正统传统一样，儒教过去一直认为自己是世界上唯一的真理，是实现安宁与和谐的唯一正确方式。为了确立或保持他们的主导地位，儒学大师们对佛教和道教发起了反抗。这种教条主义的策略带来了针对佛教或道教的政治迫害，而三种传统之间的冲突也部分归因于此。不过，在儒家传统内部确实存在一种针对不同理论和实践的灵活态度。孔子曾经批评他的一些学生只会遵循老师已经教授的东西，同时坚决主张，“君子之于天下也，无适也，无莫也，义之与比”（《论语》，4：10）。孟子也有类似的倾向，他批评了那些没有恰当原则的中间派或者走极端的人，说："子莫执中。执中为近之。执中无权，犹执一也。所恶执一者，为其贼道也，举一而废百也"（《孟子》，13：26）。如此而言，儒家对待其他宗教的态度表现出了教条主义与灵活性并存、排他性与包容性同在的特征。教条主义和排他倾向造成了新的冲突，强化了旧的冲突，而灵活、包容的态度则帮助减缓了紧张，化解了冲突，并且形成了三种传统融合统一的共识。

在中国传统的社会生活、宗教生活中，这三种学说之间似乎存在一种公认的责任分工。儒家被寄予为社会生活、政治生活提供道德原则的期望，而道教和佛教则支持儒家的道德，同时解决心理的、情感的、精神的问题。这种责任分工在维持它们之间平衡的过程中发挥了关键作用，同时
225 促进了三种学说的共存和相互认同。各种各样的说法被用来表达这三种传统之间的统一与和谐，如"三教一体""三教并行""三教合流"。这三种宗教传统被比作青铜祭器的三只脚，这种祭器也就是古代宗教祭祀用的三足鼎（三足祭祀鼎），而每一只脚对于鼎的稳定都不可或缺。这种"三合一"结构反映了平衡不同学说的政治意图，正如苏慧廉注意到的那样，"三种宗教传统中的每一种都得到了皇帝的认可和支持，它们或许可以被视为已经确立的国家宗教的三个方面"（Soothill，1929：11）。这种"三合一"结构被作为理想模式而得到了普遍的接受，同时受到了三种传统中大多数成员的拥护。事实上，佛教徒和道教徒是这种"三合一"模式最热情的支持者。庄士敦（Johnston）在其《儒教与近代中国》（*Confucianism and Modern China*）一书的开头就讲到了佛教、儒教和道教的"三合一"。按照他的描述，在中国最著名的禅宗寺院之一河南少林寺的地面上，这种"三教合一"生动地呈现在一幅雕刻的图画中，据说这幅画已经有700多年的历史。这幅画向我们展示了三个传统的创立者的形象，分别是佛教的释迦牟尼、道教的老子和"至圣"孔子，他们肩并肩地站立着（Johnston，1934：1-2）。

"三教合一"说的源头可以追溯至佛教的传入，当时对佛经的理解与解释都是借助道教经典和儒家经典中的术语进行的。魏晋玄学融合了道教和儒教，这暗示着不同的学说在本质上是一致的、可融通的，由此在理论上促进了"三教合一"说被官方所接受，同样被儒家学者、道教道士、佛教僧人所接受。在南北朝（420—589）时期，对佛教的来世信仰和儒教的现世社会美德进行调和，是知识分子中间流行的一种风潮。在书名为《喻

道论》的论文集的一篇中，孙绰（314—371）坚决主张这两种传统在本质上是一致的，它们之间的区别主要是一种权宜之计；佛教代表的是内在学说，而儒教代表的是外在学说，并且“周公和孔子等同于释迦牟尼，而释迦牟尼也相当于周公和孔子”（Ch'en，1964：68）。学者们也努力使佛教 226
适应道教，佛陀被定义为“无为无不为的人”（Ch'en，1964：68）。杰出的道教大师陶弘景（456—536）[①] 主张，一百种学说代表一百种方法，但这些方法无一不在三种宗教传统的范围之内，即“万法纷凑，无越三教之境”。统一并不必然排除竞争。道教、佛教和儒教在竞争中杜撰了许多传说，以显示自己比其他传统更具优越性。有一个传说是关于老子的，据说他是道教的创始人，他曾经游历到西方，到达印度，在那里他向释迦牟尼即佛陀传授了他的有关道的学说。另一个传说对此进行了反驳，说佛陀派了他的三位弟子到东方：一是儒童菩萨，即我们所知的孔子；二是光净菩萨，即颜回；三是摩诃迦叶或大迦叶菩萨（Mahakasyapa）[②]，即老子。这些传说尽管都是想象的、无稽的，但有助于引导人们相信三种学说来自一个源头，而且导向同一个目标。三种传统在本质上相同的观点开始盛行起来，至于三者之间的区别，就算有也不是根本性的。人们相信，这种区别是由时空造成的，就像一只鸟，飞过不同国家时可能被称作不同的名字，可还是那同一只鸟。顾欢在其《夷夏论》一文中对佛教持激烈的批评态度，但不管怎样，他坚持认为对立暗含着统一，并且这些对立方面依靠圣人而得以结合、统一到了一起。在他看来，孔子、老子和释迦牟尼是同一的，他们之间的明显差异是由习俗、法律和仪式造成的。这三种学说的表现形式或许不同，但它们的本质是相同的：“船在水中航行，而车辆在陆地上前进，但二者都是从一个地方到达另一个地方的交通工具”（Shryock，1966：118）。

隋唐时期的政治统一促进了三种传统在意识形态上的统一。随着三种体系的成熟，它们集合了成果，形成了一种得到大家认可的“常识”。那种认为三种宗教学说本质相同、只是形式不同的观点开始流行且很有渗透力。朱熹在其《朱子家礼》中引用了唐代诗人、文学家李舟的一段文字，

---

① 陶弘景创立茅山宗（即茅山派），该宗主修《上清经》，兼习《灵宝经》《三皇经》，并吸收儒、释思想，是三教合一的产物。（张岱年. 中国哲学大辞典. 上海：上海辞书出版社，2010：458）

② 任继愈. 佛教大辞典. 南京：江苏古籍出版社，2002：880.

227 很好地说明了这一流行观点：“释迦生中国，设教如周孔。周孔生西方，设教如释迦。”如果释迦牟尼生在中国，他一定会创立一种类似于周公、孔子之思想的学说；如果周公、孔子生在西方，他们也一定会创立一种类似于释迦牟尼之教义的学说。这段话可以这样理解，“李舟试图提出一种主张，即儒教和佛教是两种等同的学说，但二者都适应于言下之意，也都局限于各自所诞生的地区”（McMullen，1995：59）。

三种学说的融合促进了宋明时期一种新型儒学思想的形成。新儒学以其反对道教和佛教的立场而著称，不过它在本质上是禅宗、道家哲学和传统儒学调和的产物。差不多所有新儒学大师都花了或长或短的时间去研究道家学说和佛教学说，他们所呈现的儒家哲学是对非儒学理论和实践进行转化与吸收的结果。伴随着新儒学支配地位的确立，道教学者根据“三教合一”理论在革新他们自身学说方面做出了极大的努力。王重阳（1112—1170）是新道教即全真教（也称全真道或全真派）的创始人，宣扬三教合一的思想①，要求他的弟子学习佛教《心经》、道家《道德经》和儒家《孝经》。王重阳倡导三教之间的统一、平等、和谐，并将他创立的五个教会称为“三教”②。他清楚地表明，他的教派并不独尊道教为自己的根，而是对道教、佛教和儒教的三位创始人都给予同样的尊崇，说“三教都不离‘真道’，它们就像一棵树上的三根树枝”（卿希泰，1993，第3卷：54）。许多佛教大师也致力于“三教合一”说的研究，正是禅宗佛教的大师提出了儒教、佛教、道教三教产生自同一源头的主张。他们坚持认为，一个人如果不学习佛教教义，就不可能理解儒家学说，也只有真正的儒者才能掌握佛教教义的真正内涵，因为这三种学说来自同一根源，即本心或自我的心灵。他们宣称，学习一定要包括三门科目，儒家经典帮助人生活
228 在这个世界上，道教经典帮助人忘掉这个世界，而禅的实践则帮助人抛却这个世界。这样，儒家的五德就等同于佛教的五戒，儒家的表述“克己复礼为仁”（《论语》，12：1）就等同于佛教的“冥想”和“顿悟”，并且孔

---

① 金代王重阳所创全真道的根本教旨之一，指以道教清静无为为核心，吸收禅宗和理学的心功、心性、性理学说，建立内丹心性论体系。（张岱年. 中国哲学大辞典. 上海：上海辞书出版社，2010：319）

② 此处的“三教”指王重阳创立的五个教会，包括三教七宝会、三教金莲会、三教三光会、三教玉华会、三教平等会，体现了全真道不主一教、圆融三教的精神。[张岱年. 中国哲学大辞典. 上海：上海辞书出版社，2010：319；高丽杨. 王重阳“三州五会”的组织特点及社会作用. 中国道教，2016（3）：31-35]

子和老子被视为佛陀转世。

“三教合一”说并非只是单纯的理论假设。数个世纪以来，它构成了中国社会生活、政治生活的基础。不光学者们试图调和儒教、佛教和道教，普通人也一样做出了努力。那些拥护佛教的人也支持儒教和道教，反过来也一样。在调和主义或折中思潮的影响下，一些学派和宗教教派得以建立起来，其基础即为“三教合一”学说，强调孔子、老子、佛陀的学说在根本上是一致的，它们之间根本就不存在冲突。一位儒家学者名叫林兆恩（1517—1598），在广泛阅读儒、释、道的相关著作之后，创建了一种统合三个宗教传统的新宗教，这让他被称为“三教先生”。1584 年，三教寺建立，其中有供人崇拜的四座雕像：圣教创始人孔子、玄教创始人老子、禅教创始人佛陀，以及三一教创始人林兆恩本人。一方面，林兆恩批判性地审视了这三种学说，指出了每一种传统的不足；另一方面，他的三一教是建立在儒家学说的基础之上的，使得佛教、道教服从于儒家和孔子的学说（卿希泰，1993，第 3 卷：513－515）。三一教对明代晚期中国人的宗教生活有着巨大的影响。在清代，三一教被贴上了“异端邪说”的标签并受到打压和迫害；不过，它的影响犹在，其学说渗透到了国家的各种宗教组织之中。在许多庙宇或寺院，不管是儒教的、道教的还是佛教的，通常都供奉着孔子、老子及佛陀的牌位或雕像，他们一并受到崇拜。利安当（Antonio de Caballero，1602—1669）是 17 世纪在华的一名天主教传教士，他记述：

> 这三位名人（孔子、释迦牟尼和老子），也就是这三个教派 *229*
> 的创始人，他们的雕像通常被放在同一个祭坛上。这个祭坛就是为了供奉他们的，在三一教的庙门上有着如下题字：“三教坛”。(Gernet，1985：65)

三一教绝不是只存在于过去的宗教，“按照 1988 年出版的书籍，台湾有七座庙的香火是供奉给孔子、老子、释迦牟尼及三一教创始人的”(Ching，1993：217－218)。更重要的是，三教合一的观点已经渗透到中国宗教的学说和实践中，同时当代的中国宗教学者常常感到，如果不借助三种宗教学说的整合，那么要清楚地定义广泛流行的信仰和教派是不大容易的。

二、儒教与道教

儒教与道教是中国本土宗教思想传统，它们各自的思想源头大约兴起于同一时期，而且二者都是在汉代取得优势地位的。它们从商周文化这一相同源头发展而来；不过，二者各有自己的关注焦点。儒教更多以伦理政治为导向，而道教则更强调神秘的、精神的维度。自从儒家与道家在春秋战国时期作为著名的学派建立起来之后，它们一直以来既相互补充也彼此对立。它们都是在天人合一的基础上建立自己的学说的，只不过道家主张天人合一的实现途径是遵循自然规律，而儒家则认为只有通过修身和圣人教诲才能达到人与天之间的贯通、和谐。

在有关这两个传统的创始人的传说中，最著名的一个故事讲到，孔子与老子是同时代的人，但孔子比老子要年轻得多，同时还描述了孔子是如何向老子请教礼仪方面的知识的。不管怎样，按照《史记》的记载，孔子评价老子是一位难以形容的有智慧而又神秘的人（《史记》，1998：2140）。战国时期，以庄子为代表的道家哲学家驳斥了儒家学者对仁和义的强调，认为这些观点是社会混乱的根源和原因，而荀子则批评了庄子对自然规律
230 的盲目遵守以及由此导致的对人类事务的无知。儒家与道家之间存在争论和对抗，但是从历史事实的角度来看，它们之间对抗的发生时间与之前推测的相比要晚得多。据大约公元前300年的墓中出土的竹简显示，道家对儒家观点（圣、智）的攻击在最初的《道德经》文本中并不存在（《郭店楚墓竹简》，1998：111）。即便在儒、道分歧演变为公开的论战之后，这些论战也没有阻止它们彼此间的相互借鉴。事实上，可归入儒、道各不同学派的观点，在同时代的各种文集如《管子》《吕氏春秋》《经法》及后来兼收并蓄的作品《淮南子》中都能找到。这些观点在文献中的混合并存，为儒、道两种学说在汉代的融合铺平了道路。通过对道家学说、阴阳五行学说、法家学说的改造，汉代儒家学者创立了一种新型的可以被政府采纳为政治生活、社会生活、个人生活之指导原则的儒家学说。因此，儒家学说成为国家意识形态，而道家学说则成为居于从属地位的哲学思想。儒家学说在社会生活中的支配地位直到魏晋玄学兴起时才受到严重的挑战，此时学者们的观点是儒家学说从属于道家或道教学说。道教形成于东汉，成熟于南北朝。道教进一步发展过程中的关键人物有葛洪（约281—341）、寇谦之（365—448）、陆修静（406—477）及陶弘景，他们成功地把早期的大众运动和哲学理论改造为一种拥有系统学说作为基础的组织。在这一

改造过程中，他们的核心工作是把儒家的伦理尤其是忠诚和孝道吸收进道
教。例如，葛洪撰写的《抱朴子》一书由两个部分构成：一是内篇，涉及
的是炼金术、长生不老药、延年益寿之法及驱鬼邪之术；二是外篇，讲的
是以儒家伦理为基础处理社会事务、家庭事务。葛洪坚持主张，道教对不
朽的修炼一定要以忠、孝、仁、信等美德为基础。他写道：“那些希望长
生的人必须努力积累善行，建立功绩，仁慈友爱地待人，并且践行崇高的
中道原则”（Ware，1966：116）。他断言，若不具备这些美德，一个人不 231
管多么辛勤地努力，都不可能达到不朽。

儒教与道教这两种传统经常结成联盟，目的是一起抗衡佛教。在唐代，道教升格为皇家宗教，同时道教的创立者老子（与皇帝的姓相同，即李）被尊奉为皇家的祖先。然而，即便是这样的改变也没能打破儒教、道教、佛教之间大致平衡的格局。道教学者探究的是“玄”“静”“修心”，这类详尽的阐述为宋代新儒学哲学的产生铺平了道路。儒教与道教之间的双向交流，随着新儒学的兴起和取得支配地位而加快。在“三教合一”折中主义以及承认儒教的主导地位的影响下，道教学者细致阐述了儒道两种传统之间的统一和相互补益，而且道教著作中采用的语言、论据、逻辑基本上与新儒学大师们采用的属于同一种风格。两大主要的道教教派分别是南方的天师道和北方的全真道，它们都致力于儒教与道教的统一。例如，明代初期的王道渊（生卒年不详）在新儒学学说和道教实践的整合过程中扮演了重要角色。他利用新儒学的体用理论来解释道教关于“性命双修”的理解。许多新儒学大师都强调体、用之间的统一和相互作用。邵雍认为“体用交而人物之道于是乎备矣”[①]，而程颐则主张“体用一源，显微无间”[②]（Chan，1963a：485，570）。王道渊继承了他们的观点，声称性命之间相关联的方式与体用之间相关联的方式相同，同时认为道只存在于性与命的整合中。但是这种整合如何能够实现？王道渊相信，通过新儒学之
灭绝欲望和克制人心的方法，他已经找到了答案。在养心方面，王道渊采
纳了新儒学的双重人性学说：天地之性或本性与气质之性或物性。所有人 232
都有天地之性，它是好的；使人变坏的是气质之性带来的污染。因此，王
道渊倡导净化人性，除去污染，以回归人的本性。王道渊还把新儒学的社

① 相关内容，参见：邵雍集．北京：中华书局，2010：6，561。

② 二程集．北京：中华书局，2004：582.

会伦理纳入道教学说，同时强调五常德（仁、义、礼、智、信）是世界的根本原则，而忠和孝是达致道教真理的途径（卿希泰，1993，第 3 卷：500－502）。

明代的新儒学学者总体上都受道教的影响。例如，王阳明有很长一段时间处在禅教和道教的影响之下。用他自己的话说，在他五十七年的生命历程中，有大约三十年的时间用于道教和佛教著作的学习以及精神上的修养实践。王阳明的弟子们所著的王阳明的传记记录了他很多次拜访道教大师。其中一次的记录说，在他结婚的第一个晚上，他独自一人去拜访一位道教大师，与之讨论养生之道，“遂相与对坐忘归”（《王阳明全集》，1992：1222）。在彻底转而致力于儒学研究之后，王阳明依然坚持使用道教理论来解释儒学的概念。例如，他使用道教的术语“神”“气”“精”来阐释他的良知学说：“夫良知一也，以其妙用而言谓之神，以其流行而言谓之气，以其凝聚而言谓之精。（安可以形象方所求哉?）”（Chan，1963b：133）。他认为，他的良知学说把握到了理解道教长生之术的关键。他的许多弟子都对从事道教精神修炼感兴趣。例如，王畿（1498—1583）遵循了道教的“内丹法”观点，以解释如何扩大“良知”：

> 人之所以为人，神与气而已矣。神为气之主宰，气为神之流行，神为性，气为命。良知者神气之奥，性命之灵枢也。良知致则神气交而性命全。（《明儒学案》，1992，第 7 册：289）

233 儒家学说作为国家意识形态，要求道教人士予以尊奉，而道教人士也乐意承认儒学的支配地位。在很多道教的庙宇中，受到敬拜的不仅是道教的神仙，还有儒学的大师，这已经成为一种传统。正如在北京白云观所见的那样，孔子、“四配”（颜回、曾子、孔伋、孟子）及朱熹都受到敬奉——他们的雕像竖立在文昌宫（或文昌殿）（见插图 11）。

三、儒教与佛教

儒教与佛教之间的关系更加复杂。这不仅涉及两种不同传统之间的互动，而且涉及本土文化与外来文化之间的相互转化。佛教在向中国传播的第一个阶段，主要是经由道教和儒教加以阐释与理解的。佛陀的形象被认为类似于道教的神仙和儒家的圣人，并且被供奉在黄帝和老子的旁边。等到佛教典籍有了更准确的译本，人们才开始注意到佛教学说与孔子学说、老子学说之间的差异和抵牾之处。儒家思想和道家思想在玄学发展过程中的整合使得儒家伦理融入道教教义之中。所以，儒教与佛教之间实现类似的调和便成为当务之急。佛教实践的灵活性帮助缓和了这一外来思想与中国本土文化传统之间的紧张关系。儒教对来自佛教的哲学上的、精神信仰上的挑战做出了回应，这促成了儒家学说的进一步发展。

按照东汉末的一位学者牟子（生卒年不详）的观点，早期针对佛教的辩驳是这样的，即佛教教义是一种宣扬轮回转世的异邦学说，违背了孝道，与儒家圣人的学说相比是一种劣等学说（Keenan，1994）。这样的争辩反映了儒教以家庭为基础的学说与佛教以轮回转世为核心的学说之间的差异。在佛教徒看来，此世的苦难是前世的报应；正是此世的所作所为预示着来世将要发生的事情。这与儒家的信念刚好相反。儒家认为，个人的生命只是从祖先到后世子孙这一世系链条上的一个环节而已（Nivison & 234
Wright，1959：71-72）。为了获得一种普遍的吸引力，佛教不得不对自己的教义进行调整，以便适应儒家的家庭伦理。这样，一种特殊的佛教的孝道学说得以创立并传播开来。按照陈观胜（Ch’en）的观点，这一学说的建立是从如下三个方面进行的：

> 第一，指出佛教经典中有大量经文是强调孝道的；第二，杜撰了一系列真实性可疑的、把孝道凸显为核心主题的文献；第三，声称佛教的孝道概念比儒家的孝道概念更优越，因为它的目标是普遍的拯救（将包括以前各种形式的一切祖先），而儒家的孝道仅仅局限于一个家庭。（Ch’en，1973：18）

为了强化其吸引力，佛教学者把对孝道的理解做了更深入的论证。他们认为，一个人若出家当了和尚或尼姑，可以为其祖先和父母积累功德。他们还辩称这符合儒家对孝道的要求——不仅要侍奉自己的父母，而且要带给他们荣耀、彰显祖先的美德。这类观点贯穿了中国佛教的整个历史，而支持这类观点的论据就是一些著作、文献、诗歌、戏剧等，其中大量地讲述一个和尚或尼姑如何借助于对佛陀的信仰来拯救自己的父母。佛教学者或佛教知识分子也出版了大量论文，来论证佛教和儒家在孝道观点上的一致性。例如，契嵩（1007—1072）写了一篇名为《论孝道》的文章，这被认为是对佛教的孝道学说最系统、最全面的探讨。契嵩以论述孝道的儒家经典为样板，坚持主张孝道是天地的根本原则，是一切戒律之首，是获得永恒幸福的途径。在他看来，“孝道为一切宗教所推重，但是佛教给予孝道的地位最为崇高”（赖永海，1995：91），另外“儒士以孝道为人性人情，而佛教徒则视孝道为神圣信仰。至高无上的、伟大的孝乃是佛教的孝道”（Ch’en，1973：49）。这样，儒家的孝道美德便成为佛教实践的首要目的。

儒士与佛教徒之间的论争涵括了许多领域。不过，其中最重要的一个领域是关于佛教实践的政治影响和社会影响的。儒士觉得佛教僧侣和寺庙
235 浪费了国家大量的人力、财力，这是让人难以容忍的，同时认为这造成了混乱和不安定。儒士反对佛教想要独立于君主和国家的要求，因为他们认为这严重破坏了国家的团结，并将削弱君主一统的权力。一些儒家学者论述说：在佛教传入之前，中国人过着安宁而和谐的生活；而在佛教传入之后，国家却时常处于混乱之中。按照这样的论证，很容易得出一个显而易见的结论，即生活的苦难是由佛教造成的，因为佛教的学说和实践损害或破坏了一切人与人之间的关系。儒士批评佛教的和尚和尼姑，斥之为寄生虫，因为和尚和尼姑既不耕田也不织布，他们还拒绝结婚，以至于浪费了他们的繁衍功能，这是一种违背自然的行为，一种剥夺国家迫切需求的人力资源的行为。儒士努力限制极端的佛教活动，佛教徒也努力适应儒家的政治，这样“佛教逐渐地适应了中国文化情境”，“佛教僧侣成为中国的国民，僧侣团体变成由国家官僚机构管辖的宗教组织”，佛教在政治上实现了中国化（Ch’en，1973：124）。这种转变的完成是以佛教僧人独立性的丧失为代价的，这导致了作为社会结构一部分的佛教的脆弱性。佛教在中国遭受过多次迫害，其中公元 845 年的那一次最为彻底、规模最大，当时有超过 4 600 座寺院被毁，260 500 名和尚、尼姑被迫还俗（Ch’en，1964：232）。

尽管受到佛教学说的影响，新儒学还是标志着中国思想者向自己传统的回归，呈现为一种对佛教的生活方式及学说的替代形式。佛教的空、无常、佛性让位于儒学的理、气、心、人性、圣。佛教的空学说——现象世界的本质是空无，被形而上学的理气哲学所取代。佛教的生死观为儒家人本主义所替代。儒家人本主义认为，人在活着的时候应该全心全意地付出，在死亡来临时就会保持平静。

236 由于新儒学的优势地位，宋明时期的佛教徒更加热切地改变自己以适

应儒家学说。天台宗的智圆大师把佛教的中道思想解释为儒家的中庸，并且称自己为“中庸子”。他指出，他的所有著作都是以儒家思想原则为基础的，因为若没有孔子的思想，国家就会失去秩序，家庭就会陷入混乱，而这将导致包括佛教僧人在内的所有人没有饭吃、没有房子住。儒家倡导人之个性品质的修养，佛教集中关注的是人心。它们的功能就如同衣服的里面和外面，二者相互依存（赖永海，1995：149－151）。禅宗大师行秀（1166—1246）的一位弟子即金朝（1115—1234）的宰相耶律楚材主张：统治国家要用儒学，而控制人心则要用佛教①。在元代以后，佛教僧人总体上依附于儒学体系。例如，袾宏（1535—1615）本来是一位儒家学者，后来转向了净土宗。他认为，佛教学说与儒家学说之间没有任何矛盾的地方，实际上它们是相互补充的，因为佛教可以做儒学不可能完成的事情，而儒学则可以表现佛教的教规。在他的二十位俗家弟子中，有两位在政治生活中取得了杰出成就，他们被记入了《明史》中的传记部分；有九位中了进士——科举体制中的最高学位（Ch'en，1964：439）。元贤（1578—1657）认为佛陀是彼世的圣人，而孔子是现世的圣人。他把孟子强调的人之本性比作佛教的真如（Ch'en，1964：439）②。

儒学在与佛教的接触中也获得了极大的益处。假如没有佛教，儒学也不会发展成我们今天所认识的这个传统。很多新儒学大师都对佛教学说感兴趣。就以周敦颐为例，他受到佛教同情心和博爱精神的影响如此之深，以至于他连窗台前的草都没有割去，尽管他宣称他这么做不是考虑到佛教的杀生有罪观点，而是出于观察生物成长和繁育的动机（Bruce，1923：29）。周敦颐把佛教的经典《妙法莲华经》（即《法华经》）与《易经》中的一个卦（艮卦，表示“保持静止”或者“停止以世俗之物为乐”的意思）进行了对比，并且采用佛教中莲花的象征来解释他的理想人格，“出淤泥而不染，濯清涟而不妖”（Chang，1958：139－140）。总体而言，新儒学是在佛教背景下形成的，正如陈观胜所断言的那样，“虽然新儒学学

① 耶律楚材（1190—1244）提出“三圣真元本自同，随时应物立宗风。道、儒表里明坟典，佛祖权宜透色空”的道、佛、儒三教同源说。后来他又提出“以儒治国，以佛治心”说。因受其师行秀（万松老人）责备而辩解称“尊儒抑佛”为“行权”。（湛然居士文集. 北京：中华书局，1985：1-4）

② “真如”是梵文 Tathatā 的意译，也译作“如”“如如”，早期佛教经典中译作“本无”。意为事物的真实状况、真实性质。佛教各个宗派从不同角度也称作“性空”“无为”“实相”“法界”“法性”“佛性”等。（张岱年. 中国哲学大辞典. 上海：上海辞书出版社，2010：279）

者采用的术语取自儒家经典，但是他们是根据占支配地位的佛教思想氛围对这些术语进行解释的；如果不熟悉那个时代流行的佛教观点，那么新儒学思想体系便是难以理解的”（Ch’en，1964：471）。

儒家宗教实践有四个方面在佛教的影响下得到了重塑。第一，孔庙中的儒家圣贤和学者的序列受到了大乘佛教信徒对菩萨、阿罗汉及其他圣人的敬拜的影响。以佛教寺庙为样板，孔子及一大批儒家的贤人、学者的雕像被竖立在孔庙中，这一改变不同于儒家经典中记载的古代礼仪。按照经典的记载，只有数量有限的重要人物以牌位的形式被放在庙中。第二，孔子及儒家的贤人受敬奉的形式类似于菩萨。虽然儒教的祭拜依然遵循古代礼仪，要奉上祭品，但是它们的内容和形式在佛教礼拜的影响下已经发生了微妙的变化与调整。第三，儒教的朝圣和圣地反映了佛教关于神圣场所的理解。到这些圣地朝拜成了儒教的一个特征。第四，新儒学关于冥思的理解和实践、它的精神修养、它的圣的观念，都明显地借鉴了禅宗佛教的实践和学说。

四、儒教与基督教

儒教与基督教的第一次接触可能发生在唐代，当时一些景教徒经由波斯来到中国[①]。这一情况的证据就是一块刻有文字的石碑，即《大秦景教流行中国碑》，它立于公元 781 年，出土于 1625 年。按照由景教牧师景净
238 （Adam）撰写的碑文记载，一位名叫阿罗本的叙利亚教会教士率领一批传教士于公元 635 年抵达唐朝首都长安。他在长安受到了宰相的欢迎，随后得到了皇帝的召见。三年之后，他们在长安建立了一座寺庙，称为大秦寺或“波斯寺”。聂斯脱利派基督教被称作景教，它是一个著名的教派，但是许多人把它看作佛教的一个教派。在中国人当中，牧师被叫作僧（和尚），教堂被称为寺（庙），上帝被称作佛（佛陀），而先知、使徒、天使、圣徒都叫作法王。大家知道，基督教的标志是“胜利的十字架”，但是它时常被画在莲花（佛教的符号）里。景教不仅密切地联系着佛教，而且与儒教关系紧密。有明显的证据表明，景教的教义被特意做了调整以适应儒家伦理。例如，在《圣经·以赛亚书》的翻译中，十诫的表述方式是这样的：前四条诫命被概括为“人必须荣耀和敬畏天父”，而其余六条的核心

① 中国景教的情况，参见：朱谦之. 中国景教. 北京：商务印书馆，2014。

则在于孝道。景教徒把侍奉君主、侍奉父母及侍奉上帝结合在一起，形成了对信众的三位一体的要求。为了适应儒家的政治要求，他们遵循了中国人的礼仪，包括：在皇帝面前拜伏在地，在敬拜场所竖立皇帝的雕像（董丛林，1992：19－20）。据说，除了其他已经确立的宗教如道教、佛教和摩尼教之外，景教兴盛于全国已有大约两百年。然而，到了唐代末期，国家对外来宗教的宽容程度日益降低，在儒士的鼓动下出现了要求抑制“异族宗教”的呼声。公元 845 年，佛教遭受迫害，景教和其他所有外来宗教也遭到取缔。据记载，有 2 000 名景教传教士遭到驱逐。

有一些证据表明天主教出现在元代的中国，不过这一接触并未给儒教留下重大的影响。基督教与儒教下一次的真正接触直到 16 世纪才发生，当时耶稣会传教士与儒家学者相遇了。这些传教士中最著名的一位是利玛窦，他致力于儒家经典的钻研，并把儒家的四书翻译成了拉丁语。利玛窦 *239*
把主要精力用于与儒家知识分子和官员交往，并且专门对基督教学说进行了调整，以便适应中国的习俗和文化。他也向中国人介绍西方的科学和技术，如天文学、数学、地理学和机械仪器。通过这些方式，利玛窦在宫廷和上层阶级获得了良好的声誉。许多儒家学者或官员都钦佩于他对儒家经典的了解以及他对孔子、儒家圣人的敬重。利玛窦做的最重要的一件事就是“对基督教进行了‘调整’，以至于中国的皈依者看不出调整后的基督教与儒教有什么区别”（Young，1983：26）。在他的名作《天主实义》（*The True Meaning of the Master of Heaven*）一书中，利玛窦开篇写下了如下的话，容易让人联想到儒家经典《中庸》：

> 平治庸理，惟竟于一，故贤圣劝臣以忠。忠也者，无二之谓也。五伦甲乎君，君臣为三纲之首。（Ricci，1985：57）

利玛窦认为儒教与基督教在根本上是一致的：“当我们细致地审视它们的著作时，我们发现它们当中很少有违背理性之光的东西，多数都是符合理性的，它们的自然哲学家是首屈一指的”（Gernet，1985：28）。不管这种理解是否被认为与基督教学说相符，利玛窦确实让他的学说受到了中国知识分子的青睐，由此给儒教引入了一种新的因素。《圣经》和儒家经典之间的这种契合，促使一批杰出的儒家学者皈依了基督教信仰，其中最著名的是徐光启（1562—1633）、李之藻（1565—1630）和杨廷筠

(1557—1627)。他们皈依基督教，有信仰的因素，但根本的原因是他们试图利用基督教来改造儒学。他们寻求摆脱汉宋儒学的框框，消除佛教对儒学的污染，并且要求恢复早期的经典传统。他们认为，通过借助基督教信
240 仰中的观点，这是可以实现的。徐光启清楚地表达了这一观点，他说利玛窦的《天主实义》一书的意图是“消除佛教的影响，完善知识界的规则”（Covell，1986：54）。

在明代末期的中国，思想趋势接近于这样一种信念，即一切宗教、学说、传统在本质上都是一致的。儒教与基督教之间的联系正是在这样的框架下建立起来的。学者们认为，不仅中国的三种教义或学说具有共同的目的——“确立唯一的、相同的宇宙原则”，而且它们“与传教士的学说是完全一致的”（Gernet，1985：33）。很多儒家学者都秉持这样一种观点，即基督教的“学说与周公、孔子的学说是相同的”。在基督教信仰与儒家信仰共同秉持的这些观点中，儒家学者认为“恰好属于儒家学说”的一点就是“人必须事奉天且敬畏天”。这些学者把这种理解作为一个新的激励，可以让人们更严密地遵循孔子的学说。曾经甚至有这样的表述，“在中国，自孔子之后效仿孔子就不再可能了。天主学说传入之后，教育人们要正确地行事，由此促使人人都效仿孔子”（Gernet，1985：35-36）。皈依了的基督徒是按照他们的儒家观念来理解他们的新信仰的。在利玛窦的《天主实义》1628年版的序言中，李之藻坚定地认为这本书包含了一种优秀的道德学说，这一学说“在本质上要求，人们要对自己的过错表示忏悔，重新发现责任的内涵，即义；要抑制自己的欲望，在自己的内心保留完美无损的人性的内涵，即仁”（Gernet，1985：37）。

然而，基督教传教士与儒家学者型官员之间的彼此协作和相互欣赏，实际上并没有持续太久。大部分儒家学者很快就发现了两种学说之间的根本性差异。例如，王夫之批评了利玛窦，因为利玛窦“背弃了祖先，转而支持邪恶的鬼”；他还指出，尽管利玛窦用充满技巧的语言装饰了他的理论，但它们依然“是我们所称的夷人的观点”（Gernet，1985：69）。另一位学者指责基督徒混淆了真理和谬误：“我们古代的圣者或圣人怎么可能会为了专注于获取上天的恩惠而放弃修养自己的美德呢？不过还有更糟糕的是：夷人所认为的善和恶，与我们的圣者或圣人所表达的善和恶恰恰相
241 反”（Gernet，1985：168）。同时，其他基督教派别以及罗马教廷已经对儒家传统失去了耐心和宽容。关于天、天主这一类术语的理解和翻译充满

了争议；另外，关于祖先崇拜的性质、孔子崇拜的性质，以及谁对中国境内的传教活动拥有管辖权的问题，儒教与基督教之间发生了冲突。教皇于1704年和1715年两次发出命令：禁止中国的皈依者参与祭孔和祭祖活动。这造成了中国朝廷与罗马教廷之间的分歧，进而促使清朝康熙皇帝关于基督教传教士的活动的政策发生了逆转。1720年，一道敕令颁布，声明："今见来臣条约，竟与和尚道士异端小教相同。彼此乱言者，莫过如此。以后不必西洋人在中国行教，禁止可也，免得多事"（方豪，1959，第5册：140）[①]。这标志着儒教与基督教之间的这场伟大相遇画上了句号。

欧洲和美国的基督新教传教士于19世纪早期抵达中国。为了促进《圣经》的翻译，他们发现有必要学习儒家经典，其中一些人采用儒家学说作为参考框架，来介绍基督教的福音。孔子和孟子被用来解释基督教的信条，许多宗教小册子利用儒家的人性、命运理论进行阐述：尽管上帝创造人类时人都是"善的"，但是人类祖先犯下了罪，堕落了，因此每个人都有待完善。理雅各（1815—1897）是一位苏格兰长老派（Presbyterian）的传教士，他投身于一项巨大的工程，即把儒家经典系统地翻译成英文。在理雅各看来，"儒教不像佛教和婆罗门教那样与基督教是一种对立关系。它既不是佛教那样的无神论，也不是婆罗门教那样的泛神论"（Lee，1991：13）。理雅各的翻译在把儒家经典介绍到西方的过程中，以及在开启儒士与基督徒之间的对话方面，具有极大的价值。另外，19世纪中期基督教学说给席卷全中国的混乱和不安添加了一个新的因素，并且导致了一场武装运动，其目标是在人间建立一个天国的乐园，它几乎摧垮了清王
朝。这场运动就是著名的太平天国运动，其领袖是洪秀全，他建立了一个 242
短命的天朝。在科举考试失败之后，洪秀全因为一些基督教新教的宣传小册子而被基督教信仰所吸引，而且他通过把基督教信仰与儒家伦理结合起来，创造出了一种新的信仰。他号召挨饿的、受虐待的人们借助太平上帝的力量来建立一个平等的社会。上帝被确认为父亲，耶稣被确认为上帝的长子，洪秀全被确认为上帝的次子，洪秀全的将领们被确认为上帝更年轻的儿子。在传播福音的热情之下，洪秀全废除了儒家学说，下令所有的儒

① 该禁令的背景是18世纪初的"中国礼仪之争"或"中西礼仪之争"，这是儒家文化传统与以基督教文化为主的西方文化传统碰撞的重要事件。详细参见李天纲的《中国礼仪之争：历史、文献和意义》（上海古籍出版社1998年版）。

学书籍都要焚毁，同时孔庙和牌位都要摧毁。他命令重新编纂儒家经典以适应新的信仰。当然，这些措施并未得到彻底的落实，并且洪秀全的新政策实际上是对儒家道德规范的修正，而不是完全的背离。例如，他坚持主张对父母的孝与对天父的孝是一样的。这种对儒教与基督教的折中的融合同时受到儒教与基督教的批评。由于清政府、地方士绅将领和西方军事力量的结盟，太平天国运动最终被镇压下去了。

19 世纪末 20 世纪初，儒教与基督教之间出现了一种崭新的关系。总体而言，在大多数新皈依的中国基督徒眼中，这两种传统之间存在一定程度的一致性，正如李景雄所观察的那样，“大多数学者型的中国基督徒承认他们受到儒教的影响。你几乎找不到一个中国基督徒是完全否定儒教的。不要说否定，甚至对儒教的批评在中国基督徒当中都是不常见的”(Lee，1991：16)。许多中国的皈依者利用儒家的哲学和伦理来重新表述基督教的观点。与此同时，与西方基督教世界的接触成为一种强大的驱动力，促使植根于儒家传统的人们重新审视自己的传统。这种双重性的传统给 20 世纪的现代儒学造成了严重影响。所有当代的新儒学学者都不得不面对儒家传统与基督教传统之间的相容性和不相容性带来的挑战。虽然新儒学学者承认儒家可以向基督教传统学习，但是他们也指出这两种学说之间具有根本性的差异。牟宗三在与中国年轻一辈基督徒的对话中曾经评论道：

> 243 不能坚持说只有一个人是基督，其他人只能做基督徒。你若要否定“一切众生皆可成佛”，“人人皆可以为圣人”，这样我们不接受。为什么一定要通过基督呢？……耶稣也不过是个圣人，为什么必须通过他，始能得救呢？为什么单单耶稣可以直通，我们就不能呢？……如果说基督不是人转化成的，一定是上帝派遣下来的；人人不能做基督，人人只能做基督徒，这样一来，就不能和中国文化的教义形态相适应，当然就要产生相互排拒性。(《鹅湖月刊》，no.3，1997：3)

当代儒家学者、中外儒学研究者及海内外中国哲学或汉学研究者，大多数都意识到儒学与基督教之间进行对话交流的必要性。正如刘述先强调的那样，“当代新儒学与基督教之间的对话并不意味着从一方转向另一方，而是为了扩大视野，以便从对方那里汲取一些价值、经验及洞见”（Lee，1991：68）。除非我们在20世纪儒学的存续和创新这一更广阔的背景下来理解儒学与基督教之间的对话，否则我们便不可能充分理解这种对话的价值。为了评价当代知识分子在调和这两种传统方面做出的努力，我们必须考察当代中国及东亚其他地区的思想趋势，同时探究儒学学者构建的主题以及就这些主题发展出的新观点。这将是我们最后一章的首要目标。

问题讨论

1. 我们如何理解儒家的祭天？它是有神论的崇拜吗？

2. 我们在何种意义上才能说祖先崇拜是儒家传统的根基？

3. “尽管孔子有着巨大的影响力，但他是否在任何时候都受到无数人的崇拜是存疑的……孔子并不是全体中国人的守护神，而是中国社会中一个特定阶级的代言人”（Shryock，1966：224）。你同意吗？如果同意，为什么？

4. 儒家为学的精神意义是什么？

5. 我们如何辨识儒家的修养与佛教/道教的冥想之间的不同？ 244

6. “三教合一”学说是如何被接受并作为论述中国不同宗教传统的最好学说的？

7. 我们能够从历史上儒教与基督教之间的对话中学到些什么？

第五章　儒学及其现代发展

245 儒学的现代纪元开启于对西方力量的挑战做出的回应。西学的冲击加上中国内生的危机，一起促成了近代中国反传统思潮尤其是反儒思潮的发轫。放眼整个受儒家传统影响的东亚，儒学的现代适应和现代发展正是在“反儒”与“尊儒”此消彼长的张力中曲折前进的。当然，相较于儒学在传统社会的主导地位，儒学在现代社会的整体影响力已然处于式微的历史进程中。

近代中国儒学学者同韩国的很多儒学学者一样，曾一度在情感上沉浸于传统中，坚守着传统，没有能够像日本的儒学学者那样率先对现代性做出迅速而理性的反应，因而严重迟滞了中国和韩国在 19 世纪后半叶的现代化进程。儒学背负着教条主义的包袱，伴随着极端的道德主义，同时被指责要对现代时期东亚在智识、政治、社会等方面的失败负责。儒学就在这样的背景下步入了 20 世纪。

总体而言，儒学在东亚易遭攻击的处境，直到 20 世纪 70 年代的快速工业化带来了文化自信和对传统价值观的需求，才得到了改观。自从那时起，越来越多的民众、学者和政治家都断言文化属性乃居于现代性的核心地位，由此开始更积极地重新思考传统，并且要求找回丢失的文化认同。在考察经济进程和政治进程中的文化因素时，他们发现东亚虽然是一个在经济和政治上充满差异的区域，但是它却拥有一个由儒家价值观提供的共同的文化背景。他们也慢慢意识到，儒学作为“儒家世界”共同拥有的文化，可以成为促进经济、文化发展的积极的、进步的、有价值的因素。在热切寻求“文化之根”的过程中，儒学成为焦点，再一次与人们的生活息息相关。

我们进入儒学新纪元了吗？或者换句话说，儒学复兴成为一个当代传 246
统了吗？关于现代儒学的问题没有现成的答案。儒学的现代意义和生命力不在别处，就在于它帮助人们理解和解决所遇问题的能力。现代儒学学者必须勇敢地应对挑战，即要回答科学和民主提出的所有问题，同时要弄明白如何在现代生活的背景下让儒家价值观重新焕发活力。

中国或者所谓的“中华世界”过去是以后仍将是现代儒学的主要源头、儒学变革的原动力及儒学未来的开辟者。因此，在这最后一章我们对儒学现代意义进行的考察和探讨，将以中国学者在更新和变革儒学传统方面做出的努力为基础，同时对韩国、日本的儒学学者已经取得的进展和正在做的工作给予关注。

循着儒学在现代纪元中的浮沉，我们将首先考察主要的现代新儒学学者做出的贡献，然后回顾现代新儒学研究的关键问题，并对现代儒学迄今为止面临的问题和遇到的挑战进行评价。最后，我们将再一次审视儒学留下的文化遗产、道德遗产和精神遗产，由此推测儒学未来在以下一些问题上可能具有的价值：儒学如何能够帮助构建一个文化多元化的现代社会，其中属于不同文化的人们将学会彼此共存，同时理性地承认彼此之间的差异？儒学怎么才能甩掉自身的消极因素，同时强化自己的积极作用和正面价值，以便在 21 世纪实现真正的创新性发展和创造性转化，从而在现代社会具有更强的适应性和影响力，最终为东亚社会乃至其他社会做出独特的贡献？

第一节　儒学：存续与创新

现代儒学已经经历一个漫长的存续与革新的历程，其开端可以追溯至明代末期。儒学作为一种社会的、文化的、精神的传统，一直经历着持续不断的变革，这既是它的力量之源，也是它的生命之基。然而，19 世纪西方文化的传入从根本上否定了儒家学者所偏好的自我变革和自我调整。儒家政体的崩塌意味着旧儒学已经过时，要想生存儒学就必须更加快速地、更加根本性地对自身进行变革。在反传统的社会思潮下，儒家学者被

247 迫进行痛苦的灵魂剖析和深刻的自我反思，不得不解答这样一些问题：为什么儒学会丧失政治的、宗教的及文化的影响力？儒学是否还能维持其道德影响力和精神影响力的基础？那些对传统怀有深厚感情的学者开始调整方向、改弦易辙，于是儒学开启了向“现代新儒学”这个新纪元的过渡。现代新儒学学者试图在新的背景下对儒学进行“现代化”，其方式就是通过创造一种文化空间和一种真正的可能性，使得儒家的人本主义在现代的东亚发生创造性转变，从而成为一种活的传统（Tu，1996b：19）。

一、儒学步入现代

从明末到清初，儒学大体上是早期新儒学的延续和调整，例如钱穆先生的“儒学六期说”大抵持这种观点。很多学者发现程朱理学和陆王心学两派皆存在缺陷，因而试图调和它们以构建一个更好的体系。其中一些人，如顾宪成，想要通过强调程朱理学的治学来克服心学学派的“空疏无根”——过分尊德性而忽视道问学；另一些人，如黄宗羲，则采取了另一条路径，试图通过提升陆王学派的修身之简易功夫来纠正程朱学派的“皓首穷经”——沉溺于道问学而架空尊德性。

求助于古人是清代主流学者的一个标志。例如，顾炎武（1613—1682）和魏源（1794—1857）由于对宋学不满，所以决定回到汉学，认为：宋学破坏了儒学的精神，理学是一种“伪学”，经学才是恢复儒学价值的真正途径。王夫之、颜元（1635—1704）和戴震（1724—1777）甚至走得更远：儒学如果不是在秦汉之前也至少是在秦汉期间就遭到了破坏，此后的学问不再是真正的儒学，只是“伪儒”。颜元认为儒学之道存在于经典中，从汉代至今产生的经典注解是传播圣贤之道的手段，但它们本身
248 并不构成道。那些牌位被置于孔庙中的宋明儒学大师只是对经典的注解而不是对儒学之道做出了贡献。他们对儒学的理解受到了佛教和道教学说的污染，成为困惑和混乱的源头。在颜元看来，宋明儒学只不过是道的僵化形式，误导了民众，削弱了国家。因此，他得出结论：新儒学大师并不是尧、舜、周公、孔子的真正传人（Fung，1953：633）。

清代把儒学的宗教性、政治性维度提升到前所未有的历史高度，一方面强化了程朱理学的正统地位，另一方面残酷压制任何关于儒学的新解释。这就造成了清代学术的另一个特征：由于不能做任何反对政治体制的事情，儒家学者便投身于考据学（即考证学或朴学），以驳斥或修正宋代

大儒们确立的过度理论化的学术。程朱学派和陆王学派都深入探索了儒家经典中的道德意义，但是在此过程中两派没有考究圣人之言的哲学依据。杰出的清代学者，如戴震、章学诚（1738—1801），认为只有正确理解了经典中的字词和语句，才能引导人达致真正的道，他们开启了一个漫长而艰辛的学术历程：对所有的儒家典籍和注解进行批判性的重新审视。这种试图为典籍中每一句话提供坚实牢固之基础的愿望，造就了一大批哲学的、历史的、文本的注疏，所有这一切都极大地促进了有关经典文本方面的知识的拓展，增加了经典文本的可靠性。

考据学学者并没有把注意力局限在儒家经典上。他们也极为关心如何把儒学用于改善人们的生活。自汉代纪元开始，大多数儒家学者都不大关心人们的物质需求，他们更热衷于仁和义的自我培养与自我提升。董仲舒主张“正其谊不谋其利，明其道不计其功”（《汉书》，1998：2524）。程朱学派号召用心读书、下学上达，而陆王学派则强调发明本心、德盛仁熟。249 为了反对这种要么片面关注纯粹的学术研究、要么片面关注纯粹的内心反省的学说，陈亮（1143—1194）将其学说的宗旨确立为追求社会实效，即事功之学。尽管这一方向的调整在他那个时代并未产生太大的政治影响和学术影响，但是陈亮的学说却影响了清代的学术。在清代的学术环境中，那些致力于儒家经典的考据和注疏的学者，都怀有对“社会中的人”的实际利益的关心。在这些学者的观念中，行动比言语更重要，研究文献的目的就是更有效地服务于实际生活，而修身的目的则是恰当地治理国家。儒学必须是一种具有时代效用的学说，正如李颙（1627—1705）所主张的那样，“儒者之学，明体适用之学也”（Birdwhistell，1996：81）①。李颙不赞同朱熹把《大学》中的“格物”解释为在理论上“探究事物”，而是坚持认为“格物”表示要“亲自去实践某一事”，即践行“明明德”“亲民”“诚意”“正心”“修身”“齐家”等（Fung，1953：634）。王夫之在哲学层面强调儒学之道的实践方法。他反对把道和器割裂开来，认为“无其器则无其道”（Fung，1953：642）②。这一“新学问”不仅促进了韩国、日本的“实学”的兴起，而且从根本上影响了后来中国儒学学术的发展。

---

① 详述参见：二曲集．北京：中华书局，1996：48，120。

② 参见：王夫之．周易外传．北京：中华书局，1977：203。

中英第一次鸦片战争（1840—1842）迫使清廷向世界敞开了大门，这一残酷的现实促使许多儒家学者去寻求克服中国的劣势和弊病、增强国力的方法。魏源提出了“师夷长技以制夷”，之后这个主张几乎得到了所有主流儒家学者的支持。学习和介绍欧洲文化成为一股强大的潮流。虽然承认儒家传统中存在着严重的问题，但大多数儒家学者依然坚定地认为真正的解决之道还在儒家学说之中。对他们而言，儒学是文化的本体，而西方的科学和技术仅仅是功用而已，科学和技术之所以值得借鉴，只是为了弥补儒学的不足，即所谓“中体西用”。

250 无论如何，曾经自信的儒家学者，面对西方实力的强大和中国令人感到耻辱的落后，陷入了深深的困惑之中。这种感觉导致许多年青一代的学者对传统的价值观持批判和怀疑的态度。对知识分子而言，国家的政治改革和儒家学说的革新都迫在眉睫。这些知识分子呼吁摒弃正统的宋学，以便从西方求取“新学”(如西方的科学、哲学等)。廖平（1852—1932）、康有为（1858—1927）及其他学者重新发起了古文经学学派与今文经学学派之间的论争，并且倡导借助汉代的今文经学进行改革。康有为在其流传广泛的著作《孔子改制考》中，把兴起于春秋时期的各哲学学派的所有大师都描述为宗教传统的创立者。在这些创立者中，孔子最具影响力、最为成功，他是制法之王，是新王，是素王，是文王，也是圣王（《康有为全集》，1992，第3册：224）。康有为又确认说，孔子通过改良早期的儒的传统，实际上创立了儒学，开启了中国历史的新纪元。孔子创立的儒学不同于之前三代（夏、商、周）的任何一个体系，也不同于后来汉代古文经学学派伪造的学说体系。通过所谓的考据，康有为讲了个故事，来说明孔子是如何改良古老文化的，是如何为人们树立典范的，以便帮助他们改革制度，使之能够服务于他们那个时代。有一段时间，要求把儒学确立为国家宗教的呼声响彻南北，其目的是要使儒学之于中国，就如同基督教之于西方一样，具有同样的地位。在改良后的学说体系中，孔子被视作神灵般的存在，具有耶稣、佛陀一样的地位，仿佛他来到这个世界就是为了通过编纂和传播经典来改良制度的。这样，按照改良派学者如康有为、谭嗣同（1865—1898）的理解，儒学被认为是这样一种学说：它可以独立引领中国人从“混乱时代”走向“大同时代”，即从“据乱世”到“升平世”再到“太平世”。今文经学学派的学者没有把中国带出深渊，1898年的政治改良即戊戌变法仅仅维持了103天，史称“百日维新”。

与今文经学学派进行论战的是古文经学学派，其中的代表人物如章炳麟潜心研究《左传》，以抗衡古文经学学派的《公羊学》研究。章炳麟批评康有为代表的今文经学学派“狂悖恣肆，造言不经”。有鉴于近代中国社会所遭遇的危机，两派共享一个突出的特征：转向传统思想资源而重新阐扬经典，最终目的皆不是复古、泥古，而是革新求变以应对危机。正所谓“旧瓶装新酒”，两派当中的很多学者都在经典阐释中吸收了近代西方自然科学中的新知识和人文学科、社会政治学科中的新思想、新理念。与今文经学学派的康有为的改良路径不同，古文经学学派的章炳麟走向了革命道路。章炳麟资借《易经》《春秋》《左传》等著作中的“汤武革命”“夷夏之辨”等相关论述，写出《正疆论》《儒术真论》等文章，又融汇西学（“夷学”），最终强化了自己的革命思想和理念。 251

除了今文经学学派和古文经学学派的“托古-出新”改制之外，还有一批学者尝试以其他方式对儒学进行现代化。严复（1854—1921）及很多其他学者把西方的哲学著作翻译、介绍到中国，其中最具影响力的是赫胥黎（T. H. Huxley）的《天演论》（*Evolution and Ethics*）、亚当·斯密（Adam Smith）的《原富》（*The Wealth of Nations*）及孟德斯鸠（Montesquieu）的《法意》（*L'Esprit des lois*）。具有讽刺意味的是，这些译作以及很多其他翻译作品很快就变成了攻击旧传统的新的强有力的武器，这标志着儒学已经到了另一个至关重要的关口。儒学与西方传统之间的对抗和妥协构成了儒学革新、发展的背景。

二、现代儒学的兴起

20 世纪的开启给儒学同时带来了希望和悲观。儒学被深深地卷入了两股政治势力的争斗之中，其中保守派和改良派都出于自己的目的对儒学加以利用。在悲观甚至绝望的情绪弥漫整个儒学界的情况下，在民国混乱的形势中，关于儒学的价值和功用的争论激烈地进行着。过去的改良主义者，如康有为、严复和梁启超（1873—1929），反对共和并且发动了一场尊孔运动以恢复儒学的支配地位，在这个意义上他们变成了新的“保守主义者”。这场新的保守主义运动号召读经，同时要求把儒学重新确立为国教。他们的观点被那些试图恢复帝制的人（复古派）用作集会的口号，而且不幸的是，正好迎合了袁世凯（1859—1916）的称帝企图。近代尊孔思潮的兴衰变化，紧密地联系着不同群体（如孔教派、北洋政府、在华外国人等）的利益诉求，而不同尊孔流派一起构成了近代中国儒学变迁的影响因素①。

在社会剧烈变迁的背景之下，很多杰出的知识分子看到儒学有这么多问题，都表现出了某种程度的同情，并且用更具建设性的态度来对待儒学。一方面，他们批评儒学把人们变得麻木、把学术弄得死气沉沉（章炳麟，1976：250），同时建议用“真理”取代孔子这个偶像，把“真理”作为中国人至高无上的指导者：“吾爱孔子，吾尤爱真理”（梁启超，见Chow，1967：300）。另一方面，他们投入大量精力进行儒学研究，包括编纂和注解儒家经典，比如章炳麟就是如此，他成为一位著名的现代经学大师。

252 在1911年辛亥革命推翻清政府之后，一场声势浩大的反儒运动展开了；儒学被指责要对中国的一切弊病负责，并且被视作中华民族前进的障碍。“打倒孔家店”② 成为五四运动（1919年）中激动人心的口号。这场运动是由激进的自由主义者领导的，比如陈独秀（1879—1942）、易白沙（1886—1921）、李大钊（1889—1927）和胡適（1891—1962）等。这场运动的宗旨是要确立一种排除了儒学的新文化，以及建立一个新的“科学、民主”的中国。除了这些政治改革者之外，一批由顾颉刚（1893—1980）领导的学者引导了一种新的学术风潮（“疑古”），即把儒家传统置于被质疑的境地，同时用批判的眼光仔细检视整个古代历史，尤其是儒学历史和儒家经典。他们对经典的研究终结了历经两千年的经学。与此同时，他们对儒家传统的否定引发了其他一些著名学者的强烈反应，很快就开启了一个儒学新时代。从学术的角度看，现代新儒学的诞生既是对激进的反传统主义做出的合理回应，也是一场自觉的运动，其目的就是重新确立儒家生活之道在现代的价值和精神。

现代新儒学学者声称他们的研究连接着早期的传统，目标是在现代复兴两个传统主题：如何统一内圣和外王，如何统一道德秩序和自然秩序。熊十力（1884—1968）、梁漱溟（1893—1988）、冯友兰（1895—1990）、钱穆（1895—1990）、张君劢（1887—1969）及贺麟（1902—1992）等，无法一一列举，他们是这一新趋势的杰出引领者；他们的研究构成了20

① 张卫波．民国初期尊孔思潮研究．北京：人民出版社，2006.

② 朱维铮教授认为“打倒孔家店”是不准确的说法，其中的“打倒”应为“打”，而且实际上要“打倒”的是“朱家店”（僵化、纲常化的官方朱子学对思想的桎梏）。

世纪第一阶段的儒学。

就重新诠释儒家学说时所采用的基本原则而言，这些现代早期的杰出儒家学者大致可以划分为两个相互关联的派别：现代新心学学派和现代新理学学派。前一派的代表人物是梁漱溟、熊十力和贺麟，他们继承并发展了陆王心学，将之与西方的各种生命哲学或佛教的唯心论结合起来，创立 253
了一种“新心学”。后一派最著名的代表人物是张君劢和冯友兰，他们的学说源头可以追溯至程朱理学，同时结合了西方的各种理性主义哲学，形成了“新宋学”或“新理学”。

熊十力主要是受益于佛教唯识学的影响，其特点在于对意识的精妙理解。事实上，熊十力本人曾经致力于研究无著（Asanga）和世亲（Vasubandhu）的学说，向内探求真我和真心，后来才放弃佛学而转变为一位儒学拥护者。这种转变之所以会发生，是因为他发现他的内在体验与儒家经典中的记载完全一致。另一位新心学学者梁漱溟强调直觉的心。熊十力不同于梁漱溟，他更多地突出理性的心的重要性。沿着陆王学派的理路，同时把佛教的唯心论融入自己的思想，熊十力创建了一种以心为终极实在的体系。在他看来，心不仅具有认知能力，而且具有行动能力，知与行的统一对于任何理论思考或实践工作都具有根本性的意义。心对自身的展现是一个创造性过程，其中彻底超越了外在与内在的区分。作为终极的实在，心等同于仁，等同于天、地、人及万物共有的原初的实体。心保卫并支配着身体和经验。作为仁的本体，心是一切化生的源头，是一切存在的基础。除非心得到充分探究、仁得到充分实现，否则社会改革便不可能成功。他坚持认为，要想复兴中国文化，必须重新采用并实践儒家的人生观。这种对儒学的深爱和对儒家价值观的完全认同，让熊十力从一位学者转变成一位忠实的信徒。在生命的最后几年，虽然儒学遭到取缔，但熊十力依然没有放弃自己的信仰。他的墙上挂着分别写有孔子、王阳明、王夫之的名字的书法作品，这三位是他最崇敬的精神导师，他觉得每当看到这些“灵位”，他就会获得力量和勇气（熊十力，1996：11）。

熊十力的《新唯识论》一书赢得了儒学界的巨大热情，同时也遭到佛 254
教徒、西化知识分子及马克思主义者的强烈批评。该书是 20 世纪儒学最具代表性的著作之一。他的信徒和学生，如唐君毅、牟宗三和徐复观，继承了他的学说，并且开辟了现代新儒学的第二阶段。

20 世纪 30 年代到 40 年代，冯友兰出版了大量著作和文章，以倡导一种新形式的新儒学。在被称为“贞元六书”的系列作品中，冯友兰继承并发展了宋明时期的理性主义传统，重塑了程朱学派的理性主义学说，借助西方的新实在论创造出一种新型的理性主义儒学。不像其他儒学学者如梁漱溟和熊十力那样，从根本上拒绝和否认西方哲学对儒家学说的影响，冯友兰坚决主张西方哲学可以被用作批判与重建儒家形而上学、道德哲学和社会哲学的工具。这一思路使得他不是简单继承（“照着讲”）宋明时期的新儒学，而是能够对之做出进一步的发展（“接着讲”）。冯友兰的形而上学学说体系源自理性主义儒家学说与西方实在论哲学的结合、会通，其中后者的范畴和方法论是用来改造与阐释前者的。这一形而上学体系的核心在于“理”“气”概念，即处于和谐、交互关系中的一般（或普遍）存在和具体（或个别）存在。在把这种理解应用到家庭事务和社会事务中时，冯友兰分析说，中国与西方的冲突是一种古代与现代的冲突，双方之间的差异在于前者是一个以家庭为基础的社会，而后者是一个以共同体（社区）为基础的社会。改造传统文化并使之适应现代中国的途径是工业化。自然和社会是人类生存、活动的地方，形而上学的、道德的原则必须在日常生活中予以执行。人之为人，一定要明白个体与社会之间、人类与宇宙之间的恰当关系，对前一种关系的恰当理解帮助人成为一个完美的人，而对后一种关系的恰当把握则引领人达致与天、地的合一，在这种合一中儒家的圣人境界将会展现出来。

255 冯友兰对儒学的系统表述给 20 世纪的儒学研究造成了巨大影响。冯友兰的名作《中国哲学史》在西方儒学、中国哲学、汉学等研究领域都具有广泛的影响，成为很多学者和学生必读、必备的参考书。冯友兰对儒学的具体理解和对中国哲学史的总体把握，已经在很大程度上塑造了西方学生和读者对于儒学的认知。然而，1949 年之后主要由于政治原因及内地（大陆）和港台之间的分离，冯友兰的新理学没有得到港台著名学者的跟进；与此相应，新理学对现代儒学研究的影响力，相对而言不及熊十力倡导的新心学广泛。

三、儒学事业的展开

那些承接熊十力及其他早期儒学大师的学者试图赓续先儒之学，潜心探究儒学对于现代生活的价值，他们开启了现代儒学的第二个阶段。这些学者中尤为杰出的、有影响力的人物包括唐君毅、牟宗三、徐复观和方东美（1899—1977）。

新中国成立之后，大陆儒学研究的开展只能以马克思主义和共产主义学说为依据，儒学的社会地位和学术地位不断下降。现代儒学的主要平台从内地（大陆）转移到了港台，以及美国，在这些地方儒学研究的从事者是第一代儒学大师的学生和信徒。20 世纪 50 年代复兴儒学的第一个重要标志，是一份由唐君毅、牟宗三、张君劢和徐复观起草的文件，它发表于 1958 年元旦，名为《为中国文化敬告世界人士宣言》（*A Declaration of Chinese Culture to the Scholars of the World*）。这个宣言重申了作者们对人类发展方向和中国文化之价值的关心，同时敦促西方学者和中国学者去理解中国文化，并且断言：如果对中国文化没有恰当的理解，那么对中国的认知将是混乱的，而占世界人口四分之一的中国人将没有未来。他们声称中国文化之核心是儒家的心性之学，它呈现了一种探究形而上学问题的独特方法，同时调和了道德意识、先验观和宗教精神。宣言作者们承认中国文化中缺乏西方的民主、科学和技术，但是坚定地强调：儒学既不反对民主，也不反对科学；虽然表现出不同于西方的文化特征，但是植根于中国文化中的民主、科学和技术的种子，倘若予以恰当的培育，本来是可以形成现代政治体制和科学精神的。他们进一步宣称：人类的一个关键转折点是这样一个时刻，此时人类达成了心灵的一致与共通，为不同文化、不同国家的共存和彼此依赖做好了准备；儒家传统可以为世界的一体与和谐（天下一家）做出巨大的贡献。 *256*

这些学者倡导儒学不单是靠宣言，他们还努力重建儒学机构。香港新亚学院引领了这个方向。按照学院创立者和第一任院长钱穆的设想，学院的目标是开创一种新的教育体系：复兴宋明时期儒家书院的治学精神和教学理念，借鉴欧洲大学的导师制度，指导学生对人文学科的学习，同时推动东西方文化的交流。该学院有着鲜明的儒学导向，成为儒学研究的中心和复兴儒学的基地。

新儒学学者出版了大量文章和专著来宣扬儒家的思想与理念，其中最著名的包括：唐君毅所著的《文化意识与道德理性》（*Cultural Consciousness and Moral Rationality*，香港，1958）、《中国人文精神之发展》（*The Development of Chinese Humanistic Spirit*，香港，1958），徐复观所著的《中国人性论史》（*A History of Chinese Theories of Human Nature*，台北，1963），牟宗三所著的《心体与性体》（*The Substance of the Mind*

and of the Nature，台北，1968—1969)，方东美所著的《中国人的人生观：广大和谐之道》(*The Chinese View of Life*：*The Philosophy of Comprehensive Harmony*，香港，The Union Press，1957)[①]。他们这些著作的核心是试图探究和回答这样一些问题，比如：如何回归儒学的真正精神？如何变革儒学传统以适应新时代？像早期的现代新儒家如梁漱溟和熊十力一样，唐君毅坚持新心学的观点，把心作为世界的本体和生命的根
257 基。心是价值的源头，如果心得到表现，就能让人变得完善，因此唐君毅把心等同于真理、善和美，并且说人的心就是上帝、神灵、世界的主宰(方克立，李锦全，1995，第3卷：152)。从本心出发，唐君毅进一步阐明：人性是善的；人能够实现心中的善并确立道德的自我。他的理论目标是改善现实世界，使现实变得完美，这就是唐君毅所认为的中国宗教精神。很多人认为儒家文化是一种世俗文化，没有对上帝的信仰，没有宗教情感。唐君毅表示反对，认为这是一种肤浅的观点。在他看来，儒家的道德规范和社会规范不仅仅是对外在行为的调节；相反，它们更是为了彰显一种内在精神，这种精神源自上天并体现在道德和政治中。人的心就是天的心，这样，中国文化的精神核心便充分地表现在仁之中，先验地涵括了自然和人类生活。因此，充分发展仁所倡导的，即为中国文化之要义（方克立，李锦全，1995，第3卷：286，313)。

唐君毅认为，西方的方法论和制度的引入破坏了儒学的根本原则。因此，要复兴和重塑中国文化，我们必须重新确立儒学的人本主义精神，重新构建儒学的道德体系。恢复和重建中国文化的第一步是弄清楚什么是阻碍其进一步发展的真正问题，然后通过吸收西方文化中的有益成分，学会克服这些问题。举例来说，尽管儒学强调内圣和外王同等重要，但是中国文化并没有充分开发如何把内在精神扩展到外在行为这一方面的功能。在这个方面，西方的科学、民主和技术可以用来平衡这两个维度。接受和转化西方的因素，同时对它们的挑战做出回应、超越它们的局限，就能使中国文化在一个新的体系中得到重建，就像古代的中国人在接受和转化印度佛教的过程中创建了一种新的佛教体系一样。因此，改造中国文化并不是非要抛弃传统。回归传统（“返本”）和实施创新（“开新”）是相互联系、

① “广大和谐”(comprehensive harmony)是方东美先生在《中国人的人生观：广大和谐之道》一书中使用的一个重要概念，他说：“所谓中国人的心态，扼要来说，就是深体广大和谐之道，因而了悟世上所有人类与一切生命都能浩然同流，共同享受和平与福祉。”

相互促进的。唐君毅认为过去 300 年的学术差不多毁掉了中国文化的根基。因此，复兴中国文化的机会在于回归清代以前的学说即宋明新儒学。 258
就拿欧洲文化来说，在刚进入现代的时候，它回到古希腊文化去寻找一种新的精神，由此开创了一个新纪元；同样，中国的学术回归新儒学也将标志着一个新时代的来临。回到中国人本主义精神的源头足以为它（中国文化）提供创新的基础，同时将使它能够为西方世界做出贡献（方克立，李锦全，1995，第 3 卷：308）。

徐复观没有聚焦于宋明学术，而是把他的研究扩展至中国文化的整个历史，同时特别关注先秦及汉代形成的思想。他认为中国哲学的核心是人性理论，它也是中华民族精神的原则和驱动力。在各种各样的学说中，儒学是学术研究的主流。儒学始于修身，然后扩展至对他人的管理，前者是实现内圣的方式，后者是达致外王的途径："它们是同一物的两面"（黄克剑，1993，第 8 集：112）。徐复观对激进的自由主义者进行攻击，因为他们对儒学持否定态度并且主张全盘西化，他认为这样做没有给中国带来任何益处，相反，却造就了中国历史上最糟糕的体系。在对儒学和基督教进行比较的时候，徐复观首先指出了这两种文化之间的差异。例如，儒学认为人性本善，而基督教则坚持原罪说。儒学中不存在一个公认的无所不在、无所不能的上帝，而在基督教信仰中上帝则处于核心地位。中国文化从根本上而言是包容的、调和的，而基督教则倾向于是排他的、竞争的。然而，他也赞同这两种文化之间拥有一些共同的基础。例如，中国文化具有一种宗教的、道德的精神，可以认为这种精神与基督教的精神是一致的；就二者对待世界的态度而言，儒家"仁"的观点一定程度上等同于基督教的"博爱"思想（黄克剑，1993，第 8 集：610-611）。

沿着梁漱溟和熊十力的理路，牟宗三将其研究溯源至陆王心学，并且
发展出一种现代人生观。牟宗三坚持的主张是：新儒学的根本意义在于唤 259
醒道德意识。牟宗三没有遵循传统上程朱和陆王之间的二元划分，认为还存在第三个学说分支，其领袖是胡宏（胡五峰，1106—1162）和刘宗周（刘蕺山，1578—1645），该学说构成了直接继承自新儒学先驱（周敦颐、张载、程颢）的学说的主要部分。胡刘（胡宏-刘宗周）的第三支流与陆王（陆九渊-王阳明）的第二支流进一步整合形成宋明学术的主流，代表了一种向孔孟学说、《中庸》传统及《易传》传统的回归。在此意义上，传统上程朱学派的正统学说只是一个并行的分支而已，其学说的基础是

《大学》，该学说还把追求学问置于学做圣人之上（方克立，李锦全，1995，第3卷：512－514）。儒学的真理是人本主义学说，它比单纯的理智主义更优越。儒学确立了人的高贵和绝对的主体地位，引领我们探索内在的终极（目标），也引导我们扩展天生的善以使人人都可以成圣。学做仁人是内圣之学，学做博学之人是外王之道。儒学的第一阶段（从孔子到董仲舒）和第二阶段（宋明新儒学）已经充分发展了关于内在的学说，不过对于如何把内在的美德扩展至外在的世界却没有详细阐明。这正是儒学第三阶段之所以必要的理由，该阶段的使命是展开儒学的政治维度和科学维度（方克立，李锦全，1995，第3卷：520－522）。

方东美与很多现代新儒学大师不同，他经历了一个从研究儒学到研究西方哲学、再回到儒学的转换过程。这使得他能够从比较哲学的视角来看待儒学。他在西方哲学上的训练和对柏格森生命哲学的研究，引领他去探索生命的价值和意义，同时也把他拉回到儒家的人性和人心学说上来。不过，方东美没有把他的思想局限于传统的儒学。世界上的四种传统分别是希腊传统、近代欧洲传统、印度传统和中国传统，四者共同构成了人类的智慧。方东美就从儒学与这四种传统的关系的角度对儒学进行了考察。中
260 国文化内部也存在四种传统，即原始儒学、道家学说、大乘佛教学说和新儒学，这四者一起构成了中国人生活的智慧。作为四种传统之一，新儒学的道表现出巨大的综合能力和创新能力，不仅使新儒学能够综合中国其余三种传统，而且使它能够吸收希腊、欧洲及印度的智慧以创造出一个“生生”的和谐世界（方克立，李锦全，1995，第1卷：34）。

儒学研究事业在现代的展开正在进行，其中主要的研究者正是上面提到的那些现代新儒学大师的学生和信徒。成中英、杜维明、余英时等是这一群体中的杰出成员。他们加上西方学者和中国其他一些学者对儒学所做的研究、传播、转化，构成了现代新儒学的第三阶段。不过，这个群体并非铁板一块，他们的观点各异，有时甚至分歧很大。在他们当中，一些人更倾向于自由主义观念，对儒学传统持批判态度；而其他人则更多以传统为导向，把复兴或重建儒学作为自己的使命。一些学者是严格意义上的历史学家或哲学家，把儒学当作一种纯粹的历史现象或哲学体系；而其他学者则拒绝接受西方的方法论，并且坚持认为儒学是一种整全性的传统和文化，因而强调儒家的伦理、政治、宗教和精神的内在统一，并把它们应用到现代世界，使它们走向未来。他们没有将研究局限于经学，而是自觉地

考察与再考察儒学对这个文化多元的“地球村”已经造成的或将要造成的积极影响和消极影响，同时用心地对传统的儒家价值观进行改造，使之适应现代生活，努力促成中国传统与世界上许多其他伟大传统之间的良性互动。

第三代现代新儒学学者大多在西方接受教育，也在西方担任教职，他们继续推进儒学事业，以便把儒学传统和世界连接在一起，同时沟通儒学和西方文化。他们在现代甚至是后现代背景下努力重建儒学。像他们的前辈一样，他们认真分析儒学在面对西方挑战时失败的原因。在过去100年左右的时间里，尝试复兴和重建儒学及儒家制度的努力失败了，他们试图从中吸取教训。西方著名学者如马克斯·韦伯和列文森（Joseph Levenson）从根本上否定了儒学能够适应现代化。他们中的一些人挑战了这种 *261*
观点。他们努力探究东亚现代化过程的文化背景，其中他们把儒学确定为共有的现存的文化，也把儒学视作现代化的推动力，还把儒学视为一种力量，这种力量让后儒教国家和地区，如日本、韩国、新加坡及中国台湾、中国香港，在国际舞台上有了独特的竞争力。他们中的一些人甚至更进一步，坚决主张，不仅是儒家的价值观，还有儒家的制度，都是积极的、具有引导作用的，可以帮助在现代社会中实现平衡的生活：“从这个视角来看，似乎过时了的儒家制度，其必要性和优越性又重新显现了，与一心一意只关注工具理性及其伴随特征如效率相比，儒家制度成为应对日益复杂的多元化世界的更先进的方式”（Tu，1991：34）。

第三代现代新儒学学者在推进现代儒学发展的道路上能走多远，这是一个没有定论的问题。不过，他们在儒家价值观的“现代化”方面所做努力的效果还是看得见的。尽管界定第三代现代新儒学学者将会具有怎样的特征还为时尚早，但是毫无疑问，不管在学术领域还是在社会领域、政治领域，他们都已经成为一支显著的力量，他们对儒学在西方的广泛传播做出的贡献已经超越了他们的前辈。在他们所做出的诸多努力中，有一点或许对于儒学的未来最为重要：把现代新儒学思想带回故乡，即从中国台湾、中国香港、欧洲及北美带回到它的发源地——中国大陆（内地）。大陆（内地）的儒学差不多已经沉寂了半个多世纪，而现在它已经走上了重建和复兴的道路。

关于现代新儒学到当代儒学研究的变迁，值得一提的是，牟宗三作为现代新儒家中最具原创性和体系性的学者，其影响在当代依然颇为可观。

这在一定程度上也标志着现代新儒学开创的学术传统仍然是当代儒学研究者、中国哲学研究者可资借鉴的重要思想资源。一些学者对熊十力、牟宗三等的哲学思想进行了专门的深入的探讨和反思。另一些更具理论雄心的著述，则试图融摄中西哲学来完成中国哲学形上学的理论建构。这在一定程度上形成了当代新儒学百家争鸣的局面。学者彼此之间有着相互论争甚至激烈的、带攻击性的交锋；大陆（内地）学人之间、大陆（内地）学人与港台学人之间都有频繁的学术对话和思想互动。限于篇幅，无法对当代中国大陆儒学事业的具体展开形态进行详细介绍。概而言之，这些不同的形态有一个共同的特征和目标——使儒学适应现代社会，完成其在现代社会的创新性发展和创造性转化，最终实现儒学的现代价值和当代应用。

第二节　现代儒学研究的主题

在扩大我们对现代世界中的儒学的研究范围之前，我们首先介绍现代新儒学与现代儒学研究之间的区别，以及相应的儒家学者与儒学研究者之间的区别。现代新儒学是儒学传统的延续，是一种对传统儒学体系加以调整以使之适应现代环境的尝试，此外还是一个源自儒学传统内部的转化过程。同时，现代新儒学充分关注世界上其他的传统，主要有佛教、基督教、现代欧洲的理性主义和人本主义。这种现代转化是由这样一批人承担
262 和推动的，即他们或多或少都已经把儒学确立为自己的信仰。那些致力于复兴儒家价值观、重建儒家学术及变革儒家传统的人被称为新儒学学者；而这一学术趋向的领袖就被称为新儒学大师（新儒家）。每一位早期大师的特别之处不仅体现在其文风和哲学深度上，而且体现在其弟子甚至其所处的地理位置上，这或多或少让人联想起过去儒学的派别体系。前面所述的“三代”处于一种“师傅带徒弟”的传承当中。他们当中的很多人都对儒学与西方文化之间的冲突怀有一些共同的忧虑，同时也都努力为之寻求解决之道，他们坚定地认为这种冲突正是导致传统价值观坍塌、中国人自尊丧失的主要原因。这些学者中的大多数都怀有一种使命感，即要让儒学成为一种道德精神，一种探究人生终极意义的综合的形而上学体系。在寻求这样一种体系的过程中，他们从很多个维度对传统的世界观、人生观进行了考察和分析。他们付出巨大的努力，以便理解并解决现代的各种问题，比如个人与社会之间、内在与外在之间、个别与普遍之间以及人类需

求与环境之间的紧张关系。他们的学术成就一方面从根本上改变了儒家哲学，另一方面也使儒家价值观与现代生活建立了关联。

“现代儒学研究”是一门学科，其内容不仅包括来自内部的儒学自身的演变和转化，而且包括来自外部的对儒学的探讨，其或者以认同的、参与的方式，或者以批判的、现象学的方法，对儒学传统进行分析。这是一个广泛的、联系松散的领域，涵盖了历史、哲学、宗教、伦理学、政治学、社会学、自然科学、语言学及文本批评等。现代儒学研究领域的学者大致可以划入三大主要思想阵营，包括文化保守主义知识分子、自由主义知识分子甚或马克思主义知识分子。当然，最著名的当数“现代新儒家”[①] 这一学术群体的分布与传承。另外，著名的有胡適、林语堂、匡亚明等。这些学者虽然有的倾向于保守主义，有的拥护自由主义，有的甚至支持或至少不反对马克思主义，但这种划分是笼统而相对的。实际上，各种思想倾向之间的界限常常并不十分清晰，有时会出现交叠或动态的变化。当然，儒学研究者也包括很多西方学者及在世界各地介绍、讲授儒学的中国学者、日本学者和韩国学者。在他们当中，对西方读者而言最为著名的是这样一些翻译家、研究者或学者，如理雅各、马克斯·韦伯、亚瑟·威利、陈荣捷、狄百瑞、刘殿爵、秦家懿、罗德尼·泰勒和安乐哲。263
他们对儒家经典的翻译和对儒家学说的研究，构成了现代世界中儒学研究的不可或缺的部分。尽管儒学研究领域的学者总体而言并未有意识地让自己认同儒家价值观，但是他们使得儒学更为人所熟知、更具影响力，在这一点上，他们的研究与现代新儒学学者的研究是趋于相同的。他们面临的问题同样也是新儒学学者一直以来试图解答的问题，包括：如何把儒家文化与西方文化进行比较，如何界定儒学传统中有生命力的东西和过时无用的东西，以及如何从儒学传统中汲取有价值的成分。当代学者已经做出了广泛而细致的探讨和分析。

宽泛而言，当代大多数儒学、中国哲学、中国传统思想等领域的研究者，都直接或间接受到“现代新儒家”的影响，或者至少都不能绕过“现代新儒家”的现代新儒学思想资源。另外，海外的儒学、中国哲学、汉学、中西比较哲学等领域的研究成果也受到中国学者的重视。

① 按照刘述先的观点，“现代新儒家”有着“三代四群”的划分：第一代第一群为梁漱溟、熊十力、马一浮、张君劢；第一代第二群为冯友兰、贺麟、钱穆、方东美；第二代第三群为唐君毅、牟宗三、徐复观；第三代第四群为余英时、刘述先、成中英、杜维明。

在儒学研究与新儒学已经涉及、争论、探究的诸多主题中，以下三个主题最为重要：儒学与中国命运、儒学与西方文化、儒学与现代化。

一、儒学与中国命运

在中国知识分子圈，20 世纪之初就开始了一种强烈的求索，即求索一条道路来拯救中国文化，使之免于分崩离析，同时让中国摆脱耻辱和困局。从这种求索中演变出两个极端的趋势：一个是“保守的”，另一个是“激进的”。前者把中国的命运寄托于儒学的复兴，而后者则认为中国的前途在于儒学的根除。整个 20 世纪，这两个极端及它们之间的争论一直主导着中国内外的儒学研究。

第一场反儒知识分子运动发生于 1916—1920 年，其构成了新文化运动的一部分。大多数从欧洲、美国、日本返国的激进自由主义者加入了这场运动：一波运动是攻击儒学，斥之为中国失败的首要原因；另一波运动的目标是清除儒家的礼教主义、道德主义、神秘主义给中国造成的毒害。例如：

> 易白沙是攻击儒学的新一代知识分子中的第一人。在一篇见于 1916 年初期的《新青年》的文章中，他在驳斥把孔子尊为素王的观念时谈及康有为关于孔教的观点。他不仅指责儒家倡导的制度形式，而且还批评孔子本人的著作，谴责称：由于孔子把君主等同于天，给了君主不受限制的权威，所以导致了专制的社会形式。（Louie，1980：5-6）

264 陈独秀，一位左翼作家、后来的中国共产党创始人之一，在五四运动的思想阵地——《新青年》上发表了一系列文章，利用共和主义来驳斥儒家学说，指责儒家学说是封建主义学说，是贵族的学说，尤其把攻击的矛头瞄准那些试图恢复儒家学说的人和那些崇尚儒家价值观的人。总体而言，这样的知识分子都认为坚持儒家学说是一条走向衰落、走向死亡的路线，只有摧毁儒家学说或者取代儒家学说（比如用科学取代它），才能拯救中国。这一趋势在社会主义中国得到了延续，这里一度把儒学等同于剥削阶级的意识形态。对孔子的批评和公开谴责在 20 世纪六七十年代达到了顶峰，儒学似乎走到了最艰难的时刻。

为了对抗文化悲观主义，早期的现代新儒学学者走向了另一个极端，宣称：除非倡导儒家学说、复兴儒家价值观，否则无法拯救中国。例如，梁漱溟认为中国的未来，乃至全人类的未来，在很大程度上依赖儒学。张君劢坚决主张，只有儒学，即宋明新儒学学说掌握着中国通向繁荣之门的钥匙。20 世纪 30 年代日本的入侵进一步强化了这些学者对传统文化的信仰，他们当中的很多人都认为，一定要复兴儒学以重建中国文化，能否做到这一点将是一个关乎生死存亡的问题。例如，贺麟在发表于 1938 年的《儒家思想的新开展》一文中声称，中国的弱势源自现代中国的学说的弱势，拯救中国不是要让它变成文化殖民地，而是要提升和发扬儒家文化。因此，中华民族的复兴从根本上而言等同于儒家学说的复兴。贺麟预测说，现代的与传统的、新的与旧的，以及中国的与西方的，将在儒学新的发展当中变成一个全面的统一体，因此，儒学的新发展也将决定着中国和中华民族的未来（庞朴，1997，第 1 卷：396）。

这样一种关于儒学与整个东亚命运的关系，尤其是关于儒学与中国命
运的关系的正题和反题之间的争论，是儒学研究领域的学术争论的根本特 *265*
征。总体而言，在争论的两种声音之间，更响亮的那一个来自反儒阵营，该阵营在中国大陆始终占据着核心地位，一直持续到 20 世纪 80 年代。较早的一些反儒知识分子大多是深入儒学传统当中的，因此他们的批评属于重新审视和重新评价，而较晚的一些反儒知识分子，在很大程度上已经脱离了儒学传统。他们针对儒学发出各种各样的批评。对他们而言，儒学仅仅是历史久远的、与个人不相关的现象。

至于西方学者对于儒学的论述，情况就非常不同了。马克斯·韦伯试图解释中国的失败，所以把注意力转向了对儒家伦理和新教伦理的比较。他发现了儒家伦理中的一些不足，而这些不足恰恰阻碍了中国资本主义的发展。非西方国家的资本主义“只会受阻于僵化传统的存在”，因此“阻碍资本主义发展的因素基本上必须在宗教领域寻找”（Weber，1963：269），从这个一般主题出发，韦伯推论：

> 儒学是居于主导地位的终极价值体系，是一贯的传统主义，满足于对现存世界的适应，而不是去变革它……再加上知识分子群体对经济生产事业缺乏兴趣，由此就阻碍了社会经济沿着西方资本主义的方向进行革新。（转引自 Yang，1961：xxxvi）

在相当长的一段时期内，关于儒学的韦伯主义观点支配了西方人对儒学与中国的认知，其至高无上的支配地位直到最近才得到认真的修正或者说才遭受严重的挑战。这一对韦伯主义观点的调整形成了两种论证，分别从不同的视角解释了儒学与中国命运。第一个视角指出，儒学已经永远地退出了历史舞台。就以列文森的观点为例。根据一个事实，即很多个世纪以来儒学与君主制一直相伴而发展，他推论说，君主制已
266 经消亡，儒学也就失去了它的制度背景，因此儒学传统的学术连续性不可避免地要受到破坏（Levenson，1965：3）。第二个视角则设想，儒学不仅是生机勃勃的，而且是如此强大，以至于它给西方的生活方式造成了威胁。例如，亨廷顿呼吁“要更深刻地理解决定其他文明的基本的宗教前提和哲学预设，以及这些文明当中的人们是如何看待他们的利益的”（Huntington，1993：49）；他警告说，西方与东方之间的冲突在于双方的文明之间的冲突，即一方是基督教文明，另一方是儒家文明和伊斯兰文明。

另外，对韦伯主义观点的挑战也可以使一些学者得出这样的结论，即儒学是一种含有促成现代化的因素的传统。这些学者既不完全否定也不简单肯定儒学与中国命运之间的关系，得出的观点为：儒学的真实影响力在推动进一步的变革方面确实存在局限，但是它促进中国及东亚实现现代性的效果还是看得到的。因此，一方面，他们坚持认为东亚工业资本主义与儒家价值观的共存已经驳斥了韦伯的结论，“认为儒家伦理与资本主义精神不能相容的理论是站不住脚的”（Tu，1996b：10）。他们呼吁“超越财富和权力的问题，这样不仅把东亚工业的崛起理解为一种经济的、政治的现实，而且将之理解为一种承载伦理-宗教内涵的生活形式”（Tu，1991：41），这种伦理-宗教内涵被认为支撑了“第二种现代性模式”。另一方面，儒学研究领域的学者已经识辨出或正在识辨各种各样的难题，如儒家理想与社会现实之间的张力，同时认为首先必须克服这些难题，儒学才能对中国及东亚的未来前景做出实实在在的贡献（de Bary，1991b）。

总体而言，自五四运动和新文化运动时代起，中国大陆思想界关于中国发展的方向一直有多种理论思潮，直到今天依然如此，而且形成了相当程度的争鸣局面。这些思潮主要包括：马克思主义派（坚持马克思主义）、自由主义派或西化派（全面采取西方自由民主制度）、传统派或文化保守

主义派（如强调中国要再儒化），以及调和论或融合论①。在当前多元价值背景下，各派思潮一直是彼此互动、相互影响的，极端的激进主义是不合时宜的。

翻开20世纪的历史，我们发现儒学的命运与国家的命运交织在一起，国家危急时刻，儒学遭到冷落甚至作为替罪羊而被打倒，国家和平稳定来临，儒学又重新得到重视和复兴。尤其是改革开放以来经济的发展和综合国力的提升，我们文化自觉、自信的程度迅速增强，迫切需要提升政治话语和学术话语的主体性，而我们博大悠久的传统尤其是儒家思想中适应现代性的合理因素，便顺理成章地成为值得开掘和赖以资借的宝贵思想资源。

雅斯贝斯考察各大文明的历史而提出“轴心时代”概念，而在全球化和多元文化并存互动的大背景下，或许21世纪将迎来人类文明的又一个突破期②。

二、儒学与西方文化

儒学研究领域的另一个关键问题是如何评价儒学与西方文化之间的关系。一般而言，那些认同儒学的学者都会反对西化，他们试图通过变革儒学传统，寻求一条创造新文化的途径；而那些批评儒学的学者则可能倾向于把新文化等同于西方文化。

近代早期的中国知识分子呼吁学习西方以抗击西方，这是非常富有启发性的。面对强大的西方先进国家，19世纪的儒家学者接受了现实，即为了增强军事力量和发展民族工业，西方的技术和管理必须予以引进与采用。之后的几代中国精英很快意识到，现代化不仅是指工业和军事技术，而且要有经济的、政治的、社会的、文化的基础。激进分子热衷于科学和民主，提议说中国必须割断与过去的联系，用欧洲的文化取代儒家价值观。许多知识分子接受了欧洲人所谓传统与现代二元对立的观点，把现代化等同于西方化，同时认为儒家文化比不上西方文化、不可能在现代化进程中发挥积极的作用。例如，吴稚晖（1865—1953）把国学（主要指对儒家经典的研究）视为落后的根源： 267

① 例如张岱年先生提出的“文化综合创新论”，方克立先生提出“马魂、中体、西用”。

② 关于人类21世纪的文明进展，汤一介先生曾提出了“新轴心时代”的概念。

> 当国学达到一定的高度，一切政治就都腐朽了。这是因为孔子、孟子……是春秋战国时代那个混乱世界的产物。必须将它们扔进粪坑放上三十年……什么是国家遗产？它对我们今天的世界有什么意义？它只不过是世界的遗迹，可以保存，但也仅此而已。(Kwok，1965：49)

胡適是一位激进的文化改革者、自由主义者。他认为儒学的能量早已耗尽，必须通过引入西方文化才能给中国文化带来新生命。因此，他呼吁把“全盘西化”作为化解中国问题的方法（胡適，1974：35-52）。

为了保留儒学传统同时又向西方学习，青睐传统的知识分子沉浸于这样一种思维模式，它已经有了多种多样的表述，如：“中学为体，西学为用”（中国），“东洋的道德，西洋的科学”（日本），“东方的道德，西方的技术”（韩国）（Fairbank *et al.*，1989：629）。这种“公式”在现代新儒
268 家手里被进一步直接用来表述儒学与西方文化之间的关系，成为鲜明的口号：“儒家精神为体，西洋文化为用。”因此，对他们而言，核心问题是如何“儒化西洋文化”（方克立，李锦全，1995，上卷：6）。通过这种“对现代西方的特意回应”，现代新儒学重新肯定了儒学传统的价值。梁漱溟在他的《东西方文化及其哲学》一书中明确地表示：现代化绝不等同于西方化，现代化从根本上而言是一个改造儒家价值观、重新应用儒家价值观的过程（庞朴，1997，第1卷：390）。为了反对日本的大屠杀，贺麟坚定地认为，中国文化的未来不应该把“西学”（向西方学习）作为基础。在他看来，中国文化从根本上而言是正确的，它需要的仅仅是加以调整以适应现代社会。他的信念就是，当儒家道德传统中的“忠”“孝”“仁”“信”“义”“和”得到恢复，同时“修身”“齐家”“治国”“平天下”得以实现时，一种新的文化便诞生了（方克立，李锦全，1995，中卷：277-290）。

总体而言，现代新儒家学者坚持儒家学说并认为它比其他文化优越，但是他们没有盲目排斥西方文化。他们仔细地比较何谓西方的、何谓中国的，来识辨西方文化的价值和儒家文化的问题。对唐君毅而言，中西文化的根本区别在于，中国文化是以人本主义为导向的，而西方文化则是以物质主义为导向的。这造成了更进一步的差异：中国文化更多强调道德和艺术以及人的责任和统一，而西方文化则重视科学和宗教以及个体的自由和差别。唐君毅认为，中国文化向西方文化学习在多个方向上进行发展，这

很重要；同时，西方文化向中国文化学习如何实现统一与和谐，这同样是
重要的。尽管中国文化有着巨大的价值，但是为什么过去一百年它在面对
西方挑战的时候崩溃了？对于这样的问题，唐君毅回答说，西方的科学技
术和民主政治制度已经迫使中国文化抛弃了自己的传统：现代科学植根于
怀疑精神，表现于理性分析，这已经腐蚀了中国文化的精神；而民主制度
带来的副产品就是极端的个人主义和自我中心主义，这已经破坏了中国文
化中的伦理（庞朴，1997，第1卷：442－447）。对牟宗三而言，现代中 269
国学术的主流是向西方学习。然而，大多数中国知识分子只考虑到西方文
化中的科学这一面，没有注意它的文学、艺术和宗教，而西方文化要义恰
恰在于后者而非前者之中。由于这种片面的介绍，中国人从西方学到的东
西似乎都聚焦于物质利益方面，而缺乏对西方的生活和观念的深入了解与
关注。为了克服这种失衡，牟宗三提倡，要唤醒嵌在中国文化当中的文化
意识和内在精神，也就是说，返回到儒家的心学。在发展宋明心学的过程
中，牟宗三主要致力于如何革新儒家的道德理想主义，使之满足现代科
学、经济、政治的需要。牟宗三坚定地声称，儒学可以推进现代化，但其
方式不是调整自身来适应西方，而是实现已经存在于中国文化中的东西，
同时把西方文化中的某些价值融入中国的生活方式。换句话说，现代化是
一个把“内圣”扩展到“外王”的过程。虽然儒学为我们提供了“内圣”，
但是我们还需要借助于西方文化来发展“外王”。不过，既然“圣”为体
而“王”为用，那么对人生和价值的终极关注便不可能在西方文化中找
到，它只存在于儒家道德的、精神的理想主义之中（方克立，李锦全，
1995，下卷：522－558）。

这种自我肯定从西方知识界的一隅得到一种特殊的支持。在后现代主义尤其是解构主义哲学的引领下，西方后现代主义者让自己沉浸于对西方文化特别是西方的现代性的自我否定之中。跟随这一趋势，一些西方的亚洲观察家转向新儒家阵营，宣称儒学作为东亚奇迹般的成功的关键，已经证明自己在追求现代化方面比西方文化更优越（Kahn，1979：124）。

儒学与西方文化之间的确切比较，仅靠这种简单的断言是不够的。毫无疑问，儒学存在着严重的问题，需要借鉴西方文化进行改造和更新。对此，理智的学者将会采取更理性、更现实的方法。他们倾向于突出儒学在与西方文化互动过程中的现代价值，同时把西方文化中的关键要素纳入儒

家学说，以使之与现代世界建立有意义的关联。例如，王国维强调西方思想必须与中国思想“相化”，才能在中国生根；牟宗三提出“开出说”，要从儒家传统中开辟出西方的民主和科学；傅伟勋主张“中西互为体用论”，以包容开放的心态吸纳彼此。虽然学者给出了宏观的、理论上的论述，但在这种中西互动的大趋势中，中国文化传统尤其是儒学与西方文化的关系究竟该如何准确定位和把握，始终没有达成共识。

值得注意的是，当代儒学研究与实践的中心慢慢从中国港台及海外转移到中国大陆。这一过程正是大陆儒学研究主体性地位上升的过程，大多数儒学学者开始重新定位儒学与西方文化之间的关系。从全面跟随、模仿甚至迷信西方文化、制度、学术、思想，到对中华文化传统尤其是儒家思想的自觉、自信、肯认、创新发展，大陆思想界经历了漫长曲折、跌宕起伏、浴火重生的心理转变和观念更新过程。

大陆新儒学学者比港台新儒家更进一步，关于儒学主体性地位、中华文明文化特质、核心价值的现代意义等方面，他们给予了更大程度的认同和肯定，做出了更多全新的探讨。这些学者都学习过西学或受过西方思想的影响，在一定程度上既浸润过自由主义，又认同儒家思想。因此，他们对儒学的“皈依”本质上还是在中西思想互动互鉴的大趋势、大框架下进行的。

三、儒学与现代化

270 导源于儒家文化与西方文化之间的争论，儒家学者和激进分子卷入了以下论辩：一是儒家学说能不能支持现代化进程，二是现代化是不是一个在工业中引入科学、在政治中引入民主的过程。自 20 世纪伊始，学术研究的主流便一直是关于科学和民主的。科学和民主是西方现代性的两个主要因素。人们认为，光靠科学和民主就能把东亚“送入”现代化。“赛先生”（science，科学）和“德先生”（democracy，民主）变成了新文化的象征与推进工业化、现代化的唯一力量，对于日本人和韩国人是这样，对于中国人同样如此。

自由主义者宣称儒学是反对现代化的。为了驳斥这一点，现代新儒家学者怀着深厚的感情辩称，儒学可以成为现代性的一部分，同时可以为现代化的进程提供支持和指引。对于那些深深卷入现代儒学复兴事业当中的学者，现代化与西方化之间的区别，以及儒学与现代化相结合的合理性，是他们反驳西方化的关键之所在。这种反驳很好地体现在了 20 世纪 20 年代的那场关于西方的科学与中国的生活哲学的大辩论当中。基于梁启超的理论即西方科学主义已经证明其破坏性甚于建设性，以及梁漱溟的观点即只有中国文化可以使人类免于毁灭，张君劢于 1923 年 4 月 14 日在北京的清华大学做了一场演讲，断言人类文化正处于一种过渡之中，即从强调物质方面转向重视心灵方面，从外部探究转向内在省思，以及与此相伴随的从西方文化转向东方文化。他论述到，生活哲学的特点表现为凭直觉、主观主义、调和主义、意志自由，而科学所具有的特征则刚好相反。这就是科学在面对该如何生活的问题时显得无能为力的原因。科学有其价值，但是如果盲目采用就可能导致破坏性。张君劢认为，如果中国采用欧洲的科学主义，那么中国就不得不追随西方国家的脚步，在工业和重商主义的基础上积聚力量，由此追求短暂的物质快乐，却忽视了人生的理想和崇高意
义。张君劢坚定地说，这不是一条实现现代化的道路，而是一条造成破 271
坏、走向灭亡的道路（黄克剑，1993，第 3 集：110－168）。

同主张儒学与现代性可以统一的新儒家学者相反，一些现代儒学研究者走向了另一个极端，声称儒学与现代性是相互冲突的。在他们看来，“儒学构成了政治体制的基础，这种体制好像把中国束缚在了一件保守的紧身衣当中；儒学倡导的生活之道把严格的等级秩序作为文化的目的和支撑点，而这种文化则显然是源自农耕思想的束缚”（Hugh Baker，见《泰晤士报文学增刊》，1998 年 1 月 30 日）。他们得出结论：儒学对于现代生活没有什么积极的作用，因为它现在是过去也一直是与政治专制、社会不平等及经济保守主义联系在一起的。基于对韩国儒学的观察，以及对儒学分别在中国、韩国、日本的历史中扮演的角色的比较，韩国学者、政治家黄秉泰（Hwang Byung Tai，1935— ）坚持认为，传统儒学与现代化之间存在六点根本性的矛盾。第一，现代化要求具备一种人与社会、人与物质世界相分离的意识，但儒学提供的却是“一种单一的连续统一体，涵括了社会的全部范围和整个的物质世界”，同时把个人与社会、社会与自然都交融在了一起。第二，现代化要求具备一种实用主义的社会观和自然观，但儒学却倾向于把历史和自然道德化，同时把道德和社会生活自然化。第三，现代化要求具备一种文化的、国家的进化观，但儒学却“具有两种根本的取向：文化永恒主义和文化普遍主义”。第四，现代化预设了平等主义的民主化，但儒学却“是专门为一个区分三六九等的国家中的精

英统治阶级设计的”。第五，现代化要求具备这样一种社会体制，它区分出不同的社会部门，以便让每一个部门在生活中都扮演独特的角色，但儒学却以世界在道德上的有机统一为基础。第六，现代化排除了某一个集团在政治权力的意义上或者在知识、技能的意义上的统治地位，但儒学却“抵制任何内部的迈向民主化的推进”。从这些论据中可以得出的结论是：
272 传统儒学不适合现代世界，会阻碍中国和韩国的现代化进程。“儒学对现代化有偏见……它反对现代化的社会、国家、经济和文化，因而不可能对现代化进程做出贡献。只有在现代化完成之后，我们才应该着手在儒学当中寻求支持现代性的潜在因素”（Hwang，1979：644－652）。

儒学研究领域的许多学者通过挑选出契合科学和民主的儒家理论或实践，对上述的这种结论进行了反驳。按照他们的观点，儒家传统中本来就蕴含着科学精神。较早的例子见于《易传》，里面提出的观点是，要获得知识便须“仰则观象于天，俯则观法于地”（Chan，1963a：265）。荀子提倡“制天命”和“明于天人之分”（Knoblock，1994：15－17）。新儒学对世界的探究不仅涉及形而上的方面，而且涉及形而下的方面，其世界观甚至可以说“与自然科学的世界观是极其一致的”（Needham，1956：493）。新儒学探究的对象是“理”或“道”，这一概念的含义类似于西方的自然规律，支配着整个宇宙，如天、地、人。由于儒家的哲学或认识论肯定外部世界的实在是道的表现和确证，所以有理由说它是科学的，或者至少可以说在现代以前是科学的（de Bary & Bloom，1979：2）。

民主是现代性的关键的另一翼。因此，儒学与民主之间的关联问题，便成为支持或否定儒学与现代化之间的结合的关键论据。自五四运动以来，中国主流知识分子当中的总体观点一直是：儒学与民主是背道而驰的，“儒家民主”这个说法本身就是自相矛盾的。为了推翻这些论断，现代新儒家学者坚定地认为，儒学中包含着民主的种子，因此二者之间根本不存在矛盾。他们指出，传统的儒家学说中存在着民主的要素，即便它本身还不成体系。儒家经典中所宣称的可以被粗略地概括为神学式的民主政治理论：“天视自我民视，天听自我民听”（《尚书》，11：10a），这样，天
273 意就被理解为民意。儒家的道德乐观主义即“人人皆可成圣”，表明所有人都有同样的潜能（庞朴，1997，第1卷：402）。其他一些学者进一步探究了儒家传统中的积极要素，这些要素被认为具有与西方民主相同的精神。他们断言，如果这些要素没有被专制体制所扭曲和压制，它们本可以

在中国发展出民主。因此，我们现在需要的不是引入全盘的西式民主，而是培育和重新阐释儒家传统中的民主要素，并且参照西方的政治体制把这些民主要素付诸政治实践。儒家传统的复兴也被认为是西方政治难题的一个化解之道："只有进一步接受儒家思想，才能让民主政治的根基更牢固，也才能彰显民主政治的最高价值"（黄克剑，1993，第8集：117）。

儒家体系中或许存在民主要素，但是该体系中缺乏政治模型，因为它将政治体系和社会体系视作合一的、相同的东西。为了使儒学能够在现代政治中表现出价值，关键就是要强化儒学中的民主要素，纠正它在确立理性的、人本主义的政治结构方面的缺陷。一方面，现代新儒家学者证明"儒家思想与民主、科学的精神之间不存在矛盾"；另一方面，他们试图拓展传统的要素，并把它们转化成一个现代体系，服务于民主制度和学术言论的自由。通过这种方式，他们试图克服植根于传统中的贵族倾向和专制属性；同时，通过培育儒学中的民主要素和科学精神，把儒学纳入现代国家的架构之中（蔡仁厚，1998：199-201）。

有的当代学者提出儒家宪政的理想，或者把儒家传统和自由民主传统结合起来，探索某种中西融合的政治构想。这种理想或构想未必能真正实现。但对于现代国家的社会发展、国家治理乃至全球秩序的维护，我们期待中国儒家传统能够提供独特而有益的思想启迪和精神引导，这在相当程度上也决定了儒学在现代化和现代性中能否"灵根再植"。

第三节　儒学的现代意义

儒学作为一个古老的传统，它的许多方面都是与特定历史时代联系在一起的；儒家道德规范中的许多要求只有在特定的条件下才是合理的。例如，儒家的政治设计，在中国附属于封建政体和制度（在韩国附属于君主制；范围更小一点的是，在日本附属于幕府，即一种军人政府）；儒家的家庭伦理是以父权制为基础的，要求晚辈服从长辈、女性服从男性；儒家的社会规划植根于、反过来也服务于小农经济。封建的基础和制度被现代
的政治、家庭关系、大规模生产的工业及商业贸易所取代，这使得儒家传 274
统中的很多内容都显得过时、多余了，或者至少不再那么重要了。20世纪的巨大变化不仅削弱了儒家体系的政治基础、经济基础和社会基础，而且导致这个体系本身脱离了实际，脱离了日常生活。儒家传统中那些失效

的方面促使许多人接受了列文森的观点，即认为儒学只是“一座历史博物馆”或者“一座历史纪念碑”，是一种已经僵化的文化，就如同埃及文明和玛雅文明一样，“引起暂时的对往昔的虔敬”，只有那些关注人类历史和考古学的人才感兴趣（Levenson，1965：100）。儒学会仅仅作为历史残余物走进21世纪吗？或者说，在一个快速变迁的社会，它还有可能提供或者促成一种有意义的生活吗？儒家传统中的哪些要素或部分能够阻止其变成一种死掉的文化、一种已成往昔的传统，并且能够继续作为一个活的有机体，在一个文化多元的社会中全面地发挥功能，在感情上和理性上给人们以激励，进而自然地对世界的和平与繁荣做出贡献？

一、儒家价值观的复兴

随着儒学自19世纪末期以来在东亚政治的、社会的、经济的舞台上退出，儒学的影响力渐渐只局限于一小块学术领域，似乎只有在那些对传统感兴趣的人们当中才能看得见，而且仅仅是作为他们行为活动的社会、心理背景。儒学的政治功能和宗教功能在中国大陆长期以来一直被视作封建主义与统治阶级的“思想工具”，它的价值和理想已经被激进的革命者与自由主义者严重破坏了。对大多数学者和下层民众而言，儒学代表着过去的影子，是落后的、贫穷的、无能的中国的象征和原因。因此，关于儒学三个不可逆转的改变已经发生：儒家的机构和制度已经消失，儒家学者已经失去社会认同，儒家的礼不再具有精神价值。儒学已经降格为一种没有实际意义的纯粹的理论或学说，一种对现代生活没有影响力也没有意义的古老范式；中国大陆——儒学的故乡，似乎一度变成东亚“最不儒学”的地方。不过，自20世纪90年代以来，中国大陆某种程度上出现了儒学复兴的态势，逐渐兴起了“国学热”和“传统文化热”，社会各界都对儒学给予越来越多的关注和重视。

275 显然，儒家传统与现代中国之间极为密切的纽带不可能被轻易地切断。儒家传统的要素已经传承至当下，要么隐藏在民族主义的和共产主义的学说、原则、伦理、观点、官僚精英体系等当中，要么潜在地决定了中国共同体（家庭、社区、社会、国家）的整个结构，不管它采用怎样的形式，资本主义的或者社会主义的，民族主义的或者共产主义的。孙中山（1866—1925）提出的“三民主义”（民族、民主、民生）与儒家大同社会的观点之间的联系非常之强，以至于很少有人会否定二者之间存在一种继承关系。另外，共产主义从儒家道德规范中也继承了很多东西，所以倪德卫很早以前就坚定地认为，共产主义伦理学与儒学实际上并没有多大不同（Nivison，1972：207－230）。这种隐藏的传统给了儒学一个机会，使其在发展受阻许多年后得以复兴。

从 20 世纪 80 年代开始，儒学在东亚的许多国家和地区再次复兴，不过其流行背后的原因和动机在不同的国家之间迥然有别。不管怎样，儒学的复兴都不是简单地回归传统，也不是有计划地全盘恢复过去的生活实践和理论学说。为了重新确定文化认同和指导社会经济的发展，人们把儒学意识的唤醒与文化革新、传统改造联系在一起。为了寻求新的儒学形式，传统的儒学被有意识地分成了两个部分，即“作为道德价值来源的儒学”和“作为传统社会制度基础的儒学”，这在某种程度上，相当于尼尼安·斯马特的“作为学问的儒学”和“作为宗教的儒学”之间的划分（Smart，1989：104），或者相当于现代新儒家学者的“儒学传统”或“理想主义的、文化的儒学”与“儒教中国”或“王朝的、社会的儒学”之间的划分（李毅，1994：340－345）。儒学研究领域的学者达成了共识，即：虽然旧的儒家学说赖以维系的社会结构、社会制度被摧毁很久了，但是它的思想价值和理想主义价值内化到了中国人的心理结构中，同时决定了东亚人的态度和行为：“最近人类学的、社会学的及政治学的调查都表明，儒家伦 276
理广泛存在于整个中国各个阶层人们的信念、态度及行为之中”（Tu，1996b：259），“儒家文化依然在韩国人的日常生活中发挥着作用，并且正处于革新和再造过程之中”（Kim，1996：203）。

尽管关于儒学与现代化之间的联系存在着批评和警告，但是不管怎样，儒学逐渐部分地重新获得过去在人们生活中和知识分子思想中所享有的地位。儒学作为一种传统的体系，大概还没有获得任何新的身份，而旧的体系和社会结构可能永远也不会再受到重视。但是，儒家的价值观不再为人所厌恶，并且其中一些内容还变得很有吸引力，哪怕有时它与一定的政治动机联系在一起。例如，修身作为治理国家与实现世界和平的基础，在政治上一直被认为是正确的，因此被特意地用来作为重建学生道德标准的方法。正如北京大学研究生协会所做的那样，它于 1994 年发表了自己的修身宣言，号召所有学生从养成良好的习惯和高尚的美德做起。儒家价值观与现代品质的结合给商业领袖带来一个新的称呼“儒商”，赞扬他们把儒家的价值观落实到工业活动和商业活动之中，比如仁、信、诚、利他主义（《人民日报》，1998年1月15日）。一些人热情地谈论“马克思主义儒学”或者“儒家马克思主义”，其他人则看到了东亚在经济发展上的机遇，即东亚通过把儒家学说和自由市场经济结合起来，创造了一种新的学说——“儒教资本主义”。除了这些关于儒学的性质和功能的新理解，人们还做了其他努力，以便再造和复兴儒学机构。另外，人们对儒学教育体系（包括它的考试和书院）的兴趣在逐渐上升。例如，在中断了半个多世纪之后，传统的科举考试模式——带着儒学的印记并且“在19世纪和20世纪被西方国家所采用”（Ching & Oxtoby，1992：23），在中国大陆已经得到了部分采用，作为一种招聘公务员的现代手段。书院不再被看作
277 “封建机构”，而是被赞扬为学问和教育的中心，这清楚地体现在湖南大学1996年举行1 020周年校庆上，这所现代大学似乎被视作著名的新儒学书院——岳麓书院的合法继承人。在中国港台及东南亚的一些华人社区，各种儒学组织已经建立起来，目的就是恢复儒学的宗教功能。例如，香港孔教学院及其三所附属学校在它们的章程中列出如下四个目标：（1）为了政府承认儒学是宗教而奋斗；（2）为了让孔子诞辰日被定为国家假日而奋斗；（3）为了把儒家学说纳入初等、中等以及高等教育机构的课程而奋斗；（4）为了鼓励在全国各地的城市或城镇建立孔圣教堂或者孔教青年会而奋斗。

这些也许还不足以证明儒学恢复了昔日的光辉形象。然而，没有人会否认儒学已经逐渐与今天的社会生活、个人生活、宗教生活重新建立了联系。有明显的迹象表明儒家伦理的诸多方面仍然是有用的、有价值的，如：儒学独特的宗教性正逐渐被公认为是人类精神性的一个重要维度，儒学在形而上学观点上的思考被认为对“地球村”的健康发展有指引作用。在过去，正确的说法是：不重视儒学，就不可能理解中华民族和东亚的民族以及它们的社会。在现在，正确的说法则变成：不考虑儒学，对中国和东亚的认识就是片面的、肤浅的。正是在这种背景下，朴钟洪（Bak）认为，“儒学仍然持续地施展着它难以磨灭的影响，由此可以断定，如果没有对韩国儒学进行充分的了解，则很难预测未来的韩国思想会是什么样的”（Bak，1980b：278）。

因此，复兴的儒学并不是作为东亚现代化过程背后的一个孤立传统而存在的。它从根本上而言是双方分歧的折中：一方是儒家的传统主义和道德主义，另一方是西方的民主、资本主义和个人主义。新儒学不是对传统

的全盘恢复，而是作为一种经过改造的学说，为现代社会提供有用的要素。新儒家价值观是真正的“后儒家”价值观，因为它们已经被转化成了现代价值观。对人的性质及命运的深切关注是新儒学所要阐明的内容。正 278
是在此意义上，日本儒学学者冈田武彦（Okada Takehiko）甚至说：“我们并非真的需要在未来把儒学当作儒学。我们所需要的全部，便是对人类生命和人类尊严的尊重……因此，人的关注点一定要保持在尊重人类生命和人类尊严这一问题上，而不是传统的名称”（Taylor，1988：212）。

使得儒学与现代生活、现代社会产生联系的关键要素是什么？针对这一问题，一些人选定了儒家家族主义，将之作为证明儒学现代意义的唯一理由。诚然，儒家的家族主义在文化上、在心理层面对东亚社会而言是非常重要的。家族价值观对于现代社会的稳定性和持续性至关重要。据观察，“在‘后儒教’国家，家庭对于社会团结、道德教育、精神发展以及通常的资本形成而言，继续扮演着关键的角色”（Tu，1991：38）。然而，也有一些论据反驳所有认为儒学的现代价值等同于传统家族主义的观点。关于家族主义为什么不能成为儒学对于21世纪的意义的关键，至少有三个理由已经被提出来了。第一，东亚的家族结构正在历经快速的变迁，而且儒家礼法和道德规范所决定的传统家族关系不能满足代表现代社会的流动性、灵活性、平等、民主等条件。儒学结合家族主义催生了这样一种社会组织，其中重要的是私人关系而不是公共行为规范，这一点与现代性的根本原则是相悖的。第二，传统的家族主义已经带来了太多具有消极作用的副产品。据称，传统家族伦理的核心阻碍了市场经济和经济改革的施行，因为它会形成一种现代版的旧习俗，其中包括长者优先权、偏袒、等级制度、家长制倾向以及完全的道德主义，这些即便不会阻止也会减慢现代化的进程（Krieger & Trauzettel，1991：350－357）。第三，虽然家族价值观是东亚新兴经济体背后的驱动力，但是“家族企业”正面临着来自全球市场经济和国际竞争的严重挑战。金光亿（Kim）在韩国所考察到的——这里企业的运转依赖于亲属网络（Kim，1996：220），山本七平（Yamamoto）在日本所注意到的——这里家庭纽带被视作“日本资本主义
精神”的组成部分（Yamamoto，1992），已经遭到最近某些证据的反驳， 279
即对东亚经济体而言传统的家族企业更多地正在成为问题而不是优势。东亚正在被迫放弃以传统家族结构为基础的经济模式。

对21世纪而言，任何固定的家庭生活模式、社会生活模式及政治生

活模式，都不可能使儒学成为一种有生命力的传统。儒学的生命力在于其道德、精神方面的价值观念。在这些价值观当中，有三种对于儒学的未来尤其重要：对道德义务的关注，强调儒家全面教育观的重要性，弘扬儒家人本主义的价值观。可以认为，对于儒学未来的意义，这三种价值观是最为重要的要素，因为它们将会为塑造一种责任伦理做出显著的贡献，将会给一种全面教育体系的建立带来新的动力，还将会帮助人们在短暂的人生中寻求终极的意义。

二、儒家责任伦理

人不仅是政治动物和经济动物，而且是道德的存在，其特点在于选择的自由和责任的意识——对自己的行为负责，不仅关注行动的过程而且关注其动机和结果。在某种意义上，我们可以说，世界上一切现存传统中的关键问题之一就是如何在行动与责任之间取得平衡。然而，由于文化差异，有些传统更关注自由选择和个人权利，而其他一些传统则更多地考虑责任。儒学是一种非常重视人的责任的传统。

自由选择是现代社会的基础，也是市场经济的先决条件。然而，没有责任的自由将会造成社会网络的崩溃、人与人之间的不睦以及个人与社会之间的冲突，还会导致牺牲未来以满足眼前短期的需求。这已经对人类的智慧和健全人格构成了严重的挑战。在这一方面，儒学可以帮助我们形成一种新的道德意识、一种新的生态观，以及一种新的适合“地球村”的规范。儒家伦理坚持主张：自我应该是关系的中心，但目的不是求取自己的权利而是强调自身的责任；日常行为应该以礼仪规则为指导，这不仅是为
280 了约束自己，更是为了在心中培养一种神圣感和使命感；知识对于培养良好的品性很重要，但主要不是为了征服未知的东西，而是为了与他人协作并促进世界和宇宙的和谐。正是在这种伦理当中，儒学找到了一种对自身传统的新的表达，这可以使它与现代、后现代之间建立关联。

儒学构建一种责任伦理的努力，与推动确立“全球良知”的事业一致，已经成为国际合作的一部分，它们共同寻求一种普遍伦理，以便在21世纪为世界上的共同体和合作组织提供指导。一系列旨在处理全球道德问题的活动已经得到规划和实施。例如，世界宗教会议于1993年在芝加哥召开，120名与会者签署了《全球伦理宣言》（*The Declaration toward a Global Ethic*），《宣言》由瑞士神学家孔汉思起草。由德国前总理

维利·勃兰特（Willy Brandt）领导的全球治理委员会（The Commission on Global Governance）在1995年出版了一份报告，名为《全球成比邻》（*Our Global Neighbourhood*），它推进了全球公民伦理的观念。联合国世界文化与发展委员会（The World Commission on Culture and Development of the United Nations）倡导一种全球伦理以保护我们创造力的多样性，同时增强我们的“地球村”意识。在这种背景之下，联合国教科文组织（UNESCO）于1997年制订了“世界伦理计划”（the Universal Ethics Project），目的是讨论一份世界伦理宣言的可能性，宣言题目是《世界人类责任宣言》（*A Universal Declaration of Human Responsibilities*），还是由孔汉思起草。该计划在1997年召集了两场会议，参会者有政治家、哲学家、宗教专家以及不同文化和传统的代表，其中有两位来自现代新儒学阵营，分别是哈佛大学的杜维明和香港的刘述先（Liu，1998：98-100）。从某种意义上说，这样的世界伦理计划是否会成功地得到实施，这不是最重要的。这些活动的最大意义在于世界的伦理关注点发生了根本性的转变，即从以权利为基础的道德转向了以责任为重心的伦理。儒家传统中蕴含着深刻的生生伦理和生态思想，强调天地万物一体的“天人合一”观念尤其意义重大，这是一种一贯而持久的整体主义精神和广大和谐的理念。因此，在寻求构建全球普遍伦理和全球良知的过程中，儒家伦理将有潜力发挥重要的推动作用。

总之，在全球化与地方化并存及价值多元的背景下，各国现实利益中既存在各种分歧和矛盾，又存在广泛而深刻的重叠，21世纪在更广的层面和更多的领域形成罗尔斯所谓的“重叠共识”是我们共同的期待，而儒家伦理中以整体观、使命感、担当精神、包容精神等为基本特征的责任意识，或许可以发挥其独特的优势。

三、儒家全面教育观

教育成为在稳定与变化之间、革新与继承之间、现代化与传统之间保持平衡的最重要的途径。一切宗教的与非宗教的传统都强调教育的价值和
意义，尽管它们关于什么是教育、如何进行教育的理解迥然不同。儒家的 281
理智主义是一种以学与教为基础的传统。孔子首创了中国的私立教育和有教无类的“平等教育”，而他的后继者们则使儒学成为一种社会制度。儒学作为官方正统学说，支撑并主导着“前现代”东亚国家的传统教育。不

过，这一事实并不必然排除儒学可以为“现代的”和“后现代的”学与教做出巨大贡献。

就学与教的内容、方法而言，20世纪的教育已经完全“现代化”或“西化”了；不管在亚洲还是在非洲，学校的课程差不多都是一样的，学校教授的科目主要有科学、技术、商业、历史以及源自欧洲文化的人文学科。在20世纪的大部分时间里，“现代教育”被称赞为唯一“正确的”进步方式，而其他传统的教育方式则被贴上了“落后”的标签，即便不是反科学的，也是伪科学的。20世纪早期的中国评论者给我们描绘了一幅黯淡的、令人沮丧的儒家教育图景，其中人性被扭曲，人的知识局限于记忆一些过时的经典。而早期西方研究儒学的学者则发现了儒家教育在目标和方法上的问题。例如，马克斯·韦伯指出：儒家教育致力于培养有教养的人（君子）——合理地做出自己的行为，而且刚好调整到必要而适宜的程度；儒学是“一种理性的伦理，它把人与世界之间的紧张关系减弱到绝对的最低限度”，或者说儒学是一种“无条件地肯定世界、适应世界”的伦理；因而儒学“构建的不是一套系统的统一体，而是一个由有用的、特定的品质组成的复合体”（Weber，1968：227，229，235）。在列文森看来，问题属于另一个类型：“儒家教育或许是世界上反职业的古典主义的最高级形式，追求的目标是创造具备很高文化修养的、不受职业羁绊的自由人（请黑格尔先生原谅我的不同看法[①]），摆脱了单纯的手工操作体系中无关乎人格的劳动”（Levenson，1965：109）。这导致大多数儒家学者都轻视专业化和科学，轻视合理化的、抽象的、尊重法律的经济网络，还轻视历史进步的观点。

韦伯的观点似乎没有切中要害，儒家教育并没有停留在人的行为的表面。一位儒生学习如何把自己的言行举止调整到恰当的状态、如何让自己适应环境，这一点是重要的。但这只是一个方面而已。儒家教育的宗旨是
282 深入学习者的内在世界，它基于这样一种信念，即内在美德的培养比外在行为的调整更加重要。列文森的错误在于断定儒家教育必然轻视现代的科学和经济，必然反对历史进步。早期的儒学大师关注教育的经济基础，并且在此意义上坚持认为生活保障优先于道德训练，毕竟前者是先决条件

① 黑格尔在《历史哲学》中认为中国人只有皇帝有自我意识、知道自己是自由的，民众在家庭和国家中都没有独立的人格。列文森不同意黑格尔关于“自由人”的观点，认为中国的儒家教育就是培养不受手工劳动束缚的、有很高文化造诣的“自由人”。

(《论语》，13：9；《孟子》，1：7)。儒家的大同社会构想证明了一种关于人类的历史乐观主义，尽管这种构想据说仅仅是对古代黄金时期美好社会的反映。按照定义，儒家教育不是关于科学的。但是，这并不是说它完全缺乏科学精神。儒家教育是在受过教育的人身上培养一种“科学精神”，其中一个手段是教他们如何探究内部世界，另一个手段是鼓励他们学习还没有掌握的东西。前一个手段能让他们变得深刻，后一个手段则引导他们易于接受新知而没有先入之见。追求深刻而又包容新事物，是现代科学赖以发展的精神核心，也是人类知识的进步性和连续性的根本条件。进一步而言，现代教育的侧重点正从纯粹的知识积累转向知识运用能力的培养，教育不再只是为了传播知识。教育的目的是在创新中传播知识，同时在传播知识中创新。在这一方面，儒家教育也可以有所贡献，因为它非常强调旧的与新的之间、课堂学习与社会实践之间，以及书本知识与行动能力和独立思考能力之间的平衡。

毫无疑问，儒家教育有其缺陷，它没有足够的能力应对现代问题。它的方法远远不能为人们提供处理现代问题的技术工具。因此，试图用儒家的道德训练来取代现代教育，这是天真的，甚至是愚蠢的；过度信赖传统方法而拒绝接受现代的方法论和训练计划，是不能满足职业要求的。事实上，一百年前的西学东渐和民族危机就已经迫使教育改革者们彻底扭转了教育观，1905 年废除科举，1912 年取消小学教育中的读经科目，自此儒家思想在官方正式教育体系中的地位全面丧失，西式教育建制取得全面胜利。但不管怎样，我们依然可以合理地提出这样一个问题：“儒学中是否存在某些有价值的要素，可以将之提取出来，以便帮助我们达到全面理解教育的目标?”

当然，儒学研究领域的许多学者并没有过于简单化地指责儒家教育的不足和偏颇。相反，他们开始重新评价现代教育和前现代教育中的那些被信以为真的弱势与优势。他们当中的一些人确信无疑地说：

> 过去对传统教育的研究总是基于一对假设：亚洲的落后和西 283
> 方的优越，而且它们的目标只是简单地呈现传统的观念和方法是如何渐渐被“现代的”观念和方法所取代的。目前，由于“现代化”本身被认为受益于传统观念的延续，所以传统观念应该得到某种新的评价。(de Bary & Chaffee，1989：x)

由于这种重新的评价，儒家教育凸显了出来，引起了教育学家以及学者们的注意。他们发现儒家的方案极具启发性，这种方案是通过学院里的探索与讨论来确立志愿主义和社会互惠原则。借助官方课程和私立院校，儒家教育有助于在精英主义与平等主义之间、普遍主义与排他主义之间维持平衡。儒家教育不仅是为了传播和扩展知识，而且是为了传承和应用价值观。儒家的学习基本上不会以单纯的学术训练为宗旨。它包含广泛的实践拓展，会采用一些工具帮助学生把关于个人、家庭、社区、社会的学说观点付诸实践：价值观的核心是培养自律精神、家庭团结、公共道德及社会责任。儒家教育就其根本性质而言是人本主义的，而且儒家教育一直非常重视修身和德育。它的首要目标是把学习者培养成一个健全完善的人；它的主要方法就是加强自我修养，发展学生践履责任的能力，其中包括对自己的责任、对家庭的责任以及对整个社会的责任。这些方案当然是专为前现代社会设计的。但是，这并不意味着它们对现代教育就不能有所帮助。全面教育观有助于抵消现代教育中的负面因素，比如实用主义、极端的科学主义和重商主义。

因此，在许多学者眼中，“孔子的教育哲学提供了一个受欢迎的替代方案，而在许多情况下也挑战了过去和现今很多极端保守呆板的教学实践以及有害的教育思想”（Sprenger，1991：458）。在此意义上，儒家教育绝不是毫无用处的，也绝不是反对进步的。可以对儒家教育加以改造和转化，这样它不仅可以变成现代生活的一部分，而且有助于形成一种适合“后现代”社会的、更加全面的教育体系。实际上，不管历史的表象如何，不管学者的高谈宏论如何，也不管人们一时的好恶如何，儒家重美德和责任的教育理念在东亚儒家文化圈中始终发挥着重要作用，同时伴随着工业东亚的兴起，儒家思想在西方世界的思想、文化、教育等领域也赢得了越来越多的关注。

四、儒家人文主义价值观

284 对于国家必备的三个根本要素即军队、粮食和信任，孔子坚持认为信任是国家赖以生存和繁荣的唯一基础，因为“自古皆有死，民无信不立”（《论语》，12：7）。这里的“信”实际上包括两个方面，一个是客观的，另一个是主观的。在第一个方面，它指的是民众与政府之间相互的义务，没有这种义务，统治就会失去正当性，同时社会秩序也不可能维持。在第二个方面，它指的是个人或集体的信仰，这种信仰可以让人留下持久的影响力，并且使人能够在生活中忍受正常情况下不能忍受的痛苦。

信仰是任何国家或社会的根本；不同的传统有不同类型的信仰，或者更恰当地说，信仰有不同的表达方式。目前，以神为中心的信仰支配着宗教世界，拥护这类信仰的宗教传统和文化传统有很多，如基督教、伊斯兰教、印度教、部分佛教、神道教、萨满教、道教等。儒学以一种不同的方式表达对人类命运的关注，代表了一种在本质上以人为中心的信仰，其特点是相信人有能力改造世界，同时相信人的可教育性和可完善性。由于儒家信仰的独特表达方式，儒学时常被描述为一种实用主义的体系，只提升人的物质福利，因此，作为一种世俗的学说，该体系中不存在永恒性和普适性。儒学能够提供一种信仰，让其信奉者在短暂的人生中找到永恒的意义吗？对于儒学的精神价值，这是一个关键问题，如果不能探究儒家学说的精神维度，就经常会导致人们产生这样的认知，即儒学缺乏形上学的深度："现代诠释者尤其是受五四运动提倡的实证主义和实用主义影响的那些人，对儒学有太多的误解，其原因可以归结为对儒学关怀这一维度的不敏感或无知"（de Bary & Chaffee，1989：139）。对于许许多多东亚人在一个文化多元的社会如何过精神生活这一点，这个问题同样很重要。韦伯认为，既然信仰是一个社会的根本，而儒学不提供这样的信仰，那么儒学对于精神生活就没有任何贡献，也就必须在儒家传统之外的思想源头或思想资源中找到一种替代的学说（Weber，1968：243）。

上文论证的缺陷在于，它只允许一种信仰的存在，而否定其他不同类 *285*
型信仰的存在。儒家的信仰从根本上而言是人文主义的，它没有把寻求更好世界和寻求未来保障的责任托付到高高在上的上帝手中，而是将之交给了身处寻常生活中的人类（Yao，1996a：15）。在这个意义上，儒学开辟了一条理解生死意义的新路径。儒家经典中对人的死亡、人的命运、人的使命、何为好生活、对待死亡应有的态度等，有着深刻的思考和洞察。在《论语》中，我们可以看到孔子的生死观：一种值得过的美好生活应当是用一生来遵循道、实现人的天命，对于这样的人的去世，生者便值得和应该为他哀伤，因为大家失去了一位守护道、捍卫天命的重要的同道中人。所以，当死亡即将来临时，一辈子战战兢兢、谨遵儒家之道的曾子感到非常平静宁和（《论语》，8：3-7），他证明自己完成了在世上的使命。当范仲淹（989—1052）说"先天下之忧而忧，后天下之乐而乐"的时候，他用一种具有示范效应的表述概括了儒家的人生意义。对一位儒士而言，人生的意义，只能在不断修身自新、完善自我的学习和实践中，在为家庭、社区、社会的福祉而做出的努力中，以及在凭借个人道德成就和文化成就带给世界的持久影响力中得到实现。

尽管儒家对人生终极意义的关注是人文主义的，但是它既不缺乏先验的维度，也不缺少形上学的深度。对天的信仰，对天所赋予的使命的信仰，构成了儒家哲学、政治、宗教的基础。天在儒家传统中的功能类似于有神论传统中的“超验的存在”，或者在某种意义上类似于康德哲学体系中的“物自体”，是人类行为和社会活动的最高约束力，是现象世界的不可知的终极来源。这就使得非有神论的儒家学者可以与有神论传统中的学者进行对话，同时可以对人文主义的信仰加以调整，使之满足文化多元化社会中的不同精神需求。例如，在儒学与西方传统的互动中，杜维明试图重塑儒家关于人生意义的视角，其手段就是追溯人文主义人生观的先验源头，并由此准确地找到儒学对于21世纪社会的价值：

> 哥白尼消解了地心说，达尔文颠覆了人的神圣地位，马克思
> 戳穿了社会和谐的神话，而弗洛伊德则洞悉了人的深层意识活
> 动。不过，他们也使得我们能够带着共同的、批判的自我意识，
> 286 来更新我们古代儒家智慧中的信仰，即地球是我们宇宙的中心，
> 是我们唯一的家园；我们是美好地球的保卫者，是天命的受托
> 人——天带给我们快乐，令我们身体健康、心灵敏锐、头脑警
> 觉、灵魂纯净、精神卓越。
>
> 我们之所以存在于天地间，是因为上天运化的神妙法则嵌入了我们人类本性之中。天毫无疑问是无所不在的，或许是无所不知的，但很有可能不是无所不能的。天需要我们人积极参与以实现它自身的真理。我们是天的搭档，真真切切地参与天运化创生的过程。我们靠着共同的使命感服务于天，今天这种使命感的缺乏，已经把我们带到了自我毁灭的边缘。既然我们是借助日常生活中的自我发现和自我觉解来帮助天实现它自己，那么人生的终极意义就存在于我们寻常的人性和生活之中。（Tu，1993b：221-222）

这或许不能代表所有现代新儒家学者所怀有的信仰；但是他们当中的大多数人一定经历过一个类似的过程，在此过程中他们获得了他们的信仰，认识到了他们世俗生活中的精神意义。大部分现代儒学信仰者都赞同：在短暂的人生中寻求一种精神意义，对儒学精神性而言是至关重要的；这种寻求不可能通过把儒学与其他宗教的、非宗教的传统隔离开来而实现。在儒学与其他学说之间的对话和互动之中，人类精神性的多样性得到了彰显，同时现代儒学对于人类命运的自信得以重新确立。

最后，不得不强调的一点是，对儒家人文主义先验源头的考察固然重要，但我们不能满足于这种哲学的或形而上学的论证和探讨。我们必须结合 21 世纪人类文明进程的特殊背景，阐述儒家人文主义的时代内涵，从而确认什么才是我们这个时代“看得见的”人文主义——找到一种在社会人生中落实人文主义的路径、模式或方法论，这样所谓人文主义价值观才能对我们的社会和人生发挥真正有益的指引。我们可以大体做如是判断：如果儒家人文主义价值观能够普及开来，生态文明进程能够顺利推进，那么就可以为现代工业文明困境的克服做出一定程度的积极贡献，21 世纪人类整体的、长远的福祉将有可能持续和提升，而个体生命也将有条件把握人生的精神意义，有机会过美好的人生。

问题讨论

1. 列文森把儒学界定为“一座历史博物馆”，“引起暂时的对往昔的虔敬”，你同意吗？

2. 现代新儒家学者创新和改造儒学的主要阶段有哪些？

3. 儒学与现代化之间存在冲突吗？第二种现代性模式是什么？儒学与东亚经济体的崛起有关联吗？

4. 儒家的家族伦理将在 21 世纪人们的生活中扮演什么样的角色？

5. 传统儒学中有哪些关键要素可以使现代儒学存续下去，并且对理解人类的性质和命运做出贡献？

参考文献

一、原典和相关注解文献

白虎通疏证，1994. 北京：中华书局.

抱朴子内篇校释，1985. 北京：中华书局.

春秋繁露义证，1992. 北京：中华书局.

春秋左传注，1981. 北京：中华书局.

二程集，1981. 北京：中华书局.

焚书　续焚书，1975. 北京：中华书局.

郭店楚墓竹简，1998. 北京：文物出版社.

韩子浅释，1960. 北京：中华书局.

汉书，1997//二十四史：第 2 册. 北京：中华书局.

韩昌黎文集校注，1987. 马其昶，校注. 上海：上海古籍出版社.

淮南子译注，1990. 陈广忠，译注. 长春：吉林文史出版社.

晋书，1997//二十四史：第 4 册. 北京：中华书局.

康有为全集，1992. 上海：上海古籍出版社.

孔子集语译注，1996. 长春：吉林文史出版社.

列子集释，1979. 北京：中华书局.

礼记集解，1989. 北京：中华书局.

陆九渊集，1980. 北京：中华书局.

论语译注，1980. 北京：中华书局.

孟子正义，1987. 北京：中华书局.

孟子译注，1960. 北京：中华书局.

明儒学案，1992//黄宗羲全集：第7—8册. 杭州：浙江古籍出版社.

墨子閒诂，1959//诸子集成：第4册. 北京：中华书局.

日知录集释，1994. 长沙：岳麓书社.

尚书正义，1980//十三经注疏. 北京：中华书局：209-258.

商君书，1959//诸子集成：第5册. 北京：中华书局.

史记，1997//二十四史：第1册. 北京：中华书局.

诗经，1980//十三经注疏. 北京：中华书局：259-630.

十三经注疏，1980. 北京：中华书局.

世说新语校笺，1984. 北京：中华书局.

说文解字注，1981. 上海：上海古籍出版社.

四书章句集注，1983. 北京：中华书局.

宋史，1997//二十四史：第14—16册. 北京：中华书局.

宋元学案，1992//黄宗羲全集：第3—6册. 杭州：浙江古籍出版社.

王阳明全集，1992. 上海：上海古籍出版社.

纬书集成，1994. 上海：上海古籍出版社.

颜元集，1987. 北京：中华书局.

仪礼译注，1996. 长春：吉林文史出版社.

孝经注疏，1980//十三经注疏. 北京：中华书局：2537-2562.

新语校注 1986. 北京：中华书局.

荀子集解，1959//诸子集成：第2册. 北京：中华书局.

颜氏家训，1959//诸子集成：第8册. 北京：中华书局.

张子全书，1979. 台北：台湾商务印书馆.

周礼注疏，1980//十三经注疏. 北京：中华书局：639-939.

周易译注，1991. 北京：中华书局.

周易大传今注，1979. 济南：齐鲁书社.

周子全书，1985. 北京：中华书局.

庄子译诂，1991. 上海：上海古籍出版社.

诸子集成，1959. 北京：中华书局.

朱子语类，1997. 长沙：岳麓书社.

二、儒学研究和译介文献

Alitto，Guys (1979) *The Last Confucian-Liang Shu-Ming and the Chinese Dilemma of Modernity*，University of California Press.

Allee，Mark A. (1994) *Law and Local Society in Late Imperial China*，Stanford University Press.

Ames, Roger T., Dissanayake, W. and Kasulis, T. (eds. 1994) *Self as Person in Asian Theory and Practice*, Albany: State University of New York Press.

An, Byung-ju (1996) 'Sônggyun' gwan: Sanctuary of Korean Confucianism', in *Korean Cultural Heritage*, vol. 2, *Thought and Religion*, Seoul: The Korean Foundation, pp. 132-136.

Angurarohita, Pratoom (1989) *Buddhist Influence on the Neo-Confucian Concept of the Sage*, Philadelphia: Department of Oriental Studies, University of Pennsylvania.

Ariel, Yoav (1989) *K'ung-Ts'ung-Tzu: The K'ung Family Masters' Anthology*, Princeton University Press.

Bae, Jong-ho (1982) 'The "Four-Seven" Controversy in Korean Confucianism', in Chun Shin-yong (ed.), *Korean Thought*, Seoul: International Cultural Foundation, Si-sa-yong-o-sa Publishers.

Bak, Jong-hong (1980a) 'Main Currents of Korean Thoughts', in *Collected Works of Bak Jong-Hong*, vol. 1, *A History of Korean Thought*, Seoul: Min Um Sa, pp. 61-75.

(1980b) 'Historical Review of Korean Confucianism', in *Collected Works of Bak Jong-Hong*, vol. 1, *A History of Korean Thought*, Seoul: Min Um Sa, pp. 255-278.

Berling, Judith A. (1980) *The Syncretic Religion of Lin Chao-En*, New York: Columbia University Press.

Berthrong, John H. (1998) *Transformations of the Confucian Way*, Boulder and Oxford: Westview Press.

Billington, Ray (1990) *East of Existentialism-The Tao of the West*, Unwin Hyman Ltd.

Bilsky, Lester James (1975) *The State Religion of Ancient China*, Taipei: The Chinese Association for Folklore.

Birdwhistell, Anne D. (1989) *Transition to Neo-Confucianism-Shao Yung on Knowledge and Symbols of Reality*, Stanford University Press.

(1996) *Li Yong (1627-1705) and Epistemological Dimensions of Confucian Philosophy*, Stanford University Press.

Bloom, Irene T. (tr. 1987) *Knowledge Painfully Acquired: The K'un-Chih Chi by Lo Ch'in-shun*, New York: Columbia University Press.

Boot, William Jan (1982) 'The Adoption and Adaptation of Neo-Confucianism in Japan: The Role of Fujiwara Seika and Hayashi Razan', Ph. D. dissertation, University of Leiden.

Bowker, John (1973) *The Sense of God-Sociological, Anthropological and Psy-*

chological Approaches to the Origin of the Sense of God, Oxford: Clarendon Press.

Brandauer, Frederick P. and Chun-chien Huang (eds. 1994) *Imperial Rulership and Cultural Change in Traditional China*, Seattle and London: University of Washington Press.

Bruce, J. Percy (1922) *The Philosophy of Human Nature by Chu Hsi*, London: Probsthain & Co.

(1923) *Chu Hsi and his Masters*, London: Probsthain & Co.

Carus, P. (1918) 'Ceremony Celebrated under the Chinese Republic in Honor of Confucius', in *Open Court, A Quarterly Magazine*, vol. 32, no. 3, pp. 155–172.

Chan, Adrian (1996) 'Confucianism and Development in East Asia', in *Journal of Contemporary Asia*, vol. 26, no. 1, pp. 28–45.

Chan, Hok-lam and Wm. Theodore de Bary (eds. 1982) *Yuan Thought – Chinese Thought and Religion under the Mongols*, New York: Columbia University Press.

Chan, Wing-tsit (1953) *Religious Trends in Modern China*, New York: Columbia University Press.

(1955) 'The Evolution of the Confucian Concept Jen', in *Philosophy East and West*, no. 4, pp. 295–319.

(1957) 'The Neo-Confucian Solution of the Problem of Evil', in *The Bulletin of the Institute of History and Philology*, Academia Sinica, 28, pp. 773–791.

(ed. 1963a) *A Source Book of Chinese Philosophy*, Princeton University Press.

(tr. 1963b) *Instructions for Practical Living and other Neo-Confucian Writings by Wang Yangming*, New York: Columbia University Press.

(tr. 1967) *Reflections on Things at Hand by Chu Hsi and Lu Tsu-Ch'ien*, New York and London: Columbia University Press.

(tr. 1986) *Neo-Confucian Terms Explained by Ch'en Ch'un*, Columbia University Press.

(1987) *Chu Hsi – Life and Thought*, Hong Kong: The Chinese University Press.

(1989) *Chu Hsi: New Studies*, Honolulu: The University of Hawaii Press.

Chang, Carsun (1958) *The Development of Neo-Confucian Thought*, London: Vision Press Ltd.

(1962) *The Development of Neo-Confucian Thought*, vol. 2, London: Vision Press Ltd.

Chang, Hao (1971) *Liang Ch'i-Ch'ao and Intellectual Transition in China, 1890–1907*, Cambridge, MA: Harvard University Press.

Chen, Lifu (1972) *The Confucian Way – A New and Systematic Study of the*

'*Four Books*', tr. by Shih Shun Liu, Taipei: The Commercial Press.

Ch'en, Kenneth K. (1964) *Buddhism in China: A Historical Survey*, Princeton University Press.

(1973) *The Chinese Transformation of Buddhism*, Princeton University Press.

Cheng, Chung-ying (1991) *New Dimensions of Confucian and Neo-Confucian Philosophy*, Albany: State University of New York Press.

Chih, Andrew (1981) *Chinese Humanism: A Religion beyond Religion*. Taipei: Fu Jen Catholic University Press.

Ching, Julia (1976) *To Acquire Wisdom: The Way of Wang Yang-Ming*. New York: Columbia University Press.

(1977) *Confucianism and Christianity*, Tokyo: Kodansha International.

(1992) '*Some Problems of Modernization in Confucianism*', in Peter K. H. Lee (ed.), *Confucian-Christian Encounters in Historical and Contemporary Perspective*, The Edwin Mellen Press.

(1993) *Chinese Religions*, The Macmillan Press.

(1997) *Mysticism and Kingship in China: The Heart of Chinese Wisdom*, Cambridge University Press.

Ching, Julia and Willard G. Oxtoby (eds. 1992) *Discovering China: European Interpretations in the Enlightenment*, Rochester, New York: University of Rochester Press.

Chou, Min-chih (1987) *Hu Shi and Intellectual Choice in Modern China*, Ann Arbor: The University of Michigan Press.

Chow, K. W. (1994) *The Rise of Confucian Ritualism in Late Imperial China*, Stanford University Press.

Chow, Tse-tsung (1960) 'Anti-Confucianism in Early Republic China', in Arthur Wright (ed.), *The Confucian Persuasion*, Stanford University Press, pp. 288-312.

(1967) *The May Fourth Movement*, Stanford University Press.

Chowdbury, Anis and Iyanatul Islam (1993) *The Newly Industrializing Economies of East Asia*, London and New York: Routledge.

Chung, Edward Y. J. (1995) *The Korean Neo-Confucianism of Yi Toegye and Yi Yulgok*, New York: SUNY Press.

Clegg, Steward R., Winstin Higgins and Tony Spybey (1990) 'Post-Confucianism, Social Democracy and Economic Culture', in Steward R. Clegg and S. Gordon Redding (eds.), *Capitalism in Contrasting Cultures*, Berlin and New York: W. de Gruyter.

Covell, John Carter (1982) *Korea's Cultural Roots*, Elizabeth, NJ: Hollym International Corp.

Covell, Ralph R. (1986) *Confucius, The Buddha and Christ – A History of the Gospel in Chinese*, Maryknoll: Orbis Books.

Creel, Herrlee G. (1949) *Confucius: The Man and the Myth*, John Day.

(1953) *Chinese Thought: From Confucius to Mao Tsetung*, University of Chicago Press.

(1960) *Confucius and the Chinese Way*, New York: Harper Torchbooks.

(1970) *The Origins of Statecraft in China*, vol. 1, Chicago and London: The University of Chicago Press.

Crump, J. I. (1973) *Chan-Kuo Ts'e*, Ann Arbor: Center for Chinese Studies, The University of Michigan.

Cua, A. S. (1983) 'Li and Moral Justification: A Study in the Li Chi', in *Philosophy East and West*, vol. 33, no. 1, pp. 1–16.

Dardess, John W. (1983) *Confucianism and Autocracy – Professional Elites in the Founding of the Ming Dynasty*, Berkeley, Los Angeles and London: University of California Press.

Davis, Walter W. (1992) 'China, the Confucian Ideal, and the European Age of Enlightenment', in Julia Ching and Willard G. Oxtoby (eds.), *Discovering China: European Interpretations in the Enlightenment*, New York: University of Rochester Press.

Dawson, Raymond (ed. 1964) *The Legacy of China*, Oxford University Press.

(1981) *Confucius*, Oxford University Press.

de Bary, Wm. Theodore (ed. 1970) *Self and Society in Ming Thought*, New York and London: Columbia University Press.

(1975) *The Unfolding of Neo-Confucianism*, New York: Columbia University Press.

(1981) *Neo-Confucian Orthodoxy and the Learning of the Mind-and-Heart*, New York: Columbia University Press.

(1983) *The Liberal Tradition in China*, Hong Kong: The Chinese University Press; New York: Columbia University Press.

(1988) *East Asian Civilization: A Dialogue in Five Stages*, Cambridge, MA: Harvard University Press.

(1989) *The Message of the Mind in Neo-Confucianism*, Columbia University Press.

(1991a) *Learning for One's Self: Essays on the Individual in Neo-Confucian*

Thought, New York: Columbia University Press.

(1991b) *The Trouble with Confucianism*, Cambridge, MA: Harvard University Press.

(1995) 'The New Confucianism in Beijing', in *Cross Currents*, winter, pp. 479-492.

de Bary, Wm. Theodore and Irene Bloom (eds. 1979) *Principle and Practicality: Essays in Neo Confucianism and Practical Learning*, New York: Columbia University Press.

de Bary, Wm. Theodore and John W. Chaffee (eds. 1989) *Neo-Confucian Education: The Formative Stages*, Berkeley, Los Angeles and London: University of California Press.

de Bary, Wm. Theodore, Wing-tsit Chan and Burton Watson (eds. 1960) *Sources of Chinese Tradition*, vols. 1 and 2, New York: Columbia University Press.

de Bary, Wm. Theodore and Jahyun Haboush (1984) *The Rise of Neo-Confucianism in Korea*, New York: Columbia University Press.

de Groot, J. J. M. (1969) *The Religious System of China-Its Ancient Forms, Evolution, History and Present Aspect, Manners, Customs and Social Institutions connected therewith*, vols. 1-6, Reprinted by Ch'eng-wen Publishing Co., Taipei.

Deuchler, Martina (1977) *Confucian Gentlemen and Barbarian Envoys: The Opening of Korea, 1875-1885*, Seattle and London: University of Washington Press.

(1992) *The Confucian Transformation of Korea: A Study of Society and Ideology*, Cambridge, MA: Council on East Asian Studies, Harvard University.

Dimberg, Ronald G. (1974) *The Sage and Society: The Life and Thought of Ho Hsin-yin*, Honolulu: The University Press of Hawaii.

Dreyer, June Teufel (1993) *China's Political System: Modernization and Tradition*, New York: Paragon House.

Dubs, H. H. (tr. 1928) *The Works of Hsüntze*, London: Arthur Probsthain.

(1951) 'The Development of Altruism in Confucianism', in W. R. Inge *et al.* (eds.), *Radhakrishnan, Comparative Studies in Philosophy*, London: Allen and Unwin, pp. 267-275.

Durkheim, Emile (1961) *The Elementary Forms of the Religious Life*, New York: Collier Books.

Duyvendak, J. J. L. (1928) *The Book of Lord Shang-A Classic of the Chinese School of Law*, tr. from the Chinese with introduction and notes, London: Arthur Probsthain.

Eastman, Lloyd E. (1988) *Family, Fields and Ancestors: Constancy and*

Change in China's Social and Economic History, 1550-1949, New York and Oxford: Oxford University Press.

Eber, Irene (ed. 1986) *Confucianism: The Dynamics of Tradition*, Macmillan.

Ebrey, Patricia Buckley (1991a) *Confucianism and Family Rituals in Imperial China*, Princeton University Press.

(1991b) *Chu Hsi's Family Rituals—A Twelfth-Century Chinese Manual for the Performance of Cappings, Weddings, Funerals, and Ancestral Rites*, Princeton University Press.

Ebrey, Patricia Buckley and P. N. Gregory (1993) *Religion and Society in Tang and Sung China*, Honolulu: The University Press of Hawaii.

Elman, Benjamin A. (1990) *Classicism, Politics and Kinship: The Ch'ang-Chou School of New Text Confucianism in Late Imperial China*, Berkeley: University of California Press.

Elman, Benjamin A. and Alexander Woodside (eds. 1994) *Education and Society in Late Imperial China, 1600-1900*, Berkeley: University of California Press.

Elvin, Mark (1996) *Another History: Essays on China from a European Perspective*, Sydney: Wild Peony.

Eno, Robert (1990) *The Confucian Creation of Heaven: Philosophy and the Defense of Ritual Mastery*, Albany: State University of New York Press.

Fairbank, John K. (ed. 1957) *Chinese Thought and Institutions*, The University of Chicago Press.

Fairbank, John. K., O. E. Reischauer and A. M. Craig (1989) *East Asia: Tradition and Transformation*, revised edition, Boston: Houghton Mifflin Company.

Fang, Thomé H. (1973) 'A Philosophical Glimpse of Man and Nature in Chinese Culture', in *Journal of Chinese Philosophy*, vol. 1, pp. 3-26.

(1981) *Chinese Philosophy: Its Spirit and Its Development*, Taipei: Lianjing.

Fehl, Noah Edward (1971) *Li: Rites and Propriety in Literature and Life—A Perspective for a Cultural History of Ancient China*, Hong Kong: The Chinese University of Hong Kong Press.

Ferm, Vergilius Ture Anselm (ed. 1976) *An Encyclopedia of Religion*, Westport, CT: Greenwood Press.

Fingarette, Herbert (1972) *Confucius: The Secular as the Sacred*, New York: Harper Torch books.

Forke, Alfred (tr. 1962) *Lun-Heng*: Part Ⅰ *Philosophical Essays of Wang Ch'ung*; *Lun-Heng*: Part Ⅱ *Miscellaneous Essays of Wang Ch'ung*, second edition,

New York: Paragon Book Gallery.

Franz, M. (1986) *China Through the Ages*, Boulder, CO: Westview Press.

Fung, Yu-Lan (1947) *The Spirit of Chinese Philosophy*, tr. by E. R. Hughes, London: Kegan Paul.

(1952) *A History of Chinese Philosophy*, vol. 1, tr. by Derk Bodde, Princeton University Press.

(1953) *A History of Chinese Philosophy*, vol. 2, tr. by Derk Bodde, Princeton University Press.

(1961) *A Short History of Chinese Philosophy*, New York: Macmillan.

(1991) *Selected Philosophical Writings of Fung Yu-Lan*, Beijing: Foreign Languages Press.

Gardner, Daniel K. (1986) *Chu Hsi and the Ta-hseuh - Neo-Confucian Reflection on the Confucian Canon*, Cambridge, MA: Council on East Asian Studies, Harvard University.

(1990) *Learning to Be a Sage - Selections from the Conversations of Master Chu*, University of California Press.

Gernet, Jacques (1985) *China and the Christian Impact: A Conflict of Cultures*, tr. by Lanet Lloyd, Cambridge University Press.

(1996) *A History of Chinese Civilization*, tr. by J. R. Foster and Charles Hartman, second edition, Cambridge University Press.

Giles, Herbert A. (1915) *Confucianism and its Rivals*, London: Williams and Norgate.

(1926) *Chuang Tzu - Mystic, Moralist, and Social Reformer*, Shanghai: Kelly and Walsh Ltd.

Graham, A. C. (1958) *Two Chinese Philosophers: Ch'eng Ming-Tao and Ch'eng Yi-Ch'uan*, London: Lund Humphries.

(1991) *Disputers of the Tao: Philosophical Argument in Ancient China*, La Salle, IL: Open Court.

Granet, Marcel (1975) *The Religions of the Chinese People*, Basil Blackwell.

Gregor, A. James (1981) 'Confucianism and the Political Thought of Sun Yat-Sen', in *Philosophy East and West*, vol. 31, no. 1, pp. 55-70.

Grider, Jerome B. (1970) *Hu Shi and the Chinese Renaissance: Liberalism in the Chinese Revolution 1917-1937*, Cambridge, MA: Harvard University Press.

Gu, Jiegang (ed. 1926) *Gushi Bian* (A Critical Study of Ancient History), reprinted in Hong Kong (no publisher), 1962.

Hall, David L. and Roger T. Ames (1987) *Thinking Through Confucius*, Albany: State University of New York Press.

Hartman, Charles (1986) *Han Yü and the T'ang Search for Unity*, Princeton University Press.

Henricks, Robert (tr. 1983) *Philosophy and Argumentation in Third-Century China: The Essays of Hsi K'ang*, translation with introduction and annotation, Princeton University Press.

Hinnels, John (ed. 1991) *A Handbook of Living Religions*, London: Penguin.

Holzman, Donald (1976) *Poetry and Politics: The Life and Works of Juan Chi, A.D. 210–263*, Cambridge University Press.

Hsiao, Kung-Chuan (1975) *A Modern China and a New World – Kang Yu-Wei, Reformer and Utopian, 1858–1927*, University of Washington Press.

Hori, Ichiro (ed. 1972) *Japanese Religion: A Survey*, Tokyo: Kodansha International.

Huang, K'uei-yuen and J. K. Shryock, (1929) 'A Collection of Chinese Prayers – Translated with Notes', in *Journal of the American Oriental Society*, 1929, no. 49, pp. 128–155.

Hucker, Charles O. (1985) *A Dictionary of Official Titles in Imperial China*, Stanford University Press.

Hughes, E. R. (1942) *The Great Learning and The Mean-in-Action*, newly translated from the Chinese, with an introductory essay on the history of Chinese Philosophy, London: J. M. Dent and Son Ltd.

Huntington, Samuel P. (1993) 'The Clashes of Civilizations?', in *Foreign Affairs*, Summer, vol. 72, no. 3.

Hwang, Byung Tai (1979) 'Confucianism in Modernization: Comparative Study of China, Japan and Korea', Ph. D. thesis, University of California Berkeley.

Jaspers, Karl (1962) *The Great Philosophers: The Foundations*, London: Rupert Hart-Davis.

Jochim, Christian (1981) 'Naturalistic Ethics in a Chinese Context: Chang Tsai's Contribution', in *Philosophy East and West*, vol. 30, no. 2, pp. 163–177.

Johnson, Wallace (tr. 1979) *The T'ang Code*, vol. 1, *General Principles*, translated with an introduction, Princeton University Press.

Johnston, Reginald F. (1913) *Buddhist China*, London: John Murray, reprinted by Chinese Materials Center, Inc., San Francisco, 1976.

(1934) *Confucianism and Modern China*, London: Victor Gollancz Ltd.

Kahn, Herman (1979) *World Economic Development: 1979 and Beyond*, Boulder: Westview Press.

Kalton, Michael (1977) 'The Neo-Confucian World View and Value System of Yi Dynasty Korea', Ph. D. thesis, Harvard University.

(1994) *The Four-Seven Debate: An Annotated Translation of the Most Famous Controversy in Korean Neo-Confucian Thought*, Albany: State University of New York Press.

Kang Youwei (1958) *Ta T'ung Shu: The One-World Philosophy of K'ang Yu-Wei*, tr. by Laurence G. Thompson, London: Allen and Unwin.

Kasoff, Ira E. (1984) *The Thought of Chang Tsai (1020－1077)*, Cambridge University Press.

Keenan, John P. (1994) *How Master Mou Removes our Doubts*, Albany: State University of New York Press.

Kendall, Laurel and Griffin Dix (eds. 1987) *Religion and Ritual in Korean Society*, Berkeley: Institute of East Asian Studies, University of California Berkeley.

Kenji, Shimada (1990) *Pioneer of the Chinese Revolution－Zhang Binlin and Confucianism*, tr. by Joshua A. Fogel, Stanford University Press.

Kiang, Shao-Yuen (1922) 'The Philosophy of Tang-Szu-Tung', in *The Open Court*, vol. 36, pp. 449－471.

Kim, Byung Whan (1992) *Seniority Wage System in the Far East: Confucian Influence over Japan and South Korea*, Aldershot and Brookfield: Avebury; Ashgate Publishing Co.

Kim, Ha Tai (1977) 'The Religious Dimension of Neo-Confucianism', in *Philosophy East and West*, vol. 27, no. 3, pp. 337－348.

Kim, Kwang-ok (1996) 'The Reproduction of Confucian Culture in Contemporary Korea: An Anthropological Study', in Tu Wei-ming (ed.), *Confucian Tradition in East Asian Modernity: Moral Education and Economic Culture in Japan and the Four Mini-Dragons*, Cambridge, MA: Harvard University Press.

Kim, Sung-Hae (1995) 'Active Contemplation: A Confucian Contribution to Contemporary Spirituality - A Study on "Quiet Sitting" in Korean Confucianism', in *Ching Feng*, vol. 38, no. 1, March, pp. 21－41.

Knechtges, David R. (1976) *The Han Rhapsody－A Study of the Fu of Yang Hsiung (53 B.C. －A.D. 18)*, Cambridge University Press.

(1982) *Wen Xuan or Selections of Refined Literature*, Princeton University Press.

Knoblock, John (tr. 1988) *Xunzi: A Translation and Study of the Complete Works*, vol. 1, Stanford University Press.

(tr. 1990) *Xunzi: A Translation and Study of the Complete Works*, vol. 2, Stanford University Press.

(tr. 1994) *Xunzi: A Translation and Study of the Complete Works*, vol. 3, Stanford University Press.

Koh, Byong-ik (1996) 'Confucianism in Contemporary Korea', in Tu Wei-ming (ed.), *Confucian Tradition in East Asian Modernity: Moral Education and Economic Culture in Japan and the Four Mini-Dragons*, Cambridge, MA: Harvard University Press.

Kong, Demao and Ke Lan (1984) *In the Mansion of Confucius' Descendants*, tr. by Rosemary Roberts, Beijing: New World Press.

Kramers, R. P. (tr. 1950) *K'ung Tzu Chia Yu–The School Sayings of Confucius*, Leiden: E. J. Brill.

Krieger, Silke and Rolf Trauzettel (ed. 1991) *Confucianism and the Modernization of China*, Mainz: v. Hase & Koehler Verlang.

Ku, Hung-ming (1898) *The Discourses and Sayings of Confucius*, a new special translation, illustrated with quotations from Goethe and other writers, Shanghai: Kelly and Walsh Ltd.

Küng, Hans and Julia Ching (1989) *Christianity and Chinese Religions*, New York: Doubleday.

Kuo, Eddie C. Y. (1987) *Confucianism and the Chinese Family in Singapore: Continuities and Changes*, Singapore: Department of Sociology, National University of Singapore.

Kwok, D. W. Y. (1965) *Scientism in Chinese Thought, 1900–1950*, New Haven: Yale University Press.

Lang, Olga (1964) *Chinese Family and Society*, New Haven: Yale University Press.

Lau, D. C. (tr. 1970) *Mencius*, with an introduction, Penguin Books.

(tr. 1979) *Confucius: The Analects* (*Lun yu*), translated with an introduction, Penguin Books.

Le Blanc, Charles (1985) *Huai-Nan Tzu–Philosophical Synthesis in Early Han Thought*, Hong Kong University Press.

Lee, Ki-dong (1996) 'T'oegye Thought', in *Korean Cultural Heritage*, vol. 2, *Thought and Religion*, Seoul: The Korean Foundation, pp. 114–120.

Lee, Peter K. H. (ed. 1991) *Confucian-Christian Encounter in Historical and Contemporary Perspectives*, The Edwin Mellen Press.

Legge, James (tr. 1968) *Hsiao King: The Classic of Filial Piety*, in *The Sacred Books of the East*, vol. 3, Oxford: The Clarendon Press, 1885, pp. 464-488, reprinted by Motilal Banarsidass, 1968.

(tr. 1968) *The Yi King*, in *The Sacred Books of the East*, vol. 16, Oxford: Clarendon Press, 1885, reprinted by Motilal Banarsidass, 1968.

(tr. 1968) *The Li Ki or the Collection of Treatises on the Rules of Propriety or Ceremonial Usages*, in F. Max Muller (ed.), *The Sacred Books of the East*, Oxford: The Clarendon Press, vols. 27-28, 1885, reprinted by Motilal Banarsidass, 1968.

(tr. 1991) *The She King or the Book of Poetry*, in *The Chinese Classics*, Oxford: Clarendon Press, reprinted in 1991 by SMC Publishing Inc., Taipei, vol. 2.

(tr. 1991) *The Shoo King, or Book of Historical Documents*, in *The Chinese Classics*, Oxford: Clarendon Press, reprinted in 1991 by SMC Publishing Inc., Taipei, vol. 3.

(tr. 1991) *The Ch'un Ts'ew, with the Tso Chuen*, in *The Chinese Classics*, Oxford: Clarendon Press, 1895, reprinted by SMC Publishing Inc., Taipei, 1991, vol. 4.

(tr. 1992) *The Four Books*, in *The Chinese Classics*, vols. 1-2, Oxford: Clarendon Press, reprinted by Culture Book Co., Taipei, 1992.

Levenson, Joseph R. (1958) *Confucian China and Its Modern Fate*, vol. 1, *The Problem of Intellectual Continuity*, London: Routledge and Kegan Paul.

(1964) *Confucian China and Its Modern Fate*, vol. 2, *The Problem of Monarchical Decay*, London: Routledge and Kegan Paul.

(1965) *Confucian China and Its Modern Fate*, vol. 3, *The Problem of Historical Significance*, London: Routledge and Kegan Paul.

(1959) *Liang Ch'i-ch'ao and the Mind of Modern China*, Cambridge, MA: Harvard University Press.

Liang, Qichao (1959) *Intellectual Trends in the Ch'ing Period*, tr. by Immanuel C. Y. Hsu, Cambridge, MA: Harvard University Press.

Liao, W. K. (tr. 1960) *The Complete Works of Han Fei Tzu-A Classic of Chinese Political Science*, tr. from the Chinese with introduction and notes, vols. 1-2, London: Arthur Probsthain, 1939, 1960.

Lin, Yu-tang (ed. and tr. 1992) *The Wisdom of Confucius*, Random House, 1938, reprinted in Taipei: Zhengzhong Shuju.

Liu, Kwang-Ching (ed. 1990) *Orthodoxy in Late Imperial China*, Berkeley:

University of California Press.

Liu, Shu-hsien (1996) 'Some Reflections on Mencius' Views of Mind-Heart and Human Nature', in *Philosophy East and West*, vol. 46, no. 2, pp. 143–164.

(1998) *Qicao Shijie Lunli Xuanyan de Bozhe*《起草世界伦理宣言的波折》, in *The Nineties Monthly*, no. 2, pp. 98–100.

Liu, Shu-hsien and Robert E. Allinson (1988) *Harmony and Strife: Contemporary Perspectives, East & West*, Hong Kong: The Chinese University Press.

Liu, Wu-chi (1955) *A Short History of Confucian Philosophy*, Baltimore: Penguin Books.

Lloyd, G. E. R. (1996) *Adversaries and Authorities: Investigations into Ancient Greek and Chinese Science*, Cambridge University Press.

Loewe, Michael (1994) *Divination, Mythology and Monarchy in Han China*, Cambridge University Press.

(ed. 1993) *Early Chinese Texts: A Bibliographical Guide*, The Society for the Study of Early China and the Institute of East Asian Studies, University of California, Berkeley.

Louie, Kam (1980) *Critiques of Confucius in Contemporary China*, Hong Kong: The Chinese University Press.

Lynn, Richard John (tr. 1994) *The Classic of Changes: A New Translation of the I Ching as Interpreted by Wang Bi*, New York: Columbia University Press.

Makeham, John (1997): 'The Earliest Extant Commentary on Lunyu: Lunyu Zhengshi Zhu', *T'oung Pao - International Journal of Chinese Studies*, vol. 83, pp. 260–299.

Makra, Mary Lelia (tr. 1991) *The Hsiao Ching*, New York: St John's University Press.

Maruyama Masao (1974) *Studies in the Intellectual History of Tokugawa Japan*, tr. by Mikiso Hane, Princeton University Press and University of Tokyo Press.

Maspero, Henri (1981) *Taoism and Chinese Religion*, tr. by Frank A. Kierman, Jr, Amherst: The University of Massachusetts Press.

Masson, Michel C. (1985) *Philosophy and Tradition: The Interpretation of China's Philosophic Past, Fung Yu-lan 1939–1949*, Ricci Institute, Taipei, Paris, Hong Kong.

Mather, Richard B. (tr. 1976) *Shih-shuo Hsin-Yu: A New Account of Tales of the World by Liu I-Ch'ing with Commentary by Liu Chun*, with introduction and notes, Minneapolis: University of Minnesota Press.

McCune, Evelyn (1962) *The Arts of Korea: An Illustrated History*, Rutland and

Tokyo: Charles E. Tuttles Company.

McMullen, David L. (1995) 'Li Chou, a Forgotten Agnostic of the Late-Eighth Century', in *Asia Major*, 3rd series, vol. viii, part 2, pp. 57-105, Taipei: Institute of History and Philology, Academia Sinica.

Mei, Y. P. (tr. 1929) *The Ethical and Political Works of Motse*, London: Arthur Probsthain.

Meskill, John (1982) *Academies in Ming China—A Historical Essay*, Tucson, Arizona: The University of Arizona Press.

Metzger, Thomas A. (1977) *Escape from Predicament: Neo-Confucianism and China's Evolving Political Culture*, New York: Columbia University Press.

Moore, Charles A. (ed. 1967a) *The Chinese Mind: Essentials of Chinese Philosophy and Culture*, Honolulu: University Press of Hawaii.

(ed. 1967b) *The Japanese Mind: Essential of Japanese Philosophy and Culture*, Honolulu: East-West Centre Press.

Morgan, Evan (1935) *Tao The Great Luminant* - Essays from Huai Nan Tzu, Shanghai: Kelly and Walsh Ltd.

Mou, Jun-sun (1966) *On the Indulgence in 'Discourse and Polemics' by Scholars of the Wei-Chin Time and Its Influence in Subsequent Ages*, Hong Kong: The Chinese University Press.

Mungello, David E. (1977) *Leibnitz and Confucianism: The Search for Accord*, Honolulu: The University of Hawaii Press.

Munro, Donald J. (1969) *The Concept of Man in Early China*, Stanford University Press.

(1985) *Individualism and Holism: Studies in Confucian and Taoist Values*, Ann Arbor: Center for Chinese Studies, The University of Michigan.

(1988) *Images of Human Nature—A Sung Portrait*, Princeton University Press.

Needham, Joseph (1956) *Science and Civilization in China*, vol. 2, *History of Scientific Thought*, Cambridge University Press.

(1969) *Within the Four Seas—The Dialogue of East and West*, London: George Allen & Unwin Ltd.

(1970) 'China and the West', in *China and the West: Mankind Evolving*, London: Garnstone Press.

Nivison, David S. (1972) 'Communist Ethics and Chinese Tradition' in John Harrison (ed.), *China: Enduring Scholarship Selected from the Far Eastern Quarterly—The Journal of Asian Studies 1941-1971* (Arizona: The University of Arizona Press,

1972), vol. 1, pp. 207–230.

(1996) *The Ways of Confucianism–Investigations in Chinese Philosophy*, Chicago: Open Court.

Nivison, David S. and Arthur F. Wright (1959) *Confucianism in Action*, Stanford University Press.

Nosco, Peter (ed. 1984) *Confucianism and Tokugawa Culture*, Princeton University Press.

O'Hara, Albert Richard (1945) *The Position of Woman in Early China–According to the Lieh Nu Chuan 'The Biographies of Eminent Chinese Women'*, Washington, DC: The Catholic University of America Press.

Okada, Takehiko (1984) *Neo-Confucian Thinkers in Nineteenth-Century Japan*, in *Confucianism and Tokugawa Culture*, ed. by Peter Nosco, Princeton University Press, pp. 215–250.

Palmer, Spencer J. (1984) *Confucian Rituals in Korea*, Berkeley: Asian Humanities Press and Seoul: Po Chin Chai Ltd.

Paper, Jordan D. (1987) *The Fu-Tzu: A Post-Han Confucian Text*, Leiden: E. J. Brill.

Park, Sun-yong (1996) 'Confucian Influence on Education', in *Korean Cultural Heritage*, vol. 2, *Thought and Religion*, Seoul: The Korean Foundation, pp. 138–145.

Paul, Gregor S. (1990) *Aspects of Confucianism: A Study of the Relationship between Rationality and Humanity*, Frankfurt am Main: Peter Lang.

Pye, Lucian W. (1994) *China: An Introduction*, 4th edition, HarperCollins Publishers.

Qian, Mu (1982) *Traditional Government in Imperial China–A Critical Analysis*, tr. by Chun-tu Hsueh and George O. Totten, Hong Kong: The Chinese University Press.

Queen, Sarah A. (1996) *From Chronicle to Canon: The Hermeneutics of the Spring and Autumn, According to Tung Chung-Shu*, Cambridge University Press.

Rawson, Jessica (ed. 1996) *Mysteries of Ancient China–New Discoveries from the Early Dynasties*, London: British Museum Press.

Ricci, Matteo (1985) *The True Meaning of the Lord of Heaven (T'ien-Chu Shih-I)*, Taipei: Ricci Institute for Chinese Studies.

Roetz, Heiner Roetz (1993) *Confucian Ethics of the Axial Age–A Reconstruction under the Aspect of the Breakthrough Toward Postconventional Thinking*, Albany: State University of New York Press.

Rosemont, Henry (ed. 1991) *Chinese Texts and Philosophical Contexts*, Chicago: Open Court.

(1997) 'Feng Youlan: Something Exists', in *Philosophy East and West*, vol. 47, no. 1, pp. 79-81.

Rubin, Vitaly A. (1976) *Individual and State in Ancient China*, New York: Columbia University Press.

Rubinger, Richard (1982) *Private Academies of Tokugawa Japan*, Princeton University Press.

Rule, Paul A. (1986) *K'ung-Tzu or Confucius - The Jesuit Interpretation of Confucianism*, London: Allen and Unwin.

Rutt, Richard (1996) *Zhouyi: The Book of Changes*, Richmond: Curzon Press.

Rozman, G. (ed. 1990) *The East Asian Region: Confucian Heritage and its Modern Adaptation*, Princeton University Press.

Sailey, Jay (1978) *The Master who Embraces Simplicity-A Study of the Philosopher Ko Hung, A.D. 283-343*, San Francisco: Chinese Materials Center.

Sharpe, Eric J. (1994) *Understanding Religion*, London: Duckworth.

Schwarts, Benjamin (1985) *The World of Thought in Ancient China*, Cambridge, MA: Harvard University Press.

Shih, Joseph (1969-1970) 'The Notions of God in Ancient Chinese Religion', in *Numen*, vols. 16-17, pp. 99-138.

Shryock, John K. (tr. 1937) *The Study of Human Abilities-The Jen Wu Chih of Liu Shao*, New Haven: American Oriental Society.

(1966) *The Origin and Development of the State Cult of Confucius: An Introductory Study*, New York: Paragon Book Reprint Corporation.

Shun, Kwong-loi (1997) *Mencius and Early Chinese Thought*, Stanford University Press.

Slingerland, Ted (1996) 'The Conception of Ming in Early Confucian Thought', in *Philosophy East and West*, vol. 46, no. 4, pp. 567-581.

Smart, Ninian (1989; 2nd edition 1998) *The World's Religions*, Cambridge University Press.

Smith, Warren W. (1959) *Confucianism in Modern Japan: A Study of Conservatism in Japanese Intellectual History*, Tokyo: Hokuseido Press.

Sommer, Deborah (ed. 1995) *Chinese Religion-An Anthology of Sources*, Oxford University Press.

Soothill, W. E. (1951) *The Hall of Light: A Study of Early Chinese Kingship*,

London: Lutter worth Press.

(1973) *The Three Religions of China*, 3rd edition, London: Curzon Press.

Space, Art (1996) 'Sôwon: Confucian Academies, Confucian Rites', in *Korean Cultural Heritage*, vol. 2, *Thought and Religion*, Seoul: The Korean Foundation, pp. 122–130, 146–153.

Sprenger, Arnold (1991) 'Confucius and Modernization in China: An Educational Perspective', in Silke Krieger and Rolf Trauzettel (eds.), *Confucianism and the Modernization of China*, Mainz: v. Hase & Koehler Verlang, pp. 454–474.

Steele, John (tr. 1917) *The I-li or Book of Etiquette and Ceremonial*, vols. 1–2, London: Arthur Probsthain & Co., reprinted by Ch'eng-wen Publishing Company, Taipei, 1966.

Streng, Frederick J. (1985) *Understanding Religious Life*, Belmont: Wadsworth Publishing Co., third edition.

Tai, Hung-chao (ed. 1989) *Confucianism and Economic Development: An Oriental Alternative?*, Washington, DC: The Washington Institute Press.

Tang, Junyi, (1961–1962) 'The *T'ien-Ming* (Heavenly Ordinance) in Pre-Ch'in China', in *Philosophy East and West*, vol. 11, pp. 195–218; vol. 12, pp. 29–49.

Taylor, Rodney L. (1978) *The Cultivation of Sagehood as a Religious Goal in Neo-Confucianism: A Study of Selected Writings of Kao P'an-lung, 1562–1626*, Missoula: Scholars Press.

(1983) 'The Sudden/Gradual Paradigm and Neo-Confucian Mind-Cultivation', in *Philosophy East and West*, vol. 33, no. 1, pp. 17–34.

(1986a) *The Way of Heaven*, Leiden: E. J. Brill.

(1986b) *The Religious Dimensions of Confucianism*, Albany: State University of New York Press.

(1988) *The Confucian Way of Contemplation: Okada Takehiko and the Tradition of Quiet Sitting*, Columbia: University of South Carolina Press.

Teng, Ssu-yu (tr. 1968) *Family Instructions for the Yen Clan*, Leiden: E. J. Brill.

Teng, Ssu-yu and Knight Biggerstaff (1971) *An Annotated Bibliography of Selected Chinese Reference Works*, Cambridge, MA: Harvard University Press.

Thompson, Laurence G. (tr. 1958) *Ta Tung Shu: The One-World Philosophy of K'ang Yu-wei*, London: George Allen and Unwin.

Tillich, Paul (1963) *Christianity and The Encounter of the World Religions*, New York: Columbia University Press.

Tillman, Hoyt Cleveland (1982) *Utilitarian Confucianism–Ch'en Liang's Challenge to Chu Hsi*, Cambridge, MA: Council on East Asian Studies, Harvard University Press.

(1992) *Confucian Discourse and Chu His's Ascendancy*, Honolulu: University of Hawaii Press.

Tjan, Tjoe Som (tr. 1973) *Po Hu T'ung – The Comprehensive Discussions in the White Tiger Hall*, vols. 1–2, Leiden: E. J. Brill, 1949. Reprinted by Hyperion Press, Westport, CT.

Tsunoda, Ryusaku (tr. 1951) *Japan in the Chinese Dynastic Histories: Later Han Through Ming Dynasties*, South Pasadena: P. D. and Ione Perkins.

Tsunoda, Ryusaku, de Bary, Wm. Theodore and Donald Keene (eds. 1958) *Sources of Japanese Tradition*, New York: Columbia University Press.

Tu, Wei-ming (1976) *Neo-Confucian Thought in Action – Wang Yang-Ming's Youth (1472–1509)*, University of California Press.

(1979) *Humanity and Self-Cultivation: Essays in Confucian Thought*, Berkeley: Asian Humanities Press.

(1981) 'The "Moral Universal" from the Perspectives of East Asian Thought', in *Philosophy East and West*, vol. 31, no. 2, pp. 259–267.

(1985) *Confucian Thought: Selfhood as Creative Transformation*, Albany: State University of New York Press.

(1989) *Centrality and Commonality: An Essay on Confucian Religiousness*, Albany: State University of New York Press.

(1991) 'A Confucian Perspective on the Rise of Industrial East Asia', in Silke Krieger and Rolf Trauzettel (eds.). *Confucianism and the Modernization of China*, Mainz: v. Hase & Koehler Verlang, pp. 29–41.

(1993a) *Way, Learning and Practices: Essays on the Confucian Intellectuals*, Albany: State University of New York Press.

(1993b) *Confucianism*, in Arvind Sharma (ed.), *Our Religions*, New York: HarperCollins Publishers, pp. 139–227.

(ed. 1996b) *Confucian Traditions in East Asian Modernity: Moral Education and Economic Culture in Japan and the Four Mini-Dragons*, Cambridge, MA: Harvard University Press.

Tu, Wei-ming, Milan Hejtmanek and Alan Wachman (eds. 1992) *The Confucian World Observed: A Contemporary Discussion of Confucian Humanism in East Asia*, Honolulu: Institute of Culture and Communication, The East-West Centre.

Tucker, Mary Evelyn (1989) *Moral and Spiritual Cultivation in Japanese Neo-Confucianism: The Life and Thought of Kaibara Ekken 1630-1740*, Albany: State University of New York Press.

Twitchett, Denis (1976) *The Birth of the Chinese Meritocracy: Bureaucrats and Examinations in T'ang China*, London: The China Society Occasional Papers, no. 18.

Twitchett, Denis and Michael Loewe (eds. 1986) *The Cambridge History of China*, vol. 1, *The Ch'in and the Han Empires 221 B.C. -A.D. 220*, Cambridge University Press.

Waley, Arthur (tr. 1937) *The Book of Songs*, Boston: Houghton.

(tr. 1938) *The Analects of Confucius*, London: Allen and Unwin.

Wallacker, Benjamin E. (1978) 'Han Confucianism and Confucius in Han', in *Ancient China: Studies in Early Civilization*, David T. Roy and Tsuenhsuin Tsein (eds.), Hong Kong, pp. 215-228.

Waltham, Clae (ed. 1972) *Shu Ching Book of History*-A modernized edition of the translation of James Legge, London: George Allen and Unwin Ltd.

Ware, James R. (1966) *Alchemy, Medicine, Religion in China of A.D.* 320: *The Nei P'ien of Ko Hung (Pao-P'u Tzu)*, Cambridge, MA: M. I. T. Press.

Watson, Burton (tr. 1961) *Records of the Grand Historian of China*, vols. 1-2, New York and London: Columbia University Press.

(tr. 1963) *Mo Tzu: Basic Writings*, New York: Columbia University Press.

(tr. 1964) *Chuang Tzu-Basic Writings*, New York and London: Columbia University Press.

(tr. 1966) *Hsün Tzu: Basic Writings*, New York and London: Columbia University Press.

(tr. 1970) *Han Fei Tzu: Basic Writings*, New York: Columbia University Press.

(tr. 1989) *The Tso Chuan-Selections from China's Oldest Narrative History*, New York: Columbia University Press.

Watters, T. (1879) *Guide to the Tablets in a Temple of Confucius*, Shanghai: The American Presbyterian Mission Press.

Weber, Max (1963) *The Sociology of Religion*, Boston: Beacon Press.

(1968) *The Religion of China: Confucianism and Taoism*, New York: Free Press.

Wieger, Léon (1927) *A History of the Religious Beliefs and Philosophical Opinions in China*, tr. by E. T. C. Werner, Hsien Hsien Press.

Wilhelm, Richard (1931) *Confucius and Confucianism*, London: Kegan Paul, Trench, Trubner and Co.

(tr. 1967) *The I Ching or Book of Changes*, English translation by Cary F. Baynes, Arkana: Penguin Books.

Wood, Alan Thomas (1995) *Limits to Autocracy: From Sung Neo-Confucianism to a Doctrine of Political Rights in China*. Honolulu: The University of Hawaii Press.

Wright, A. F. (1960) *The Confucian Persuasion*, Stanford University Press.

(ed. 1959) *Confucianism and Chinese Civilization*, Stanford University Press.

Wu, Pei-yi (1979) 'Self Examination and Confession of Sins in Traditional China', in *Harvard Journal of Asiatic Studies*, 1979, no. 39. 1, pp. 5-38.

(1990) *The Confucian's Progress-Autobiographical Writings in Traditional China*, Princeton University Press.

Yamamoto, Schichihei (1992) *The Spirit of Japanese Capitalism*, New York: Madison Books.

Yang, C. K. (1961) *Religion in Chinese Society*, University of California Press.

Yang, Cheng-pin (1986) *The Political Thoughts of Dr. Hu Shi*, Taipei: Bookman Books.

Yang, Hsien-Yi and Gladys Yang (tr. 1974) *Records of the Historian*, Hong Kong: The Commercial Press.

Yang, P. Key and Henderson, Gregory (1958-1959) 'An Outline History of Korean Confucianism', in *Journal of Asian Studies*, 1958, no. 18. 1, pp. 81-101, 1959, no. 18. 2, pp. 259-276.

Yao, Xinzhong (1995) '*Jen*, Love and Universality-Three Arguments Concerning *Jen* in Confucianism', in *Asian Philosophy*, 1995, vol. 2, pp. 181-195.

(1996a) *Confucianism and Christianity*, Brighton: Sussex Academic Press.

(1996b) 'Self-Construction and Identity: The Confucian Self in Relation to some Western Perceptions', in *Asian Philosophy*, no. 3, pp. 179-195.

Yoshio, Abe (1970) 'Development of Neo-Confucianism in Japan, Korea and China: A Comparative Study', in *Acta Asiatica*, 1970, no. 19, pp. 16-39.

Young, John D. (1983) *Confucianism and Christianity - The First Encounter*, Hong Kong University Press.

Yu, Chai-Shin (1977) *Korean and Asian Religious Tradition*, Toronto: Korean and Related Studies Press.

Yun, Sa-soon (1996) 'Confucian Thought and Korean Culture', in *Korean Cultural Heritage*, vol. 2, *Thought and Religion*, Seoul: The Korean Foundation, pp. 108-113.

Zaehner, R. C. (ed. 1988) *The Concise Encyclopedia of Living Faiths*, London: Hutchinson and Co. Ltd, 1988.

Zito, Angela and Tani E. Barlow (eds. 1994) *Body, Subject and Power in China*, Chicago and London: The University of Chicago Press.

Zücher, E. (1959) *The Buddhist Conquest of China*, Leiden: E. J. Brill.

蔡仁厚，1998. 孔子的生命境界：儒学的反思与开展. 台北：台湾学生书局.

陈来，1996. 古代宗教与伦理——儒家思想的根源. 北京：三联书店.

董丛林，1992. 龙与上帝——基督教与中国传统文化. 北京：三联书店.

杜维明，1996. 现代精神与儒家传统. 台北：联经出版事业股份有限公司.

方豪，1959. 中西交通史：第1—5册. 台北：台湾商务印书馆.

方克立，李锦全，1995. 现代新儒家学案：上、中、下. 北京：中国社会科学出版社.

冯友兰，1997. 贞元六书. 上海：华东师范大学出版社.

宫衍兴，王政玉，1994. 孔庙诸神考. 济南：山东友谊出版社.

胡適，1953. 说儒//胡適文存：第4集. 台北：远东图书公司.

胡適，1974. 充分世界化与全盘西化//胡適与中西文化. 香港：联艺书店：35-52.

胡适，1997. 中国哲学史大纲. 上海：上海古籍出版社.

黄克剑，1993. 当代新儒学八大家集：第1—8集. 北京：群言出版社.

孔繁银，1992. 衍圣公府见闻. 济南：齐鲁书社.

匡亚明，1990. 孔子评传. 南京：南京大学出版社.

赖永海，1995. 佛学与儒学. 台北：扬智文化事业股份有限公司.

李启谦，1988. 孔门弟子研究. 济南：齐鲁书社.

李毅，1994. 中国马克思主义与现代新儒家. 沈阳：辽宁大学出版社.

梁漱溟，1922. 东西方文化及其哲学. 上海：商务印书馆.

卢升法，1994. 佛学与现代新儒家. 沈阳：辽宁大学出版社.

牟宗三，1970. 心体与性体：上、中、下. 台北：正中书局.

牟宗三，1985. 圆善论. 台北：台湾学生书局.

庞朴，1997. 中国儒学：第1—4卷. 上海：东方出版中心.

钱穆，1966. 中国近三百年学术史：上、下册. 台北：台湾商务印书馆.

卿希泰，1993. 中国道教史：第1—4卷. 成都：四川人民出版社.

唐君毅，1955. 人文精神之重建：第1—2卷. 香港：新亚研究所.

唐君毅，1972. 中国文化之精神价值. 台北：正中书局.

王家骅，1990. 儒家思想与日本文化. 杭州：浙江人民出版社.

吴智和，1994. 明代的儒学教官. 台北：台湾学生书局.

熊十力，1996. 现代新儒学的根基——熊十力新儒学论著辑要. 郭齐勇，编. 北京：中国广播电视出版社.

徐复观，1969. 中国人性论史. 台北：台湾商务印书馆.

阎步克，1995. 乐师与“儒”之文化起源. 北京大学学报（哲学社会科学版）(5)：46-54.

宇野哲人，1982. 中国近世儒学史. 马福辰，译. 台北：“中国文化大学”出版部.

余英时，1970. 从宋明儒学的发展论清代思想史. 中国学人：19-41.

章炳麟，1909. 原儒. 国粹学报 56//国粹学报：第 10 册. 台北：文海出版社，1970：2604-2608.

章炳麟，1976. 章太炎诗文选注. 上海：上海人民出版社.

张岱年，1982. 中国哲学大纲. 北京：中国社会科学出版社.

张光直，1983. 中国青铜时代. 北京：三联书店.

张立文，1992. 帛书周易注释. 郑州：中州古籍出版社.

张立文，1996. 和合学概论：上、下卷. 北京：首都师范大学出版社.

钟优民，1985. 谢灵运论稿. 济南：齐鲁书社.

音译词汇表

拼音拼写法	其他拼写法（包括韩国和日本的拼写法）	中文
	An Hyang	安珦
Anle Xiansheng		安乐先生
anle wo		安乐窝
ba dao		霸道
bagua xiangdang		八卦相荡
	bakufu	幕府
Baihu Tong		《白虎通》
bailu dong		白鹿洞
baijia		百家
Baopuzi	*Pao P'u-tzu*	《抱朴子》
benran zhi xing		本然之性
benxin		本心
boshi	po-shih	博士
	boshidô	武士道
	Bumbu-funi	文武不二
buxiu		不朽

Cao Duan		曹端
chan	ch'an/zen	禅
chang'an		长安
chanjiao		禅教
Chen Duxiu		陈独秀
Chen Liang		陈亮
Chen Ping		陈平
Chen Xianzhang		陈献章
chenwei		谶纬
cheng	ch'eng	诚
Cheng (King)		成（王）
	Cheng Chung-ying	成中英
Cheng Hao		程颢
Cheng Yi		程颐
Cheng-Zhu	Ch'eng-Chu	程朱
	Chondo-kyo	天道教
	Choi Chi-won	崔致远
	Choi Chung	崔冲
	Choi Je-wu	崔济愚
	Choi Si-hyong	崔时亨
	Chong Yak-yong	丁若镛
Chong You Lun		《崇有论》
	Chondochaek	《天道策》
Chu (State)		楚（国）
Chuanxi Lu		《传习录》
	Chuko-ippon	忠孝一本
Chunqiu		《春秋》
Chunqiu Fanlu Yizheng		《春秋繁露义证》
Chunqiu Gongyang Zhuan		《春秋公羊传》
Chunqiu Zuo Zhuan Zhu		《春秋左传注》

	Chu His Su Julyo	《朱子书节要》
	Chung Do-jun	郑道传
	Chung Mong-ju	郑梦周
chushi hengyi		处士横议
cun tianli，mie renyu		存天理，灭人欲
cun xin		存心
da	ta	大
da si	ta ssu	大祀
	Dasan	茶山
datong	ta tung	大同
Daxue		《大学》
da yitong		大一统
da zhangfu		大丈夫
da zhuan		大传
Dai De		戴德
Dai Sheng		戴圣
Dai Zhen		戴震
dao	tao	道
Dao De Jing	*Tao Te Ching*	《道德经》
dao wenxue		道问学
dao xin		道心
dao xue		道学
daqin si		大秦寺
datong shehui		大同社会
de	te	德
de		得
De Qing		德清
de xiansheng		德先生
di		地
di	ti	帝
diaomin fazui		吊民伐罪
Dong Zhongshu	Tung Chung-shu	董仲舒

Dongxifang Wenhua jiqi Zhexue		《东西方文化及其哲学》
du jing		读经
duan		端
dui		对
Dunhuang	Tun-huang	敦煌
duo		多
Erya		《尔雅》
fa		法
fajia		法家
Fayi		《法意》
fanben		返本
Fan Zhongyan	Fan Chung-yan	范仲淹
Fang Dongmei		方东美
Fang Keli		方克立
fang shi		方士
fanshen er qiu		返身而求
fawang		法王
fendou		奋斗
feng		封
fo		佛
	Fung Yu-lan	冯友兰
fugu pai		复古派
	Fukuzawa Yûkichi	福泽谕吉
fu jiao ziwang, zi buwang buxiao		父叫子亡，子不亡不孝
	Fujiwara Seika	藤原惺窝
Fu Xi	Fu Hsi	伏羲
Fuxing Shu		《复性书》
fuci zixiao		父慈子孝
fuzi zhi dao		夫子之道

gangrou xiangmo		刚柔相摩
Gao Panlong	Kao P'an-lung	高攀龙
Gaozi	Kao Tzu	告子
Ge Hong	Ko Hung	葛洪
ge ming		革命
ge wu		格物
gen		艮
genghua		更化
	Godaigo (Emperor)	后醍醐（天皇）
Gongyang Gao		公羊高
goumao ru		沟瞀儒
Gu Huan		顾欢
Gu Jiegang		顾颉刚
Gu Xiancheng		顾宪成
Gu Yanwu		顾炎武
guangjing pusa		光净菩萨
guan xue		官学
Guan Yi		《冠义》
Guanzi	Kuan Tzu	管子
gui	kwei	鬼
Guliang		穀梁
guo		国
guo jiao		国教
Guo Xiang		郭象
Guo yu		《国语》
guozi jian	kukjiakam	国子监
Han (Dynasty)		汉（朝）
Han Fei		韩非
Han Shu		《汉书》
Han Yu		韩愈
haoran zhi qi		浩然之气
	Hayashi Razan	林罗山

he		和
he		龢
he		禾
he		合
He Lin		贺麟
He Xinyin		何心隐
He Xiu		何休
He Yan		何晏
hehui Zhu-Lu		和会朱陆
he zhongsheng		和众声
Hong Xiuquan		洪秀全
Houji		后稷
Hu Hong		胡宏
Hu Shi		胡適
Hu Wufeng		胡五峰
hua		化
Huainan Zi	*Huai Nan Tzu*	《淮南子》
HuanTui		桓魋
Huangji Jingshi		《皇极经世》
Huang-Lao		黄老
Huan Tan		桓谭
huangtian shangdi		皇天上帝
Huang Zongxi		黄宗羲
Hui Yuan		惠远
hun		魂
Hun Yi		《昏义》
	Itô Jinsai	伊藤仁斋
ji		祭
jisi		祭祀
Ji Kang	Ch'i Kang	嵇康
jia		家

jiaji suiji, jiagou suigou		嫁鸡随鸡，嫁狗随狗
jian ai		兼爱
jian ru		贱儒
jiao		教
jiazu zhuyi		家族主义
Jie		桀
jie yong ai ren		节用爱人
Jin (Dynasty)		晋（朝）
Jingfa		《经法》
Jin Lüxiang		金履祥
jing		经
jing		敬
jing		静
Jing Jiao		景教
Jingjing		景净
jing tian		敬天
jing xue	ching hsue	经学
jingzuo		静坐
jinshi		进士
Jixia	Chi Hsia	稷下
jiyi		集义
	Jujahak	朱子学
	Junanô Kenpô	《十七条宪法》
junzi		君子
junzi ru		君子儒
	Kaibara Ekken	贝原益轩
kaixin		开新
	kakkyo Mobum	《圣学辑要》
Kang Youwei		康有为
kaozheng xue		考证学
	Keian	桂庵玄树

	Kiho (School)	畿湖（学派）
	Kil Chae	吉再
	Ki Taesung	奇大升
	Kobong	高峰
	Kogaku	古学派
	Koguryo	高句丽
	Kojiki	《古事记》
Kong Fuzi	K'ung Fu-tzu	孔夫子
Kongjiao		孔教
Kong Qiu	K'ung Ch'iu	孔丘
kong tan		空谈
Kong Zhongni		孔仲尼
Kongzi	K'ung-tzu	孔子
Kongjiao Hui		孔教会
Kongjiao Xueyuan		孔教学院
Kongzi Gaizhi Kao		《孔子改制考》
Kongzi Jiayu		《孔子家语》
Kongzi miao		孔子庙
Kou Qianzhi		寇谦之
Kuang Yaming		匡亚明
	Kumazawa Banzan	熊泽蕃山
kun	k'un	坤
Laozi	Lao-tzu	老子
li		礼
li		理
Li Ao		李翱
Li Dazhao		李大钊
lihuai yuebeng		礼坏乐崩
Li Ji		《礼记》
lijiao		礼教
Li Si	Li Ssu	李斯
li xue		理学
Li Yong	Li Yung	李颙

liyue		礼乐
Li Yun		《礼运》
Li Zhi	Li Chi	李贽
Li Zhizao		李之藻
Li Zhou	Li Chou	李舟
Liang (Dynasty)		梁（朝）
Liang Qichao		梁启超
liangneng		良能
Liang Shuming		梁漱溟
liang zhi		良知
Liao Ping		廖平
Lifu Chen	Ch'en Li-fu	陈立夫
Li Ji Jijie		《礼记集解》
lin		麟
Lin Yutang		林语堂
Lin Zhaoen	Lin Chao-en	林兆恩
Liu Bang	Liu Pang	刘邦
Liu jing		六经
Liu Jishan		刘蕺山
Liu Shao		刘劭
Liu Shuxian	Liu Shu-hsien	刘述先
Liu Xiang		刘向
Liu Xin		刘歆
liuxue		六学
liu yi		六艺
Liu Yuxi		刘禹锡
Liu Zongzhou		刘宗周
Luo Congyan		罗从彦
Lu (state)		鲁（国）
Lu Jiuyuan		陆九渊
Lu Xiujing		陆修静
Lüshi Chunqiu		《吕氏春秋》
Lu-Wang		陆王
Lu Xiangshan		陆象山

Lü Zuqian		吕祖谦
Lunyu		《论语》
Luo Qinshun		罗钦顺
Luo Xue		洛学
Ma Rong		马融
Mao Zedong		毛泽东
Meng Ke		孟轲
Mengzi	Mencius	孟子
ming		命
Ming (emperor)		明（帝）
ming		明
Ming (Dynasty)		明（朝）
mingjia		名家
mingjiao		名教
mingjiao chuyu ziran		名教出于自然
mingjiao ji ziran		名教即自然
ming jiaohua		明教化
Ming Tang		明堂
ming xin		明心
mo		谟
Mo Di	Mo Ti	墨翟
	Motoda Eifu	元田永孚
moer shizhi		默而识之
Mouzi	Mou Tzu	牟子
Mou Zongsan		牟宗三
Mozi	Mo-tzu	墨子
	Nakae Tôju	中江藤树
	Nanking	南京
neisheng		内圣
	Nihon Shoki	《日本书纪》
	Nishi Amane	西周
	Nishimura Shigeki	西村茂树

nüzi wucai jiu shi de		女子无才就是德
	Ogyû Sorai	荻生徂徕
	Ôjin (emperor)	應神（天皇）
	Oshio Chusai	大盐中斋
Ouyang Xiu		欧阳修
	Paekche	百济
	p'an-gong	泮宫
Pei Wei		裴頠
pinyin		拼音
po		魄
qi	ch'i	气
Qi (state)	Ch'i	齐（国）
Qian Dehong		钱德洪
Qian Mu		钱穆
Qianzi Wen		《千字文》
qian	ch'ien	乾
Qin (Dynasty)	ch'in	秦（朝）
Qing (Dynasty)		清（朝）
qing		情
qingtan		清谈
qiongli		穷理
Qisong		契嵩
qiu fangxin		求放心
qizhi		气质
qizhi zhi xing		气质之性
quanzhen		全真
ren	jen	仁
ren	jen	人
ren xin		人心
ren zhe		仁者
renzhe renye		仁者人也

ren zheng		仁政
renfu tianshu		人副天数
renren		仁人
renren jie keyi wei Yao Shun		人人皆可以为尧舜
renyu		人欲
rixin		日新
ru	ju	儒
Ruan Ji	Juan Chi	阮籍
ru dao wei yi		儒道为一
ru jia		儒家
ru jiao		儒教
ru shang		儒商
ruhua xiyang wenhua		儒化西洋文化
rujia jingshen wei ti, xiyang wenhua wei yong		儒家精神为体，西洋文化为用
Rujia Sixiang de xinkaizhan		《儒家思想的新开展》
rujiao ziben zhuyi		儒教资本主义
Rutong Pusa		儒童菩萨
ruxue		儒学
sai xiansheng		赛先生
	Sakuma Shôzan	佐久间象山
san cai		三才
san gang		三纲
san ji		三极
sanjiao		三教
sanyi		三一
sanyi jiao		三一教
sanjiao bingxing		三教并行
sanjiao heliu		三教合流
sanjiao si		三教寺

sanjiao tang		三教堂
sanjiao xiansheng		三教先生
sanjiao yiti		三教一体
seng		僧
shan		禅
Shang (Dynasty)		商（朝）
Shangdi		上帝
Shangshu		《尚书》
Shang Qu		商瞿
Shangjun Shu		《商君书》
Shang Yang		商鞅
shanren zhi dao		善人之道
Shao		韶
Shaolin		少林
Shao Yong	Shao Yung	邵雍
	Satô Issai	佐藤一斋
shen	shan	神
shendu		慎独
sheng		圣
sheng		生
shengsheng		生生
shengde		盛德
shengjiao		圣教
shengwang		圣王
shen ren		神人
shenxin xingming		身心性命
shi		师
shi		誓
	Shibusawa Eiichi	涩泽荣一
shier zhe		十二哲
Shijing		《诗经》
Shiji		《史记》
shiyi changji yi zhiyi		师夷长技以制夷
	Shinju-gôichi	神儒合一

	Shôtoku (Prince)	圣德（太子）
Shu		《书》
shu		恕
shu shi		术士
shu yuan	sowon	书院
shuer buzuo		述而不作
Shun		舜
shun yinyang		顺阴阳
	Shushigaku	朱子学
si		祀
si		寺
	Silla	新罗
	silhak	实学
si pei		四配
siwen		斯文
si xue		私学
Sima Qian	Ssu-ma Ch'ien	司马迁
Si Shu Zhangju Jizhu		《四书章句集注》
situ zhi guan		司徒之官
	So Kyong-dok	徐敬德
	Sohn Byong-hi	孙秉熙
Song (Dynasty)	Sung	宋（朝）
Song Lian		宋濂
Song-Ming	Sung-Ming	宋明
Song Shi		《宋史》
Song Shu		《宋书》
song xue		宋学
	Song Hon	成浑
	sôngnihak	性理学
	sonno-joi	尊王攘夷
su wang		素王
Sui (Dynasty)		隋（朝）
Sun Bin		孙膑
Sun Chuo		孙绰

	Sunghak Sipto	《圣学十图》
Sun Zhongshan	Sun Yatsen	孙中山
tai		泰
taichang		太常
	Taigi-roku	《大疑录》
tai he		太和
taiji		太极
Taijitu Shuo		《太极图说》
tailao		太牢
Taiping Shangdi		太平上帝
tai xu	tai hsü	太虚
tai xue	Tai Hsue	太学
Tao Hongjing		陶弘景
Tan Sitong		谭嗣同
Tang (Dynasty)		唐（朝）
Tang		汤
Tang Junyi		唐君毅
	Tenchi (Emperor)	天智（天皇）
ti		悌
ti		体
tian		天
tian busheng Zhongni, wangu changruye		天不生仲尼，万古长如夜
tian li		天理
tian ming		天命
tianchao		天朝
tian ren ganying		天人感应
tian ren he yi		天人合一
tian ren xiangtong		天人相通
Tian Tai	Tendai	天台
tian xu		天序
Tianyan Lun		《天演论》

tian zhi		天秩
tiandi zhi xing		天地之性
tianxia		天下
tianxia yijia		天下一家
Tianzhu		天主
tianzi		天子
	T'oegye	退溪
	Tokugawa Ieyasu	德川家康
tong		同
	Tonghak	东学
	Tongkyong Daejon	《东学大全》
Tong shu		《通书》
	toyo no dotoku, seiyo no gakugei	东洋的道德，西洋的科学
	Tu Wei-ming	杜维明
	Ugye	牛溪
waiwang		外王
wanban jie xia pin, weiyou dushu gao		万般皆下品，唯有读书高
wanfa fencou, wuyue sanjiao zhi jing		万法纷凑，无越三教之境
Wang Bi	Wang Pi	王弼
wang (king)		王
Wang Chong		王充
Wang Chongyang		王重阳
wang dao		王道
Wang Daoyuan		王道渊
Wang Fuzhi		王夫之
Wang Gen		王艮
wangguan		王官
Wang Ji		王畿

	Wang In (Wani)	王仁
wangmen houxue		王门后学
Wang Shouren		王守仁
Wang Yangming		王阳明
wei		为
Wei-Jin	Wei-Chin	魏晋
Wei Lüe		《魏略》
weiren		为人
weiru		伪儒
weishi		唯实
wei tianming	wei t'ien-ming	畏天命
weiwo		为我
weixue		伪学
weiyan-dayi		微言大义
Wei Yuan		魏源
Wen (King)		文（王）
Wei Zhongguo Wenhua Jinggao Shijie Renshi Xuanyan		《为中国文化敬告世界人士宣言》
weiji		为己
weiren		为人
Wenchang Gong		文昌宫
Wenhua Yishi yu Daode Lixing		《文化意识与道德理性》
wen-miao		文庙
	Wing-tsit Chan	陈荣捷
Wu (King)		武（王）
wu		悟
wu		无
Wu (Emperor)		武（帝）
wu chang		五常
Wu Cheng		吴澄

wuji	wu-chi	无极
wu jing		五经
wuwei		无为
Wu Qi		吴起
wu xing		五行
Ximing	Hsi Ming	《西铭》
xi shi		西士
Xia	Hsia	夏
xian		贤
xiandai xin ruxue		现代新儒学
xiang		享
Xiang Xiu	Hsiang Hsiu	向秀
xiangfu jiaozi		相夫教子
Xiangshan Xiansheng		象山先生
xianru		先儒
xianren		贤人
xiansheng miao		先圣庙
xian tianxia zhi you er you, hou tianxia zhi le er le		先天下之忧而忧，后天下之乐而乐
xianwang zhi dao		先王之道
xian xian		先贤
xiao	hsiao	孝
xiao ren		小人
xiaoren ru		小人儒
xiaoru		小儒
xiao si		小祀
Xiao xue	hsiao hsue	小学
Xie Lingyun		谢灵运
xin		信
xin	hsin	心
xin ji li		心即理

xin lixue		新理学
xin rujia		新儒家
xin songxue		新宋学
xin xinxue		新心学
xin xue		心学
xing	hsing	性
xing ji li		性即理
xingshen		省身
Xingxiu		行秀
Xinti yu Xingti		《心体与性体》
xinwang		新王
Xinya Xueyuan		新亚学院
Xiong Shili	Hsiung Shi-li	熊十力
xiu shen		修身
xiu xin		修心
xu	hsü	虚
xu		需
Xu Fuguan		徐复观
Xu Guangqi		徐光启
Xu Heng	Hsü Heng	许衡
Xu Shen		许慎
xuan		玄
xuanjiao		玄教
xuan xue		玄学
xue		学
xuegong		学宫
Xue Xuan		薛瑄
xun		训
Xun Qing		荀卿
Xunzi	Hsun Tzu	荀子
	Yamazaki Ansai	山崎闇斋
Yan Fu		严复
Yan Hui		颜回

	Yamaga Sokò	山鹿素行
Yan Yi		《燕义》
Yan Yuan		颜渊
yang		阳
Yang Rongguo		杨荣国
Yang Tingyun		杨廷筠
yangqi		养气
yangsheng		养生
Yang Xiong		扬雄
Yang Zhu	Yang Chu	杨朱
Yao Shun		尧舜
yasheng		亚圣
yeqi		夜气
Ye Shi		叶適
yi		义
yi		异
yi		一
	Yi (Dynasty)	李（朝）
Yi Baisha	I Pai-sha	易白沙
	Yi Hwang	李滉
	Yi I	李珥
	Yi Ik	李瀷
Yi Jing	*I Ching*	《易经》
yi ren		一人
yili sharen		以理杀人
yili xue		义理学
yili zhi tian		义理之天
yin		阴
Yin (Dynasty)		殷（朝）
yin-yang		阴阳
	Yi Saek	李穑
Yixia Lun		《夷夏论》
	Yômeigaku	阳明学
yong		勇

yong		用
	Yongnam (school)	岭南学派
	Yoshida Shôin	吉田松阴
you	yu	有
Yu		禹
Yudao Lun		《喻道论》
	Yu Hyang-won	柳馨远
Yu Ji		虞集
	Yulgok	栗谷
Yu Yingshi	Yü Ying-shi	余英时
Yuan (Dynasty)		元（朝）
Yuanfu		《原富》
Yuan Ru		《原儒》
Yuan Ru Mo		《原儒墨》
Yuan Shikai	Yuan Shi-kai	袁世凯
yuan yi		元一
yue		乐
yue		龠
Yue Jing		《乐经》
yu tiandi wei yiti		与天地为一体
yue mingjiao er ren ziran		越名教而任自然
zai	tsai	灾
zaoming		造命
Zeng Shen	Tseng Shen	曾参
Zengzi	Tseng Tzu	曾子
zeng zufu		曾祖父
Zhan Ruoshui		湛若水
Zhang Binglin		章炳麟
Zhang Huang		章潢
zhangju		章句
Zhang Junmai	Carsun Chang	张君劢

Zhang Liwen		张立文
Zhang Xuecheng	Chang Hsue-cheng	章学诚
Zhang Zai	Chang Tsai	张载
Zhao		赵
Zhao Fu		赵复
Zhao Qi		赵岐
Zhaoqing		肇庆
zhao zhuo		照著
zhenyuan		真元
zheng		正
Zheng Meng		《正蒙》
zheng qiyi bumou qili, ming qidao buji qigong		正其义不谋其利，明其道不计其功
Zheng Xuan	Cheng Hsuan	郑玄
Zheng Yu		郑玉
Zhenru		真如
zhi	chih	直
zhi		智
zhiben		知本
zhi liangzhi		致良知
zhi qi		治气
Zhi Yuan		智圆
zhi zhi		致知
zhi zhonghe		致中和
zhong		忠
zhong		中
zhonghe		中和
zhongyong	chung yung	中庸
zhongdu		中都

Zhongguo Renwen Jingshen zhi Fazhan		《中国人文精神之发展》
Zhongni		仲尼
zhong si		中祀
zhongti xiyong		中体西用
Zhou (Dynasty)	Chou	周（朝）
Zhou (the Duke)	Chou (the Duke)	周公
Zhou Dunyi		周敦颐
Zhouyi		《周易》
Zhu Fuzi	Chu Fu-tzu	朱夫子
Zhu Hong	Chu Hung	袾宏
Zhu Xi	Chu Hsi	朱熹
zhuan		传
Zhuangzi	Chuang-tzu	庄子
zhuhou fangzi		诸侯放恣
Zhuzi Jiali		《朱子家礼》
Zhuzi Jicheng		《诸子集成》
zi		子
zibu		子部
zi bujiao, fu zhiguo		子不教，父之过
Zi Gong		子贡
ziran		自然
Zisi	Tzu Ssu	子思
zixue	tzu hsue	子学
zhu renjun		助人君
zhulin qixian		竹林七贤
zong	tsung	宗
zong jiao	tsung chiao	宗教
Zou	Tsou	邹
Zou Yan	Tsou Yan	邹衍
zu		祖
zun dexing		尊德性
zuo		作
Zuo Zhuan	*Tso Chuang*	《左传》

索　　引*

Antonio de Caballero 利安当 228
Absolute Spirit 绝对精神 25
academicians 博士 50，55，83
activity and tranquillity 动和静 99，101，151，173
Actuality 有 92，参见 being 有
Aloben 阿罗本 238
Altar of the Spirits of Land and Grains 土神和谷神祭坛 193
Ames，Roger T. 安乐哲 3-4，262
An Hyang 安珦 117
Analects and Abacus《论语与算盘》137
Anataman 无我 97
ancestors 祖先 40，45，79，155，187
ancestral temple 祖庙 193，201
ancestral sacrifice 祭祖 201
ancestral tradition 祖辈传统 186
ancestral Worship 祖先崇拜 43，199，202
ancient culture 古代文化 21，26，29，187
ancient rituals 古代礼仪 27，195
Ancient Kings 先王 79，85
ancient sages 先圣 49，59
ancient sage-kings 古代圣王 96，140，198
Ancient Teacher 先师 29
anthropomorphic Lord 人格神 142-143
apocryphal writings 谶纬 82，87
apology 道歉 181

* 词汇按英文字母顺序排列，后为英文版页码，即本书边码。

archery 射 18，20－21，180，192，参见 six arts 六艺
Aristotle 亚里士多德 41
Asanga 无著 253
Ashikaga Academy 足利学校 128
Asian Studies 亚洲研究 3
astrology 占星术 20
August/Imperial Heaven the Lord on High 皇天上帝 144，198
authoritarianism 专制主义 78，85

ba dao 霸道，参见 Way of a despot 霸道
bai jia 百家，参见 hundred schools 百家
bakufu 幕府 126，128－129
being 有 93，95
being and non-being 有与无 94，217
benevolence 仁 213
Bible《圣经》238
　and Confucian classics 儒家经典 239
birds and beasts 鸟兽 69，145
Book of Changes《易经》17，51，53，59，89，91，97，99－100，105，139，141，150－151，175，217，237，272
Book of Filial Piety《孝经》56－57，71，182，203，227
Book of History《尚书》17，24，26，51，53－54，56，60－61，70，84，143，167，197，198
Book of Mengzi《孟子》14，57，63-64，66，105
Book of Music《乐经》17，51，53-54，56-57，66，171
Book of Odes《诗经》，参见 *Book of Poetry*《诗经》
Book of Poetry《诗经》17，51，53－54，56，59－60，70，84，143，166，202，211
Book of Rites《礼记》17，20，51，53－54，56，61－63，80，143，145，171，191，193-195，197，201-202，211
Book of Songs《诗经》，参见 *Book of Poetry*《诗经》
Book of Ten Thousand Characters《千字文》126
Book of Xunzi《荀子》105
Book of Zhuangzi《庄子》28，54，171
boshi 博士参见 academicians 博士
Bowker，John 约翰·鲍克 42
Bright Hall 明堂 197
Bright and Pure Bodhisattva 光净菩萨 226
bronze sacrificial vessel 青铜祭器 225
Buddha，the 佛 41，43，207，225－226，236，250
Buddha-nature 佛性 235
Buddhism 佛教 1，28，37，43，55－

56，92，96－97，100，105，116，122，127－128，190，203，208，223－224，284
and Daoism 道教 116，232
Chan 禅 44，115，122，227－228，232
Pure Land 净土 236
Consciousness Only 唯识 253
Buddhist doctrines 佛教教义 227，233，236
Buddhist doctrine of filial piety 佛教的孝道 234
Buddhist meditation 佛教的冥想 228
Buddhist scholars 佛家学者 127
Buddhist literati 佛家知识分子 234
Buddhist Middle Way 佛教的中道 236
Buddhist monks 佛教僧侣 234－235
Buddhist sutras 佛经 97
Buddhist temples 佛教寺庙 237
Buddhist Way of life 佛教的生活方式 235
Buddhist worship 佛教礼拜 237
Bumbu-funi 文武不二 136
burning of books 焚书 54，57
boshidô 武士道，参见 Way of the Warrior 武士道

Cao Duan 曹端 111
capping 冠 192
carefulness when alone 慎独 217
carriage driving 御 18，参见 six arts 六艺
central government 中央政府 22
Central Harmony 中和 172
centrality 中心性 172
centrality and equilibrium 中心性与均衡性 172
ceremonies 仪式 20－21，25，29，45
Chan Buddhism 禅教/禅宗佛教 44，115，122，227－228，232
Chang'an 长安 238
chanjiao 禅教，参见 Chan Buddhism 禅教/禅宗佛教
chariot-driving 御 192，参见 six arts 六艺
Chen Duxiu 陈独秀 252
Chen Liang 陈亮 108，249
Chen Xianzhang 陈献章 129，221－222
chenwei 谶纬，参见 apocryphal writings 谶纬
cheng 诚，参见 sincerity 诚
Cheng Chung-Ying 成中英 3，260
Cheng Hao 程颢 98，103，105，151，164，219，259
Cheng Yi 程颐 128，142，149，164，219，231
Cheng-Zhu School 程朱学派 111－113，117－118，121，128，248
Ching，Julia 秦家懿 26，262

Choi Chi-won 崔志远 116
Choi Chung 崔冲 116
Choi Je-wu 崔济愚 123
Choi Si-hyong 崔时亨 124
Chondochaek《天道策》120
Chondo-kyo 天道教，参见 Religion of Heaven's Way 天道教
Chong Yak-yong 丁若镛 123
Chou, the Duke of 周公，参见 Duke of Zhou 周公
Christian faith 基督教信仰 239
Christianity 基督教 1, 9, 43, 190, 203, 223, 250, 284
  Catholic Christianity 天主教 238
  Protestant Christianity 新教 241
Chronicles of the Three Kingdoms《三国史记》115
Chu Hsi 朱熹，参见 Zhu Xi 朱熹
Chu Hsi Su Julyo《朱子书节要》118
Chuang-tzu 庄子，参见 Zhuangzi 庄子
Chuko-ippon 忠孝一本 136
Chun Qiu《春秋》，参见 *Spring and Autumn Annals*《春秋》
Chung Mong-ju 郑梦周 117, 122
Civil Service Examination System 科举考试 96, 236
  in Japan 日本的科举考试 125
  in Korea 韩国的科举考试 116, 122
class struggle 阶级斗争 188
Classical Confucianism 古典儒学 8, 81
Classical Learning 经学 5, 8, 86, 90, 105, 117, 126
commercialism 重商主义 270, 283
communal commitments 社会使命 45
Communist ethics 共产主义伦理学 188, 275
compassion 恻隐 75
complete man 成人 211
contemplation and concentration 沉思凝神 218
Confucius 孔子 22-26
  and the Confucian Classics 儒家经典 52-56
  and Laozi 老子 228
Confucian culture 儒家文化
  Confucian academies 儒家书院 45, 78, 207, 209, 276
  Confucian Academy of Hong Kong 香港孔教学院 277
  Confucian beliefs 儒家信仰 40, 48
  Confucian Capitalism 儒教资本主义 276
  Confucian clanism 儒家家族主义 278
  Confucian classics 儒家经典 2, 9, 14, 19, 31, 36, 47-50, 52, 67, 72, 82, 84, 87-90, 103 - 105, 166, 193, 196,

225, 239, 248
in Japan 日本的儒家经典 128
in Korea 韩国的儒家经典 115
Confucian democracy 儒家民主 272
Confucian doctrines 儒家学说 9, 11, 25, 31, 43, 45, 47, 50, 72, 77, 115, 164, 169, 187, 191
Confucian eco-ethics 儒家生态伦理学 175
Confucian education 儒家教育 281-283
Confucian entrepreneurs 儒商 276
Confucian ethics 儒家伦理学 32-34, 94, 125, 131, 136, 230, 238, 277
Confucian evolution 儒学的发展 7, 31
Confucian faith 儒家信仰 284-285
Confucian harmony 儒家的和 178
Confucian Heaven 儒家的天 142
Confucian heritage 儒学传统 14
Confucian humanism 儒家的人本主义 235, 247
Confucian idealism 儒家的理想主义 268
Confucian Learning 儒学 3-9, 23, 30, 36, 57, 63, 84-89, 94, 98, 201, 211, 216, 248, 255, 264, 283
in Japan 日本儒学 126-127
in Korea 韩国儒学 117, 121-122
Confucian Marxism 儒家马克思主义 276
Confucian masters 儒学大师 37
Confucian meditation 儒家的冥想 121
Confucian morality and market economy 儒家道德与市场经济 137
Confucian orthodoxy 儒学正统 36, 38
Confucian politics 儒家政治 147
Confucian principles 儒家原则 31, 87
Confucian rationalism 儒家理性主义 47
Confucian religiopolitics 儒家神学政治 167
Confucian religiosity 儒家传统的宗教性 190, 277
Confucian resolution of conflict 儒家化解冲突的方法 178-179
Confucian ritualism 儒家礼教主义 263
Confucian sages 儒家圣人 43, 59, 92, 208, 233, 239
Confucian scholar-officials 儒家学者/儒士官僚/士大夫 5, 19-20, 38, 116, 211
Confucian scholarship 儒学研究 4, 36, 115, 117

Confucian schools 儒家学派 5，9，45，47，49，112，116
Confucian spirituality 儒学的精神性 44，76，141，191，209，223，286
Confucian states 儒教国家 246
Confucian studies 儒学研究 2，11-12，31，246
Confucian Temples 孔庙/文庙 105，143，237，277
Confucian tradition 儒家传统 4，7，9，17，30，38，50，189，209，216
Confucian Ultimate 儒家至高存在 142，147，149
Confucian values 儒家价值观 253，260，274-277
Confucian virtues 儒家美德 36，86-87，93
Confucian Way 儒学之道 25，36，140-141，164
Confucian Way of Harmony 儒家的和之道 178，182，188
Confucian way of life 儒家生活之道 209
Confucianism 儒学/儒教
deficiency of 儒学的不足 43
and Buddhism 儒教与佛教 227
and Christianity 儒教与基督教 237-243，258
and Daoism 儒教与道教 229-233
and Modern China 儒学与现代中国 225
and modernisation 儒学与现代化 270-273
and modernity 儒学与现代性 271
and Shintô 儒教与神道教 130
and western culture 儒学与西方文化 266-269
Consciousness Only Buddhism 佛教唯识学 253
Constitution of Seventeen Articles《十七条宪法》127
Conversion 皈依 44
cosmology 宇宙学 117
cosmologicalism 宇宙哲学/宇宙论 125
court ceremonies 宫廷典礼 196
covetousness 贪婪 86
creed 信条 45
Creel，Herrlee 顾立雅 10，53-54
cult 崇拜 28，41
of Confucius 孔子崇拜 29，204-209
cultivation of the heart/mind 养心 231
Cultural Revolution 文化革命 189，264，265

Da Xue《大学》，参见 *Great Learning*《大学》
da yitong 大一统，参见 Great Unity 大一统
da zhangfu 大丈夫，参见 Great

Man 大丈夫
Dai De 戴德 62
Dai Sheng 戴圣 62
Dai Zhen 戴震 153，247
daily renewal 日新 217
dance and music 舞蹈和音乐 192
Dao De Jing《道德经》68，92，227
dao xin 道心，参见 heart/mind of the Way 道心
dao xue 道学，参见 Learning of the Way 道学
Daoism 道教 7－8，13，28，37，43，55－56，77，90，92，96－97，100，105，116，122，127，190，203，208，223-224，284
Daoism and Confucianism 道教与儒教 223
Daoist meditation 道家的冥想 222
Daoist philosophers 道家哲学家 149，229
Daoist philosophy 道家哲学 90，227
Daoist scripture 道家经典 227
Daoist spiritual cultivation 道教精神修炼 232
Dark Learning 玄学，参见 Mysterious Learning 玄学
da si 大祀，参见 grand sacrifice 大祀
datong 大同，参见 Grand Unity 大同
datong shehui 大同社会，参见 Grand Unity Society 大同社会
D. C. Lau 刘殿爵 14，262
de 德，参见 virtue 德
de Bary，W. T. 狄百瑞 3，36，60，114，262
de Groot，J. J. M. 高延 11
deity 神 40
Demieville，Paul 戴密微 91，93
democracy 民主 6
despotism 专制主义 107
destiny 命运，参见 human destiny 人类命运
dhyana 禅 227
disharmony 不安 185
disorder 混乱 22，47
divination 预言 55，57-58
divine and the secular 神圣与世俗 173
Divine Light of Heaven 天赐之光 132
diviners 占卜者 58
Doctrine of the Mean，the《中庸》62－65，71，99，105，111，205，218
dogmatism and flexibility 教条主义与灵活性 224
Dong Zhongshu 董仲舒 5-6，83-86，88，145，150，163，167，172，174，188，198，248
dualism of principle and material

force 理气二元论 131，参见 principle and material force 理与气
Duke Ai 哀公 24
Durkheim 涂尔干 42

earnestness/seriousness 敬 104
eastern ethics and western science 东洋的道德，西洋的科学 136，267
Eastern Learning 东学 123
Eastern Learning Movement 东学运动 124
eastern morality and western technology 东方的道德，西方的技术 267
Eastern Peak 东峰 197
eclecticism 折中主义 82
eco-ethics 生态伦理学 178
education 教育 18，26－27，30，33，41，47，153，163，283，参见 Confucian education 儒家教育
in Xunzi 荀子的教育思想 78－79
in Dong Zhongshu 董仲舒的教育思想 85－86，163
egalitarianism 平等主义 283
Eight Items 八目 64
Eight Trigrams 八卦 101，151
Eighteen Korean Sages 东国十八贤 207
elder and younger brother 兄弟 32－33
elitism 精英主义 283
emotion 情感 91，169
emphasis on quietness 主静 128
empty learning 空疏之学 136
empty talk 空谈 95
enjoyment 快乐 13
enlightenment 启蒙 99，112－113
enlightenment movement 启蒙运动 124
enlightened one 觉悟者 207
enlightening the heart/mind 明心 110
Eno，Robert 伊若泊 21，141
equilibrium and harmony 中和 170
eternity 永恒 13，44，190，213－214
etiquette 礼仪 20
ethical persuasion 伦理劝说 33
European philosophy 欧洲哲学 142
evidential studies of the ancient classics 考据学/考证学/朴学 248
evil 恶 71，85，160，参见 good and evil 善与恶
Evolution of Rites，the《礼运》62
exegetical study of the classics 经学，参见 Classical Learning 经学
exclusivity and inclusivity 排他性与包容性 224
exhaustive study of principle 穷理 110，219

extension of knowledge 致知 113

faith 信仰 22，28，284
anthropo-centric faith 以人为中心的信仰 284
theo-centric faith 以神为中心的信仰 284
in Heaven 对天的信仰 180
faithfulness 信 34，80，85，185，230，268
false Confucianism 伪儒 247
false learning 伪学 105，247
family 家 26-27
family affection 亲情 70，181
family harmony 家庭和谐 181
family members 家庭成员 179
family relationships 家庭关系 32-44，178，181
family virtues 家庭美德 33，181
Fan Zhongyan 范仲淹 285
Fang Dongmei 方东美 255，259
Fang Keli 方克立 262
fang shi 方士，参见 shamanistic practitioners 方士
fawang 法王 238，参见 Kings of the Dharma 法王
female ancestors 女性祖先 200
feminine virtues 女性美德 184
fendou 奋斗，参见 philosophy of struggle 斗争哲学
festivals 节日 29
feudalism 封建制 22
filial piety 孝/孝道 68，107，129，133，183，202-203，233，268
filial relation 孝顺 28
Fingarette，Herbert 赫伯特·芬格莱特 26
First Emperor of the Qin 秦始皇 28，54，70，198
Five Activities 五行，参见 Five Elements 五行
five Buddhist commandments 五戒 228
Five Constant Regulations 五常 34
Five Constant Virtues 五常/德 215，232
Five Classics 五经 50，53，57，64，67，87，105，128
Five Despots 五霸 101
Five Elements 五行 26，65，82，84-85，99，151-152，174，230
five emotions 五情 92
Five Emperors 五帝 101
five human relationships 五伦 217，239
Five Lords 五帝 197
Five Material Forces 五行，参见 Five Elements 五行
Five Phases 五行，参见 Five Elements 五行
Five Teachings 五教 212
five virtues 五德 85
Former Scholars 先儒 199，207
Former Sage 先圣 207

Former Teacher 先师 207
Former Worthies 先贤 207
Four Associates 四配 70，207，233
Four Beginnings 四端 118-119
Four Books 四书 63-65，67，71，97，103，105，128，238
four earthly substances 地之四象 101
Four Emblems 四象 101
Four Forms 四象 151
four heavenly bodies 天之四象 101
Four-Seven Debate 四七之辩 118
fraternal love 悌 68
Fu Xi 伏羲 59
Fujiwara Seika 藤原惺窝 118，128
Fukuzawa Yûkichi 福泽谕吉 137
funeral and mourning rites 丧礼 196
Fung Yu-lan 冯友兰 5，9，15，19，26，41，90，145，252，254

Gao Panlong 高攀龙 223
Gaozi 告子 75
Gao Zu 高祖 81
Ge Hong 葛洪 230
ge ming 革命，参见 revolution，removal of the Mandate 革命
ge wu 格物，参见 investigation of things 格物
gentlemen 君子 18，25，214
Gernet，Jacques 谢和耐，90-91
Ghosts 鬼 26
Giles，Herbert A. 翟理斯 40
global village 地球村 6，260，279
God 上帝 42，44，46
Godaigo，Emperor 后醍醐天皇 128
gods 神 44
Golden Age 黄金时代 170
Golden Mean 中道 230
Gongyang Gao 公羊高 84
good and evil 善与恶 119，159，160-165
good heart/mind 良善之心/善心 161
goodness 善 23，26，75，160
Goose Lake Temple 鹅湖寺 109
governing by virtue 为政以德 22
government 政府 5，22-23，27
government bureaucracy 政府官僚机构 36
Grand Academy 太学 50，83，85
grand sacrifice 大祀 193
Grand Unity 大同 170
Grand Unity Society 大同社会 228，275，282
Grave Doubts《大疑录》131
Great Harmony 太和 152
Great Learning，the《大学》62-64，71，77，105，108
Great Man 大人 76
great transformation 大化 223
Great Ultimate 太极 117
Great Unity 太一 84

Great Vacuity 太虚 152，参见 Great Void 太虚
Great Void 太虚 102，152
Gu Huan 顾欢 226
Gu Jiegang 顾颉刚 53，252
Gu Xiancheng 顾宪成 223，247
Gu Yanwu 顾炎武 247
guan xue 官学，参见 official learning 官学
guo jiao 国教，参见 state religion 国教
Guo Xiang 郭象 90，92-93，95
guozi jian 国子监 116

Hall，David L 郝大维 3-4
Han Confucianism 汉代儒学 123
Han Fei 韩非 21，27
Han Learning 汉学 98，247
Han Yu 韩愈 96，163，199
haoran zhi qi 浩然之气，参见 moral force 浩然之气
harmonising yin and yang 调和阴阳 175
harmony 和 170-173
harmony between Heaven and humans 天人和谐 78，参见 harmony 和
Happy Nest 安乐窝 100
Hayashi Razan 林罗山 109，129-130，133
He Lin 贺麟 252，264
He Xinyin 何心隐 114
He Xiu 何休 151
He Yan 何晏 90-91，93，95
heart/mind 心 102，216
heart/mind of Heaven 天心 124
heart/mind of humans 人心 124，157
heart/mind of the Way 道心 107-108，157
Heart Sutra《心经》227
Heaven 天 11，43，45-47，69，71，76，78，84，106，154
and Earth 天与地 25，139-141，150，153，158，160，172，174，207，234，254
and humans 天与人 44，84，110，140-141，169，173，175，177
and human society 天与人类社会 169
Heaven's orderliness 天秩 152
Heaven's sequence 天序 152
Heavenly Dynasty 天朝 242
Heavenly God 天帝 242
Heavenly Father 天父 238
Heavenly Master Daoism 天师道 231
heavenly paradise 天堂 241
heavenly principle 天理 104，108，110，131，148，158，164，166
and human affairs 天理与世间事务 175

and human behaviour 天理与人的行为 173
and human desires 天理与人欲 131
Heavenly State of Grand Peace 太平天国 241
Hegel 黑格尔 25，281
hehui Zhu-Lu 和会朱陆 111
hexagrams 卦象 58
High God 上帝 166，参见 Lord on High 上帝
highest virtue 至德 172
history 历史 18，20-21，51，参见 six arts 六艺
Hong Xiuquan 洪秀全 241
honouring the moral nature 尊德性 111
Hsu Heng 许衡，参见 Xu Heng 许衡
Hu Hong 胡宏 259
Hu Shi 胡适 19，252，267
Huan Tan 桓谭 88
Huang-Lao 黄老 82，参见 Yellow Emperor 黄帝，Laozi 老子
huangtian shangdi 皇天上帝，参见 August/Imperial Heaven the Lord on High 皇天上帝
Huang Zongxi 黄宗羲 247
Humans 人
and nature 人与本性 173
human affairs 世间事务 24，33
human desires 人欲 104，110，131，135
human destiny 人的命运 44，46，76，79，92，108，110，143，286
human eternity 人的永生 45
human feelings 情 86，164
human heart/mind 人心 71，107，110，113
human heartedness 仁 213
human integrity 人的正直完善 146
human life 人生 46
human mind 人心 120
human nature 性 11，46，66，71，74-75，78-79，86，96，98，102-103，110，118，133，143，153，162，178
and emotions 人性与情感 92，118-119
human perfectibility 人的可完善性 45
human potentiality 人的潜能 139
human relations 人伦关系 74，235
human spirituality 人的精神性 140，286
human virtues 人的美德 47
Humaneness 仁 17，26，32，34，68，71，75，80，85-86，99-100，104-105，107-108，173，185，210，213，230，253，257
and righteousness 仁与义 74，110，139，145，154

humane government 仁政 66，72，84，96，123，132，165
humane love 仁爱 268
humane person 仁者 73
Humanism 人文主义/人本主义 169，202，223，268
humanistic ideals 人文主义理想 13
humanistic religion 人本主义宗教 45
humanistic tradition 人文主义传统 45
humanity 人 11，13，23，45－46，74，154，254
humankind 人类 69
hun 魂 201
Huntington，S. P. 亨廷顿 266
hundred schools 百家 27－28
husband and wife 夫妇 33
Hwang Byung Tai 黄秉泰 271
hwa-rang do 花郎道，参见 Way of the Flower of Youth 花郎道

Idealistic learning 心学 104，109
Idealistic school 心学学派 108－109，114－115，132，220
Illustrious Religion 景教，参见 Nestorian Christianity 景教
imminence 迫近的危险 44
immortality 不朽 44，158－159
impartiality 公正 99
impermanence 无常 97
Imperial Heaven Supreme Emperor 皇天上帝，参见 August/Imperial Heaven the Lord on High 皇天上帝
Imperial Prescript on Education 《教育敕语》137
imperial theo-political system 国家神学政治体系 193
individual and society 个人与社会 254
individualism 个人主义 82，268
industrialisation 工业化 6，126
innate good knowledge 良知 129，221，232
innate good ability 良能 221
inner light 内在之光 132
innovator 革新者 26
intuitive knowledge 良知 112
intuitiveness of the heart/mind 心灵直觉 115
investigation of principle 穷理 219
investigation of things 格物 105，113，219
Islam 伊斯兰教 43，284
Itô Jinsai 伊藤仁斋 135

Jainism 耆那教 43
Japanese Confucian Learning 日本儒学 130
Japanese Confucianism 日本儒学 118，122，125－137
Japanese literati 日本知识分子 125

Japanese modernisation 日本现代化 136
Japanese politics 日本政治 126
Jaspers，Karl 雅斯贝斯 2，25－26
Jesus Christ 耶稣基督 208，250
Jesuits 耶稣会会士 1，16，39，45
Ji Kang 嵇康 90，94－95
jia 家，参见 family 家
Jin Lüxiang 金履祥 111
Jina 耆那/胜利者 43
jing 经，参见 classics 经
jing 敬，参见 earnestness，reverence，respectfulness 敬
Jing Jiao 景教，参见 Nestorian Christianity 景教
jing xue 经学 247，参见 Classical Learning 经学
jingzuo 静坐，参见 quiet sitting 静坐
jisi 祭祀，参见 sacrifice 祭祀
Jixia Academy 稷下学宫 76
Juan Chi 阮籍，参见 Ruan Ji 阮籍
Judaism 犹太教 43
Jujahak 朱子学 118
Junanô Kenpô《十七条宪法》，参见 *Constitution of Seventeen Articles*《十七条宪法》
junzi 君子 214－215，参见 gentlemen，person of virtue，superior man 君子
justice of Heaven 天之公正 146
Kaibara Ekken 贝原益轩 130
Kakkyo Mobum《圣学辑要》121
Kang Hang 姜沆 118
Kang Youwei 康有为 5，19，28，41，250－251
kaozheng xue 考证学 248
Keian 桂庵玄树 127
Ki Taesung 奇大升 118
Kiho School 畿湖学派 121
Kil Chae 吉再 117
kindness 仁慈 13
King Cheng 成王 72
King Munjong 文宗王徽 116
King Muyol 金春秋 116
King Sosurim 小兽林王 116
King Wen 文王 59，96，159，166，200
King Wu 武王 159，166，187
Kingdom of Paekche 百济王国 116，126
Kingdom of Silla 新罗王国 116
kingliness without 外王 222，252，257，269
kingly government 王道 73
Kings of the Dharma 法王 238
Knowledge and action 知与行 220，221，参见 unity of knowledge and action 知行合一
Kobong 高峰 118－119
Kojiki《古事记》126
Kogaku 古学派 134
Koguryo Dynasty 高句丽王朝 116

Kong Fuzi 孔夫子 21
Kong Ji 孔伋，参见 Zisi 子思
Kong Qiu 孔丘 21
kong tan 空谈，参见 empty talk 空谈
Kong Zhongni 孔仲尼 21
Kongjiao Xueyuan 孔教学院，参见 Confucian Academy of Hong Kong 孔教学院
Kongzi miao 孔子庙，参见 Temple of Confucius 孔子庙
Korean academicians 韩国学者 126
Korean Confucianism 韩国儒学 115–125，277
  Korean Culture 韩国文化 116–117
  Korean Eastern Learning 韩国东学 123–124
  Korean Peninsula 朝鲜半岛 116
  Korean Practical Learning 韩国实学 122–123
  Korean scholarship 韩国学术 121
  Korean Zhu Xi Studies 韩国朱子学 128
Koryo Dynasty 高丽王朝 116–117
Kou Qianzhi 寇谦之 230
Kuang Yaming 匡亚明 262
Kukjakam 国子监 116
Kumazawa Banzan 熊泽蕃山 132
Küng，Hans 孔汉思 43，280
Kwak Man-Woo 郭钟锡 124
Kwako 科举考试，参见 Civil Service Examination System 科举考试

language and action 言与行 35
Laozi/Lao-tzu 老子 41，43，68，82，92，225–226，229，231，233
Later Learning of Wang Yangming 王门后学/阳明后学 114
learning 学 23，29–30
  learning and education 学习与教育 161
  learning of scholars 儒者之学 29
  Learning of the Heart/Mind 心学 56，104，109，121，133
  learning of the sages 圣学 113，128
  Learning of the Way 道学 8，56
  Learning of the Principle 理学 8，55，104–105，109，参见 rationalistic learning 理学
Legalism 法家思想 7，28，69–71，77，81–82，230
Legalists 法家 55
Legge，James 理雅各 10，14，39，58，241，262
legitimacy 合法性 187
Leibniz 莱布尼茨 2
Lenin-Stalinist doctrine 列宁-斯大林学说 188
Levenson，Joseph 列文森 260，265，274，281

Li Ao 李翱 163
Li 礼，参见 ritual/propriety 礼，rules of propriety 礼
li 理，参见 principle 理
Li Chou 李舟，参见 Li Zhou 李舟
Li Dazhao 李大钊 252
li huai yue beng 礼坏乐崩 22
Li Si 李斯 71
li xue 理学 247，参见 Learning of the Principle 理学
Li Yong 李颙 249
li yue 礼乐，参见 ritual and music 礼乐
Li Zhi 李贽 114
Li Zhizao 李之藻 239
Li Zhou 李舟 226
Liang Qichao 梁启超 41，251
liang neng 良能，参见 innate good ability 良能
Liang Shuming 梁漱溟 9，252，264
liang zhi 良知，参见 innate good knowledge 良知
Liao Ping 廖平 250
life and death 生死 46
Lifu Chen 陈立夫 53
Lin Yutang 林语堂 262
Lin Zhaoen 林兆恩 228
literati 士/学者/文化人/知识分子 1，16，27，33
liu jing 六经，参见 Six Classics 六经
Liu Bang 刘邦 211
Liu Shao 刘劭 151-152
Liu Shuxian 刘述先 243，260，280
Liu Xiang 刘向 77
Liu Xin 刘歆 17-18，88
liu yi 六艺，参见 six arts 六艺
Liu Yuxi 刘禹锡 177
Liu Zongzhou 刘宗周 259
living seriousness 活敬 220
Loewe，Michael 鲁惟一 54，62
longevity 长生 230
Lord 上帝，神 17
Lord of Grains 谷神 200
Lord of Heaven 天主 197，240
Lord on High 上帝 197，200
Lotus Sutra《妙法莲华经》/《法华经》237
love 爱 37，213
loyalty 忠 23，35，107，129，187，209，213，230，268
and filial piety 忠与孝 230，232
Lu Jia 陆贾 81
Lu Jiuyuan 陆九渊 97，104，108-109，112，129，154，221
Lu Xiujing 陆修静 230
Lu-Wang School 陆王学派 109，112，114，247，253，参见 Idealistic School 心学学派
Lu Xiangshan 陆象山，参见 Lu Jiuyuan 陆九渊
Luminous Hall 明堂 197
Lü Zuqian 吕祖谦 109

Luo Congyan 罗从彦 222
Luo Xue 洛学 104

Ma Rong 马融 89
magic 巫术 47
magician 术士 20
Mahakasyapa 摩诃迦叶/大迦叶菩萨 226
mahāvīra 摩诃毗罗 43
Mahayana Buddhism 大乘佛教 126
Mahayana Buddhist philosophy 大乘佛教哲学 44
man and woman 男女 184
man-to-man-ness 仁 213
Mandate of Heaven 天命 23，46－47，69，85，127，144，147－148，152－153，165，166－168，174，176－177，186－187，198，205，286
Manichaeism 摩尼教 238
manifestation of material force 气的表现 119
manifestation of principle 理的表现 119
marriage 婚姻 192
Maspero，Henri 马伯乐 33
Master of the Three-in-one Religion 三教先生 228
masters of dance 舞师 21
material force 气 91，102，105－107，110－111，120，152
  in Korean Confucianism 韩国儒学中的气 117
  in Zhang Zai 张载思想中的气 102，152
mathematics 数学 18，20，21，参见 six arts 六艺
matriarchal society 母系社会/母权制社会 200
Marxism 马克思主义 223，255
materialism 唯物主义 268
May Fourth Movement 五四运动 6，252，264，272
Meaning of the Rites of Banquet《燕义》62
medicine 医学 55
medium sacrifice 中祀 193
Meiji Reformation 明治维新 126
Meiji Restoration 明治维新 130，134，136
Mencius 孟子，参见 Mengzi 孟子
Meng Ke 孟轲，参见 Mengzi 孟子
Mengzi 孟子 6－7，14，26，30，33，43，51，62，66，71，96，105，123，130，134，148，156，174，180
Messiah of Israel 犹太人的弥赛亚 208
metaphysical mysteries 形而上学奥秘 178
metaphysics 形而上学 34
Middle Way 中道 65，103，164
mind and body 心灵与身体 173
mind of the sage 圣人之心 99

mind of the universe 宇宙之心 99
mind of the Way 道心 120
Ming，the Emperor 明帝 206
ming 命，参见 destiny 命
mingjiao 名教，参见 moral codes 名教
Ming Tang 明堂，参见 Bright Hall 明堂
ming xin 明心 110
miracles 奇迹 41
Modern New Confucianism 现代新儒学 5，9，13，247，252，261，268，286
Modern New Confucian Learning 现代新儒学，参见 Modern New Confucianism 现代新儒学
Modern New Confucians 现代新儒家，参见 Modern New Confucianism 现代新儒学
modernisation and westernisation 现代化与西方化 267，270
modernity 现代性 266，272
Mo Di/Mo Ti 墨翟，参见 Mozi 墨子
Mohammed 穆罕默德 208
Mohists 墨家，参见 Moists 墨家
Moists 墨家 19，21
Moism 墨家思想 7，69－70，77，82
Monism 一元论 117
Moralism 道德主义 77，263
morality 道德性 33－34
　and materiality 道德性与物质性 185
　moral achievement 道德成就 195
　moral codes 道德规范 93
　moral codes and nature 道德规范与本性 94
　moral co-operation 道德合作 174
　moral cultivation 道德修养 73，103，108，184
　moral education 道德教育 184－185
　moral force 道德力量 151
　moral improvement 道德进步 34
　moral orientation 道德目标 184
　moral perfection 道德完善 195，209
　moral principles 道德原则 184
　moral requirements 道德要求 94
　moral responsibility 道德责任 204
　moral system 道德体系 33
　moral strength 道德力量 64
　moral training 道德训练 210
　moral virtues 美德 34，64，79，110，185
　morally inferior man 小人 183
　morally superior man 君子 183
Motoda Eifu 元田永孚 137
mourning 哀悼 192
Mozi/Mo-tzu 墨子 21，69，73
Mouzi 牟子 233
monks from the West 西僧 1
Mou Zongsan 牟宗三 6，9，242，254－255，258

multicultural society 文化多元的社会 284
multireligious society 宗教多元的社会 190
music 音乐 18，20－23，50，69，211，参见 six arts 六艺
musician 乐师 20
Mysterious Learning 玄学 8，89－91，150，225，230，233
Mysterious Religion 玄教 228
mysticism 神秘主义 88，263
mythology 神话学 44

Nakae Tôju 中江藤树 132
names and reality 名与实 35
Nanzi 南子 146
national learning 国学 267
natural environment 自然环境 175
Natural Law 天理/自然法/自然法则/自然规律 34，104，106，109，142-143，149，153，162，173，175，272，277
natural phenomena 自然现象 34
naturalism 自然主义 77-78
nature of Heaven and Earth 天地之性 102，118，231，参见 Heaven and Earth 天地
nature of material force 气质之性 118，231，参见 material force 气
Needham，Joseph 李约瑟 40，142－143
neisheng 内圣，参见 sageliness within 内圣
Neo-Confucianism 新儒学 6，8，36，44，46，56，96，112，125，127，129，216-217，236
  and Christianity 新儒学与基督教 243
Neo-Confucian Learning 新儒学 113，117，125，127
Neo-Confucian scholars 新儒学学者 128，216
Neo-Daoism 新道家学说 90，96
Nestorian Christianity 景教 238
new age 新时代 14
New Cultural Movement 新文化运动 263
New Learning 新学 250
New King 新王 250
new scholarship 新学问 249
New Text School 今文经学学派 8，61，63，88，250
New Youth《新青年》263-264
night force 夜气 151，218
Nihon Shoki《日本书纪》126
Nine Barbarian Tribes of the East 九夷 215
Nine Classics 九经 57
Nishi Amane 西周 136
Nishimura Shigeki 西村茂树 137
nobility 贵族阶层/崇高 23，82，95，115
non-activity 无为 92，150
non-actuality 无，参见 non-activity

无为
non-being 无 93，95
non-development 未充分发展 161
nourishing life 养生 80
nourishing the vital force 养气 218

obedience 顺从 183
offerings and sacrifice 祭品和供奉 192
official curriculum 官方课程 87
official learning 官学 49-50，56，87-88，92，94
official sacrifices 官方祭祀 196
Ogyû Sorai 荻生徂徕 135
Ôjin，Emperor 應神天皇 126
Okada Takehiko 冈田武彦 278
Old Text School 古文经学学派 8，53，61，63，88，250
one and many 一与多 91
one body with Heaven and Earth 与天地一体 216，220
oneness of heaven and humans 天人合一 174-175
oneness of the self with the cosmos 自我与宇宙的合一 218
Opium War 鸦片战争 249
optimism 乐观主义 24
original and essential nature 本然之性 103，119
original good nature 本善之性 161
original heart/mind 本心 110
original one 元一 152
orthodox Confucian Learning 正统儒学 124
orthodox transmission 正统传承 96，103
orthodox transmitter 正统传承者 164
Oshio Chusai 大盐中斋 133
Ouyang Xiu 欧阳修 199

Palace of Education 学宫 207
Palace of the God of Literature 文昌宫 233
parent-child relationship 亲子关系 182
parental responsibilities 父母职责 183
parents and children 亲子 32
partiality 偏袒 111
patriarchy 父权制 273
patriarchal society 父权制社会/父系社会 183
patron of education 先师 206
peace 安宁/和平 13，26，33
and harmony 安宁与和谐 169，173，178
Pei Wei 裴頠 90，95
Perfect Sage 至圣 29，206
Perfect Truth Daoism 全真教/全真道 227，231
perfectibility 可完善性 47，284
person of virtue 君子 156，194，211，213-215，224

personal discipline 个人修养 190
philosophy of struggle 斗争哲学 188
physical nature 气质之性 102-103，107，110，118-119，231-232
physical qualities 气质 110
pinyin 拼音 15
Plato 柏拉图 41
po 魄 201，参见 soul 魂
poems 诗 50
poetry 诗歌 20-21，23，201，参见 six arts 六艺
pole star 北辰/北极星 22
political chaos 政治混乱 35
political conflicts 政治冲突 184-185
post-modernism 后现代主义 269
post-modern society 后现代社会 283
potentiality 潜能 161
Practical Learning 实学 108，122，参见 Korean Practical Learning 韩国实学
pragmatism 实用主义 283
preserving the heart/mind 存心 110
preserving the Heavenly Principle 存天理 185
priesthood 祭司职位 44
priests 祭司 20
primordial harmony 太和 117
principle 理 25，41，63，91，98，102，105-107，113，120，148
  in Cheng Yi 程颐思想中的理 104
  in Korean Confucianism 韩国儒学中的理 117
  in Zhu Xi 朱熹思想中的理 106
principle and material force 理与气 107，119-120，254
  in Japanese Confucianism 日本儒学中的理与气 131
  in Korean Confucianism 韩国儒学中的理与气 117，119
  in Lu Jiuyuan 陆九渊思想中的理与气 110
  in Zhang Zai 张载思想中的理与气 152
  in Zhu Xi 朱熹思想中的理与气 107-108，119
principle of Heaven 天理，参见 heavenly principle 天理
private education 私人教育 21，38
prodigies 异/异兆 144
production and reproduction 生生 150，217
propriety 礼，参见 ritual/propriety 礼
  propriety and righteousness 礼与义 162
prosperity 繁荣 26
pseudo-Confucianism 伪儒 88
pure conversation 清谈 90
Pure Land Buddhism 净土宗 236
Puritanism 清教 209

qi 气 102，参见 material force，vi-

tal force 气
Qian Dehong 钱德洪 114
Qian Mu 钱穆 9，112，252，256
Qianzi Wen《千字文》，参见 *Book of Ten Thousand Characters*《千字文》
qing tan 清谈，参见 pure conversation 清谈
qiong li 穷理，参见 exhaustive study of principle 穷理
Qisong 契嵩 234
qizhi 气质，参见 physical qualities 气质
quanzhen 全真道/全真教，参见 Perfect Truth Daoism 全真道/全真教
Quesnay，François 弗兰西斯·魁奈 2
quiet sitting 静坐 121，218，221-223
quietness 静 231
quietude 静 218

rain-praying 祈雨 19
rationalism 理性主义 21，42，46-47，72，78，114，169，202
  rationalistic Confucians 理性主义儒学 177
  rationalistic learning 理学 104，109
  rationalistic religion 理性主义宗教 47
  Rationalistic School 理学学派 109，114，121，125
realism 实在论 78
reciprocity 相互性 213
reconciliation 调和/和解 178-179
reflecting on sincerity 反思诚 218
regulation of the family 齐家 268
reincarnation 转世 41，233
religio-ethics 宗教伦理学 190
religio-moral system 宗教道德体系 127
Religion 宗教
  Religion of Heaven's Way 天道教 124
  religions of harmony 和谐宗教 44
  religiosity 宗教性 43-45
  religious beliefs and practices 宗教信仰和实践 191
  religious ceremonies 宗教仪式 29，191
  religious Daoism 道教 233
  religious humanism 宗教人本主义 155
  religious ideal 宗教理想 11
  religious practices 宗教实践 191
  religious rites 宗教仪式 191
  religious ritual 宗教仪式 20，26，156
  religious sacrifice 宗教祭祀 190
  religious studies 宗教研究 3
  religious values 宗教价值观 44

参见 Buddhism 佛教，Christianity 基督教，Daoism 道教，Islam 伊斯兰教，Shintô 神道教
remonstrance 抗议 182
removal of the Mandate 革命 187
ren 仁，参见 humaneness 仁
ren xin 人心，参见 human heart/mind 人心
ren zhe 仁者，参见 humane person 仁者
ren zheng 仁政，参见 humane government 仁政
ren yu 人欲，参见 human desires 人欲
respectfulness 敬 218
responsibility 责任 157，167，174
reverence 敬 195，219－220
revolution 革命 187
Ricci，Matteo 利玛窦 1，40，45，48，238
righteousness 义 16－21，34，68，71，74－75，80，85，99，100，107，156，185
rights and duties 权利与义务 35
right and wrong 是非 75
rites 礼 18，20，27，29，51，参见 six arts 六艺
  of passage 过渡礼仪/通过礼仪 50，97
  ritual 仪式 13，19，32，191－193，参见 rules of propriety 礼，rules of ceremony 礼
  ritual/propriety 礼 22，69，85，203，211
  ritual/propriety 礼，decay of 礼的衰落 21，35
  ritual and ceremonies 仪式与典礼 167
  ritual and music 礼乐 49，171，211
  ritual and sacrifice 礼与祭祀 191－196
  ritual masters 司礼者 20
  ritual religion 礼教 29，182，参见 tradition of ritual/propriety 礼的传统
  ritual vessel 礼器 191
rixin 日新，参见 daily renewal 日新
ru 儒 16，18－21，27－28
  ru jia 儒家 7，17，19，27，30
  ru jiao 儒教 17，28－30，250
  ru tradition 儒的传统 21，27，37
ru shang 儒商，参见 Confucian entrepreneurs 儒商
Ruan Ji 阮籍 90，94
rule by virtue 德治 168
Rule，Paul 鲁利 1－2，45
rules of ceremony 礼 192
rules of propriety 礼 22，27，29，33，180
rutong pusa 儒童菩萨，参见 Scholar Bodhisattva 儒童菩萨
ru xue 儒学 7，17，29－30，参见

Confucian Learning 儒学

sacred books 圣书 49
sacred kingship 圣君/神圣君权 165，167
sacred places 圣地 237
sacred ritual tripod 三足祭祀鼎 225
sacrifice 祭祀 29，43，155，193-194
  to ancestors 祭祖 199-201，参见 ancestral sacrifice 祭祖
  to Confucius 祭孔 205
  to Heaven 祭天 196-199
  to spirits 祭神 195
sacrificial vessels 祭器 25
Saddharmapundarika Sutra《妙法莲华经》237，参见 Lotus Sutra《法华经》
sage 圣 17-18，30，43，53，72，92，159，199，216
  sage-kings 圣王 17，27，73，80，170，195，197，216
  Sage Religion 圣教 228
  Sage Yao 尧 79
sagehood 圣/圣人 47，76，91-92，99-100，103，108，112-113，216-217
sageliness within 内圣 222，252，257，269
Sakuma Shôzan 佐久间象山 136
Sakyamuni 释迦牟尼 226-227，229
salvation 拯救 40，43，210
Samkuk Saki《三国史记》，参见 *Chronicles of the Three Kingdoms*《三国史记》
san cai 三才，参见 three powers of the universe 三才
san gang 三纲，参见 Three Guiding Principles 三纲
san ji 三级，参见 three ultimates 三极
sandai 三代，参见 Three Dynasties 三代
sanhuang 三皇，参见 Three Sovereigns 三皇
sanjiao 三教，参见 three religions 三教
sanyi jiao 三一教，参见 three-in-one religion 三一教
sanjiao si 三教寺，参见 temple of the three-in-one religion 三教寺
sanjiao tang 三教堂，参见 temple of the three-in-one religion 三教堂
sanjiao xiansheng 三教先生，参见 Lin Zhaoen 三教先生
sanjiao yiti 三教一体 225
Satô Issai 佐藤一斋 133
Saviour 救世主 17，88
Scholar Bodhisattva 儒童菩萨 226
Scholars of the West 西士/西儒 1
scholasticism 教条主义 88-90，参见 Classical Learning 经学

scholastic learning 经学，参见 Classical Learning 经学
School of Law 法家学说，参见 Legalism 法家学说
School of Logicians 名家 77
School of the Ancient Studies 古学派 134
School of Yin-Yang and Five Elements 阴阳五行家 77，105
School Sayings of Confucius《孔子家语》26，149，165
science 科学
 and democracy 科学与民主 246，256，270
 and technology 科学与技术 239
Second Sage 亚圣 72
secular religion 世俗宗教 45
self-centredness 自我中心 179
self-consciousness 自觉 46
self-criticism 自我批评 181
self-cultivation 修身/自我修养 26，33，38，46－47，76，80，96，104，116－117，119，121，154，156－157，179，204，209，212－213，216，220－222，229，268，276，283，285
self-discipline 自我规约 47
self-examination 自省 180，221，270
self-improvement 自我改善 13
self-realisation 自我实现 213，215，280
self-transcendence 自我超越 47，113，157
self-transformation 自我转变 6，11，46－47，157，209，285
selfishness 自私 111
Seven Classics 七经 57
seven-dimension theory of religion 七维度宗教理论 30
seven emotions 七情 118－119
seven feelings 七情 120
Seven Worthies of the Bamboo Grove 竹林七贤 90
shamans 萨满教巫师（或僧人）20
Shamanism 萨满教 223，284
shamanistic practitioners 萨满教徒 82
shame 羞耻 75
Shangdi 上帝 143，参见 Lord on High 上帝
Shang Ju 商瞿 59
Shang Yang 商鞅 70，72
Shaolin Monastery 少林寺 225
Shao Yong 邵雍 98，100，231
Sharpe，Eric 埃里克·夏普 41
shen ren 神人，参见 Spiritual Man 神人
shendu 慎独，参见 carefulness when alone 慎独
shengsheng 生生 217，参见 production and reproduction 生生
Shibusawa Eiichi 涩泽荣一 137
shier zhe 十二哲，参见 Twelve

Philosophers 十二哲
Shima Kunio 岛邦男 141
Shinju-gôichi 神儒合一 136
Shintô 神道教 125，128，136，223，284
and Confucianism 神道教与儒教 130
Shôtoku，Prince 圣德太子 127
shu shi 术士，参见 Confucian scholars 术士
shu yuan 书院，参见 Confucian Academies 书院
Shun 舜 96，159
Shuowen Jiezi Zhu《说文解字注》20
Shushigaku 朱子学 129，133
Shusun Tong 叔孙通 81
si pei 四配，参见 Four Associates 四配
si xue 私学，参见 private education 私学
silhak 实学，参见 Korean Practical Learning 韩国实学
Sima Qian 司马迁 24，77
sin 罪过 40
sincerity 诚 23，65，99－100，104，173，194，209，217
Sinic world 中华世界 246
Sinophilism 汉学热 2
six arts 六艺 18，20，25，51，53，57，83
Six Classics 六经 17，27，53，57，135，221
six forms of learning 六学 57
six kinds of music 六乐 172
sixty-four hexagrams 六十四卦 101
Sky God 天神 143
small learning 小学 64
small sacrifice 小祀 193
Smart，Ninian 尼尼安·斯马特 30－31，40，275
So Kyong-dok 徐敬德 117
society 社会
social community 社会团体 215
social conflicts 社会冲突 178
social disorder 社会混乱 35
social harmony 社会和谐 174，185，187，209
social institutions 社会机构 93
social privileges 社会特权 30
Sohn Byong-hi 孙秉熙 124
Son of Heaven 天子 22，159，167，175，197，205
son of the ruler 太子 214
Song Hon 成浑 118
Song Learning 宋学 98，103，123，247，250
Song Lian 宋濂 111
song xue 宋学 247，参见 Song Learning 宋学
Songgyun'gwan 成均馆 209
sôngnihak 性理学 117
sonno-joi 尊王攘夷 130
Soothill，W.E. 苏慧廉 11，43，

59
sorcerers 术士 20
sovereignty in people 主权在民 186
sowon 书院，参见 Confucian academies 书院
spirits 精神/神灵 26，47，195
spiritual being 鬼神 42
spiritual concern 精神关切 44
spiritual cultivation 精神修养 190，218-222，232，237
spiritual demands 精神需求 43
spiritual growth 精神发展 217
Spiritual Man 神人 92
spiritual meditation 精神沉思 220
spiritual path 精神路径 13
spiritual powers 精神力量 192
spiritual practices 精神实践 190
spiritual protection 神灵护佑 194
spiritual purity 精神纯洁 209
spiritual realms 精神领域 197
spiritual tablets 灵位 29，201，237，253
spiritual transformation 精神转变 156
spiritual Ultimate 精神终极 140，209
spirituality 精神性/灵性 6，8，44，202，260
spontaneity 自发性 93，150
Spring and Autumn Annals《春秋》17，51，53-54，56，62，84，88，205
state cult 国家崇拜 83
state education 官学，参见 official learning 官学
state ideology 官方意识形态 193
state orthodoxy 官方正统学说 49，83-84，86，136，206，230，233，281
State Orthodox Ideology 官方正统意识形态 132
state religion 国家宗教 41，116，190-191，196，208，250-251
state ritual 国家仪式 21
strange powers 奇异力量 41
stoicism 禁欲主义 43
Streng，Frederick 斯特伦 42
substance and function 体用 231
sudden enlightenment 顿悟 228
su wang 素王，参见 Uncrowned King 素王
substance 体 91
Sun Bin 孙膑 72
Sun Chuo 孙绰 225
Sun Zhongshan 孙中山 275
Sunghak Sipto《圣学十图》118
sunyata（佛教）空 235
superior man 君子 180，205，214
supernatural power 超自然力量 210
superstitions 迷信 8，41，48，88
Supreme Being 上帝 142
Supreme Ultimate 太极 100，102，105-106，108-109，141，151，169

Syncretism 融合/调和 41，81

tailao sacrifice 太牢 206
Mount Tai 泰山
tai he 太和，参见 primordial harmony 太和
taiji 太极，参见 Supreme Ultimate 太极
Taiping Shangdi 太平上帝，参见 God of Grand Peace 太平上帝
tai xu 太虚，参见 Great Vacuity 太虚
tai xue 太学，参见 Grand Academy 太学
Tan Sitong 谭嗣同 250
Tang Junyi 唐君毅 9，166，254－257
Tao Hongjing 陶弘景 206，230
Tao Te Ching 《道德经》，参见 Dao De Jing《道德经》
Taoism 道教，参见 Daoism 道教
Taylor，Rodney 罗德尼·泰勒 3，262
Temple of Ancestors 祖庙 193
Temple of Confucius 孔庙 193，199，248
Temple of Earth 地坛 193
Temple of Heaven 天坛 193，197
temple of the three-in-one religion 三教寺 229
temporality 暂存性 212
Ten Wings《十翼》59
Tenchi，Emperor 天智天皇 127
theistic religions 有神论宗教 143
theology 神学 44
Thirteen Classics 十三经 56
Three Bonds 三纲 239
Three Doctrines 三教 224
Three Dynasties 三代 101，250
three grades of filial piety 三孝 203
three Great River Systems 三大河系 43
Three Guiding Principles 三纲 34
Three Official Versions 三个官方版本 60
three religions 三教 41，224，227
three powers of the universe 三才 139
Three Sovereigns 三皇 101
three ultimates 三极 139，154
three years' mourning 三年之丧 27
Three Ways 三道 12
three-in-one doctrine 三一学说 225，227－228
three-in-one religion 三一教 228－229
tian 天，参见 Heaven 天
tian li 天理，参见 Heavenly Principle 天理
tian ming 天命，参见 Mandate of Heaven 天命
tian ren he yi 天人合一，参见 Heaven and human are one 天人合一

Tian Tai Buddhism 天台宗 236
tian xu 天序，参见 Heaven's Sequence 天序
tian zhi 天秩，参见 Heaven's orderliness 天秩
tiandi zhi xing 天地之性，参见 nature of Heaven and Earth 天地之性
tianzi 天子，参见 Son of Heaven 天子
Tillich，Paul 田立克 42
Tindal，Matthew 马修·廷得尔 2
T'oegye 退溪 117-120
tohak 道学 117
Tokugawa Ieyasu 德川家康 128
Tonghak 东学，参见 Eastern Learning 东学
Tongkyong Daejon《东学大全》123
tradition of literati 士人传统/文化人传统/知识分子传统 34
tradition of ritual/propriety 礼仪传统 191
traditionalism 传统主义 125
transcendence 超越/超越性/超验性 44-47，155，190
 transcendent creator-deity 至高无上的创世神 143
 transcendental Being 先验的存在 143
 transcendental breakthrough 超越性的突破 157
 transcendental power 先验的力量 141，143
 transcendental Ultimate 先验的终极实在 143
transformation 转变/转化 21，42
transmitter 传播者 26
tranquillity 静 99，106，173，218-219
 and activity 静与动 217，220
Trigault，Nicholas 金尼阁 16
trinity 三合一 225
Truth 真理 36
Tu Wei-ming 杜维明 3，5，46，140，209，260，280，285
Twelve Classics 十二经 57
Twelve Philosophers 十二哲 207
Two Modes 两仪 151
tyranny 暴政 170

Ugye 牛溪 118，120
Ultimate 终极/至高存在/终极实在 24，45-46，142，147，186，200
Ultimate of Non-Existence 无极 99，151
Ultimate Reality 至高存在/终极实在 142
Uncrowned King 素王 88，205，250
underpopulation 人口稀少 185
uneven distribution 不均 185
unicorn 独角兽 205
unity 合一

of knowledge and action 知行合一 109，114，134，221，253
of Heaven and humanity 天人合一 229
of humans with Heaven 天人合一 66
of three doctrines 三教合一 224-229
universalism 普遍主义 125，283
universality 普遍性 99
unrighteous conduct 不义 182
Upanishads《奥义书》43

Vasubandhu 世亲 253
Vietnam 越南 9
virtue and rituals 德与礼 156
virtue ethics 美德伦理学 33，69
virtue of Heaven 天德 169
virtuous person 君子 108
visitations 灾 144
vital force 气 232，参见 material force 气
Voltaire 伏尔泰 2
vulnerability 脆弱性 156

Waley，Arthur 亚瑟·威利 14，66
Wang Bi 王弼 90-93，95
Wang Chong 王充 88-89，150，163，177
Wang Chongyang 王重阳 227
wang dao 王道，参见 kingly government 王道
Wang Daoyuan 王道渊 231
Wang Fuzhi 王夫之 114，152，177，247，249，253
Wang Gen 王艮 114，240
Wang In 王仁，参见 Wani 王仁
Wang Ji 王畿 114，232
Wang Shouren 王守仁，参见 Wang Yangming 王阳明
Wang Yangming 王阳明 97，104，108-109，112，114，221，232，253
in Japanese Confucianism 日本儒学中的王阳明 129，132-133
Wani 王仁 126
war 战争 187-188
Watson，Burton 华兹生 54
Way 道
and instrument 道与器 249
of a despot 霸道 73
of Earth 地之道 99，139，151，154
of Harmony 和之道 12，142
of Heaven 天之道 12，24，30，50，124，139，140-154，158-160，164-165，169，175，177，195，217
of humanity 人道，参见 Way of Humans 人道
of Humans 人道 12，50，139，140，142，149，153-155，160，165，217
of life 生活之道 50

of Nature 自然之道 149-150
of Sages 圣人之道 63
of the ancients 古代圣王之道 35
of the early kings 早期圣王之道 135
of the Flower of Youth 花郎道 116
of the King 王道 168
of the Mean 中道 64-65，135
of the Warrior 武士道 134，137
weakness of will 意志薄弱性 33
Weber，Max 马克斯·韦伯 40，46，178，260，262，265，281
Wei Yuan 魏源 247，249
Wenchang Gong 文昌宫 233
Wen-miao 文庙 207，参见 Temple of Confucius 文庙
western culture 西方文化 13
Western Inscription《西铭》102
Western Learning 西学 123
Western Rationalism 西方理性主义 223
westernisation 西化 137，267
White Cloud Temple 白云观 233
Will of Heaven 天意/天志/天命，参见 Mandate of Heaven 天命
Wing-tsit Chan 陈荣捷 3，14，90，262
wisdom 智慧 26，34，37，68，75，85，92，105，210
Wolff，Christian 克里斯蒂安·沃尔夫 2
women 女人 183
world religions 世界宗教 43
worship 崇拜 13，53
worship of ancestors 祖先崇拜 208，参见 ancestral worship 祖先崇拜
worship of Confucius 孔子崇拜 207
worship of Heaven 敬天 198-199
wu 无，参见 non-being 无
Wu，Emperor 武帝 28，57，83，198
wu chang 五常，参见 Five Constant Regulations 五常
Wu Cheng 吴澄 111-112
wuba 五霸，参见 Five Despots 五霸
wudi 五帝，参见 Five Emperors 五帝
wuji 五极，参见 Ultimate of Non-Existence 无极
wu jing 五经，参见 Five Classics 五经
Wu Qi 吴起 72
wu xing 五行，参见 Five Elements 五行
Wu Zhihui 吴稚晖 267

xi shi 西士，参见 Scholars of the West 西士
xian ren 贤人，参见 virtuous person 贤人
xian xian 先贤，参见 Former

Worthies 先贤
xiandai xin ruxue 现代新儒学，参见 Modern New Confucianism 现代新儒学
Xiang Xiu 向秀 90，95
xiao 孝，参见 filial piety 孝
Xiao Jing《孝经》，参见 *Book of Filial Piety*《孝经》
xiao ren 小人 215，参见 morally inferior man 小人
xiao si 小祀，参见 small sacrifice 小祀
Xie Lingyun 谢灵运 95
xin 心，参见 heart/mind 心
xin 信，参见 faithfulness 信
xin xue 心学，参见 Learning of the Heart/Mind 心学
Xingxiu 行秀 236
Xiong Shili 熊十力 9，53，252，255
xiu shen 修身 80，参见 self-cultivation 修身/自我修养
Xu Fuguan 徐复观 254-255，258
Xu Guangqi 徐光启 239
Xu Heng 许衡 111，131
Xu Shen 许慎 20
xuan xue 玄学，参见 Mysterious Learning 玄学
xuanjiao 玄教，参见 Mysterious Religion 玄教
xue 学，参见 learning 学
Xue Xuan 薛瑄 111
Xun Qing 荀卿，参见 Xunzi 荀子
Xunzi 荀子 6-7，71，76-80，96，150，162，176，229

Yamaga Sokò 山鹿素行 134
Yamashita Toraji 山下寅次 65
Yamazaki Ansai 山崎闇斋 129
Yan Fu 严复 251
Yan Hui 颜回 70，207，226
Yan Yuan 颜元 247
Yang Bojun 杨伯峻 65
Yang Xiong 扬雄 88-89，96，163
Yang Tingyun 杨廷筠 239
Yang Zhu 杨朱 73-74
yangsheng 养生 80
yangqi 养气，参见 nourishing the vital force 养气
Yao Xinzhong 姚新中 44-45，74
yasheng 亚圣，参见 Second Sage 亚圣
Yasuhiro Nakasone 中曾根康弘 137
Ye Shi 叶適 108
Yellow Emperor 黄帝 82，233
Yellow Spring of earth 黄泉 201
yeqi 夜气，参见 night force 夜气
yi 异，参见 prodigies 异
yi 义，参见 righteousness 义
Yi Baisha 易白沙 252
Yi Dynasty 李氏朝鲜/李氏王朝 117，124
Yi Hwang 李滉 117，125
Yi I 李珥 117，125

Yi Ik 李瀷 122
Yi Jing《易经》，参见 *Book of Changes*《易经》
Yi Saek 李穑 117
Yi Toegye（T'oegye）李退溪 131
yielding 顺从 20
yin-yang 阴阳 7，18，82，99，150，153，174，197，230
Yômeigaku 阳明学 132－135
yong 用，参见 substance and function 体用
Yongnam School 岭南学派 121
Yoshida Shôin 吉田松阴 134
Yu Hyang-won 柳馨远 122
Yu Ji 虞集 112
Yu Yingshi 余英时 260
Yuan Shikai 袁世凯 251
Yuan Xian 元贤 236
Yue Jing《乐经》，参见 *Book of Music*《乐经》
Yulgok 栗谷 117－118，120

zai 灾，参见 visitations 灾
Zen Buddhism 禅宗 44，122，127－129，参见 Chan Buddhism 禅教
Zen monasteries 禅宗寺院 135
Zeng Shen 曾参，参见 Zengzi 曾子
Zengzi 曾子 64－65，71，77，180，201，203，207，285
Zhan Ruoshui 湛若水 223
Zhang Binglin 章炳麟 18，251
Zhang Huang 章潢 212
Zhang Junmai 张君劢 252，264，270
Zhang Liwen 张立文 189
Zhang Xuecheng 章学诚 248
Zhang Zai 张载 97－98，100－101，105－106，117－118，152，158，164，178，217，259
zhangfu zhiguan 章甫之冠 19
Zhao Fu 赵复 111
Zhao Qi 赵岐 66
Zheng Yu 郑玉 111－112
Zheng Xuan 郑玄 89，151
Zhi Yuan 智圆 236
Zhong Yong《中庸》，参见 *Doctrine of the Mean*《中庸》
zhong si 中祀，参见 medium sacrifice 中祀
Zhou Dunyi 周敦颐 98，100，105－106，117，128，151，217－218，236，259
Zhou Yi《周易》，参见 *Book of Changes*《易经》
Zhu Hong 袾宏 236
Zhu Xi 朱熹 3，63－64，97，105，111，131－132，135，219，233
  in Japanese Confucianism 日本儒学中的朱熹 129，131－132
  in Korean Confucianism 韩国儒学中的朱熹 118
Zhuangzi 庄子 92，150，229
zhulin qixian 竹林七贤，参见 Seven Worthies of the Bamboo

译者跋

姚新中教授所著英文专著《儒学导论》（*An Introduction to Confucianism*）自问世以来，已由剑桥大学出版社重印多次，成为英语世界的广大读者了解东方尤其是中国思想的重要书籍，是英语世界哲学、宗教研究、儒学研究、东亚研究、汉学研究等学科或专业的学生的重要教材或参考书目，后又被翻译为西班牙文、波兰文出版，成为西方世界儒学研究广为使用的标准教材。姚新中教授在序言中详细介绍了《儒学导论》的成书过程和相关研究情况，在此不赘言。

我在 2016 年年初第一次接触到《儒学导论》，可能是冥冥之中与此书的缘分，当时便生出将此书翻译成中文的念头，并且很快付诸实施，一方面是以此作为学习儒学思想传统的路径和方式，另一方面是借由英中语言转换而逼迫自己查阅资料，仔细研读、斟酌文本的细节，以期全面把握和理解每一个术语、知识点、学者、学派、理论体系等。我每天抽出几个小时翻译，完成初译稿大概用了三四个月的时间，但之后的修改、核对知识点、查阅文献等，则是一段漫长、烦琐而辛苦的过程。起初，翻译文本只是作为自己的学习资料，修改过程也断断续续。直到 2018 年得到姚新中教授的支持和鼓励，今天才有机会让我的译本作为《儒学导论》中文版正式出版。全书很多地方引用的材料来自中文经典的英译本，我会视情况加上译者注，以方便读者查找所引内容在中文原典中的出处，或者为读者提供可参阅的相关文献。另外，我也在必要的地方加上了译者注，以为补充说明之用。英文原书是没有脚注的，中文版中的脚注都是译者注。

译毕全书，我最大的感受是《儒学导论》兼具简明性和学术性。言其简明，主要是指本书用不大的篇幅把东西方儒学整体图景、儒学演进脉络、儒家经典、儒家人物及其学说、儒学之道及其实践、儒学与其他思想传统的互动、儒学的现代发展和现代价值等内容全部清晰地呈现了出来。至于本书的学术性，亦显而易见，一则言之有据，即全书引证丰富，文献资料选取得当，涵括了最基本的古代经典和历代重要经典注解，以及国际知名学者的译介、诠释、考证等方面的文献；二则言之成理，全书论述逻辑清晰，引用并评述了诸多国际著名学者的观点，结构合理，脉络分明，遵守严格的学术规范。国内很多儒学史类的大部头或多卷本著作，内容浩繁庞杂，常常让广大读者甚至相关专业的学生望而生畏。相比之下，《儒学导论》则可以为广大喜爱儒学、中国哲学、古典文化、传统思想的读者或学生提供一个便捷的路径或阶梯，帮助大家叩开古典思想殿堂的大门，一窥其中的瑰宝。当然，儒学思想传统包罗的内容宏富至极，这样一本导论性著作再如何精心选材、匠心独运，也难免挂一漏万。不过，倘若能为广大儒学和国学爱好者提供一把打开儒学大门的钥匙，这便足慰著者、译者的初心了。另外要强调的一点是，《儒学导论》立足于国际视野而不囿于中国，考察儒学传统对东亚生活方式、思想观念等方面的持久影响以及在近现代如何重新焕发活力；而且，本书尤其突出比较的视角，重视儒学与佛教、道教、基督教等其他思想传统的互动、互鉴、互融，进而彰显儒学对当代世界发展所可能做出的独特贡献。

提到儒学可能的贡献与价值，以个人之浅见，我在这里做一些有限的笼统判断和反思。无论如何，儒学之于中国、东亚乃至全世界，其两千多年的智慧凝结、思想荟萃及历史沉淀，都是一笔永远不可忽视和遗忘的宝贵精神遗产。但如何实现儒学在当代的创新性发展和创造性转化，实在是一个值得反思而又难以回答的问题。对于多年前就兴起的传统文化热和国学热，有人赞同，有人反对，有人持谨慎态度。但不管怎样，国人对传统的东西有热情总是好的，这是返本开新的第一步。毕竟，文化的创新不可能凭空产生，必须有扎实的根基和丰厚的思想土壤，传统思想尤其是儒学的精华便是我们可资仰赖的大本大源。

可是，在知识无限层累、信息大爆炸的时代，我们如何“返本开新”？那个大本大源是什么，也即人之道、生活之道究竟是什么？我们能在传统思想和历史经验中重新发现或总结出大道吗？

《庄子·天下》篇中讲“道术将为天下裂”，后世学者皆为“一曲之士”，只能“判天地之美，析万物之理，察古人之全，寡能备于天地之美”，最终获得的是支离破碎的知识。庄子的判断不失为先见之明，但这似乎又是人类发展难以扭转的趋势，如今在科学主义和工具理性的支配下，专业的细分和人类的分工不断被拓展，人对诸事欲做整体观照则变得越发困难。我们似乎离庄子所谓的“道”和生命之整全越来越远了。悲观地看，我们思之无奈而又无解。但《中庸》中讲“其次致曲”，我们大多数人都不是“天下至诚”，都没有圣人的“智”和“贤”，无法“生而知之”或“不思而得”地认识道、把握真知、知晓宇宙和人生的本质。我们只能做一“曲士”以期“曲能有诚”，通过琐碎的积累“学而知之”和下学上达，然后“明则诚矣”，即趋近那个大道或真理。我们或许可以像先师孔子一样，好学敏求、学而不厌、发愤乐学，不过分纠结于“怪，力，乱，神”和“性与天道”，当下努力从事的实践和生命活动也许就是最好的安排——蕴含着“不可须臾离也”的道、生活真谛、人生意义。

所以，我们不必太悲观于庄子“道术将为天下裂”的慨叹和断言，也不必因“有机械者必有机事，有机事者必有机心”即工具理性的强化而过分忧心。我们还是应该保持乐观，正如《易传》中说“穷则变，变则通，通则久”，儒学的历史历经先秦子学、汉代经学、魏晋玄学、宋明理学、现代新儒学，其中有儒、释、道等诸传统之间的互斥、互动、互鉴、互融，近现代以来西学和基督教传统也加入了与儒学的碰撞互动之中。于儒学而言，这何尝不是“穷”—“变”—“通”—“久”而后又“穷”—“变”—“通”—“久”的循环，每个时代的思想本质上都是“返本开新”，有经有权，有破有立，有阵痛，有变革，有创新。身处于21世纪的人们，遭遇科技的支配性力量和信息大爆炸的围困，精神何以安顿、信仰何以植根、意义何以确立？或许吸取儒学传统中的精华，使儒学实现在当代的创新发展，是回答这些问题的一条可行路径，能实现杜维明先生所谓的“灵根再植”。历史经验证明，脱离和抛弃自身传统既不应该也不可能，我们唯有鉴往知来，审慎地摸索前进，积极融入和适应这个文化多元的时代。不管未来迎接我们的是不是汤一介先生所谓的“新轴心”时代，我们都应该抱持文化自信，努力发掘儒学的当代价值，参与诸传统之间的互动、互鉴、互融，以期为世界文明的发展做出儒学的独特贡献。

我对传统文化热和国学热表示认同与支持，这是儒学在当代复兴即实现创新性发展和创造性转化所应有的社会氛围与文化自信。但要指出的一点是，需要更多严谨而简明的教材和读本供广大传统文化爱好者、国学爱好者使用，由此正确引导他们对传统文化之精华的把握和理解，避免泛滥的随意解读和各种商业化的、为利益所捆绑的“文化表演”与“文化走秀”。这要求中国哲学、儒学、国学、古典文献学、历史学、思想史、传统文化研究等领域的学者做出更多的努力。总之，中国是儒学的“第一故乡”，在当代传承和创新儒家文化的精华是中国人的“天命”。我们应抱持儒家“和而不同”的理念，让 21 世纪的儒学拥抱世界。只有“和而不同”，儒家文明才可能迸发与保持恒久的魅力和生命力；也只有“和而不同”，才可能实现费孝通先生所言的“各美其美，美人之美，美美与共，天下大同”的文化理想。

最后，关于《儒学导论》中文版中部分细微的增删改动，在此做一特别说明。姚新中教授的英文专著《儒学导论》是面向西方尤其是英语世界的读者而写的，所以在内容和篇章的安排上，必然要照顾到缺乏中国文史及传统知识背景的西方读者的理解力和接受力。而翻译为中文之后面向的则是儒学故乡的中文读者，他们有着更丰富的儒学知识背景，他们的阅读、思维习惯都明显不同于西方读者，所以《儒学导论》中文版应尽可能尊重和符合中文读者的习惯。经本书作者姚新中教授的同意，译者翻译时在字词、语句、段落等方面会做必要的调整，极少数地方会有细微的增删改动。另外，有一两处可能涉及政治敏感问题的内容或表述，译者进行了必要的删改或重新表述。以上这些细微的调整和改动，目的只有一个，那就是确保《儒学导论》中文版能够以更恰当、更完美的形态与中文读者见面。

再次感谢姚新中教授的支持和鼓励，同时向中国人民大学出版社的杨宗元主任和编辑们表示诚挚的谢意。尽管《儒学导论》中文版在某些地方与英文原书相比略有改动或增删，以适应中文语境下的阅读，但是全书思考的儒学相关主题和呈现的人类关切，对于东西方读者而言具有相同的价值和意义。如果《儒学导论》中文版能让广大读者对儒学、儒家思想传统或者中国哲学产生兴趣，或者为大家了解儒学、国学和传统文化带来哪怕些许的帮助，作为译者的我都将不胜荣幸。但同时我也越发惶恐和战战兢兢，生怕自己的译本不能让读者满意。由于受知识水平所限，加之书中涵括的内容、人物、术语等非常之多，虽然对全书做过多次修订和检查，其中依然可能存在某些疏漏和错误。既然全书由我一人翻译，所以中文版的不足和缺陷都由我一人负责。我怀着忐忑之心，等待着《儒学导论》中文版与读者见面，一切交由读者评断吧，我期待大家的批评指正。

刘健　谨识

2020年8月于中国人民大学品园

图书在版编目(CIP)数据

儒学导论 /（英）姚新中著 ；刘健译. -- 北京 ：
中国人民大学出版社，2022.8
（哲学课）
ISBN 978-7-300-30822-7

Ⅰ. ①儒… Ⅱ. ①姚… ②刘… Ⅲ. ①儒学-研究
Ⅳ. ①B222.05

中国版本图书馆 CIP 数据核字（2022）第 125649 号

哲学课
儒学导论
[英] 姚新中　著
刘　健　译
Ruxue Daolun

出版发行	中国人民大学出版社		
社　　址	北京中关村大街 31 号	**邮政编码**	100080
电　　话	010－62511242（总编室）		010－62511770（质管部）
	010－82501766（邮购部）		010－62514148（门市部）
	010－62515195（发行公司）		010－62515275（盗版举报）
网　　址	http://www.crup.com.cn		
经　　销	新华书店		
印　　刷	涿州市星河印刷有限公司		
规　　格	170 mm×228 mm　16 开本	**版　　次**	2022 年 8 月第 1 版
印　　张	22 插页 2	**印　　次**	2022 年 8 月第 1 次印刷
字　　数	343 000	**定　　价**	68.00 元